리얼리티 레볼루션

일러두기
• 단행본은 겹묶음표《》, 작품 제목과 간행물은 묶음표〈〉로 표기했습니다.
• 국내 출간되지 않은 책은 원서 제목을 병기했습니다.

The Reality Revolution: the mind-blowing movement to hack your reality
by Brian Scott

The Reality Revolution

어느 깨달음 중독자가 실험한
현실 창조의 강력한 도구들

리얼리티 레볼루션

브라이언 스콧 지음

김희균 옮김

정신세계사

리얼리티 레볼루션

ⓒ 브라이언 스콧, 2020

브라이언 스콧 짓고 김희균 옮긴 것을 정신세계사 김우종이 2021년 9월 3일 처음 펴내다.
이현율과 배민경이 다듬고, 변영옥이 꾸미고, 한서지업사에서 종이를, 영신사에서 인쇄와 제본을,
하지혜가 책의 관리를 맡다. 정신세계사의 등록일자는 1978년 4월 25일(제2018-000095호), 주소는
03785 서울시 서대문구 연희로2길 76 한빛빌딩 A동 2층, 전화는 02-733-3134, 팩스는 02-733-3144,
홈페이지는 www.mindbook.co.kr , 인터넷 카페는 cafe.naver.com/mindbooky 이다.

2021년 9월 28일 펴낸 책(초판 제2쇄)

ISBN   978-89-357-0449-1 03190

차 례

경고

이 책은 평범한 책이 아니다.
지금부터 펼쳐지는 내용은 당신의 생각과 신념 그리고 삶을
극적으로 변화시킬 수 있으니 세심하게 주의를 기울여 읽기 바란다.

"나는 내가 태어났다는 것을 알고 있고, 죽을 거라는 것도 알고 있다.
그 사이에 있는 것은 나의 것이다."

— 에디 베더Eddie Vedder(미국 록 밴드 펄 잼의 리드 보컬 — 옮긴이)

슈퍼볼 경기에서 우리 지역의 홈팀(덴버 브롱코스, 파이팅!)이 우승하던 날 밤, 누군가가 우리 집에 침입해 내게 총을 쐈다. 아니, 그들의 어떤 버전이 나의 어떤 버전을 쐈다.

조금 더 설명해보겠다.

내 이야기는 겉으로만 보면 그렇게 드문 일은 아니다. 그것은 강도의 소행이었다. 나는 무언가가 집 뒷문을 긁어대는 소리를 들었다. 처음엔 우리 집 고양이가 내는 소리라고 생각했지만 내가 그 문을 열었을 때, 문 바로 앞에는 후드티를 입은 소년이 서 있었다. 그는 집 안으로 들어오려고 했고, 나를 향해 총을 겨눴다. 그리고 총을 쐈다. 나는 몸을 돌려 집 안으로 달려 들어가서 경찰에 신고했다. 내 등에 총알이 튕겨 나가는 것으로 상황은 종료됐다. 나는 운 좋게도 살았다.

트라우마가 생길 만한 사건을 겪어본 사람은 안다. 사실관계가 아무리 간단하더라도 그 사건에 대한 경험은 절대로 단순하지 않다는 것을 말이다. 그 사건을 자세히 들여다보면 평범한 경우가 거의 없다. 하지만 나는 내가 겪은 일에는 그보다 더 많은 것들이 담겨 있다고 믿는다. 사실 매 순간이라는 것에는 주어진 시간 속에서 나타난 현상 말고도 훨씬 더 많은 것이 존재한다. 이것을 설명하기 위해서, 나는 먼저 그날 밤 실제로 내게 일어난 일을 당신에게 이해시키려 한다.

뒷문으로 걸어가는 동안 나는 여전히 슈퍼볼 우승의 기쁨에 젖어 있었고, 그저 내 고양이가 걱정됐을 뿐이었다. 고양이는 집 안에서만 지내는데, 혹시나 내 실수로 고양이가 밖으로 나가버려서 위험에 빠진 건 아닐까 했던 것이었다. 울타리가 쳐진 우리 집 뒷마당에는 수영장이 있고 그 너머에는 공원이 있다. 뒷문은 어느 정도 힘을 줘야만 열리는 미닫이문이어서 고양이가 열고 들어올 수 없었다. 문에서 이상한 소리가 나는 것을 들었을 때 내 머릿속에서 '일어나. 넌 일어나야 해'라고 말하는 음성이 들렸지만 나는 그것을 진지하게 생각하지 않았다. 그 음성은 밖에 있을지도 모르는 고양이를 걱정하는 마음에서 올라온 것이라고 여겼기 때문이다. 고양이는 내가 슈퍼볼 경기에 열광하는 틈을 타서 어떻게든 밖으로 빠져나갔을 것이다.

그 내면의 음성은 계속 나를 재촉했다. 그래서 나는 여전히 브롱코스의 우승에 찬사를 전하는 뉴스를 흘려들으며 문을 향해 터벅터벅 걸어갔다. 문을 열고 고개를 들었을 때 나는 소스라치게 놀랐다. 내 얼굴에 총이 겨눠진 것이다.

그때 나는 내면의 음성이 다시 이렇게 말하는 것을 들었다. '문을 닫아.' 그때부터 모든 장면이 슬로모션처럼 보였다. 나는 이

중창으로 된 유리문을 닫고서 몸을 돌려 내달렸다. '탕' 하는 소리와 함께 22구경 권총에서 총알이 발사됐고 이중창 유리가 박살났다. 나는 유리창이 한 장씩 천천히 깨지는 소리를 들을 수 있었다. 나는 마치 멀리서 이 장면을 관찰하고 있는 것 같은 내 내면의 중립적인 위치를 찾아 들어갔다. 나는 어디로 피신할지를 생각할 겨를도 없이 계속 달렸다. 어찌 된 영문인지 나는 내가 어떻게 해야 할지를 이미 알고 있었다.

나는 침실을 향해 뛰어 들어갔다. 그때 내 등에 뭔가 부딪히는 느낌이 들었다. 내가 침실에 들어갔을 때는 이미 누군가가 방 안에 있었다. 나는 집에 침입한 강도와 침실에 있는 다른 누군가의 사이에 서 있었다.

그가 내게 총을 쏘았다. 총알이 내 눈앞을 가로질러 벽에 꽂혔다. 나는 그 금속의 섬광을 보았고, 열기도 느낄 수 있었다. 나는 다시 한번 도망쳤다. 도망치는 내 뒤로 서너 발의 총알이 더 지나갔다. 이번에는 차고로 숨었다. 나는 비로소 몸을 숨기고 경찰에 신고할 수 있었다. 침입자들이 나를 찾아내지 않을까 가슴을 졸이면서.

경찰이 도착했다. 그들은 내 등에서 흐르는 피를 보고 나를 즉시 병원으로 이송했다. 병원에서 나는 이중창을 뚫고 날아온 총알이 내 등에서 튕겨 나갔다는 사실을 알게 됐다. 그것은 기적이었다.

나는 삶의 두 번째 기회를 얻었다. 나는 이것이 무엇을 의미하는지 생각해봤다. 나는 내 아이들에 대해 생각했고, 그 시점까지의 나의 삶을 되돌아보며 내게 이런 두 번째 삶의 기회가 주어진 이유를 살펴봤다.

나는 그날 밤에 있었던 일들을 한 장면씩 떠올리면서 머릿속을 스쳤던 모든 생각을 되짚어봤다. 그리고 그것이 결코 단순한 경험이 아니었음을 깨달았다. 공포와 아드레날린, 죽음을 마주한 느낌과 감사함은 그 경험의 일부에 불과했다. 나는 그때 마치 어떤 기억이 재현되고 있는 것처럼, 그러니까 내가 이 모든 상황을 이미 경험한 적이 있는 것처럼 느꼈다. 그리고 각각의 순간마다 나는 서로 다른 결과를 가지고 있는 나의 서로 다른 버전들을 볼 수 있었다. 나는 일어나지 않은 잠재적인 가상의 시나리오에 대해 이야기하고 있는 게 아니다. 나는 일어나지 않았던 경험을 실제로 기억하고 있었고, 그 일들이 눈앞에서 재생되는 것을 보고 있는 듯이 느꼈다.

나는 피가 낭자한 채로 누워 있는 나를 볼 수 있었다. 또 나는 식탁으로 기어가는 나를 보았다. 그리고 나는 또 다른 총알을 맞은 나를 보았다. 이런 현상이 두려움에 따른 결과라고 말하는 것 말고는 달리 설명할 방법을 찾지 못할 것 같다. 하지만 그것은 경험이었다. 그때 나는 내게 실제로 일어날 수 있는 모든 현실을 동시다발로 알아차리고 있었다. 나의 그 모든 버전이 진짜처럼, 가까이 가면 만져질 듯 생생히 보였다.

나는 텔레비전을 시청할 때 입고 있던 속옷 차림 그대로 구급차에 실려 갔다. 그래서 지갑도 없고 신분증도 없고 병원에서 입을 옷도 없었다. 다행히도 심각한 부상은 입지 않았기에 의사는 그날 밤 바로 나를 퇴원시켰다. 나는 병원에서 준 슬리퍼와 가운 차림으로 택시를 타고 집으로 돌아갔다.

택시에서 내렸을 때 나는 집으로 향하는 막다른 골목에 폴리스라인이 쳐져 있는 것을 보았다. 헬리콥터가 머리 위로 날아다녔고, 경찰이 K-9 소총을 들고 경계를 서고 있었다. 나는 집 쪽으로 걸어갔다. 하지만 얼마 가지 않아 골목 입구에 있는 바리케이드 앞에서 멈춰 서야 했다. 경찰은 나에게 이곳에서 인질극이 있었다고 말해줬다. 경찰은 길 건너에 있는 집으로 도주한 범인을 추격했고, 도주극은 아수라장이 된 상태로 끝났다고 했다. 노란색 '접근 금지' 테이프 옆에서 가운만 걸치고 서 있는 나는 내가 그 사건의 피해자라는 사실을 증명할 방도가 없었다. 나는 다만 고양이가 집에 무사히 잘 있는지만 확인하고 싶었다(다행히 고양이는 나를 떠나지 않았다!).

마침내 한바탕 소동이 잠잠해졌고 모든 것이 제자리로 돌아왔다. 하지만 나는 아무것도 제자리에 돌아온 게 없음을 깨달았다. 모든 게… 낯설어 보였다. 처음에는 그냥 무시해버렸다. 나는 모든 것이 조금 낯설게 보이는 외상 후 스트레스 장애 증상을 경험하는 것이리라 생각했다. 하지만 더는 무시할 수 없을 정도로 충분히 이상한 일들과 현실의 변화들이 쌓여가기 시작했다.

많은 것들이 변했다. 내 아이들이 달라졌다. 방 한 귀퉁이에는 내가 구매한 기억이 없는 램프가 놓여 있었다. 수년간 연락이 없었던 사람들이 내게 전화를 걸어와 마치 며칠 전에 만났던 사람처럼 대했다. 전에는 분명히 공터였던 곳에 느닷없이 오래된 건물이 들어서 있었다. 이런 일들은 내가 현실에서 겪었던 무시할 수 없는 변화들 가운데 극히 일부에 불과하다.

어쨌든 뭔가가 일어났다. 현실 변환이 일어난 것이다. 이 일이 있기 전부터 나는 현실 변환을 오랫동안 생각하며 바라왔지만, 그것이 실제로 무슨 의미인지를 진정으로 이해하지는 못했다.

나는 죽을 뻔했다가 살아난 이 경험이 나를 현저히 다른 세계로 이끌기에 충분하다고 생각하기 시작했다. 하지만 그것을 과학적으로 입증할 필요가 있었다.

내가 이 책을 20년 또는 50년 전에 썼다면 당신은 아마 내가 제정신이 아니라고 생각했을 것이다. 아니, 요즘이라고 해도 당신은 내가 "맛이 살짝 간 사람"이 아닌지 궁금해할지도 모른다 (물론 당신이 그렇게 생각한다면 이 책을 읽지도 않겠지만).

사람들이 자신의 기억에서 약간의 변화들이 생긴 것을 알아차리기 시작하면서 평행 현실에 대한 논의도 더욱 일반화되고 있다. 수백만 명의 사람들에게 명백해 보이는 기억들조차도 어쩌면 사실이 아닐 수 있다. 겉보기에는 별거 아닌 것 같지만, 당신이 알고 있다고 기억하는 것 중에 사실은 그렇지 않은 것들이 있다. '사실'은 캡틴 크런치Captain Crunch 시리얼은 항상 캡픈 크런치 Cap'n Crunch 시리얼이었고, 지피 피넛Jiffy peanut 버터는 언제나 지프Jif

였으며, 배우 에드 맥마흔^{Ed McMahon}은 한 번도 퍼블리셔 클리어링 하우스(미국의 마케팅 회사 — 옮긴이)에서 일한 적이 없다. 이런 현상, 즉 당신의 기억이 정확하지 않고 일어난 적도 없지만, 그것을 사실이라고 믿는 것을 '만델라 효과(Mandela effect)'라고 한다(많은 사람들이 넬슨 만델라가 감옥에서 사망했다는 잘못된 기억을 공유한 현상에서 비롯된 표현이다. — 옮긴이).

내 주변의 현실이 바뀌었다는 것을 인식했을 때 나는 이미 만델라 효과에 대해 알고 있었다. 내 경우가 바로 그런 예라는 사실을 즉각 알아차리진 못했지만 말이다. 심지어 나는 다른 여러 현실들 사이를 서핑할 수 있다는 생각까지 받아들이고 있었다. 그렇게 된 이유는 내가 정신이 나가서가 아니라 오히려 더욱 정신줄을 단단히 붙들고 있던 와중이었기 때문이다.

현실을 가지고 실험하기

나는 책을 왕성하게 읽는 편이다. 오디오북을 들을 때는 정상 속도보다 네 배 빠르게 듣는다. 그러면 더 빨리, 더 많은 정보를 얻고 끊임없이 정보를 축적할 수 있다. 나는 독서를 통해 우주의 법칙에 대한 기본 개념을 알고 있다고 생각했다. 적어도 내가 모든 것을 잃어버린 그날 밤까지는 말이다. 아니, 모든 것을 잃어버린 것은 강도가 들던 그날 밤이 아니라, 어쩌면 내 전처가 우리가 가정을 꾸렸던 곳인 콜로라도^{Colorado}에서 오리건^{Oregon}으로 훌쩍 가버린 그때였을 것이다. 나는 피폐해졌다.

캘리포니아^{California}에 사는 친한 친구가 나에게 자기 집을 빌

려줬다. 나중에 강도 사건이 벌어질 그 집 말이다. 아무튼 나는 새 출발을 위해 그 집으로 이사했지만 나락으로 떨어졌다. 나의 중독적인 성향은 결국 알코올 중독을 불러왔다. 나는 매일 술을 마셨다. 멈출 수가 없었다. 뒤뜰에 있는 수영장을 볼 때마다 자살 충동이 일었다. 문득문득 내 몸이 수영장 바닥으로 조금씩 가라 앉는 생각이 올라왔다. 그런 나를 붙잡아준 유일한 대상은 내 아이들이었다. 나는 아이들이 아버지가 자살했다는 소식을 듣게 되는 걸 원치 않았다. 그리고 내게는 남편이 끔찍한 사고로 세상을 떠났지만 아픔을 딛고 다시 행복을 찾아 살고 있는 대단한 여동생이 있다. 동생은 내게 내 삶에서 일어난 모든 일에 책임감을 가지고 생각을 바꿔서 나의 현실을 변화시키라는 조언을 해줬다. (당신은 그녀의 책 《상실 뒤에 기쁨 찾기》(Finding Joy After Loss)에서 그녀의 여정에 대해 읽을 수 있다) 하지만 여전히 어려움은 계속 쌓여만 갔다.

나는 하루에 열여덟 시간을 일했지만 내 사업은 갈수록 악화되고 있었다. 내가 세상에서 가장 존경하는 아버지는 평생 나의 상담자가 되어주셨다. 그래서 나는 아버지에게 모든 걸 털어놨다. 내가 얼마나 혹독한 시간을 보내고 있는지, 얼마나 가족들을 그리워하는지, 내가 가진 모든 것을 잃었다는 생각에 얼마나 절망하고 있는지에 대해서 말했다. 안타깝게도 아버지의 치매는 나를 겨우 알아볼 수 있을 정도로 나빠지고 있었다. 이것은 내게 엄청난 충격이었다.

이제 내게 남은 유일한 것은 나의 마음뿐이었다.

나는 여동생의 조언에 따랐다. 명상에 대해서, 그리고 내가 처한 이 끔찍한 현실을 바꿀 방법과 관련해서 읽을 수 있는 모든 것들을 읽어나가기 시작했다. 나는 이런 현실을 로또에 당첨되듯이 한 방에 없앨 수 없었다. 적어도 그 당시에는 그렇게 할 수 있다고 믿지 않았다. 하지만 나는 중독과 패배감으로 모든 걸 잃어버리기 전에 내 마음만큼은 극복할 수 있었다.

나는 예전에 신경 언어 프로그래밍(NLP, Neurolinguistic Programming)을 공부한 적이 있었기 때문에 내가 명상을 해본 적이 있다고 생각했지만, 결국 내가 했던 모든 것이 자기 최면에 불과했음을 알게 됐다. 나는 명상이 무엇인지에 대해 내가 접할 수 있는 모든 것을 과할 정도로 공부했다. 나는 초월명상(TM, Transcendental Meditation, 완전한 내면적 평정 상태에 도달함으로써 상식적인 의식 세계를 넘어서는 초월 상태에 이르게 하는 명상법.—옮긴이), 현존, 실체에 대해 배우면서 내가 가장 먼저 붙잡아야 했던 것은 책임감이었음을, 그리고 현실은 내가 창조할 수 있는 것임을 배웠다. 내가 인간관계를 끊은 것은 사실 나만의 두려움과 생각 때문이었다는 것도, 내가 느끼는 절망감은 마치 거울처럼 반영되어 나에게 되돌아온다는 것도 배웠다. 나는 이 모든 것들에 책임을 져야만 했다.

만약 내가 택시 뒷좌석에 앉아 있는데 다른 차가 와서 들이받았다고 해도 나에게 책임이 있다고 여길 수 있을 때까지 나는 철저하게 책임지는 연습을 계속했다. 그러면서 나는 명상에 대한 새로운 이해를 실천하기 시작했다.

나는 90일이 넘는 시간 동안 잡념을 잠재우고 고요함 가운데 머물 수 있도록 명상 시간을 점점 늘려나갔다. 처음에는 고요함을 유지하는 시간이 단지 몇 분에 불과했다. 내 몸은 패배감에 절어 있었고 고요함에 저항하고 싶어했다. 하지만 나는 천천히, 조금씩 깊은 고요의 상태에 30분 정도 머물 수 있게 되었다.

77일째 되던 날이었다. 장막이 걷히는 것 같은 느낌이 들면서 우주가 나에게 열렸다.

호흡에 집중하며 내 마음은 고요해졌다. 척추가 정렬되면서 나는 온전한 침묵과 열림과 허용의 상태로 앉아 있었다. 이 아름다운 순간이 마치 어떤 정보의 섬광처럼 나를 관통했다. 무한한 가능성의 미래가 나에게 열렸다. 나는 모든 것이 괜찮을 것임을 알 수 있었다. 내 아이들과 나는 잘될 것이다. 이 한 번의 압도적이고 황홀한 순간, 빛이 내 인생 안으로 들어왔다.

더 많은 것들을 시도하기 위해서는 지금까지 실행해오던 것을 지속해야 했다. 나는 명상을 할 때마다 새로운 단계에 진입했다. 나는 전처를 용서했다. 다른 사람에게 떠나버린 그녀이지만 여전히 내 안에 사랑이 있음을 알게 됐다. 나는 나의 어머니를 용서했다. 나는 내 무의식을 병들게 한 뿌리 깊은 신념을 바꾸는 법을 배웠다. 변화는 실로 놀라웠다. 하지만 나는 여전히 더 많은 것을 알고 싶었다. 나는 지금 내게 무슨 일이 일어나고 있는 건지 이해하고 싶었다. 무한한 가능성 앞에서 여전히 의심의 눈초리를 거두지 못하고 있는, 내 안의 회의론자에게 답을 주고 싶었다.

나는 바딤 젤란드Vadim Zeland가 쓴 《리얼리티 트랜서핑》을 읽었다. 그는 우리가 접근하고 이용할 수 있는 무한한 가능성의 현실인 가능태 공간에 대해서 말한다. 그리고 신시아 수 라슨Cynthia

Sue Larson의 《양자 도약》(Quantum Jumps)이라는 책을 열독했다. 이 책은 완전히 다른 현실로 이동하는 것과 현실이 마법처럼 변환되는 것에 대해 굉장히 과학적으로 접근하고 있다.[1] 나는 프레더릭 도슨Frederick Dodson이 쓴 《자아의 평행 우주》(Parallel Universes of Self)라는 책을 읽었다. 이 책은 가능태를 경험하기 위해 평행 우주를 이용하는 변혁적인 방식을 소개하고 있다. 나는 버트 골드먼Burt Goldman의 《퀀텀 점프》(Quantum Jumping)라는 책에도 매료됐다. 저자는 이 책에서 명상을 통해 의식적으로 평행 현실에 퀀텀 점프하는 방법을 소개하고 있다. 나는 물리학에 강한 흥미를 느꼈고, 양자의 세계로 뛰어들었다. 그리고 형이상학과는 구분되는 일련의 놀라운 사상들을 만나게 됐다.

양자물리학은 다중 현실의 가능성을 배제하지 않는다. 사실 여러 해석 중의 하나인 다세계 해석(MWI, Many Worlds Interpretation)은 말 그대로 어딘가에 존재하고 있는, 모든 가능한 선택에 대한 모든 가능한 결과에 기반하고 있다. 그래서 기술적으로만 본다면 이 모든 일은 일어날 수 있다.

나의 명상은 이러한 평행 현실에 초점을 두는 쪽으로 전환됐다. 평행 현실에는 우리가 될 수 있는 모든 버전들이 끝없이 존재한다. 만약 어떤 상황에서 벗어나고 싶다면 당신은 당신의 다른 버전에 접근해야만 한다.

내가 사업을 시작했을 때, 가장 힘들었던 점은 내 아이들이 나를 찾아왔을 때 그들과 함께 시간을 보낼 수 없었다는 것이었다. 대신 나는 하루에 열여덟 시간 동안 사무실에 앉아 있었다.

그 당시 나는 사업 자금 대출 상환에 온 신경을 쓰고 있었다. 내가 주의를 빚에서 풍요로 전환하자마자 일주일 만에 많은 고객이 생겨나기 시작했다. 업무 시간은 하루 열여덟 시간에서 서너 시간으로 줄었다.

나는 금방 대출금을 모두 갚을 수 있었다. 또 오래지 않아 아름다운 여자친구를 만나 사랑에 빠졌고, 하와이 여행을 가기로 약속했다. 내 삶의 모든 부분에서 믿을 수 없는 일들이 일어나기 시작했다. 무엇보다 가장 놀라운 점은 이런 일이 한 번이 아니라 계속해서 일어났다는 것이다.

명상을 하는 동안 일어났던 많은 일들 가운데 가장 강력했던 순간은 내가 송과체에 집중하던 때였다. 자료들을 조사하면서 나는 송과체가 평행 현실에 접근하는 권한을 가진 열쇠 중 하나라는 사실을 알게 됐다. 오래전부터 송과체는 깨어남과 관련이 있는 부위, 즉 우리가 일반적인 감각 너머에 있는 영역과 에너지에 접근할 수 있게 해주는 부위로 알려져 있다. 명상을 하다가 어떤 시점에서 나는 내가 작게 줄어들어서 나의 송과체 안으로 들어가는 느낌을 받았다. 마치 나의 모든 버전이 존재하는 방 안에 들어가 있는 기분이었다. 나는 모든 현실이 상호작용할 수 있는, 차원이 교차하는 관문과도 같은 곳에 있었다. 뚱뚱한 나, 나이 든 나, 결혼한 나, 자녀가 없는 나… 브라이언 스콧이 될 수 있는 모든 모습이 그 공간을 공유하며 서로 교류하고 있었다. 내가 절대로 접근할 수 없었던 너무나 다른 타임라인도 있었고, 내가 상상할 수 없었던 미래의 길을 볼 수 있는 타임라인도 있었다. 이것은 나의 의식과 잠재의식 안으로 다운로드된 엄청난 양의 정보로 말미암은 것이었다.

나는 울면서 명상을 마쳤다. 나는 완전히 변했다. 나는 이 경험을 누군가와 나누고 싶었다. 사람들에게 말하고 싶었다. 하지만 누가 내 말을 믿어주겠는가? 사람들은 이 이야기가 그저 나의 상상일 뿐이라며 가볍게 여길 것이고 나는 본전도 못 찾게 될 것이었다. 때때로 나는 여전히, 내가 나 자신을 변화시키려고 그러한 이상을 만들어낸 것은 아닌가 하고 의심해본다. 나는 모든 것을 완벽하게 알 수 없다.

내가 아는 것은 이것이다. 브롱코스가 슈퍼볼 경기에서 우승한 그날 밤, 나는 심각한 부상을 입은 브라이언이 아니고, 주방 바닥에서 피를 흘리는 브라이언도 아니었다. 나는 모든 것이 괜찮아질 거라는 걸 알았고, 정말로 그렇게 됐다. 나는 모든 것이 괜찮은 브라이언을 만났고, 그 버전에 이르는 법을 알게 됐다.

당신은 갇혀 있지 않다

다세계 해석이 사실이라고 가정해보자. 나는 다중 우주를 이렇게 상상하는 걸 좋아한다. 끝이 보이지 않는 수많은 고속도로가 겹겹이 층을 이루고 있고, 각각의 고속도로는 저마다 특정 목적지를 향하고 있다. 이 무한한 고속도로에서 또다시 뻗어 나온 도로는 당신을 다른 방향으로 이끈다. 이러한 몇 개의 곁길은 또 다른 고속도로와 연결되어 결국 당신을 새로운 목적지로 데리고 간다.

이 모든 도로가 동시에 존재한다. 각각의 도로는 다른 모든 도로와 마찬가지로 실재한다. 그러나 당신은 당신이 운전하고 있는 도로만 볼 수 있고, 인식할 수 있다.

당신은 모든 고속도로를 이용할 수 있다. 하지만 당신이 가려는 방향을 선택해야 한다. 당신은 당신의 의도와 관찰과 인식의 힘을 사용해서 어떤 특정한 방향으로 운전대를 조종할 수 있다. 아니면 아예 운전대에서 손을 떼고 차가 어디로 가든지 내버려둘 수도 있다. 하지만 이 방법은 근본적으로 당신의 통제권과 힘을 포기하는 것이다.

이어지는 내용에서, 나는 어떻게 하면 당신이 그 운전대를 꼭 쥐고서 당신이 가려는 방향을 결정할 수 있는지 보여줄 것이다. 또, 당신이 지금 달리고 있는 그 길보다 당신이 가려는 목적지에 이르는 더 좋은 경로를 식별하는 능력을 얻는 법도 소개할 것이다. 요컨대, 당신은 자신이 접근할 수 없다고 믿었을지 모르는 길을 안내해주는 내면의 내비게이션을 사용하는 법을 배우게 될 것이다.

고속도로의 비유처럼, 나는 다중 우주나 평행 현실 같은 모든 것들이 우리가 접근할 수 있는 길이라고 믿는다. 우리는 모두 저마다 어떤 현실에서도 존재할 수 있는 가능성을 가지고 있다. 심지어 우리는 하나의 현실에서 또 다른 현실로 이동할 수도 있다. 다시 말해, 당신은 당신이 존재하고 싶은 현실을 선택할 수 있다는 것이다. 관찰하고 있든지 관찰하고 있지 않든지 그 현실은 항상 존재한다. 이러한 이유로 끌어당김의 법칙 — 우리 생각과 신념이 원하는 현실을 끌어온다는 것 — 은 강력하며 현실을 조종하는 매우 실제적인 방식이다. 문제는 우리 대부분이 우리가 원하는 현실이 이미 존재하고 있다는 사실을 이해하지 못한다는 것이다. 이것을 진정으로 이해하기 전까지는 우리 자신을 그러한 현실로 이끄는 데 요구되는 마음가짐을 갖출 수 없다.

우주가 어떻게 작동하는지에 관한 철학적이고 수학적인 다양한 논의는 끊임없이 존재해왔다. 이 책에서도 어느 정도 다루게 될 흥미로운 주제이지만, 그 자세한 내용은 우리에게 중요하지 않다. 당신과 나는 지금, 여기 이 현실에 있다. 정말 중요한 점은 우리 모두에게 무한한 가능성이 있음을 이해하는 것이다.

당신은 갇혀 있지 않다. 당신의 미래는 카오스에 의해 결정된 것이 아니다. 당신은 선택할 수 있고 당신이 하는 모든 선택이 중요하다. 각각의 선택은 당신이 어느 고속도로를 따라갈 것인지에 영향을 줄 뿐 아니라, 당신이 지금의 고속도로에 남을지 말지에도 영향을 미친다.

내가 우주가 작동하는 방식에 관한 모든 답을 가지고 있는 건 아니다. 하지만 나는 나의 경험과 내게 코칭을 받았던 내담자들의 경험을 말해줄 수 있다. 하룻밤 사이에 신용등급이 바뀌고, 다친 발목이 처음부터 다친 적이 없는 상태가 되며, 알코올 중독에서 벗어나는 등 말 그대로 모든 것이 가능한 지점으로 현실이 이동했던 경험들을 말이다.

내가 당신에게 말하고 있는 것의 의미를 모두 받아들인다면, 당신은 무엇이든 할 수 있게 된다. 이것이 다중 우주 가설의 힘이다. 그것은 당신의 손에 달려 있다.

앞으로 나는 몇 가지 이론들을 설명할 것이다. 나는 나의 경험들을 확증해주는 이론들을 설명하고 내가 사실이라고 믿는 것들을 당신과 나눌 것이다. 우리는 먼저 양자물리학을 살펴보고 다세계 해석이 무엇인지 살펴볼 것이다. 그리고 내가 이러한 가능성, 즉 가능태 공간으로 이끌어주는 힘이라고 믿는 것들을 소개할 것이다. 아마 이 내용들은 당신과도 공명할 것이다. 그래서 여러분 중에 단 한 사람이라도 변화시킬 것이며, 나를 바꾸었듯이 당신의 삶도 바꿔놓을 것이다.

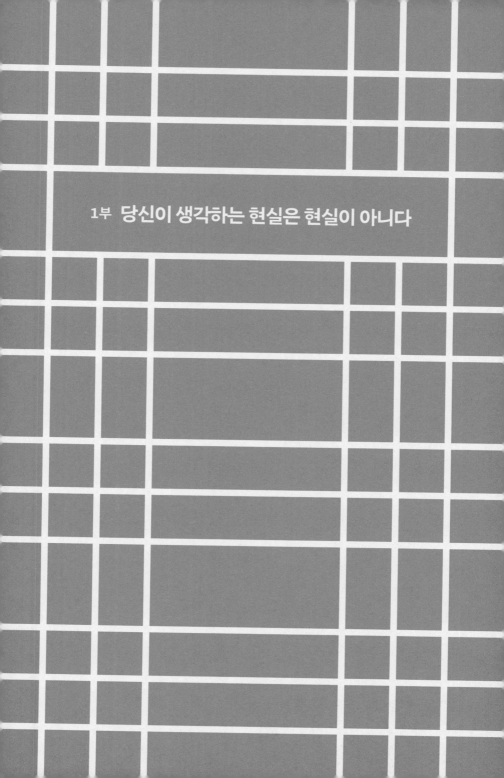

1부 당신이 생각하는 현실은 현실이 아니다

1장

양자역학

"이것은 실제 현실이 아니다. 실제 현실은 장막 뒤에 있다.

사실, 우리는 이곳에 있지 않다. 이것은 우리의 그림자다."

— 루미^{Rumi}

최근 들어 '양자'(quantum)라는 용어가 무분별하게 사용되고 있다. 우리 동네에는 양자 부동산(Quantum Realty)이 있다. 나는 운전하다가 양자 커피(Quantum Coffee) 매장 앞을 지나치기도 했다. "양자 도약"(quantum jumps, 이 책에서는 '퀀텀 점프'와 병행하여 사용했다. — 옮긴이)이라는 말을 들으면 우리는 흔히 경제 용어로 쓰이는 '비약적인 발전'이라는 뜻을 떠올린다. 사람들이 '양자'라는 단어를 여기저기에 모두 갖다 붙이는 바람에 단어의 의미가 희석돼버린 것이다.

양자의 실제 의미는 무엇일까? 이 용어는 1900년에 물리학자 막스 플랑크^{Max Planck}가 처음 도입한 것으로, 공식적으로는 "방출되는 복사 주파수에 비례하는 불연속적인 에너지양"을 의미한다. 오늘날 빛을 광자光子(빛의 알갱이)로 설명하듯이 기본적으로 아원자(원자보다 작은 입자. — 옮긴이) 입자의 물리적 성질이 정수배로 불연속하게 관측된다는 것이다. 이런 불연속성은 우리가 매일 보는 일상과는 매우 다르다. 예를 들어 우리가 컵에 물을 채울 때 그 수위는 연속적으로 차오르지 단번에 2밀리리터씩 높아지지 않는다. 이 양자적 성질의 발견으로 물리학에 대한 완전히 새로운 이해의 문이 열렸고, 이로써 양자 이론이 탄생했다.

물리학에서 양자 도약이라는 용어를 알려면 닐스 보어Niels Bohr의 전자에 대한 이해로 거슬러 올라가서 그 뒤로 이 개념이 어떻게 변천해왔는지 살펴봐야 한다. 닐스 보어는 행성들이 태양을 돌듯이 전자가 원자 주위를 도는 것으로 보았지만, 지금 우리는 전자가 마치 구름 같은 모습으로 존재한다는 것을 알고 있다. 전자는 그냥 움직이는 것이 아니라 한 지점에서 사라짐과 동시에 다른 지점에서 나타남으로써 이동한다. 오리건 대학의 물리학자 제임스 촘버트James Schombert는 이 현상을 이렇게 말한다. "양자 도약은 원자 내에서 전자의 배치 상태가 한 에너지 준위(원자 주변에서 진동하고 있는 전자가 에너지를 흡수하거나 방출하면서 가질 수 있는 에너지의 수준. — 옮긴이)에서 다른 에너지 준위로 바뀌는 것이다. 그것은 전자가 하나의 에너지 준위에서 다른 준위로 '점프'하는 것처럼 불연속적으로 나타나며, 일반적으로 몇 나노초 이내에 발생한다. 이것은 전자 들뜸(탈脫들뜸), 원자의 전이, 또는 양자 도약으로 알려져 있다."[2]

양자라는 말이 상표명으로 여기저기에 쓰일 정도로, 지금 우리는 양자의 시대에 살고 있다. 컴퓨터 기술부터 대규모 혁신에 이르기까지 모든 영역에서 양자물리학의 결실을 보고 있는 것이다. 당신은 인식하지 못하겠지만 사실 우리는 매일 양자물리학을 접하고 있다. 형광등이 작동하는 방식에도 양자물리학의 원리가 적용되는 것이 그 예다.

양자물리학에서 새롭게 발견한 것들을 적용함으로써 양자 컴퓨터는 우리가 모든 것을 보는 방식을 바꿔놓을 것이다. 양자 컴퓨터는 기존의 비트와 유사한 큐비트^{qubit}('퀀텀 비트'$^{quantum\ bit}$의 줄임말로, 고전 정보의 기본 단위인 비트를 양자역학적으로 확장한 것. — 옮긴이)를 사용하여 중첩 및 얽힘과 같은 양자적인 현상을 강력한 연산 자원으로 활용하는 방법을 제공한다. 그것은 오늘날 우리가 사용하는 전통적인 방식의 컴퓨터를 능가하는 엄청난 잠재성을 지니고 있다. 이론적으로 보면 기존 컴퓨터에서 수년의 시간이 걸리는 연산을 양자 컴퓨터는 단 몇 분 만에 처리할 수 있다. 이것은 제약 산업에서 사용하는 복잡한 분자 구조나 비행에 필요한 기류 모델처럼 기존의 컴퓨터로는 많은 시간이 소요되고 너무나 복잡했던 시뮬레이션을 훨씬 수월하게 처리할 수 있다. 기존 컴퓨터로는 불가능했던 시뮬레이션을 양자 컴퓨터가 수행할 수 있게 됨에 따라 주식 시장의 운영 방식에서부터 정보 보안, 일기 예보 그리고 트렌드 분석 등에 이르기까지 모든 분야에서 변화가 생길 것이다.[3]

다세계 해석을 받아들이는 물리학자들은 양자 컴퓨터가 평행 우주를 기반으로 작동하고 있다고 믿는다. 혁신적인 물리학자 데이비드 도이치David Deutsch는 이 기술이 평행 우주들 간에 이루어지는 협업에서 중요한 역할을 할 수 있을 것이라고 말한다. "평행 우주에 대한 양자 이론은 문제가 아니라 해법이다. … 그것은 직관에 반하는 놀라운 현실에 관해 설명해줄 수 있는 유일한 해석이다."[4]

기술이 발전함에 따라 우리의 이해 능력도 함께 성장하고 있다. 마찬가지로 몇몇 물리학자들이 형이상학적인 세계를 다루기 시작하면서 우리의 사고방식도 그 놀라운 가능성에 영감을 받게 되었다. 신시아 수 라슨은 《양자 도약》(Quantum Jumps)에서 이렇게 말한다. "양자 시대는 정보 시대를 뛰어넘어 불확실성을 즐기고, 얽힘 속에서 성장하며, 무수한 가능성에 대한 깨달음과 함께 번성하는 삶의 방식으로 우리를 이끈다. 양자 시대에서 우리는 시간과 공간의 모든 지점에 무수한 가능성의 현실들이 공존하고 있다는 사실을 믿는다."

내가 이 책에서 제시할 개념들은 비현실적으로 보일 수 있다. 하지만 사실 그것들은 매우 현실적인 방법과 결과를 포함하고 있다. 이 테크닉을 실행한 사람들은 말 그대로 그들의 눈앞에서 설명할 수 없는 방식으로 변화를 경험했다. 이것은 당신이 이 세상으로부터, 즉 당신 앞에 있는 모든 것으로부터 도약하여 스스로 창조해낸 현실 속으로 들어가게 도와줄 강력한 정보다.

이것은 당신의 삶을 완전히 바꿀 수 있다. 이것저것 생각하기에 앞서, 먼저 그 역학관계를 이해하는 것이 중요하다.

우주를 설명하는 이론들

적어도 수학에서 가장 쉽게 받아들여지는 이론은 닐스 보어가 설명한 양자물리학의 코펜하겐 해석이다. 그는 양자 입자들이 파동으로 존재한다고 제안했다. 그것은 파동함수가 붕괴될 때까지는 여러 위치에서 가능성으로 동시에 존재할 수 있다는 뜻이다. 입자는 각각 중첩된 일련의 확률 파동으로 균일하게 분포되어 있는데, 양자 선택이 이루어지려면 관찰자가 있어야 한다. 관찰자가 관측을 하면 하나의 결과만 나타난다. 기본적으로, 파동함수가 하나의 값으로 붕괴하는 것이다. 반면 다세계 해석에 따르면 하나의 결과가 아니라 가능한 모든 결과가 존재한다. 하나의 현실만이 아니라 다른 현실들이 동시에 항상 존재하는 것이다.

1950년대로 거슬러 가보자. 물리학자 휴 에버렛Hugh Everett은 모든 가능성은 고유하며 각각의 파동함수가 실재이기 때문에 그것들은 붕괴된 것이 아니라 모두가 실제로 일어나고 있는 것이라고 제안했다. 그의 다세계 해석은 각각의 관측으로부터 가능성들이 실제화되고 각각의 양자 사건이 관측됨으로써 조금씩 다른 무한한 현실들이 존재하게 된다는 것이다. 다중 우주에서는 모든 가능성이 동일하고 평행 우주가 나란히 함께 공존하지만, 서로에게 감지되지는 않는다.

당신은 《평행 우주》의 저자 미치오 카쿠가 평행 우주를 트랩 도어trap door(마루나 천정에 나 있는 문으로, 지하실이나 다락방과 연결된다. ─ 옮긴이)에 비유하는 것을 들어봤을지도 모른다. 하나의 트랩 도어를 열고 들어가면 당신은 바로 아래 있는 다른 구간으로 떨어진다. 각 구간에는 다른 이야기들이 동시에 펼쳐져 있다. 당신이 그 트랩 도어를 통해 특정한 방향으로 이동하기로 결정하면, 당신은 그 길을 따라가면서 새로운 우주 ─ 새로운 무대에서의 새로운 줄거리 ─ 를 창조하기 시작한다.

조금 더 깊이 들어가기 위해 나는 이 책 서문에 나와 있는 고속도로의 비유를 사용하고 싶다. 각 고속도로는 이전의 종착지에서 출발해 또 다른 목적지를 향해 이동한다. 각각의 고속도로는 나란히 뻗어 있으며 우리는 어느 특정한 고속도로 위에 있다. 고속도로는 계속 늘어나고 있고, 무한히 뻗어나가고 있으며, 때로는 출구나 곁길을 만나 서로 교차하기도 한다. 우리는 과거의 다른 위치에서 나란히 이동해온 또 다른 고속도로와 동기화되거나 하나의 고속도로와 다른 고속도로가 합쳐진 길을 따라 완전히 다른 어떤 곳으로 진입할 수도 있다.

내가 지금 말한 고속도로 비유는 다중 우주의 개념과 아주 잘 들어맞는다. 다중 우주는 많은 이론과 해석들에 의해 정의되어왔다. 많은 세계관과 각각의 관점은 다중 우주에서 조금씩 다르게 다가올 것이다. 내 목표는 당신에게 다중 우주가 작동하는 단 하나의 방식을 제시하는 게 아니다. 당신은 우리가 동시에 다른 모든 도로에 존재하고, 동시에 모든 도로에 대한 모든 정보를 가지고 있으며, 이미 각 도로의 우리 모두가 각각의 도로에서 다른 목적지를 향해 동시에 이동하고 있다고 믿을지도 모른다. 다양한 대답이 있을 수 있다. 하지만 우리가 이 개념과 관련하여 알아야 할 핵심은, 다세계 이론을 떠받치고 있는 수학이 아직 반증되지 않았다는 것이다. 오히려 데이비드 도이치와 같은 많은 저명한 물리학자들은 다세계 해석을 받아들인다.

〈양자 문제〉(The Quantum Problem)에서 에이드리언 켄트^{Adrian Kent} 교수는 이렇게 말한다. "우리 중 누구라도 몇 가지 가능한 결과를 가진 양자 실험을 할 때마다, 그 모든 결과가 다른 현실들에서도 나타난다. 각각의 현실은 우리 자신의 복사판을 가지고 있고 그 복사판들의 기억은 실험을 시작할 때까지는 똑같아 보이지만 그 후로 그들 각자는 다른 결과를 보게 된다. 이 미래의 자신들 중 누구도 자신이 진짜라는 어떤 특별한 주장을 하지 않는다. 그들 모두가 똑같이 실재이고 참되며, 그 실험을 시작한 사람의 확실한 계승자이다. 우주론에서는 똑같은 장면이 더 거대한 규모로 적용된다. 우주의 역사와 우리 행성의 역사에는 서로 조금씩 다른 현실이 수없이 존재하고 있고, 우리가 살아가는 현실은 그 중 하나다. 지구에 살고 있는 인류의 현실만 해도 헤아릴 수 없이 많은데, 사실 인류의 존재 자체가 유별난 것이다. 우리가 아는 지구나 지구 위 생명체가 아예 없는 현실도 무수히 많기 때문이다."

데이비드 봄^{David Bohm}의 홀로그램 해석에서 그는 우주가 물질과 의식을 모두 포함하는 거대한 홀로그램이라고 제안했다. 이 이론에 따르면 심지어 우주에서 가장 작은 조각 하나에도 전체에 관한 정보가 담겨 있다고 한다.

한편, 노벨상 수상자인 물리학자 리처드 파인만^{Richard Feynman}은 "다중 역사"(multiple histories)라는 것을 주장하는데, 양자역학의 다세계 해석 이론과 비슷한 내용이다. 독일의 양자물리학자인 H. 디터 제^{H. Dieter Zeh}는 이 개념을 계승했다. 그는 결 어긋남(decoherence)의 비붕괴(no-collapse) 해석에 따르면 거시세계를 끌어들이지 않아도 양자 현상을 설명할 수 있다고 주장했다. 그는 거시세계가 아니라 관찰자의 정신(mind)이 저마다 독립적인 요소를 가지는 식으로 병렬적으로 갈라지는 것이라고 말한다. 이것은 양자역학에 대한 가장 자연스러운 해석이 되었다. 물론 약간 꿈 같은 얘기로 들리겠지만 양자역학은 그 이상이다.

또 다른 유력한 평행 우주 가설 중 하나로 거품 우주(bubble universe)라는 개념이 있다. 빅뱅이 우리의 우주를 만들었을 뿐만 아니라 시간과 방향이 거꾸로 흐르는 반대 우주도 만들었다는 것이다. 이 이론에 따르면 그 우주에서 그들은 우리를 시간이 거꾸로 흐르는 것처럼 바라볼 것이다. 다른 우주들은 저마다 다른 물리 법칙, 중력, 시간 및 모든 것을 가질 수 있으며 각 우주는 캡슐처럼 자체의 거품으로 덮여 있다.

양자 현상

이 책에서 나는 양자 결맞음, 양자 얽힘, 터널링, 상태 중첩, 그리고 양자 원격 전송 등 많은 양자 현상을 언급할 것이다. 그리고 다중 우주 또는 평행 우주 — 두 용어는 상호교환적으로 사용될 수 있다 — 라는 형태로 존재하는 다중 현실에 대해서도 언급할 것이다. 하지만 우리가 인식하는 현실이 어떻게 유일한 것이 아닐 수 있는지 알아보기 전에, 이 각각의 용어들이 무슨 뜻인지부터 알아보자.

양자 얽힘

슈뢰딩거Schrödinger는 악명 높은 고양이 역설 말고도 또 다른 개념을 소개했다. 그것은 한 입자에 대해 수행된 작업이 다른 입자에도 영향을 주며, 이 영향력은 심지어 입자들이 서로 떨어져 있다고 해도 마찬가지라는 것이다. 그는 입자들이 몇 광년씩이나 떨어져 있어도 여전히 얽힘을 발견할 수 있다고 주장한다. 모든 양자 상태와 마찬가지로 연결된 정도가 약할 수는 있지만 말이다.

수학적 계산이 가능해지면서 이러한 얽힘들을 만들어내는 실험이 시작됐다. 연구자들은 두 입자를 얽히게 해서 각각 분리된 별도의 방에 두었다. 그 결과, 한 입자가 움직이자 다른 입자도 마치 그 둘이 함께 있는 것처럼 동시에 움직였다.

이 믿기지 않는 실험은 빛보다 빠른 물질은 없다고 말한 아인슈타인의 신념을 떠올리게 만든다. 서로 얽힌 입자들이 10광년 떨어진 곳에서도 실시간으로 영향을 주고받을 수 있다는 주장에 대해 아인슈타인은 '유령 같은 원격 작용'이냐면서 반박했다. 그런데 실제로 그것들은 동기화가 일어나면 빛의 속도보다 더 빠른 움직임을 보였다. 이런 모습은 얽혀 있는 입자가 서로 다른 공간에 멀리 떨어져 있을 때도 적용되는 것 같다.

관찰자 효과

양자물리학은 어떤 시스템을 단순히 관찰하는 것만으로도 그것을 변화시킨다는 침습적인 이론(invasive theory)에 기초하고 있다. 이것은 매우 결정적인 실험인 이중 슬릿 실험에 의해 확증됐다. 이 실험은 두 개의 작은 구멍이 있는 판을 통해 전자(quantum particles)를 통과시키고 그 입자가 구멍을 통과해 들어와 스크린에 나타난 흔적을 관찰하는 것이다. 잡지 〈플러스^{Plus}〉에 간단하고 명쾌한 설명이 수록되어 있는데, 그 일부를 소개하면 다음과 같다.

> 물리학에서 가장 유명한 실험 중 하나는 이중 슬릿 실험이다. 이 실험은 이루 말할 수 없이 기이하다. 물질의 작은 입자들은 각기 어떤 파동을 가지고 있는데 입자를 관찰하는 행위가 입자의 활동에 극적인 영향을 미친다는 것이다.
>
> 먼저 얇은 직사각형 형태로 두 개의 구멍이 나 있는 담벼락을 상상해보라. 그 벽에 테니스공을 던진다고 해보자. 어떤 공은 벽에 맞고 튕겨 나오지만 어떤 공은 구멍을 통과할 것이다. 구멍이 난 첫 번째 벽 뒤에 또 다른 벽이 있다면 구멍을 통과한 공은 두 번째 벽에 가서 부딪힐 것이다. 공이 두 번째 벽에 가서 닿은 지점을 모두 표시하면 무엇을 볼 수 있을까? 그렇다. 첫 번째 벽에 난 구멍과 거의 같은 모양이 나타나게 될 것이다.[5]

이제, 만약 당신이 공 대신 전자를 사용한다면 무엇을 볼 수 있을까? 공과 비슷한 무늬가 나타날 것이라는 게 자연스러운 답변이다. 왜냐면 전자는 원자를 구성하는 입자니까. 그렇지 않은가?

당신은 공과 마찬가지로 두 번째 벽에 두 가닥의 직사각형 무늬가 생기기를 기대할 것이다. 하지만 당신이 실제로 보게 되는 모습은 기대한 모습과 매우 다르다. 전자가 부딪힌 지점에는 파동이 만들어낸 간섭무늬가 겹쳐져 쌓여 있었다.

어떻게 이럴 수가 있을까? 한 가지 가능성은 전자가 어떻게든 서로 간섭하기 때문에 그것들이 독자적으로 있는 경우와는 다르게 같은 위치에 도착하지 않을 수 있다는 것이다. 하지만 전자를 하나씩 발사해서 그들이 간섭할 기회가 없도록 만들어도 여전히 간섭무늬가 생긴다. 이상하게도 각각의 전자는 파동의 간섭무늬처럼 보이는 전체적인 패턴으로 나타난다. 각각의 전자가 어떻게 해서든 갈라져서, 두 개의 구멍을 동시에 통과한 뒤에 스스로 간섭을 일으키고, 두 번째 벽에서 하나의 국소화된 입자로 만나기 위해 재결합하는 것이 가능한 걸까?

전자가 어느 쪽 슬릿을 통과하는지 알아보기 위해 당신은 슬릿 옆에 관측 장비를 둘 수 있다. 이게 정말 기이한데, 장비로 관찰을 해보니 앞서 첫 번째 장면과 같이 스크린에는 두 줄의 입자 무늬가 나타나는 것으로 바뀐 것이다! 간섭무늬가 사라졌다. 어쨌든 관찰하는 행위가 전자를 테니스공처럼 움직이게 한 것처럼 보인다. 그것은 마치 자신들이 감시당하고 있다는

것을 알고서 기묘한 양자의 속임수를 들키지 않기로 작정한 것만 같다.[6]

이 실험은 다음과 같은 질문을 하게 만든다. 입자(또는 빛, 페인트 볼, 전자)는 다른 장벽을 의식하고 있는 걸까? 실험자가 의식하기 때문에 움직이는 것일까? 우리가 이 문제 안으로 관찰을 끌어들일 때 의식의 문제는 더욱 두드러지게 된다. 전자가 두 장벽 사이에 있을 때는 파동인 것처럼 한 번에 여러 위치에서 중첩된 상태로 이동한다. 그러나 관측 장비로 전자가 슬릿을 통과할 때의 위치를 관찰하려고 하면 파동은 다시 입자로 붕괴된다.

다시 말해서, 관찰자 효과가 실재한다는 것이다. 입자는 동시에 여러 곳에 존재할 수 있고, 관찰하는 순간 변한다. 이것이 슈뢰딩거의 고양이, 즉 관찰될 때까지는 살아 있기도 하고 동시에 죽어 있기도 한, 상자 속의 관찰되지 않은 고양이에 대한 개념이다. 과학자들은 전자가 중첩 상태(상자에서 관찰되지 않은 상태)로 존재할 수 있다는 것을 알게 됐다. 그것은 관찰되지 않을 때는 다양성으로 존재하고 관찰되는 순간 단일한 것으로 존재한다.

비디오 게임을 생각해보라. 게임 속 현실에서 당신은 오직 당신이 머물러 있는 세계만 본다. 당신이 있지 않은 세계는 당신에게 실제로 존재하지 않는다. 물론 다른 부분들이 프로그램 안에서는 존재하지만, 오직 당신이 있는 영역만이 현실이 된다. 이것이 관찰자 효과다. 다른 부분들이 붕괴되면서 현실이 창조되는 것이다.

만일 우리가 관찰자의 힘을 고려한다면 우리는 우주에 관한 각각의 모든 논의가 관찰자와 관련 있다는 것을 인식해야만 한다. 오랜 기간에 걸친 각각의 관찰과 신념은 현실에서 어떤 근거를 보여줄 것이다. 내가 나에게서 발견한 것, 내가 코치했던 사람들, 책을 통해 만난 사람들 그리고 내가 접해온 사례들로부터 얻은 보다 집중된 신념과 이러한 원리의 적용은 더 많은 변화 — 더욱 강력하고 관찰 가능한 현실 — 를 만들어낸다. 그것은 엄청나게 강력하다.

양자 터널링, 양자 원격 전송, 양자의 상태 중첩

터널링tunneling은 입자의 에너지가 그것을 가둬두고 있는 장벽의 에너지보다 작을 때에도, 희박한 확률이지만 입자가 장벽을 통과하여 나올 수 있음을 의미한다. 물질은 입자와 파동 둘 다이기 때문에 파동으로서 장벽을 통과한 다음에 다시 입자가 될 수 있다. 즉, 파동의 형태는 에너지로써 장벽과 한계를 통과할 수 있게 해준다는 말이다. 파동에 대한 이러한 설명은 여전히 매우 기초적이라, 당신은 이 책의 한계를 넘어 그것을 좀더 철저하게 파고들 수 있다.

솔직히 나는 여전히 이 개념을 완벽하게 이해하지 못하고 있다. 하지만 나는 이런 비유를 들은 적이 있다. "어떤 상자 안에 갇혀 있는 입자가 스스로 그 밖으로 나올 확률은 결코 0이 아니다." 그러니까 벽을 통과할 수 있다는 말이다!

중첩 또한 매력적인 개념인데 초심자의 용어로 설명하기가 쉽지 않다. 중첩(superposition)이란 여러 가지 것들이 한자리에 포개져 있다는 뜻이다. 양자물리학의 관점에서 입자는 여러 상태의 중첩으로 존재할 수 있다. 예를 들어 큐비트는 0과 1의 중첩 위치에 있을 수 있다. 중첩은 강력한 도구다. 왜냐면 만약 당신이 중첩 상태에서 단일 큐비트에 대한 함수를 실행한다면 그 함수는 0과 1 모두 — 하나의 값에 두 개 — 에서 함수를 실행하는 것과 같기 때문이다.

양자 결맞음과 거시적인 수준의 예들

위상位相과 주파수의 조건에서 두 개의 파동이 일치할 때 그것을 '결맞음이 되었다'고 한다. 이것은 반드시 시스템의 모든 부분이 동기화된다는 것을 의미하지는 않는다. 가령 일관성이 없는 상태의 중첩이 있을 수도 있다. 하지만 이것이 양자 결맞음(quantum coherence)의 원칙이다. 새들이 서로 부딪치지 않고 마치 패턴을 형성하듯이 함께 무리를 지어 날아가는 것이 양자 결맞음의 좋은 비유다.

2010년 3월, 캘리포니아 대학 산타 바버라Santa Barbara 캠퍼스의 에런 오코널Aaron O'Connell과 그의 동료 연구원들은 양자 중첩 상태로(멈춰 있는 동시에 진동하는 상태. — 옮긴이) 존재하는 아주 작은 금속 조각을 눈에 보이는 증거로 목격했다. 또 우리는 수천 개의 아원자 입자가 얽히고 중첩된 상태로 존재하는 바이러스들을 보기 시작했다. 더 시간이 지나면 우리는 거시적인 상태에서 더 많은 예를 보게 될 것이라고 나는 믿는다.

지금까지 우리는 실험실에서의 매우 통제된 조건에서 진행한 실험 말고 거시적 차원에서 이런 현상들의 여러 증거를 본 적이 없다. 이 책에서 나는 인간 사이에서의 얽힘 같은, 주로 형이상학적인 범주에 해당하는 것들을 탐구할 것이다.

시간과 지각의 형이상학

강도 사건을 경험하고 나서 나는 되도록 많은 물리학자와의 대화를 시도했다. 대부분은 내게 시간을 내주려고 하지 않았다. 하지만 그런 반응을 보인 대부분은 내가 관심을 두는 거시적인 영역보다는 미시적인 영역을 연구하는 사람들이었다. 그 두 영역은 확실히 차이가 있기는 하지만, 양자 얽힘, 양자 결맞음, 상태 중첩의 영향에 대한 거시적 영역에서의 예들이 연구를 통해 점점 더 나타나고 있다.

해머로프[Hameroff]와 펜로즈[Penrose]의 '조화 객관 환원 이론'(Orch-OR, Orchestrated Objective Reduction theory)에 따르면 의식은 뇌의 뉴런 안에서 발견되는 미소관微小管(세포 내에 존재하는 가느다란 튜브형의 기관으로, 세포의 골격 유지와 세포의 이동에 관여한다. — 옮긴이) 내부에서 일어나는 더 깊은 수준의 양자 진동에서 비롯된다. 이 이론은 뇌가 잠재적으로 양자 컴퓨터이며 의식을 창조하는 데 양자 신호를 이용하고 상호작용한다는 것을 의미할지도 모른다. 그리고 이것은 양자적 특성이 거시적인 수준에서 일어난다는 생각에 신빙성을 부여할 수 있다.[7]

우리의 몸, 세포 그리고 마음은 끊임없이 양자 신호를 주고 있는데, 우리는 이것을 양자 얽힘과 양자 결맞음의 개념으로 그려볼 수 있다. 이는 전자와 입자가 동시에 여러 상태로 존재할 가능성이 있다면 우리 자신도 동시에 평행한 상태 — 양자 중첩 상태 — 로 존재할 수 있다는 것이다. 다세계 이론에서 파동은 붕괴되지 않는다. 각각의 입자들이 취할 수 있는 가능한 상태는 그와 관련된 확률을 가지고 있다. 만약 이 말이 사실이고 그것이 미시적인 영역에서 존재할 수 있다면, 거시적인 영역에서도 존재할 수 있다고 나는 믿는다.

당신이 누군가와 충분히 가까워지면 당신은 그 사람과 생각과 감정을 나누기 시작한다. 당신은 누군가가 문득 떠오를지도 모른다. 바로 그때 상대방이 당신에게 전화를 걸어올 것이다. 이 장면에서 에이브러햄 라즐로^{Abraham Laszlo}가 《뒤엉킨 마음들》(Entangled Minds)에서 탐구했던 과학적인 일이 일어나고 있는 것이다. 또 우리는 긍정적인 에너지를 보내면 그것이 우리에게 되돌아오는 것을 뉴에이지 개념에서 볼 수 있다. 같은 방식으로 만약 당신이 뉴스를 보면서 또는 가까운 친구들과의 관계에서 부정적인 것에 엮이게 되면 그 부정적인 것이 당신에게 영향을 미치기 시작한다. 이것은 우리가 그러한 생각과 사람들에 얽혀 있기 때문이다.

문제는 우리가 우리 자신의 인식 안에 갇혀 있다는 것이다. 그 인식은 정신이나 의식일 수도 있지만, 우리가 처한 특정한 현실에 우리를 가두어놓는다. 양자 중첩은 우리의 다양한 존재와 상태가 다른 현실에서도 존재한다는 것을 말해준다. 심지어 우리가 그것을 인식하지 못하더라도 말이다. 당신도 나처럼 이러한 서로 다른 상태들이 실제 물질적인 현실로 존재한다고까지 믿을 필요는 없다. 사실 그것들은 아직 실현되지 않은 정보 공간의 잠재적 구조체로서 존재하는지도 모른다.

변화를 위한 선택

요점은, 무수히 많은 각각의 세계들이 정확히 어떻게 기능하는지에 대한 철학적이고 수학적인 논의가 계속되고 있다는 것과 우리에게 정말로 중요한 건 이것이 아니라는 것이다. 우리는 지금 우리가 처한 현실 속에 있다. 우리는 어떻게 하면 그 현실을 해킹하고 다른 결정을 통해 현실을 조종하며, 우리가 할 수 없다고 믿었던 것들을 성취할 수 있는지 그 방법을 알아내기를 원한다.

내가 이러한 이론들로 이야기를 시작하는 건 이 이론들이 믿기 힘들 정도로 놀라운 생각에서 온 것이기 때문이다. 우리는 아인슈타인, 스티븐 호킹, 리처드 파인만에 대해 이야기하고 있는데, 그들은 각자 현실의 복잡성에 대한 획기적인 방정식과 이론을 생각해내면서 온 일생을 보냈다. 이 책에 담긴 사상들은 내가 더 나은 삶에 대한 약속을 팔기 위해 꾸며낸 괴짜 뉴에이지 철학이 아니다. 이 개념들은 우리 시대의 지적 거장들이 수학적으로 유효한 이론적 모델에서 신뢰성과 근거를 기반으로 발전시켜 온 개념들이다.

우주가 작동하는 정확한 방식에 대해 의심할 여지는 충분히 있으며, 그만큼 다양한 대안을 고려할 수 있는 여지도 많다. 단지 이러한 가능성이 존재한다는 것을 이해하는 것만으로도 우리는 영적으로, 경험적으로 열리게 된다.

이 말을 이해하라. "우리는 갇혀 있지 않다."

우리의 미래는 카오스에 의해 예정된 것이 아니다. 우리에게는 선택권이 있다. 이 사실을 더 깊이 이해할수록 우리의 선택은 더욱 중요해진다. 만약 당신이 모든 목적지를 마음대로 이용할 수 있다는 것에 동의한다면, 그것을 현실로 나타내기 위해 이전과 다른 행동을 하기로 선택하는 당신을 무엇이 가로막겠는가?

도약의 개념

지금 시대에 평행 우주는 확실히 사람들의 집단의식에서 많은 부분을 차지하고 있다. 우리는 영화와 티브이 쇼에서부터 대중 소설과 비디오 게임에 이르기까지 어디에서나 평행 현실을 언급하는 것을 볼 수 있다. 영화 〈어벤저스 — 엔드 게임$^{Avengers — End Game}$〉부터 미국 드라마 〈프린지^{Fringe}〉, 애니메이션 〈릭과 모티〉(Rick and Morty)에 이르기까지 모든 인기 있는 영화와 티브이 쇼가 다중 우주의 가능성을 탐구하려는 것처럼 보인다.

바딤 젤란드가 가능태 또는 인생 트랙이라고 부르는 것과 관련된, 정말이지 믿기 힘들 만큼 놀라운 이야기들이 있다. 프레더릭 도슨은 발목을 삐었을 때, 누운 자세에서 자신은 이 상황에서 당연히 도약할 수 있다고 생각했다고 한다. 몸을 굴려서 다시 다리를 움직여보니 발목은 완전히 나아 있었다. 조 디스펜자$^{Joe Dispenza}$ 박사는 자신이 개최한 3일간의 콘퍼런스에 참석한 뒤, 종양이 완전히 사라졌다는 사람들의 사례를 다양하게 가지고 있다. 내가 이런 일들이 일어날 수 있다고 믿는 유일한 길은 그들이 다른 인생 트랙에 있는 다른 몸으로 말 그대로 이동했다고 가정하는 것이다.

만약 우리에게 충분한 에너지가 있다면, 나는 우리가 거시적 영역에서도 '점프'할 수 있다고 생각한다. 단지 가설적이고 문자적인 점프가 아니라 더 나은 현실을 창조하는 사고방식으로서의 점프를 만들어내는 것이다. 나는 그것을 보고 느낀 적이 있다. 강도 침입 사건이 일어나기 전에 나는 버트 골드먼의 퀀텀 점프 명상 세트와 신시아 수 라슨의 《양자 도약》(Quantum Jumps)에 제시된 안내를 따랐다. 이 두 작가는 명상, 기공, 요가를 통해 평행한 타임라인으로 점프하기 위한 충분한 에너지를 모을 수 있다는 생각에 전념했다. (이 책에서 나는 주로 현실 변환과 현실 조종에 중점을 두겠지만 관심 있는 사람들을 위해 퀀텀 점프와 그 실천 방법들에 대한 자세한 내용도 담았다)

중요한 점은, 우리가 다른 길을 택하면 원래의 길은 더 이상 존재하지 않는다는 걸 이해하는 것이다. 우리는 한 번에 하나의 현실만 인식할 수 있는 관찰자들이다. 즉, 한 번에 고속도로 하나만 경험할 수 있다는 것이다. 그래서 우리는 마치 하나의 도로에만 있었던 것처럼 느낀다. 때때로 우리는 다른 장소에서 운전하는 방법을 잊어버릴 정도로 오랫동안 한 도로에만 머무를 수도 있다. 비포장도로나 바위가 많은 길을 운전하는 것에 대한 우리의 해석 방식은 다른 길로 전환하려는 시도를 방해할 수 있다. 물론 그런 경우에는 이동하기가 좀더 어렵긴 하겠지만, 그래도 여전히 가능하다는 것을 알아야 한다. 요점은, 우리는 이전의 자동 운행 모드를 끄고 나서 우리의 기분이 어떠하든 상관하지 않고 자신의 운전대를 쥐고 자신의 길을 계속 운전할 수 있다는 것이다.

이 개념은 내 인생을 바꿔놓을 정도로 감동적이었다. 그래서 나는 글을 써야만 했다. 이 개념이 쉬워서가 아니라 쉽지 않아서다. 여러 전제 가운데 일부는 어려운 내용이기 때문에 당신은 열심히 실행에 옮겨봐야 하고 약간의 집념도 보여줘야 한다. 하지만 만약 모든 것이 가능하다면? 우리가 지금 당장 우리의 치유와 성공이 있는 현실로 이동할 수 있다면? 그것은 심오하고 강력한 것이다.

우리가 믿을 수 없을 정도로 의식이 높든 아니면 절망적으로 우리 자신의 길에 갇혀 있든, 특정한 방향으로 이동하기 위한 유일한 길은 의도와 자각이다. 우리 대부분은 도로에서 벗어나 다른 고속도로에 올라타더라도 운전대에서 손을 떼고 차가 알아서 운전하도록 내버려둔다. 우리는 스스로를 전혀 통제할 수 없는 것처럼 행동한다. 내가 이 책에서 전하고 싶은 것, 곧 내가 굳게 믿는 진실은 이것이다. 당신은 당신의 운전대를 잡을 수 있다. 아니, 잡아야만 한다. 길을 잘 보라. 당신 내면의 내비게이션을 따르라. 만약 내비게이션이 당신에게 더 나은 경로로 안내하는 샛길을 볼 수 있다면 그 길에 올라타 당신이 원하는 목적지로 가라. 이것이 바로 우리가 계속 이 책에서 탐구하려는 것이다.

우리가 시간에 대해 생각할 때 범하는 실수 중 하나는 시간을 직선형이라고 가정하는 것이다. 우리는 A 지점에서 B 지점, C 지점에서 D 지점까지 하나의 단일한 타임라인을 따라 걷고 있다고 생각한다. 우리는 시간에 대한 이러한 사고방식이 아인슈타인의 상대성 이론에 근거하고 있다는 사실을 알고 있다. 그리고 우리가 더 많은 이론을 고려할수록 시간은 직선이라기보다 호수와 같다는 것을 더 명확하게 알 수 있다. 우리가 취하는 행동은 호수에 던져진 조약돌과 같고, 그로 인해 일어난 파문은 미래와 과거를 향해 나아가며 그 모두는 현재와 동시에 공존한다.

시드니^{Sydney} 대학교 시간 연구 센터(the Centre for Time)의 공동 책임자인 크리스티 밀러^{Kristie Miller} 박사에 따르면, 블록 우주 이론(Block Universe Theory)은 우주를 지금까지 일어난 모든 것들을 담고 있는 거대한 4차원 시공간 블록으로 바라본다. 블록 우주에는 '지금'이나 현재가 없다. 모든 순간은 단지 세 개의 공간 차원과 한 개의 시간 차원 안에서 서로 상대적으로 존재한다. 현재에 대한 당신의 감각은 블록 우주에서 당신이 그 순간 어디에 있는지를 나타낸다. '과거'는 그 뒤에 '미래'가 위치하는 동안 단지 그 앞에 있는 우주의 한 조각일 뿐이다.[8] 바딤 젤란드는 이 블록 우주에서 아이디어를 확장한다. 우리에게는 하나의 미래만 있는 것이 아니라 선택할 수 있는 다양한 미래가 있다는 것이다.

미래를 인식하는 것에 대한 이 생각을 처음 탐구하기 시작했을 때 나는 《풀리지 않는 미스터리》(Mysteries of the Unexplained)

라는 책을 발견했다. 이 책에 따르면 1965년 케임브리지^{Cambridge} 대학의 수학자이자 물리학자였던 에이드리언 돕스^{Adrian Dobbs}는 사건이 전개될수록 아원자 수준에서 변화가 있을 가능성은 상대적으로 적다고 제안했다. 그러나 이 과정에서 시간의 다른 차원에서 교란이 발생하여, 파면(wavefront)이 만들어진다고 했다. 그는 이 파면을 양전자 파면(positronic wavefront)이라고 불렀다. 이 파면은 뇌의 신경세포에 의해 나타날 수 있는데, 특히 민감한 사람들이나 민감성을 계발하려고 노력했던 사람들에게서 나타날 수 있다.

또 돕스는 파면을 수면水面을 비유로 들어 설명했다. 연못에 장난감 배가 떠 있는 장면을 떠올려보라. 연못가에는 배가 움직여도 그 배를 볼 수 없는 아주 작은 사람이 서 있다. 배가 앞으로 이동하면 물결이 일렁이면서 파면이 만들어지고 파면은 사람이 서 있는 물가에 도달하기 시작한다. 이 파면은 잡초, 나뭇잎 그리고 고정되어 있거나 연못을 천천히 떠다니는 통나무 주위에 일렁인다. 그리고 이 각각의 물체도 수면에 교란을 일으킨다.

만일 연못가에 서 있는 사람이 연못의 물결을 일으킬 수 있는 물체들을 오랫동안 관찰한 경험이 있다면, 도달하는 물결만 보고도 그 물체에 대한 자세한 정보를 파악할 수 있을 것이다. 그는 파면을 관찰하면서 물 위에 있는 대상의 형체를 파악할 수 있고 그 물체가 물가로 떠내려오기까지 걸리는 시간도 계산할 수 있다.

돕스는 사람들이 미래에 대한 감정, 직감이나 본능을 갖게 될 때 우리가 실제로 평행 우주 안에 있는 모든 인생트랙들 — 물 결과도 같은 — 에 대한 인식을 갖게 된다고 믿었다. 그런 인식을 갖고 있는 이들이 바로 9·11 테러 당시 비행기에 타지 않은 사람들, 불이 날 건물 안으로 들어가지 않은 사람들, 선로를 이탈할 열차에 타지 않은 사람들이다.

프레드 앨런 울프^{Fred Alan Wolfe}는 그의 저서 《평행 우주: 다른 세상을 찾아서》(Parallel Universes: The Search for Other Worlds)에서 이렇게 말한다. "미래가 현재에서 역할을 수행할 수 있다는 사실은 양자물리학의 수학 법칙에 대한 새로운 예측이다. 말 그대로, 수학 공식은 미래가 어떻게 우리의 현재로 들어오는지 뿐만 아니라 우리의 마음이 어떻게 평행 우주의 존재를 감지할 수 있는지를 보여준다."[9]

바딤 젤란드의 리얼리티 트랜서핑 모델은 모든 시간이 동시에 존재한다는 개념을 사용한다. 가능태 공간이라는 곳을 통해 모든 미래와 과거에 접근할 수 있다는 것이다. 바딤은 "가능태 공간에서는 무엇이든 가능하다"고 말한다. 그는 미래에 나타날 수 있는 가능한 모든 변화를 포함하는 정보 구조체가 우리 주위에 존재한다고 믿는다. 일어날 수 있는 모든 다양한 현실들 — 모든 사건 — 은 동시에 일어난다. 존재하거나, 존재했거나, 존재할 모든 것들이 동시에 존재한다는 것이다. 그리고 우리가 가지고 있는 것은 그것에 관한 정보뿐이다. 만약 내가 매일 아침, 점심, 저녁으로 빅맥을 먹겠다고 결정한다면 그 길의 어딘가에는 몸집이 아주 거대한 또 다른 나의 버전이 존재하게 될 것이다. 하지만 내가 인생트랙 전체를 경험할 필요는 없다. 나는 미래의 파도에 올라탈 수 있고 이 시간의 바다에 떠 있는 다른 지점들로 이동할 수 있다.

몰입 상태에 접근하기

이 책의 가설은 우리가 이러한 현실들에 점점 더 민감해지고, 연못의 물결 위에 올라타는 것, 그리고 그 물결 위에서 우리의 길을 조종하기 위해 우리가 할 수 있는 일들에 대해서도 점점 더 민감해질 수 있다는 것이다. 성공적으로 이 과정을 수행하기 위한 한 가지 방법은 '몰입 상태(flow state)'로 들어가는 것이다. 나는 우리가 그곳에서 미래를 엿볼 수 있다고 믿는다.

우리는 일반적으로 몰입 상태에 있을 때 더 높은 생산 능력을 보이곤 하는데, 흥미롭게도 그렇다고 해서 이런 현상이 우리 두뇌가 더 활성화된다는 것을 의미하지는 않는다. 스티븐 코틀러 Steven Kotler의 몰입에 관한 연구가 이 반대의 경우를 보여준다. 빠르게 랩을 하는 래퍼들처럼 무언가를 특출나게 잘하는 사람의 뇌를 관찰해보니 편도체와 전두엽 피질은 실제로 활성화되지 않았다는 것이다. 에고ego는 우리의 생존을 돕기 위해 우리를 제약하고 있지만, 우리는 그것을 꺼버리고 몰입 상태로 들어갈 수 있다. 그리고 그 상태에서 정말로 믿을 수 없는 미래의 평행 현실에 접근할 수 있다.

모든 일이 동시에 일어난다는 시간 개념은 많은 종교가 탐구해온 것이다. 인도의 불교 경전에는 '인드라망'이라는 말이 있다. 이것은 강력한 신이 소유하고 있는 무한히 넓은 그물망을 말하는데, 그 그물은 신의 궁전에 드리워져 있다. 그물의 이음새마다 투명 구슬이 달려 있고, 구슬은 각각 다른 모든 구슬의 형상을 반영하고 있다. 시간은 그러한 다면적인(하나 안에 모두가 들어 있는 — 옮긴이) 구슬과도 같다. 인드라망은 우리 주위에 걸쳐 있으며 우리는 언제 어디서나 그곳으로 접근할 수 있다.

　　기도에 대한 개념도 이러한 시간 개념과 연결될 수 있다. 린 맥태거트Lynne McTaggart의 저서《의도 실험》(The Intention Experiment)에서 린은 어떤 사람이 기존 연구들의 결론 도출 방식을 어떻게 반박하고 싶어했는지를 설명한다. 그는 사람들에게 모르는 사람들의 명단을 주고 그들이 더 건강해지도록 기도하라고 지시했다. 그리고 기도를 받은 환자들과 그렇지 않은 대조군 환자들의 건강 상태에 유의미한 차이가 있음을 발견했다. 여기서 놀라운 점은, 이 실험에 쓰인 환자들의 명단과 건강 자료가 5년 전의 것이었다는 사실이다. 이 결과는 미래의 기도가 과거의 사람들을 더 건강하게 만들었을 가능성이 있다는 것을 보여준다.[10]

　　이와 유사하게, 나는 우리의 현재가 과거에도 영향을 줄 수 있다고 믿는다. 당신이 과거에 했던 어떤 일을 다시 떠올려보라. 하지만 이번에는 이전과는 다르게 접근해보라. 처음에는 우리의 신념이 변화의 범위를 제한할 수 있다. 하지만 적어도 이것은 변화를 일으킬 수 있는 치료적인 활동이다. 과거에는 나도 실수를 했고 부끄러운 일을 했다. 나는 그것을 바꾸기 위해 다시 과거로 돌아갔는데, 그때 나는 내가 더 자신감이 생겼다는 것을 알게 됐다. 과거의 그 기억들이 이전처럼 나를 그렇게 힘들게 하지 않았다. 우리는 보통 과거에 일어난 일들을 바탕으로 미래를 결정한다. 따라서 이런 활동은 설령 과거에 실제로 일어난 일이 아니더라도 과거의 기억을 저 멀리 놓아주는 심리적 연습이 될 것이다.[11]

효과적인 퀀텀 점프를 하기 위해서는 당신의 과거를 놓아주는 것이 관건이다. 과거에 의해 규정된 것을 모두 짊어지고 다니는 한, 당신이 미래에 가질 수 있는 것은 지극히 제한적일 것이다. 나는 이 원칙들을 인간관계, 부모와의 관계, 어린 시절의 트라우마에 적용하기 시작했다. 그리고… 나는 강도 침입 사건 당시 내가 들었던 음성이 내 음성이었는지 궁금했다. 내가 나를 도우려고 그때로 돌아갔던 건 아닐까? 나는 혹시나 하는 마음에 한번 시도해보기로 했다. 나는 깊은 명상에 들어갔고, 사건이 일어났던 시점으로 돌아갔다. 소파에 누워 있는 내가 보였다. 나는 나에게 걸어가서 소리쳤다. "일어나, 문을 닫아!"

정말로 그때의 그 음성이 나를 안내하려고 미래에서 온 또다른 나였는지 아닌지 확신할 수는 없다. 하지만 그때 나는 안내받고 있다고 느꼈다. 어쩌면 미래의 내가 이미 일어난 사건을 바꾸기 위해 과거로 돌아갔고, 그래서 내가 지금도 여전히 살아 있는지도 모른다. 그 가능성은 엄연히 존재한다.

나는 이미 일어난 일을 바꾸기 위해 과거로 돌아갈 때, 기분이 고양되는 것을 느낀다. 부담과 짐은 덜어지고, 하고 싶었던 일에 접근하는 데 필요한 자신감은 붙는 느낌이랄까.

신념 요인

이 모든 것의 열쇠는 당신의 신념에 달려 있다. 신념이 곧 마법이다.

우리가 태어났던 시점으로 거슬러 올라가보자. 우리는 빛과 어둠, 부양과 충족, 행복과 고통에 대한 신념을 부여받는다. 백지가 있고, 거기에는 무엇이 옳고, 어떻게 의사소통하며, 어떻게 먹어야 하는지에 대한 정보로 채워져 있다. 이것들은 모두 우리의 선택과 상관없이 우리에게 주어진 것이다. 이 정보들은 우리 바깥에 존재하는 반면에, 우리의 무의식은 우리 안에서 심장을 뛰게 하고, 폐를 숨 쉬게 하며, 생각이 신념 체계를 유지하도록 지시하고 있다. 그러므로 관건은, 우리에게 주어진 것에서 벗어나 무의식을 인식하는 것이다.

우리는 이러한 신념 패턴에 의해 형성되었다. 웨인 다이어 Wayne Dyer는 당신의 바람이 삶에서 나타나는 것을 보고 싶다면 당신의 가슴이 바라는 것을 믿을 필요가 있다고 말했다.[12] 잠언 23장 7절을 보자. "무릇 그 마음의 생각이 어떠하면 그의 사람됨도 그러하니."[13] 《디바인 매트릭스》와 《믿음 코드 31》의 저자 그렉 브레이든 Gregg Braden은 이렇게 말한다. "그러나 우리의 힘을 완전히 깨우기 위해서는, 삶에서 우리 자신을 생각하는 방식에 대한 미묘한 변화, 즉 신념의 전환이 필요하다."[14]

이것이 바로 이 책에서 다른 어떤 것보다 먼저 양자물리학을 다뤄야 했던 이유다. 양자물리학은 신비로워야 할 필요가 없다. 오히려 당신이 원하는 현실을 자유롭게 선택할 수 있도록 당신의 신념을 뒷받침해줄 수 있는 과학적 근거가 되어줄 수 있다.

하지만 핵심은, 단지 이해하는 차원에서 그치는 것이 아니라 당신의 굳은 신념을 깨뜨리고 새로운 신념이 당신의 삶으로 들어올 가능성을 열어두는 것이다. 어쩌면 이미 당신은 현실 변환을 경험했지만, 그것을 대수롭지 않게 여겼을지도 모른다. 예를 들어, 집에 있던 물건들이 사라진 경험을 한 적이 있는가? 신시아 수 라슨은 설문조사를 통해 33퍼센트의 사람들이 식물이나 동물이 사라지는 것을 본 적이 있다는 결과를 얻었다. 또 신시아는 버클리 마리나에 있는 거대한 해시계에 관해서도 이야기했다. 신시아는 홀로 이곳을 찾을 때마다 해시계 조각상을 보곤 했는데, 친구들과 함께 있을 때는 단 한 번도 보지 못했다는 것이다.

이렇게 우리는 우리 주변에서 현실 변환의 증거를 끊임없이 접하고 있다. 다만 우리가 붙들고 있는 신념이 현실을 또 다른 관점으로 볼 여지를 주지 않는 것이다. 여기서 실제로 무슨 일이 일어나고 있는지 누가 알겠는가? 뭔가가 바뀌었거나 현실 변환이 일어났다는 것을 우리가 실제로 알 수 있는 방법은 무엇일까? 이것을 당신에게 입증할 방법이 내게는 없다. 우리가 실제로 가지고 있는 모든 것은 우리가 있는 지금 이 순간뿐이다.

당신은 시간이 일직선으로 흐르지 않는다거나 우리가 다른 자아에 접근할 수 있다고 말하는 나를 믿지 않아도 된다. 당신은 전혀 나를 믿을 필요가 없다! 나는 과학자가 아니라 공상과학 마니아다. 나에게는 분명 편견이 있다. 어쩌면 내 내면의 깊은 어딘가에, 이 말이 모두 사실이기를 바라는 마음이 있는지도 모른다.

하지만 나는 당신이 현실 변환을 현실에 적용할 수 있다고도 믿는다. 그리고 이 모든 것들을 뒷받침하는 것은 신념이다.

신념이 우리를 인도한다. 그것은 고속도로를 달리는 자동차에 들어 있는 휘발유와 같다. 성공학의 거장이자 《신념의 마력》을 쓴 저자인 클라우드 브리스톨Claude Bristol도 신념이 우리를 정의한다고 믿는 전문가들과 철학자들의 무리에 동참했었다. 신념은 우리의 가장 큰 장벽이자 가장 강력한 도구다.

소리가 물방울을 통해 물결치면서 가시적인 파동을 만들어내는 것처럼, 신념의 파동은 우주의 양자 소재를 통해 물결치면서 가시적인 우리의 몸이 된다. 즉 치유, 풍요, 평화, 질병, 삶의 고통 같은 것들에 신념이 영향을 미친다는 것이다. 소리를 조율하여 소리의 패턴을 바꿀 수 있듯이 우리는 신념의 조율을 통해서 우리가 소중히 여기는 모든 것을 보존할 수도 있고 파괴할 수도 있다.

우리가 우리 자신의 현실을 스스로 선택할 수 있다는 신념은 무거운 것이다. 신념은 우리가 창조한 것들에 대해서 책임을 지길 요구한다. 당신은 그 책임에서 오는 중압감으로 인해 힘들어할지도 모른다. 어쩌면 종교적, 정치적 신념에 이끌려 항상 우리의 현실을 다른 사람이 대신 규정하도록 내맡겨둔 채, 거기에 부합하지 않는 것은 무엇이든 폐기해버리고 있을지도 모른다.

나는 당신에게 확실한 대답을 약속할 수는 없다. 오로지 당신이 받아들이기를 거부하지 않기만 바랄 뿐이다. 하지만 너무 경직된 나머지 이 이야기들이 사실이길 바라는 당신의 마음 한켠

마저 무시하지는 말라. 우리에게 위대한 사랑, 가장 깊은 치유, 그리고 가장 심오한 기적이 다가오는 것은 절대적으로 우리의 신념에 달려 있으니 말이다.

2장

현실 창조의 장애물

"모든 한계는 나 스스로가 정하는 것이다."

— 이카루스 Icarus

우리의 뇌는 끊임없이 양자 정보를 주고받는다. 빛과 열 같은 요소들에 대한 모든 인식은 우리의 뇌를 늘 드나드는 양자 입자인 원자와 전자에서 오는 것이다. 지금까지 우리의 의식과 의도에 관해서 — 어떻게 생각을 사용하는지, 어떻게 생각을 전달하는지 그리고 그 생각이 우리 주변 세계에 어떻게 영향을 미치고 있는지에 관한 — 많은 연구들이 이루어지고 있다. 그 연구들에 따르면 뇌는 다양한 구조적 차원들에 대한 정보를 인식하는 다차원적인 인터페이스 interface라고 볼 수 있다. 이러한 두뇌 모델은 스위스의 블루 브레인 프로젝트 Blue Brain Project 연구팀에서 만들었는데, 슈퍼컴퓨터를 기반으로 인간의 뇌를 재구성하는 것이 그들의 연구 주제다. 이 연구팀은 수학의 한 분야인 대수적 위상수학을 이용했는데, 대수적 위상수학은 물체의 모양이 어떻게 변하는가와 상관없이 그 물체와 공간의 특성을 숫자로 설명해내는 것이다. 그들은 뉴런들이 무리를 지어 신경구조를 만드는데, 한 무리에 속한 뉴런의 개수가 많을수록 그 신경구조의 기하학적 차원도 복잡해진다는 사실을 발견했다. 당신이 수학자가 아닌 이상 자세한 내용을 따라가기는 어렵겠지만 연구팀이 그것을 발견하고 얼마나 흥분했는지를 보면 그 파급력을 알 수 있다. 그들의 말을 빌리자면, "우리는 전혀 상상하지 못한 세계를 발견했다."[5]

자그마한 가상 뇌에도 수천만 개의 신경구조가 발견되었고, 그중 일부는 최대 11차원까지의 구조를 가지고 있었다. 보손 끈 이론(우주를 구성하는 최소 단위 사이에 작용하는 힘인 보손을 진동하는 끈으로 설명하는 물리학 이론. — 옮긴이)은 26차원을 이야기하고, 초끈 이론(끈 이론에서 발전된 이론. — 옮긴이)은 10차원을 이야기하며, 현재 가장 대중적인 M 이론(다차원에 존재하는 여러 유형의 끈 이론을 포괄적으로 아우르는 용어. — 옮긴이)은 11차원을 이야기한다. 이제는 그리 놀랍지도 않은 동시성 현상이지만, 뇌 구조가 가질 수 있는 차원의 수도 11로 똑같다.

지금 나는 이 이론들이 무엇을 뜻하는지 정확하게 말할 수 없다. 물론 우리 가운데 몇 사람은 설명할 수 있겠지만 말이다. 차원, 끈 이론, 어떻게 질량이 변하고 입자가 구성되며 진동 상태가 존재하는지에 대한 이런 모든 수학적 복잡성을 우리 머리가 다 아우르기는 어렵다. 심지어 물리학자들이 이야기하는 4차원은, 지금은 널리 받아들여지고 있는 사상이지만 그것을 개념화하기란 쉽지 않다. 《플랫랜드》라는 책은 온 우주가 평평한 2차원으로 존재한다고 가정하는 책이다. 우리 중 한 사람이 그 공간에 출현한다면 그들은 우리를 이해하지 못할 것이다. 그들에게 우리는 단지 식별하기 어려운 흐릿한 형체일 뿐이니 말이다. 그들은 더 크고 더 강한 무언가가 거기에 있다는 걸 알 수는 있겠지만, 그것이 전부다.

우리가 평면 세계에 사는 존재라면 종잇조각, 즉 우리의 평면 세계를 집어 올릴 수 있는 사람과 접촉한다는 것은 무엇을 의미할까? 그것은 경이로운 일이 될 것이다. 바로 이것이 우리가 현실을 해킹하는 경험을 하는 것과 같다. 우리의 감각이 무슨 일이 일어나고 있는지를 이해할 수 없을 때가 우리의 현실이 어떤 수준에서 변화하고 있는 것이라는 사상과 연결짓는 것은 놀라운 일이다. 다시 말해, 우리는 단지 우리 뇌의 구조와 그것이 이해할 수 있는 물리적 구조의 아주 작은 부분에만 접근하고 있지만, 우리는 거기에 더 많은 뭔가가 있음을 알고 있다. 흐릿한 형체를 보고 있는 것이다. 우리는 평면 세계에서 영원히 머무를 필요가 없다.

흔히 말하는 장님과 코끼리의 비유에서 볼 수 있듯이 우리는 단지 일부 정보만 처리할 수 있는데, 이렇게 감각에 제한이 있는 것은 매우 중요하다. 만약 우리가 우리 잠재의식 전체에 접근할 수 있다면, 우리는 정신을 잃을지도 모른다. 심장이 뛸 때, 눈을 깜빡일 때, 숨을 쉴 때마다 우리가 과거에 했던 일, 우리가 믿는 것 그리고 빛, 에너지, 방출, 입자, 끈, 진동을 통해 전달되는 모든 양자 정보 등에 접근할 수 있다고 가정해보라.

우리가 아는 것은 이런 정보가 존재한다는 것이고 우리는 끊임없이 그 정보와 영향을 주고받는다는 것이다. 생각의 힘은 뇌의 한계를 넘어서 확장된다. 우리는 그 힘이 열어주는 것이 무엇인지 보기 전에 그 힘을 가로막는 것이 무엇인지 알아볼 필요가 있다.

펜듈럼의 힘

우리가 종종 인식하지 못하는 첫 번째 장애물이 있다. 이것은 우리가 거의 통제할 수 없고, 우리는 이것을 박테리아 군집과 물고기 무리 그리고 집단 이동하는 동물의 무리에서 찾아볼 수 있다. 바딤 젤란드는 이러한 힘을 펜듈럼^{Pendulum}이라고 부르고 이를 다음과 같이 정의한다.

> 물질적인 수준에서 구조는 건물, 가구, 장비, 기계, 기술 등과 같은 물질적인 대상과 공동의 목표 아래 결합된 이들의 집단으로 구성된다. 그러나 에너지 수준에서는 어떤 집단이 같은 방향으로 생각을 하고, 그 결과 그들의 사념 에너지의 매개변수가 일치할 때 구조체가 만들어진다. 그들의 사념 에너지는 결국 하나의 흐름으로 통합된다. 이런 일이 일어나면 마치 에너지 바다의 한가운데에서 독자적인 에너지 정보장情報場이 생성되는데 이것을 에너지 펜듈럼이라고 부른다. 결국 이 구조체는 자신의 생애를 시작하고 그 구조체를 만들어낸 사람들을 자신의 규칙으로 예속시킨다.[16]

바딤 젤란드는 두 명 이상이 집단, 사상, 일 등에 대해 공통된 사념 에너지를 공유할 때 펜듈럼이 발생한다고 한다. 펜듈럼이 형성되면 완전히 독립적인 구조체가 되는데, 그것의 유일한 목적은 에너지를 수확하는 것이라고 그는 말한다. 이것은 신비주의 문학에서도 언급된 에그레고르egregor의 개념과 비슷하다. 에그레고르는 사념체, 집단적 사고, 자율적인 심령체를 뜻하는 것으로, 집단으로 모인 사람들의 생각에 의해 만들어진다. 그것은 다시 사람들에게 영향을 미치며 사람들의 생각을 먹이 삼아 존재한다.

우리는 어렸을 때부터 마치 물고기 무리 안에서 사는 것처럼 다른 사람들의 뜻에 복종하도록 배워왔다. 우리는 국가를 위해 봉사하고, 가족들과 함께하며, 특정 회사를 위해 일하고, 특정 정당을 선택하는 등의 의무를 수행하는 법을 배운다. 우리는 철학적인 사상에 부합하고 국가의 일부가 되도록 교육받는다. 그 정도는 다르겠지만 우리 모두는 스스로 감당하기 힘든 것들과 관련한 의무감을 가지고 있는데 때때로 그 의무감은 죄책감으로 변한다.

그러나 현실을 뛰어넘는 끌어당김의 법칙이나 생각의 힘을 다루는 책을 읽을 때면 당신은 자신이 처한 상황에서 벗어난 것처럼 느낀다. 그래서 우리는 명상을 하고, 우리가 현실로 끌어오려는 것을 떠올리고, 목표를 작성하고 의도적으로 그것을 생각한다. 하지만 그러다가 금세 거기에서 벗어나 정치적인 논쟁에 빠지거나 우리의 에너지와 주의를 빼앗아가는 다른 것들에 빠져들고 만다. 펜듈럼은 당신이 어떤 것을 좋아하는지 싫어하는지를 상관하지 않는다. 다만 당신의 에너지를 원한다.

당신이 그네에 앉아 있다고 생각해보라. 만약 당신이 그네에 앉아 있다면 당신이나 다른 사람이 그네를 당겨서 밀어주지 않는 한 그네는 움직이지 않을 것이다. 일단 그네가 움직이기 시작하면 그 움직임을 계속 유지하기 위한 에너지가 필요하다. 이처럼 펜듈럼은 '나에게 에너지를 바쳐라'라는 펜듈럼의 규칙을 따르는 구성원들에게서 힘을 얻는다. 펜듈럼은 자신에게 저항하는 사람들에게서도 에너지를 빼앗아간다.

이 에너지의 흐름은 주파수, 즉 여러 에너지들과 생각들의 전체 생태계 중앙에 있는 그네 같은 것이다. 에너지가 집단으로 같은 방향을 향해 앞뒤로 함께 움직이기 시작하면 정보 구조체가 형성되는데, 이 구조체가 펜듈럼인 것이다. 이것은 마법이 아니지만, 수 세기 전부터 내려오는 고대 마법 책에도 같은 개념이 있다. 그 책에 따르면 집단의 생각에 의해서 말 그대로 독립체(entity)가 살아난다고 한다. 나는 이것을 어느 정도 믿고 있다. 우리가 우리의 에너지를 펜듈럼에게 쏟고 있다면 우리는 펜듈럼에게 먹이를 주고 있는 것이다. 펜듈럼은 스스로 의사결정을 하고, 현실을 조종하고, 현실을 창조하는 데 쓰여야 할 우리의 에너지를 빼앗아간다.

펜듈럼은 우리의 에너지와 집중력을 포획하기 때문에 우리가 열심히 현실 창조를 적용하고 시도하는 데 장애물이 된다. 우리는 우리가 원하는 것을 시각화하려고 온종일 에너지를 소진할 수도 있다. 하지만 만약 우리가 우리와 함께 상호작용하고 우리의 의사결정과 목표 — 끌어당김의 법칙 그 자체 같은 — 에 영향을 미치는 이 외부의 힘을 무시한다면 펜듈럼의 에너지는 흩어져 버린다. 그네가 천천히 움직임을 멈추는 것이다.

펜듈럼에게는 자기만의 고유한 어젠다와 목표가 있다. 펜듈럼은 그 목표에 동조하는 현실로 당신을 끌어당김으로써 당신의 에너지를 수확한다. 펜듈럼은 당신이 펜듈럼의 목표와 목적을 위해 헌신하게 하며, 당신과는 전혀 상관없는 현실로 당신을 끌고 갈 것이다.

우리가 이러한 현실을 조종해서 소망을 이루려고 할 때, 우리는 결코 펜듈럼을 피할 수 없다는 사실을 잊어서는 안 된다. 펜듈럼은 항상 거기에 있을 것이다. 우리는 펜듈럼에서 벗어나기 위해 어떤 소음도 없고 음식도 거의 없는 어두운 방에 혼자 앉아 있으려고 할지도 모르지만, 이는 좋은 삶이 아니다. 대신, 우리는 펜듈럼을 명확히 인식할 필요가 있다. 즉, 특정한 방향으로 함께 움직이는 외부의 힘을 알아차려야 한다. 그렇게 우리는 펜듈럼을 극복할 수 있다.

일상에서의 펜듈럼

펜듈럼을 모두 부정적으로 여길 필요는 없다. 나는 모든 사람이 각자의 삶에서 원하는 현실을 선택할 수 있다는 의도를 가지는 '리얼리티 레볼루션' 자체가 펜듈럼이 되는 것을 보고 싶다. 우리가 이런 종류의 펜듈럼에 붙어 있다면 그 펜듈럼은 우리를 안내할 수 있고, 심지어 우리가 그 방향으로 이동하도록 이끌어줄 것이다. 날마다 우리는 미래 목표를 향해 다가가거나 목표에서 멀어져가는, 긍정적이거나 부정적인 펜듈럼에 동조될 수 있다.

최근 몇 년 동안 펜듈럼이 무엇인지를 보여주는 확실한 예는 바로 온라인 활동이다. 우리는 온라인에서 주고받는 대화는 펜듈럼과 무관하며 우리가 토론하는 것도 그저 의견을 나누는 것뿐이라고 말할지 모른다. 하지만 우리는 그 의견에 우리의 에너지를 쏟아붓고 다른 누군가는 거기에 반응한다. '인터넷 괴물'은 당신의 신념이 무엇인가에는 관심이 없다. 단지 당신의 원망과 분노의 에너지를 수확하기 위해 누군가가 당신이 하는 말에 무조건 반대하기를 원한다. 이 괴물은 당신이 반응하지 않고는 못 배길 만큼 말도 안 되는 악플을 달아서 저항을 불러일으키는 데서 기쁨을 느낀다. 설전이 시작되면 그들은 저마다 펜듈럼에 빠져든다. 이렇게 아무 생각 없이 공격하고 반발하는 에너지는 거기에 동참한 다른 모든 사람들의 에너지도 함께 빨아들인다.

우리는 정치나 스포츠 행사, 성(gender)이나 물질적인 부에 관련된 움직임에서도 펜듈럼을 찾아볼 볼 수 있다. 어떤 것은 유익하고 어떤 것은 파괴적이다. 어쨌든 우리는 그것을 피할 수 없다. 중요한 것은 펜듈럼을 인식하는 것이고, 펜듈럼과 어떻게 상호작용할지 선택하는 것이다.

펜듈럼에게 먹잇감이 되는 가장 강력한 감정은 우리의 인식을 마비시켜버리는 것과 같은 감정인 두려움이다. 어떤 것에 대해 긍정적인 감정을 갖는 것보다 두려움을 느끼기가 훨씬 쉽다. 두려움은 우리 뇌의 대뇌변연계(뇌의 중심부에 있는 회로를 총칭하는 말.

주로 감정을 다스리고 기억을 주관하는 역할을 한다. — 옮긴이)에 존재하는 편도체를 자극한다. 편도체는 우리가 진화하기 시작했을 때, 생존을 위해 두려움을 예민하게 인식해야 했던 때로 거슬러 올라간다. 더 광범위한 수준에서 보면 지금의 우리는 훨씬 수준이 높아지긴 했지만, 여전히 살아남기 위해서, 그리고 이 시점까지 진화하기 위해서 두려움을 이용하는 존재다. 깨어 있지 않으면 두려움은 우리를 점유해버리는데, 바로 그때 우리는 곁에 있는 강력한 펜듈럼으로 빨려 들어간다.

정치인들은 그들의 지지 세력을 만들기 위해 — 그네를 밀기 위해 — 두려움을 이용한다. 강력한 반대 세력이 나타나 저항하더라도 상관없다. 두려움을 조장하는 것은 오히려 그들이 원하는 방향으로 움직이는 데 필요한 에너지를 얻는 가장 쉬운 방법이다. 펜듈럼은 자신의 집단을 다른 모든 집단과 구별함으로써 되도록 많은 추종자를 포획하기 위해 노력한다. 펜듈럼은 특별해지길 원하며 자신이 작은 물고기 떼가 되길 원한다. 만약 당신이 펜듈럼에 강하게 저항한다면 당신의 그 감정은 펜듈럼의 에너지가 된다.

펜듈럼은 고상하고 이상적으로 보이는 가면 뒤에 숨어 펜듈럼에 반대하는 행동이 영예롭게 느껴지도록 만든다. 우리가 절대 동의할 수 없거나, 우리를 화나게 하거나, 끔찍하거나 혹은 잘못된 것들에 대한 우리의 첫 번째 반응은 목소리를 높이는 것이다. 이것은 충분히 이해할 수 있는 본능적인 반응이다. 하지만 우리가 그것에 관여할 때 펜듈럼에게 먹이로 주는 것이 무엇인지 알아야 한다. 펜듈럼은 우리의 감정을 이용하여 우리가 죄책감이나 분노나 의무감을 느끼게 할 것이다. 그 에너지가 바로 펜듈럼이 원하는 것이기 때문이다. 그래서 우리를 전쟁, 구속, 상실로 끌어들이고 싶어하는 것이다. 그것은 우리의 두려움을 현실로 만들고 우리의 참여 활동이 옳다고 느끼는 타임라인으로 우리를 이동시킨다. 펜듈럼은 우리에게 있는 깊은 연대감의 욕구를 채워준다.

기억하라, 이것은 현실을 이해하는 새로운 방식이다. 우리는 펜듈럼을 무시하거나 완전히 사라지게 할 수 없다. 펜듈럼과의 전쟁은 항상 존재한다. 펜듈럼이 우리의 감정을 흔들어댈 때 무심코 그것에 동조한다면 펜듈럼의 꼭두각시가 된다는 것을 인식해야 한다. 그리고 우리의 생각과 에너지로 만들어내고 있는 사념체를 인식할 필요도 있다. 그래야 우리는 개인을 위해서뿐만 아니라 우리 모두를 위한 더 나은 나날들과 미래를 가져오는 긍정적인 펜듈럼으로 이동할 수 있다.

균형력

펜듈럼이 자연계와 인간 본성 모두에서 볼 수 있는 강력한 힘인 것처럼, 우리는 균형력도 찾아볼 수 있다.

균형력은 《리얼리티 트랜서핑》에서 나오는 개념이다. 자연에 존재하는 모든 것은 균형을 유지하려는 쪽으로 움직인다. 대기의 온도가 변하면 바람에 의해 균형이 잡힌다. 당신이 건물 옥상에서 물체를 떨어뜨리면 그 물체는 지면에 닿아서 더 낮은 수준의 에너지가 될 때까지 잠재적인 에너지인 위치 에너지를 가지고 있다. 지나친 잠재 에너지(잉여 포텐셜 - 옮긴이)가 있는 어디에서든 자연은 언제나 그 에너지를 낮추어 균형을 이루는 쪽으로 작동한다.

균형력은 언제나 우리를 균형 상태로 이끌려고 한다.

나는 살면서 내가 지나친 중요성을 부여할 때마다 항상 균형력이 작용한다는 것을 깨달았다. 생각해보라. 당신은 무언가를 간절히 원하면 그것을 결코 얻을 수 없다는 것을 알아차린 적이 있는가? 중요성이 만들어지면 당신의 의도에 반하는 균형력이 작동하기 때문이다.

중요성은 내적 중요성과 외적 중요성으로 나뉜다. 내적 중요성은 당신의 장점, 능력, 약점, 문제를 평가(또는 과대평가)하는 것과 관련 있다. 만약 당신이 스스로를 중요한 일을 하는 중요한 사람이라고 여긴다면 내적 중요성이 작동해서 균형력이 깨지고, 우주는 그런 당신이 얼마나 잘못되었는지를 보여주려고 할 것이다. 그 반대의 경우도 마찬가지다.

외적 중요성도 같은 원리로 작동한다. 당신이 외부에서 벌어지는 사건이나 대상에 지나치게 의미를 부여할 때 잉여 포텐셜이 만들어지고 문제가 발생한다. 불행하게도 외적 중요성을 조절하는 건 내적 중요성을 조절하는 것보다 더 어렵다. 여기에는 모든 치우친 감정들이 포함된다. 분노, 불평, 비합리성, 불안, 염려, 실망, 당혹감, 두려움 또는 죄책감, 애착, 의존성, 과도한 칭찬, 집착, 이상화, 숭배, 우월감. 이 모든 것들이 잉여 포텐셜을 만들어내는 중요성의 형태다.

중요성은 두려움을 먹이로 삼아 펜듈럼을 만드는데 이것은 또 다른 형태의 장애물이다. 당신은 두려움을 줄일 수도 있고 아니면 그것에 먹이를 주고 잉여 포텐셜을 만들어냄으로써 펜듈럼에 휘둘릴 수도 있다.

소위 헬리콥터 부모라고 불리는 사람들이 있다. 어떤 부모는 아들을 너무나 중요하게 여긴 나머지 아들이 축구를 더 잘하게 만들고 싶었다. 그래서 아들이 더 이상 축구를 하고 싶지 않다고 말할 때까지 모든 행사를 쫓아다니면서 밤낮으로 그와 함께 시간을 보낸다. 결국 균형력이 작동해서 그들이 원했던 것, 어쩌면 원래는 아들이 더 원했던 그것을 오히려 빼앗아간다. 아니, 어쩌면 아들은 축구를 하지 않기를 더 원했을지도 모른다. 때때로 두려움은 우리가 아이들과 함께 일으키는 중요성의 원인이 되는데, 이것은 모두에게 손실을 입히는 균형력을 일으킨다.

그러면 어떻게 무관심하지 않으면서 중요성을 낮출 수 있을까? 먼저 지나친 중요성이 이 상황을 초래했다는 것을 알아차려야 한다. 이것은 강력한 힘이다. 모든 문제가 지나친 중요성 때문에 일어났다는 것을 당신이 받아들일 수 있을 때까지 그 강력한 힘은 당신을 덮어버릴 것이다. 그러니 정신줄을 놓지 말라. 균형을 깨뜨릴 정도로 일을 너무 부풀리지 말라. 자연스러워지라. 즉흥적으로 행동하라. 긴장을 풀라. 아울러, 중요성을 최소로 낮추기 위해 유머를 구사하라. 웃음은 중요성을 낮추는 효과가 있다.

실제로 운이 좋은 사람들은 그저 진정으로 이완된 사람들이라는 사실을 입증한 연구 결과가 있다. 중요성을 최소화함으로써 그들은 실제로 더 나은 행운을 만들고 더 나은 결과를 얻을 수 있었던 것이다.

연구 사례 하나가 떠오른다. 그것은 통계적으로 운이 좋은 사람과 운이 없는 사람을 식별한 다음, 그 일이 정말로 행운이었는지 여부를 측정하기 위한 몇 가지 요인을 설정하는 것이었다. 리처드 와이즈먼[Richard Wiseman]은《잭팟 심리학》이라는 책에서 간단한 실험을 소개했다. 그는 사람들에게 신문을 나눠주고서 사진이 모두 몇 장 나와 있는지 세어볼 것을 지시했다. 참가자들은 몇 분이 지나서야 대답을 했고 다른 참가자들은 신문을 다시 펼쳐보면서 몇 번씩 확인했다. 사실 그들 모두는 단 몇 초 안에 정답을 말할 수 있었다. 신문의 둘째 면에 지면의 절반을 할애하여 이런 메시지를 게재했기 때문이다. "사진 찾기를 멈추세요. 이 신문에는 모두 43장의 사진이 들어 있습니다." 하지만 사람들은 사진을 찾는 데만 집중했기 때문에 아무도 그 메시지를 읽지 못했다. 그 신문에는 이런 광고도 있었다. "사진 찾기를 멈추세요. 이 글을 읽었다고 말하고 나서 100달러를 받아가세요." 하지만 아무도 그 메시지를 보지 못했다.

이완된 상태로 큰 그림을 보고자 하는 사람들은 우리가 가는 길에 보란 듯이 세워진 이정표들을 보게 될 것이다.

또 다른 실험은 사람들에게 인터뷰를 요청해서 음식점으로 데려오라는 지시를 수행하는 것이었다. 건물 밖 길가에는 100달러짜리 지폐를 놓아두었다. 운이 좋은 사람들은 그것을 집어들었고, 운이 나쁜 사람들은 그냥 지나쳤다. 아마도 그들은 지나치게 긴장했거나 앞을 보는 데만 집중한 나머지 주변 환경을 인식하지 못했을 것이다. 반면 지폐를 주운 운 좋은 사람들은 거의 모든 경우 가볍고 편안한 마음을 가지고 있었다.

아마도 그것은 운이 아니라 단순히 마음가짐과 태도의 문제에 따른 결과였을 것이다. 운이 좋은 사람들은 스스로를 이완하는 방법을 알고 있었다. 그들은 유쾌했고 다른 가능성에 대해 열린 마음을 가지고 있었다. 그들은 지나친 중요성을 가지고 있지 않았기 때문에 균형을 잡으려고 중요성을 낮출 필요가 거의 없었다.

몇몇 종교에서는 상황을 놓아주고 결과에 집착하지 말라는 메시지를 전한다. 아마도 그들은 이전에 일어난 결과들을 보며 중요성과 결과에 대한 집착이 원하는 결과에서 멀어지게 하는 요인이라는 것을 깨달았을 것이다.

> 어떤 일로 어려움을 겪을 때마다 이렇게 자문해보라.
> "나는 이것에 필요 이상으로 높은 중요성을 부여하고 있지
> 는 않은가?"

부정적인 자아 이미지

어린 시절에 우리는 자신의 가능성을 제한하는 이미지와 생각을 만들어낸다. 예를 들어 가수 밥 딜런^{Bob Dylan}은 자신이 끔찍한 목소리를 가지고 있어서 노래를 부를 수 없다고 믿을 수도 있

었다. 만약 그가 계속 그 시나리오 속에 있었다면 우리는 지금껏 그의 놀라운 음악을 누리지 못했을 것이다. 그가 좋은 목소리를 갖지 않았다는 것은 확실히 틀린 말이다. 하지만 그 생각이 밥 딜런의 신념이 되었다면 세상은 매우 다른 곳이 되었을지도 모른다.

일단 당신이 마음속에 필터를 만들기 시작하면, 설령 그중 일부만 진실이라 하더라도 그 신념은 당신의 한계가 될 수 있다. 우리는 그 필터를 통해서 외부의 시선으로 우리 자신을 바라보기 시작한다. 그리고 우리 주변에서 그것을 확증하고 강화해주는 예들을 찾기 시작한다. 결국 놀라운 일을 해냈을 우리의 능력은 그 신념으로 인해 축소돼버린다.

신념은 강력하다. 만일 아들이 스스로 "나는 수학을 못한다"고 믿으면 아이는 늘 수학과 씨름을 벌일 것이다. 하지만 내가 아들에게 나는 네가 수학을 잘할 수 있다고 믿는다고 말해주고 누군가가 그에게 그 방법을 알려줄 수 있다면 아이는 훨씬 나아질 것이다. 유명한 성형외과 의사이자 성공학자인 맥스웰 몰츠^{Maxwell Maltz}는 이와 관련해《성공의 법칙》이라는 책을 썼다. 그는 자신이 환자들을 변화시킬 수 있는 것은 아주 작은 한 가지, 즉 신념뿐이라는 사실을 깨달았다. 그것은 환자들이 자기 자신을 바라보는 관점을 완전히 바꿔놓는 것이었다. 환자들은 신념을 바꿈으로써 자기 자신을 다른 관점과 더 큰 인식으로 보게 되었다.

우리가 우리 자신에게 부여하는 이미지와 생각은 새로운 현실을 창조하는 것을 절대적으로 가로막을 수도 있고 가능하게 할 수도 있다. 당신이 자기 자신을 믿을 때 당신은 생산적이고 유용한 목표를 향해 나아갈 수 있다. 당신이 자신에 대해 긍정적인 이미지를 가질 때, 한계는 사라진다.

어렸을 때 내 치아는 부정교합이었다. 나는 늘 부정교합을 의식했기 때문에 웃을 수가 없었고, 사진 찍을 때 입을 벌리지도 못했다. 끔찍한 기분이었다. 결국 나는 턱뼈를 부러뜨리고 엉덩이뼈를 채취해서 다시 턱뼈와 연결하는 수술을 받았다. 그때 나는 그 수술이 나에게 도움이 될 거라고 생각했다.

하지만 나는 곧 대부분의 사람들이 나에게 어떤 변화가 생겼는지 전혀 눈치채지 못한다는 것을 깨달았다. 아무도 내 얼굴이 변했다거나 웃는 모습이 달라졌다고 말하지 않았다. 내가 엄청난 거래라고 생각했던 이 일은 아무것도 아닌 것이 되어버렸다. 하지만 내가 나 자신을 보는 관점을 바꾸기 시작하자, 나는 토론자와 강연자로도 활동할 수 있었다. 나의 내적인 신념은 이전의 이미지와 한계에서 벗어났다. 사실 우리에게 이런 외적인 수술이 정말 필요한 경우는 그다지 많지 않다. 우리는 그저 우리가 창조하고 있는 자아 이미지를 자각하면 된다.

우리는 우리가 믿지 않는 것을 창조해낼 수 없다. 그리고 나는 우리의 존재를 뛰어넘는 이런 종류의 힘을 믿기 어렵다는 것을 인정한다. 이것을 고려해보라. 만일 홀로그램 우주론이 맞다면, 그리고 그것이 존재한다는 실질적인 이론 물리학과 천체 물리학적 증거가 있다면, 우주의 모든 작은 부분은 전체를 반영하고 있는 것이다.

이것이 사실이라고 가정하면 앞서 1장에서 언급한 인드라망에 있는 투명 구슬처럼 우리의 모든 작은 부분은 우주 전체에 대한 정보를 담고 있다고 볼 수 있다. 모든 사람이 우주 자체에 영향을 미칠 수 있다. 당신이 가지고 있거나 행하는 — 아침에 잠자리를 정리할 때, 접시를 집어들 때 — 모든 행동, 태도, 사소한 생각들은 전체에 영향을 미친다. 만약 겉으로 볼 때는 사소해 보이는 선택일지라도 당신이 전체에 매우 큰 영향을 미치고 있음을 믿기 시작한다면 현실 창조의 장애물 가운데 일부가 사라지기 시작할 것이다.

홀로그래픽 습관들

신경과학에서, 반복적인 행동은 수용체들을 연결해서 그것을 더 쉽게 만들기 때까지 계속해서 특정 수용체들을 점화한다고 말한다. 보통 이런 행동들 — 습관 — 은 우리 몸의 감정과 연결되어 있다. 이것이 우리가 현실을 확립하는 방법이다. 매일의 습관은, 심지어 그것들이 우리와 무관하다고 생각할지라도 우리가 인식하는 것보다 더 큰 요인으로 작용한다. 우리는 건강, 자신에게 말하는 방식, 돈과의 관계, 다른 사람과 맺는 관계에 대한 습관들을 갖고 있다. 이러한 습관은 우리가 내리는 결정들과 일상을 살아가는 방식에 지속적으로 영향을 미친다.

우리 대부분은 자신이 건강하고 체계적이고 부유한 사람이 되기를 원한다. 하지만 우리의 습관은 그러한 갈망을 반영하지 못한다. 우리의 DNA가 우주를 반영하는 것처럼 우리의 작은 습관은 우리를 더 큰 차원에서 정의한다. 그것이 홀로그래피의 속성이다. 만약 매일 담배를 피우면서 몸이 안 좋다는 말을 하는 습관이 있다면 우리는 실제로 우리의 건강에 신경을 쓰지 않게 된다. 만약 우리가 방을 지저분하게 해놓고 산다면 우리는 정리하고 청소하는 걸 그다지 중요하게 여기지 않게 된다. 당신은 이것이 사실이라고 믿지 않겠지만, 만약 당신이 길거리에서 동전 하나를 발견하면 어떻게 행동할까? 당신이 동전을 주우려고 몸을 굽히지 않는 것은 당신에게 동전이 그럴 만한 가치가 없기 때문이다. 그 동전에 대한 당신의 믿음 때문에 당신은 그것을 받을 수 없다.

만약 지금 누군가가 당신에게 밥을 사주겠다고 한다면 어떨까? 우리 중 대부분은 이렇게 말할 것이다. "아니에요. 괜찮아요. 제가 알아서 해결할게요." 이런 습관이 있다면 당신에게는 받아들이는 것에 대해 열리지 않은 부분이 있는 것이다.

이러한 마음가짐과 신념의 일부는 세대의 영향을 받은 것들이다. 나의 어머니는 항상 이렇게 말씀하시곤 했다. "미안하지만 아들아, 돈은 나무에서 열리지 않는단다." 이 말 덕분에 오늘날 나는 의식적으로 돈은 무한한 자원이라고 나 자신에게 상기시켜야 한다. 그러지 않으면 내가 돈을 끌어오려고 할 때마다 지금 가진 돈이 내가 얻을 수 있는 전부라고 무의식적으로 믿어버리게 될 테고, 이러한 습관적인 신념은 장애물이 되기 때문이다.

나는 우리가 자신의 존재와 일치하는 현실로 이동한다고 믿는다. 내가 "나는 부자다"라고 스스로에게 말해주며 부자가 가진 습관대로 행동한다면 나는 그 현실로 이동할 것이다.

만약 내가 원하는 현실을 살아가는 사람 100명이 모두 각자의 특정한 습관을 갖고 있다면, 나도 그 습관들에 접근해볼 필요가 있다. 《식스 해빗》이라는 책에서 브렌든 버처드^Brendan Burchard는 매혹적인 연구를 소개한다. 뛰어난 성과를 내는 사람들에게는 여섯 가지 공통적인 습관이 있음을 확인한 것이다. 그것은 원하는 바를 명확히 그리기, 건강한 상태 유지하기, 강력한 이유 찾기, 중요한 일의 생산성 높이기, 사람의 마음을 움직이는 힘을 키우기, 진정한 변화를 위한 용기. 이것은 단지 양치질 하는 법이나 옷을 고르는 방법에 관한 것이 아니다. 성공, 부, 멋진 관계 그리고 건강이 있는 현실로 이동한 사람들이 지닌 실제 모델인 것이다.

만약 우리가 그들이 하고 있는 것을 보고 나서도 여전히 수면을 방해하는 습관, 몸을 돌보지 않는 습관, 생산적이지 않은 습관을 선택한다면, 우리는 그런 것들을 가질 수 없다고 말하고 있는 것이며 성공에 대한 신념 ― 나는 성공할 자격이 있다는 ― 을 깊은 수준에서 믿지 않고 있다는 것이다.

뿌리 깊은 두려움

이러한 장애물들의 순환 속에서 우리는 계속해서 두려움이 나타나는 것을 본다. 두려움은 가장 연결되기 쉬운 감정이고, 감사와 긍정 같은 감정을 창조하려 할 때 일어나는 자동적인 반응이다.

펜듈럼처럼, 우리는 두려움을 완전히 제거할 수 없다. 두려움은 우리의 생존을 돕기 위해 주어진 경고 시스템이다. 어떤 연구에 따르면, 두려움이 아예 없는 사람은 쉽게 위험에 처한다고 한다. 두려움 자체는 문제가 되지 않는다. 두려움이 어떻게 작동하는지에 대한 우리의 이해가 부족한 것이다. 우리가 두려움을 더 깊이 이해하지 않는다면 두려움은 우리가 행동하는 능력을 쉽게 장악하고 제한할 수 있다.

우리 시대의 위대한 작가 중 한 명인 네빌 고다드^{Neville Goddard}는 현실 창조에 있어서 "감정이 비결"이라고 말했다. 당신이 원하는 현실을 해킹하는 것은 당신의 감정을 해킹하는 것과 관련이 있다. 두려움에 대한 당신의 반응, 원하는 삶의 감정을 만들어내는 당신의 능력을 더 잘 이해하게 되면 당신에게는 긍정적인 현실로 향하는 커다란 변화의 가능성이 열리게 된다. 그렇다면 두려움을 대신하는 성공은 어떤 느낌일까? 완벽한 관계는 어떤 느낌일까? 건강해지는 것은 어떤 느낌일까? 이것은 쉬운 연습이 아니다. 두려움은 항상 어떤 식으로든 존재할 것이지만 당신은 이와 다른 감정들을 만들기 위해서 노력해야만 한다.[17]

만약 당신의 인생에서 중대한 사건이 일어났다면 다시 그곳으로 돌아가서 그 일을 분석해보라. 그리고 결과적으로 그 일이 당신에게 무엇을 가져다주었는지 살펴보라. 그리고 나서 당신이 두려움을 느꼈던 순간까지 거슬러 올라가라. 거기서 당신의 두려움에 대한 반응을 조정하라. 우리가 이렇게 과거와 현재의 상황을 재구성할 때 놀라운 일들이 일어날 수 있다.

두려움이 더욱 세밀하게 조율될수록 처음에 겪었던 두려움의 반응을 다른 것으로 뒤엎을 수 있다. 한번은 내 온라인 사업과 관련해서 관계 기관으로부터 강한 경고가 담긴 이메일을 받은 적이 있다. 그때 나는 모든 것을 잃을 뻔했다. 메일 내용에 따르면 나는 사업을 접고 파산 신청을 해야 하는 상황이었다. 전 재산을 잃을 수도 있었다. 나는 즉시 나에게 말했다. "만일 내가 이 상황에서도 모든 게 괜찮다고 느낀다면 어떻게 반응할까?"

나는 잠시 멈췄다. 그리고 두려움을 내려놓았다.

그렇게 하는 게 쉽지는 않았지만 나는 두려움을 거절했다. 그리고 마치 모든 것이 잘되고 있는 것처럼 행동하려는 의도를 가졌다. 그러고 나서 10분 뒤에 나는 이런 내용이 담긴 후속 메일을 받았다. "죄송합니다. 우리가 메일을 잘못 보냈네요. 당신에게는 아무런 문제가 없습니다."

만약 당신이 현실을 창조하길 원한다면 그 일은 단지 당신이 바란다고 해서 마법처럼 일어나지는 않을 것이다. 당신은 행동을 취해야만 한다. 행동이란 당신의 현재 상태와 목표 상태 사이에서 당신을 안내하는 산파와도 같다. 당신이 두려움에 압도당하면 당신은 행동을 취할 수 없다.

우리는 이것을 알고 있다. 동기부여 강사들과 자기계발 강사들은 끊임없이 책과 강연을 통해 두려움에 대해 말해왔다. 우리는 모두 진실을 알고 있다. 불행하게도 우리 중 많은 사람들은 다른 사람들이 술이나 약물에 중독되는 만큼이나 두려움에 중독되어 있다. 어떤 상황이 벌어지면 우리 몸은 화학물질을 뇌와 신체로 방출하는데, 우리는 그런 화학물질들에 너무 많이 노출되어 중독된다. 그것은 습관적인 것이다.

때때로 우리가 현실에서 창조하고 싶은 것이 있음에도 이전과 똑같은 패턴을 반복하고 있음을 발견한다면 그것은 두려움에 중독되었다고 볼 수도 있다. 그러한 중독을 끊어내고 습관을 바꿔서 더욱 긍정적인 것들에 의존하기 시작하는 것은 모두 우리의 책임이다.

한계에서 벗어나 잠재력에 접근하기

브렌든 버처드는 스카이다이빙을 하러 갔을 때 비행기에서 뛰어내리는 것이 정말 무서웠다고 한다. 안내 요원이 그에게 시계를 보는 법과 언제 어떻게 줄을 당겨야 하는지 말해주었지만 그는 두려움에 사로잡혀서 아무것도 듣지 못했다. 비행기 문 밖으로 뛰어내렸을 때 그는 너무나 당황한 나머지 어떤 것도 기억나지 않았다고 한다. 우리에게도 이런 일은 비일비재하게 일어난다. 두려움은 우리의 결정 능력을 가로막아 우리가 하고 싶은, 그리고 해야만 하는 결정들을 내릴 수 없게 만든다.

강도 침입 사건이 있던 날 밤, 나는 두려움에 몸이 마비될 수도 있었다. 만약 그랬다면 나는 문을 닫고 도망쳐야 한다는 결정을 할 수 없었을 것이다. 물론 그때 나는 두려움을 느꼈다. 하지만 그 감정이 나를 점유하고 묶어버리도록 내버려둘 수는 없었다.

가장 큰 두려움의 순간은, 가장 큰 기회이기도 하다.

올림픽에 출전한 하이다이빙 선수가 다이빙 플랫폼에 설 때, 그는 다이빙을 수없이 해왔음에도 불구하고 두려움을 느낄 수밖에 없다. 그 두려움을 방치한다면, 그는 스텝을 잘못 밟거나 잘못된 동작을 할 위험이 있다. 그러나 그 두려움을 에너지로 만들고 그 순간에 자신이 취할 행동을 선택할 수 있다면 금메달을 거머쥐게 될 것이다.

매 순간 우리가 하는 선택이 우리 자신과 우리의 미래를 정의한다. 인간관계든 사업이든 그 무엇이든 두려움이 당신을 대신해서 결정하도록 내버려두지 말라. 대신 두려움에 대한 당신의 인식을 바꿔서 에너지로 전환하라. 만약 당신이 두려움이 주는 에너지를 느끼며 두려움에 감사할 수 있고, 그 에너지에 집중하여 그것이 당신을 통해 움직이도록 허락할 수 있다면, 두려움은 더 이상 장애물이 아니라 강력한 힘이 된다.

장애물 제거하기

신경 언어 프로그래밍(NLP)은 리처드 밴들러[Richard Bandler]와 존 그라인더[John Grinder]가 유명한 심리치료사이자 최면술사인 밀턴 에릭슨[Milton Erickson]을 만난 뒤에 만든 테크닉이다. 에릭슨은 머리 아래로 온몸이 마비되어 목소리만으로 일을 해야 했다. 그들은 에릭슨을 만나면서 강력하고 압도적인 삶의 변화를 지속적으로 경험했다. 두 사람은 에릭슨이 사용한 언어 패턴과 에릭슨이 그들의 감정 상태에 접근하는 방식을 분석해서 체계화하기 시작했고, 마침내 NLP의 개념을 완성했다. 그리고 NLP는 사람들의 삶을 지속적으로 변화시키고 있다. 예를 들어 동기부여 강사로 유명한 토니 로빈스[Tony Robbins]는 이 시스템을 적용하여 오늘날의 그가 되었다.

NLP는 사실 나의 석사 논문 주제였다. 이 시스템은 오늘날까지도 계속해서 나에게 정보를 제공하고 있다. NLP의 배경 사상은 인간은 시각이나 청각, 신체 감각(kinesthetic)으로써 정보를 필터링한다는 것이다. 여기에서의 큰 발견은 말하는 방식(청각), 몸을 움직이거나 붙잡는 방식(운동감각) 또는 눈을 움직이는 방식(시각)으로 사람들이 정보를 이해하는 방식에 접근할 수 있다는 것이다.

이 이론을 적용한 사례 중 하나는, 눈동자의 위치를 통해 누가 거짓말을 하고 있는지를 식별해내는 경우다. 눈동자가 뇌의 창조적인 측면과 연관된 위쪽을 향해 있다면 그는 자신이 어떻게 반응해야 할지 상상하고 있는 것이다.

NLP에는 앵커링anchoring이라고 부르는 개념이 있다. 앵커링은 우리가 정보를 처리하고 사용하는 방식을 이용해서 감정과 개념을 뇌에 '끼워 넣는다.' 이것은 사람들이 스토리텔링에서 항상 사용하는 것이다. 훌륭한 이야기꾼은 당신을 깊은 감정에 이르게 할 수 있다. 그가 당신에게서 특정한 감정을 일으키기 위해 앵커링을 한다면 그들은 특정 단어를 말할 때마다 특정한 방식으로 당신의 어깨를 만질지도 모른다. 예를 들어 그 사람은 당신의 어깨를 꼭 잡으며 "노란색"이라고 말할 수 있다. 몇 분 뒤에 그가 당신의 어깨를 잡고 다시 "노란색"이라고 말하면, 그것만으로도 그 이야기와 관련된 감정을 이끌어낼 수 있다. 어깨를 만진 그 순간과 그 이야기의 감정이 당신에게 앵커링됐기 때문이다.

빌 클린턴과 버락 오바마는 고전적인 방식인 '엄지 척' 포즈를 앵커링으로 사용한다. 설득력 있는 연설가는 연설 초반부에 앵커링을 한 뒤에 나중에 다시 그것을 사용해서 당신을 건드린다. 광고는 로고와 상표를 사용한다. 광고 기획자들은 특정한 감정을 유발하도록 기발하게 순서를 배치하고 나서 상표를 보여줄 것이다. 그들은 당신이 다음에 그 상표를 볼 때 광고에서 느꼈던 감정과 앵커링되기를 의도한 것이다.

나는 우리가 자신의 감정과 상태를 극대화하는 다양한 앵커링을 만들기 위한 명상에 충분히 시간을 투자할 수 있다고 믿는다. 나는 안구의 방향, 그것과 연결된 감각 그리고 내가 경험한 기억들과 관련된 완전한 루틴을 가지고 있다. 나는 안구를 움직여 위를 보고, 왼쪽을 보고, 아래를 보고, 오른쪽을 보고, 다시 아래를 보고, 왼쪽을 보고, 위를 보고, 오른쪽을 보고, 마지막으로 정면을 본다. 그러면서 내가 어떤 냄새를 맡고 어떤 소리를 듣고 있는지를 생각한다. 나는 마치 눈이 영혼의 조이스틱이 된 것처럼 눈의 움직임과 감각들에 모든 것을 연결한다. 이런 방식으로 앵커링은 현실 창조 과정을 가속화하고 장애물을 제거하는 방법이 된다.

앵커링

특정한 현실로 이동하기 위한 가장 좋은 방법은 당신의 목표와 연결할 수 있는 친숙한 감정을 되살리는 것이다. 끌어당김의 법칙을 살펴보면 우리가 원하는 현실을 가져오는 가장 강력한 기술은 원하는 현실을 감정과 앵커링하는 것임을 끊임없이 보게 된다. 영화 〈시크릿The Secret〉이 나왔을 때 그들은 그 경험에서 어떤 느낌이 들지 살피는 것에 관해서는 얘기했지만, 그것을 어떻게 만들어내는지는 설명하지 않았다. 어떻게 저항이 없는 감정을 이끌어낼 수 있을까? 그리고 만약 우리가 경험하지 않은 어떤 것을 창조하기 원한다면 어떻게 그와 관련한 감정을 만들어낼 수 있을까?

꿈꾸던 집을 갖거나 목표를 이루는 것이 어떤 느낌일지 생각하기는 쉽지 않다. 흥미로운 점은 그 느낌이 반드시 구체적이어야 하는 건 아니라는 것이다. 당신은 과거에 느꼈던 감정을 적용해서 그것을 온종일 외부로 방사할 수 있다. 그러면 당신에게 그런 감정을 일으키는 일들이 다시 다가올 것이다.

내담자들과 함께 이 경험을 창조하려 할 때, 나는 그들에게 벅찬 감정을 불러일으켰던 삶의 놀라웠던 순간들을 찾아보곤 한다. 그것은 노래가 될 수도 있고, 특정한 상황이 될 수도 있고, 누군가 간직하고 있는 기억이 될 수도 있다. 나는 내담자들이 그것을 발견했을 때를 바로 알아차릴 수 있다. 그들의 보디랭귀지가 흥분과 기쁨을 보여주기 때문이다. 당신도 스스로 이런 순간들을 발견하여 앵커링에 써먹을 수 있다.

앵커링의 효과를 높이기 위해 우리는 우리가 찾은 특별한 노래나 생생한 감정 자체에다 무언가를 덧붙일 수 있다. 예를 들어 엄지와 검지(또는 중지) 끝을 맞닿게 하여 꽉 힘을 주거나, 손목을 긁는 등의 동작을 곁들이는 것이다. 당신이 처음 앵커링 동작을 한다는 것은 당신의 마음속에 신경 통로를 이제 막 만들기 시작했다는 뜻이다. 당신이 감정 상태를 재현하면서 정확히 똑같은 행위를 계속 반복하면 그 통로는 점점 더 강화된다.

　나는 돌아가신 아버지와 함께했던 순간들을 기억하는 것을 좋아한다. 나는 플레이오프에서 팀 티보^{Tim Tebow} 선수가 터치다운 패스를 했을 때 브롱코스 경기 관중석에 앉아 있던 우리의 모습을 볼 수 있다. 우리는 경기가 시작되자 펄쩍펄쩍 뛰었고 기뻐서 소릴 지르며 서로를 끌어안았다. 나는 전율을 느끼며 그 모든 에너지를 느낄 수 있다. 그럴 때 나는 내 손목을 살짝 긁는다.

　강렬하고 긍정적인 또 다른 순간이 올 때마다 나는 같은 방식으로 앵커링을 시도한다. 어느 푸르른 날에 친구들과 함께 갔던 콘서트를 떠오르게 하는 아름다운 노래를 듣게 된다면, 나는 그때 내 손목을 살짝 긁을 것이다. 그런 다음 나는 나에게 특별한 의미가 있는 특정 단어를 추가할 수 있다. 이 소소한 과정의 영향력은 계속해서 기하급수적으로 강화될 것이고, 마침내 나는 이러한 감정 상태를 창조하는 나의 능력을 통제할 수 있게 된다.

　다시 말하지만, 당신의 인생을 창조하는 '시크릿'은 느끼는 감정에 달려 있다. 당신의 가슴은 당신의 마음보다 훨씬 더 똑똑하다. 당신이 감정을 송출함으로써 그 주파수와 진동을 조율하면, 당신의 삶은 마치 자석처럼 유사한 진동을 끌어당기기 시작한다. 우리 중 많은 사람들은 《시크릿》을 여러 번 읽고, 비전 보드와 책을 만들어 우리가 원하는 것에 대한 의도를 설정했다. 그리고… 아무 일도 일어나지 않았다. 열쇠는 감정이 쥐고 있기 때문이다. 두려움과 불안의 감정, 결핍과 통제력 상실에 관한 생각을 방사하면 당신의 가슴과 마음은 잘못된 방향으로 가버린다. 앵커링은 가슴으로 우리의 몸을 조율하고 현실 창조를 위한 문을 열기 시작하는 방법이다.

뇌파에 접근하기

아마 당신은 이 주제를 이 책에서 처음 접하지는 않았을 것이다. 당신은 거의 알려지지 않은 사람인 브라이언 스콧에게 오기 전에 이미 이 주제에 관해 다른 여러 작가가 쓴 책을 읽었을 것이다. 그리고 그들 모두가 이중 슬릿 실험에 관한 이야기를 해야 했던 것처럼 뇌파를 다루는 데에도 꽤 많은 분량을 할애했을 것이다.

그럼에도 우리는 뇌파에 관해 이야기해야 한다. 뇌파는 우리의 생각과 행동의 모든 근원에 있기 때문이다. 우리 뇌의 뉴런 덩어리에서 나오는 동기화된 전기 신호들은 모두 서로 정보를 주고받는다.

간단히 말해 우리는 뇌파를 오선지 음악 노트처럼 생각할 수 있다. 저주파 파동이 깊이 파고드는 드럼 소리라고 한다면, 고주파 파동은 섬세한 고음의 플루트 소리와 같다. 그리고 이들 각각의 파동은 우리의 행동과 감정에 따라 변화한다. 지배적인 뇌파가 느려지면 우리는 피로감을 느끼고 행동이 느려지며 몽롱해지거나 긴장이 풀린다. 주파수가 높을수록 긴장감을 느끼고 흥분하며 경계심을 갖게 만든다.

뇌파의 종류는 무려 50가지가 있지만 거기서도 주요한 몇 가지가 있다. 가장 낮은 뇌파는 0.5헤르츠(㎐) 미만에 있다. 이 뇌파를 '느린 피질 전위'(slow cortical potential)라고 부르는데 이것은 우리의 높은 두뇌 기능의 기초가 된다. 하지만 아직 충분히 연구되지 않아서 그것에 대해 알려진 바는 거의 없다.

델타파는 0.5~3헤르츠 대역의 뇌파로 여전히 느리고 상당히 진폭이 크다. 델타파는 깊은 명상 상태나 꿈을 꾸지 않는 수면 상태에서 나타나는데, 에너지 힐링을 하는 치유자들은 델타파 상태에서 깨어 있을 때 최상의 상태를 유지한다. 이 델타파는 치유, 재생 그리고 복원이 촉진되는 영역이기도 하다.

세타파는 4~7헤르츠 대역의 뇌파로 잠들기 직전과 깨어난 직후의 중간인 몽롱한 의식 상태의 뇌 주파수다. 세타파는 수면의 시작 단계에서 가장 자주 나타나고, 깊은 명상 중에도 지배적으로 나타난다. 나는 이 파동에서 우리가 한 번에 몇 밀리초(msec) 동안 우주로 접근할 수 있는 틈이 만들어진다고 믿는다. 이 뇌파 상태를 만들 때 우리가 일치시키려고 하는 정보의 무한한 우주적 기억이 열리고 그것이 우리 뇌 속으로 들어온다.

알파파는 8~12헤르츠 대역의 뇌파로 우리가 이완되고 깨어 있을 때 주로 보이는 뇌파다. 이 수준 이상으로는 베타파가 되는데 인지적인 과제와 빠른 활동에 주의가 집중될 때 — 우리가 경각심을 가지고, 주의를 기울이며, 문제를 해결하고, 판단을 사용하고, 의사결정을 내릴 때 — 나타난다. 도슨 처치Dawson Church 박사는 알파파가 이러한 뇌파 상태를 연결하는 교량이라고 설명한다. "알파파는 최적의, 이완된 각성 상태이다. 알파파는 높은 주파수인 '생각하는 마음'의 베타파와 '연결 짓는 마음'의 감마파를 가장 낮은 두 주파수인 세타파, 델타파와 이어준다."[18]

알파파를 넘어서는 38~42헤르츠 대역에는 매혹적인 차원의 뇌파 영역이 있는데, 디스펜자 박사는 이곳이 현실 창조를 가져온다는 가설을 이론화하고 있다. 이 뇌파를 감마파라고 하는데, 감마파는 때때로 델타파 상태를 곧장 넘어서 나타나는 것처럼 보이기도 한다. 감마파는 가장 빠른 뇌파로서, 나머지 모든 뇌파와는 전혀 다른 양상을 보인다. 감마파는 우주적인 사랑과 이타주의 그리고 높은 미덕의 상태에서 일어나는 것처럼 보인다. 이것은 고도의 집중력을 발휘할 때 나타나는 뇌파와는 전혀 다른 것이다. 디스펜자 박사의 연구는 우리가 어떻게 영적인 순간과 의도적인 집중을 통해 감마 상태로 들어갈 수 있는지를 확인하려고 했다. 도슨 처치는 저서 《깨어 있는 마음의 과학》에서 이렇게 말한다. "감마파는 가장 주파수가 높은 뇌파이다. 이 파는 뇌가 학습할 때, 현상들 사이를 연관 지을 때, 그리고 다양한 뇌 부위들로부터의 정보를 통합할 때 가장 잘 나타난다."[19]

감마파 상태에 오래 머물러 있는 사람들에 관한 데이터가 많지 않다는 것을 볼 때 우리는 이 상태가 초월성, 영성, 그리고 창조적인 통찰과 정신적인 명료함으로 깨어 있는 것과 관련 있다고 볼 수 있다. 명상을 할 때 사용하는 싱잉볼singing bowl, 징, 노래가 감마파를 빠르게 만들어낸다는 연구 결과도 있다. 공명하는 소리는 당신을 깨어 있는 상태로 끌어들일 수 있다. 그리고 초월성을 나타내는 사례들 역시도 종종 이러한 전통에서 비롯된 것들이다.

여기서 얻을 수 있는 아이디어는 우리가 이런 상태에 있을 때 정보체 또는 가능태 공간에 접근할 수 있다는 것이다. 비록 우리가 그것을 인식하지 못할지라도 우리는 가능태 공간에 있는 현실들과 우리 자신에 관한 정보에 접근하고 있는 것이다. 나는 우리가 꿈을 꿀 때 이런 일이 일어나는 것은 우리가 델타파 상태에 있기 때문이라고 믿는다. 우리가 깨어서 명상을 하는 동안 이 감마 상태에 도달한다면, 우리는 더 많은 의도를 가지고 그 문을 열수 있을 것이다. 바딤 젤란드는 꿈을 우리의 영혼이 가능태 공간에 존재하는 과거와 미래를 여행하는 것으로 묘사했다.

당신이 어떤 것에 주의를 기울이면 당신의 의도와 연결된 평행 현실에서 그것과 일치하는 섹터를 열 수 있다.

우리가 잘못된 무언가에 집중하면, 우리는 장애물들에 매달리면서 불안과 스트레스가 가득한 현실에 우리 자신을 열어줄지도 모른다. 하지만 당신이 당신의 주의와 집중을 더욱 잘 통제할수록 당신은 부정적인 현실을 더 많이 피할 수 있다. 의도적인 집중을 통해 당신은 놀랍고도 신나는 미래 가능태 공간에 있는 시나리오로 들어갈 수 있는 것이다.

우리의 잠재의식에 있는 양자 프로세서는 우리가 의식적으로 처리할 수 있는 모든 정보의 범위를 통제한다. 당신의 가슴은 감정을 통해서 이 정보를 당신에게 전달할 수 있다. 다음번에 당신이 뭔가를 하려는 것에 대해 어떤 느낌을 갖게 된다면 그것은 아마도 당신이 델타파 마음 상태에 있는 동안에 받은 수많은 정보 때문일 것이다. 감정이 비결이다.

우리는 역사적으로 특별한 시대에 살고 있다. 모든 것이 점점 더 빨라지고 있다. '무어의 법칙'을 생각해보라. 이 현상은 지금 우리가 믿을 수 없을 정도로 엄청난 미래를 향해 기하급수적으로 빨리 이동하고 있다는 것을 말해준다. 우리는 빌딩만 했던 컴퓨터가 들어 있는 휴대전화를 호주머니에 넣고 다니며, 엄청난 양의 정보를 처리할 수 있다. 나는 우리가 이 기술에 동조되었고, 기술이 우리를 미래로 이끌어가고 있다고 가정한다. 우리가 가능태 공간에 주의를 기울이면서 이 기술은 그 변화의 과정에 더욱 박차를 가하고 있다.

기술은 두려움의 대상이 아니다. 그것은 놀라운 통찰을 할 수 있는 길을 우리에게 열어주었다. 플로우 게놈 프로젝트[Flow Genome Project]는 행복과 몰입 상태, 그리고 특정한 상황에서 우리 뇌가 작동하는 방식을 찾아내려고 했다. 우리는 뇌파를 통해서 우리의 생각과 우주의 구조를 볼 수 있다. 만일 우리에게 이런 기술이 없었다면 우리는 어떤 정보도 얻지 못했을 것이다.

실리콘 밸리[Silicon Valley]에는 '40년의 선(zen)'이라는 뉴로피드백[neurofeedback](뇌파를 통제하는 바이오피드백 기술에 '신경'이란 의미의 접두사 뉴로를 결합한 말. — 옮긴이) 기기가 있다. 기업인들은 아름다운 곳으로 떠나기 위해 1만 5,000달러를 지불하고 뇌전도(EEG) 피드백 장치에 접속한다. 거기서 그들은 자신의 뇌파를 측정하면서 용서나 감정과 관련한 문제를 다루고 이슈들을 해결한다. 그들이 완벽한 뇌파 상태에 이르면 40년 동안 불도를 수행한 사람이 도달할 수 있는 선禪의 상태와 같아진다. 이 기기의 이름이 '40년의 선'이 된 이유다.

이 기기를 이용하는 것이 우리 대부분에게는 부담이 될 수 있다. 그래서 나는 뇌파에 접근할 수 있는 합리적인 장비들을 추천하려고 한다. 나는 뮤즈Muse라는 것을 사용하는데, 이것은 뇌파를 감지하는 헤드 밴드다. 이 밴드를 하고 있는 동안 당신이 알파파나 세타파 상태에 있을 때는 새들이 지저귈 것이고, 베타파로 이동하면 천둥소리가 들릴 것이다. 이 장비는 몇백 불 정도로 상당히 저렴해서 당신이 뇌파 상태를 점검할 수 있는 실질적인 방법이 될 수 있다. 또 뉴로스카이Neurosky에서 출시한 뇌파 스타터 키트도 도움이 될 수 있다. 뇌를 특정 상태로 유도하고 훈련시키는 특정 주파수의 음정들(solfeggio tone)을 활용하는 사람들도 많다. 현재 열정적인 명상 수행자들은 가상 현실 명상 프로그램을 개발하고 있는데, 3차원 현실을 만들어내는 이 기술력 덕분에 우리는 그러한 현실에 진입하는 능력을 크게 향상시킬 수 있을 것이다.

무한한 가능성은 말 그대로 '무한한' 가능성을 의미한다.

하지만 기술이 우리의 주의를 산만하게 할 때, 그것은 위험해진다. 만일 기술이 더 이상 도구가 아니라 장애물이라면 우리는 기술과의 관계를 재고해야만 한다. 어떤 경우라도 우리는 기술을 어떻게 사용할 것인지에 대해 선택을 해야 한다. 기술을 어떻게 받아들이고, 어떻게 우리 내면이 깨어나는 방식에 적용할지에 대한 선택권을 갖고 있는 것이다.

우리는 모두 마치 자신이 영화 속 배우인 것처럼 꿈을 꾸고 있었다. 시나리오는 계속 이어졌고, 우리는 우리의 역할을 연기해왔다. 이 새로운 현실 모델을 이용하여 우리가 이용할 수 있는 시나리오는 무수히 많다. 우리는 단순히 우리의 최종 목표를 염두에 둔 시나리오를 선택하기만 하면 된다. 현실이라는 꿈에서 깨어나, 우리가 정해진 시나리오 안에 있었다는 사실을 인식하고, 우리가 살고자 의도하는 인생의 시나리오를 선택할 때다. 우리는 가던 길을 계속 갈 것인지, 아니면 우리가 통제권을 가지는 시나리오로 바꿀 것인지를 결정해야 한다.

3장

현실과 함께 놀기

"모든 순간에는 무한한 가능성이 들어 있고,

각 가능성마다 평행 현실이 존재한다.

말 그대로 우리에게는 무한한 가능성의 가지가 뻗어 있다…"

— 다니엘 잭슨Daniel Jackson, 영화 <스타게이트Stargate>

앞에서 나는 강도 침입 사건이 일어나기 전, 내가 정말로 모든 것을 잃어버린 듯 느꼈던 때에 관해 이야기한 바 있다. 내 여자친구는 인생의 동반자를 만나 나를 떠났다. 전처는 나를 떠나 오리건으로 갔고, 아이들도 엄마를 따라갔다. 그때 내게는 남아 있는 게 아무것도 없었다. 나는 황폐해졌다.

달리 갈 곳이 없어서 나는 (나중에 강도 사건을 겪게 될) 캘리포니아로 이사했다. 그리고 점점 일과 알코올에 중독되었다. 나는 아무런 희망이 없었고, 살아야 할 이유도 없다고 느꼈다. 자살을 생각하기 시작했다. 치매로 급격히 기력이 쇠해지고 있던 아버지와 함께 앉아서 당시의 내 기분을 토로하던 기억이 난다.

　나는 말했다. "아버지, 나는 희망을 잃었어요." 비록 아버지는 내 말을 거의 이해할 수 없었지만 나는 내 사업과 내가 느끼고 있던 슬픔에 대해 계속 얘기했다. "그러니까… 내가 할 수 있는 게 아무것도 없어요. 앞이 캄캄하다고요." 고통이 너무나 커서 나는 다 끝내버리고 싶었다. 거의 포기하기 직전이었다.

　중독과 절망의 나락으로 떨어지고 있는 자신을 느끼면서 나는 내 마음을 다잡기 위해 뭐라도 붙잡을 필요가 있다는 걸 알았다. 운 좋게도 나를 도와줄 멘토를 찾았다. 우리가 가장 먼저 했던 일은 아침 루틴을 세우고 명상을 하는 것이었다.

　나는 예전에 신경 언어 프로그래밍을 연구하면서 명상에 대해 알고 있다고 생각했지만, 사실 그건 그저 자기 최면일 뿐이었다. 이제는 내 현실을 바꾸고 싶었다. 내 모든 혼란은 어디까지나 나의 잘못이었다. 그래서 나는 혼란을 가라앉히는 것을 첫 번째 목표로 삼았다. 처음에는 잡념을 다룰 수 있는 시간이 단지 몇 분도 되지 않았다. 내 바람은 꼼짝하지 않고 30분 정도는 제자리에 앉아 있는 것이었다.

　명상을 하는 매 순간이 전쟁이었다. 내 몸은 절망의 감정에 중독되어 있었다. 움직이고 싶은 생각이 올라올 때마다 나는 내 에고와 내 감각과 싸워야만 했다. 계속 명상을 할 때마다 나는 새로운 단계로 진입했고, 책임과 용서라는 화두를 붙잡게 됐다. 깨달음이 더해질수록 내 무의식에 자리 잡은 생각은 더 많은 싸움을 걸어왔다.

다음 단계는 내 생각을 잠재우는 것이었다. 처음에는 불가능한 일이라고 느꼈다. 하지만 나는 생각하는 뇌를 멈추는 기술을 개발했다. 나는 잡념 없이 진공(void)의 상태에서 명상하기 시작했다. 그리고 장막 뒤에서 무언가가 순간 번쩍이는 것을 체험했다. 그것은 심오하고 아름다운 영역이었다.

산만하던 생각이 어떤 형태로든 잦아드는 가운데 다음 싸움이 시작되었다. 바로 수십 년 동안 형성된 장애물인 나의 잠재의식에 대항하는 것이었다. 나는 그것을 빨리 풀어낼 수 있다고 생각하지 않았다. 그것은 어려운 과정이다. 그래서 내가 인생에서 만난 모든 것들을 대해왔던 것처럼, 대항할 수 있는 방법을 연구하기 시작했다. 나는 뉴에이지 커뮤니티를 접했고, 잠을 잘 때도 잠재의식을 열어주는 프로그램과 확언을 사용했다.

마침내 나는 나의 타고난, 의심하는 성향을 풀어내는 작업을 했다. 아마 예전의 나였다면 이렇게 생각했을 것이다. '다 좋다 이거야. 그런데 현실적인 근거가 없잖아. 우리가 다른 현실을 창조할 수 있는 방법은 없어. 그건 다 우연일 뿐이라고.'

나는 양자물리학을 공부하면서 입자인 동시에 파동이기도 한 빛의 이원성과 관찰자 효과를 이해하기 시작했다. 나는 우리가 어떻게 아원자 및 분자 수준에서 현실을 창조하고 있는지를 배웠다. 그리고 우리는 그보다 더 큰 수준에서도 현실을 창조하고 있을 것이다. 나는 중첩 상태를 알게 되었고 정보장을 통해 접근할 수 있는 평행 현실이 우리 주변과 내면에 존재하는 방식도 알게 되었다. 그리고 근원장(source field)이 존재하는 모든 것, 상상할 수 있는 모든 것, 내가 취할 수 있는 모든 행동에 대한 정보를 어떻게 포함할 수 있는지를 이해했다.

처음에는 단지 흥분해서 뛰어들었지만, 더 깊이 알아갈수록 내 안에서 확신이 생겨났다. 나는 곧 평행 현실 명상을 시작했다. 그 뒤로 나의 현실은 마치 내가 전혀 다른 현실로 뛰어든 것처럼 분명하게 바뀌기 시작했다. 나는 대출금 전액을 상환했다. 일하는 시간을 줄여서 더 나은 기회들에 접근했다. 아이들과 관계를 쌓아나갔고, 사랑에 빠졌으며, 불과 몇 달 전만 해도 물에 빠져 허우적대던 삶을 다시 즐기게 됐다. 그러는 동안 나는 한 번에 몇 시간씩 깊은 명상 상태에 들어가 평행 현실로 들어가는 여행을 시도했다.

강도 침입 사건이 벌어졌을 때, 나는 내가 그 도시에서 겪었던 어떤 변화보다 더 큰 도약을 했다고 믿는다. 나는 그전에도 평행 현실 이동에 대한 개념을 받아들이고 명상에 시간을 쏟기도 했지만, 한편으로 그것을 그저 재미로 즐기고 있었다. 이것이 어쩌면 효과가 있을 수도 있고 없을 수도 있다는, 일종의 탐험심이었다. 나는 그 효과를 알아내려는 실험을 하고 있었던 것이다. 그러던 어느 날, 내 인생의 궤도가 분명하게 바뀌었을 때 나의 의심은 눈 녹듯이 사라지기 시작했다. 이번엔 본격적으로 내가 할 수 있는 한 많은 연구에 뛰어들었다.

내가 좀더 의도적으로, 진심으로 현실을 조종하는 연습을 시작했을 때, 나는 내가 작은 것들 — 예를 들어 나의 신용 점수 — 부터 아주 큰 것들까지 조종할 수 있음을 알았다. 나는 술을 끊으려고 애쓰기를 멈추고 금주에 성공한 현실로 이동하기로 결정했다. 그다음 날, 술을 마시고 싶은 충동이나 욕구가 일어나지 않았다. 나는 이미 술을 마시지 않는 현실에 있었기 때문에 금단 증상이나 심리적인 영향이 없었다. 그리고 다시는 술이 문제가 되지 않았다.

우리가 평행 현실로 이동하는 것과 이 책의 다음 부분에 등장하는, 당신의 현실을 해킹하는 것에 대해 이야기하는 부분에서 내가 비상식적으로 보일 수도 있다. 부디 이해해달라. 물론 내가 여기서 창의성을 발휘하고 있을 가능성도 상존한다. 하지만 그것은 내게 중요하지 않다. 나는 진리에 이르는 방법에 관해 말하고 있는 게 아니다. 내가 말하는 것들은 나에게 실제로 효과가 있었던 방법들에 관한 것이다.

나는 이런 생각으로 모든 사람들이 사용하는 기본적인 지식을 — 내가 개발한 테크닉과 근원 영역에 있는 다른 서핑 테크닉이나 점프 테크닉을 통해서 입증된 것들을 — 사용해서 사람들이 자신의 삶에서 이 개념을 적용할 수 있도록 돕기 시작했다.

그 뒤로 나는 사람들이 새로운 직업을 얻고, 새로운 관계를 맺고, 약물이나 건강 문제를 극복하며 만성적인 통증 없이 잠에서 깨어나는 것을 지켜봤다…. 그 지식과 정보는 이 책을 읽고 있는 당신이 자신의 현실을 선택하는 기로에 선 지금 이 순간에도 확산되고 있다.

집단적 변화

우리는 홀로 현실을 항해하고 있는 게 아니다. 펜듈럼 이론에서 말하는 것처럼, 사람들은 집단으로 현실을 창조하고 있다. 과거의 어떤 사건이 우리 모두를 어떤 대안적 현실로 이미 끌고 왔는지 아닌지 우리는 알 수 없다. 우리는 그저 주의를 기울이는 대로 경험할 뿐이기 때문이다. 어쩌면 그래서 사람들이 자신의 기억과 실제 사이에 차이가 있음을 발견하는 만델라 효과가 널리 논의되고 있는지도 모른다.

자연은 항상 균형을 유지하려는 속성이 있기 때문에 단지 한 사람을 바꾸는 것보다는 우주 전체를 바꾸는 편이 더 쉬울 수도 있다. 집단의 변화는 가장 쉬운 현실 변환이다. 특히 두려움이 만연하고, 와이파이 신호와 라디오 전파 그리고 텔레비전 신호가 우리 뇌로 쏟아져 들어오는 지금의 역사적인 시점에서는 더욱 그렇다.

그럼에도 사람들이 '제3의 눈'으로 일컫는 송과체는 전자기적 효과를 일으켜 온갖 잡다한 정보들을 차단해준다. 사이비처럼(woo-woo) 들리겠지만, 이마에 있는 이 작은 분비샘은 압전 효과가 있다(압력을 주면 전기가 발생한다는 뜻이다. ─ 옮긴이). 그것은 안쪽에 물과 결정체가 있으며, 눈동자처럼 간상체와 추상체를 가지고 있다. 온갖 정보들이 우리 주위를 둘러싸고 있지만, 송과체는 여전히 우리가 근원에 접근할 수 있게 해준다.

그리고 그 근원에 접근함으로써, 우리는 정말 두려워해야 하는 것은 무엇인지에 대한 정보를 얻게 된다.

나는 이것이 우리가 그토록 두려움에 떠는 핵심적인 이유라고 믿는다. 우리는 상승하고 있다. 그것은 겁이 나는 일이다. 그 모든 증거는 우리 주변에 존재한다. 사람들은 더욱 깨어나고 있다. 당신은 페이스북 그룹을 개설해 당신이 매트릭스에서 벗어난 이야기를 공유할 수 있다. 그러면 곧 당신은 이 새로운 자각에 관해 함께 이야기를 나눌 수 있는 수천 명의 사람들을 만나게 될 것이다. 뭔가가 일어나고 있고, 기술은 기하급수적으로 발전하고 있다. 기술이 확장되면서 우리의 마음도 함께 확장되고 있다. 송과체는 우리를 보호하고 우리의 새로운 잠재력을 열어주기 위해서 이 변화에 계속 적응하고 있다.

　　다시 말하면, 우리의 마음은 말 그대로 변하고 있다.

　　우리의 감각은 오직 우리 주변에서 실제로 일어나고 있는 일의 극히 일부만을 감지한다. 우리의 경험은 주관적이고, 우리가 더 많은 두려움에 자신을 열어둘수록 절망의 목소리는 매력적으로 변한다. 우리는 두려움에 빠져들 수도 있고, 변화를 받아들이는 과정에서 강해질 수도 있다. 우리의 주관성에 따라 연금술사가 될 수 있다는 것이다. 우리는 두려움에 맞서기 위한 사랑과 평화의 펜듈럼을 만들 수 있다. 비록 우리가 세상이 12년 안에 끝날 것을 두려워한다고 해도, 우리는 우리가 가진 힘을 이해해야만 한다. 우리는 모든 것을 주어진 대로 받아들일 필요가 없다. 우리는 지구에 대한 책임을 질 수 있고, 지구를 변화시킬 수도 있다.

오라 테크닉

어떻게 마음과 행동으로 당신의 현실을 바꿀 수 있을까? 내가 말하고 있는 변화는 새 신발을 사는 것 같은 소소한 변화에 관한 것이 아니다. 엄청난 부의 증가와 믿어지지 않을 정도로 건강한 상태, 그리고 마치 하루하루가 휴일처럼 느껴지는 행복 같은, 그런 크고 기적적인 변화에 대한 것이다.

어떤 문제를 극복하려고 노력하거나 어떻게 해야 할지 궁리하며 애쓸 때, 당신은 무엇을 의지하는가? 이것은 그날그날 꾸려가는 작은 변화가 아니라 당신이 정말로 이루고 싶은 일과 큰 변화에 관한 이야기이다. 모든 것을 시도해봤지만 되는 일이 아무것도 없는 것처럼 보일 때, 당신은 무엇을 하는가?

당신은 전문가들을 찾아갔을 것이고 책도 많이 읽었을 것이다. 할 수 있는 건 모두 해봤지만, 여전히 이 상황을 돌파할 수 없을 것만 같을 때가 있다. 이럴 때 나는 종종 양자장(quantum field)에 이미 존재하는 가능성이 있는지, 즉 해결책이나 메커니즘 또는 다른 현실로 이동하는 방법이 있는지를 스스로에게 물어본다. 만약 내가 답을 모른다면(사실 우리가 답을 아는 경우는 거의 없다) 그다음 단계는 미지의 영역으로 이동하는 것이다. 이것은 씨앗을 심는 것과 같다. 당신이 만약 나무 두 그루를 심는다면, 나무들을 바로 옆에 붙여서 심으려고 하지는 않을 것이다. 나무와 나무 사이에는 공간이 필요하다. 이처럼 우리가 미지의 영역으로 이동하기 위해서도 약간의 공간이 필요하다.

매일 우리는 똑같은 기억을 가지고서 잠에서 깨어나고 미래에 대해서도 같은 생각을 재확인한다. 이렇게 패턴화된 방식을 따르는 한 우리 뇌는 단지 우리가 알고 있는 모든 것과 우리를 둘러싼 환경에 영향을 받은 모든 것이 담긴 기록저장소일 뿐이다. 우리를 주변 환경과 과거의 기억으로 몰아넣는 신경학적 구조에서 벗어나는 유일한 길은 다른 현실을 가져오는 것이다.

내가 의미 있는 결과들을 기반으로 연마해서 다른 사람들을 가르쳤던 프로그램이 있다. 나는 이 프로그램을 '오라 테크닉 AURA technique'이라고 부른다. 오라 테크닉은 간단한 두 가지 단계로 구성되어 있다. 첫 번째 단계는 대안 우주 현실(alternate universe reality)을 활성화(activation)하는 것이고 두 번째 단계는 대안 우주 현실을 실현(actualization)하는 것이다. 이 두 단계를 잇는 것이 당신의 삶에 큰 변화를 만드는 열쇠다. 무한 정보장에는 지금 이 순간에도 존재하는 현실이 있다. 하지만 당신은 먼저 그것을 찾아서 활성화해야 하고, 그것을 물리적 현실로 실현시켜야 한다. 그러므로 우리의 의도는 당신이 원하는 평행 우주를 찾아 그것을 활성화하는 것이며, 물리적 현실로 실현하는 과정으로 나아가는 것이다. 이 모든 것은 우리가 벗어나려고 하는 신경학적 구조를 먼저 인정하는 것에서 시작된다.

가슴과 마음

생물학적으로 우리는 두 가지 성격을 지니고 있다. 하나는 뇌와 마음 그리고 또 하나는 몸과 가슴이다. 뇌는 기억의 저장고다. 그곳엔 당신이 이 순간까지 경험한 모든 것이 기록되어 있다.

습관에 관해 다뤘던 2장에서 살펴보았듯이 아침에 일어나는 것은 과거의 기억에 지나지 않는 뇌의 회로를 활성화시키는 것이며, 각각의 기억은 그것과 관련된 생각과 감정을 갖고 있다. 생각은 뇌의 언어다. 반면에 감정은 몸의 언어다. 매일 우리는 같은 언어를 반복해서 말함으로써 우리의 현실을 창조한다. 과거의 생물학은 우리가 예측 가능한 미래를 갈망하게 만든다. 예측 가능한 것은 안전하다. 설사 우리가 예측을 뛰어넘는 목표를 가지고 있다 해도 말이다.

왜냐면 우리는 예측 가능성, 생각, 감정이 현실을 가져오는 것을 뛰어넘어서 우리 자신을 쉽게 바꿀 수 없기 때문이다. 우리가 생각하고 느끼는 방법 — 머리와 몸의 언어 — 이 존재의 상태를 좌우한다. 이 두 가지가 함께 지금 이 순간 우리의 정체성을 정의하는 것이다.

신경과학자들은 우리가 흔히 부르는 기억이라는 것이 강한 감정과 연결된 장기 기억(long-term memory)이라는 것을 알아냈다. 그 순간들은 우리 내면의 무언가를 바꾸어 뇌의 주의를 사로잡고, 뇌의 자원을 전환시켜 그 순간을 스냅 사진으로 찍고 내부에서 앵커링한다.

시간이 흐름에 따라 우리는 그 순간들을 계속해서 생각하고 친구들에게 이야기하며, 그것에 주의를 기울이고 기억하면서 그 주위에 회로망을 만들기 시작한다. 그리고 그 기억을 느끼기 시작하고, 그것이 지금 이 순간의 현실인 것처럼 몸이 믿을 때까지 우리 자신에게 고정시킨다.

이러한 피드백 고리는 우리 몸이 말 그대로 과거에 살도록 조건화한다. 우리의 몸은 실제 경험과 그것에 연결된 생각, 감정을 구별하지 못한다. 사실 우리가 현재를 관찰하기 위해 과거에서 나와 깨어나려면 보통 어떤 큰 사건이 필요하다. 우리는 모두 가장 낮은 수준에 이르러서야 자신이 어떻게 행동하는지에 주의를 기울이기 시작한다. 종종 우리는 예전에는 인식하지 못했던 고통을 알아차릴 때가 있다. 어떤 사람들은 그것이 고통인 줄 모르고 살다가 20년 또는 30년 동안 고통을 겪어왔음을 알고 자신을 되돌아보기 시작한다. 우리의 마음은 지나간 일 때문에 계속 고통스러워할 이유가 없다고 설득하지만, 우리의 몸은 그러한 시차를 무시한다.

이 피드백 고리를 깨는 열쇠는 가슴에 있다. 당신의 가슴과 마음이 일치하기만 하면, 당신은 상상할 수 있는 것 이상으로 물리적 현실에서 기적적인 변화를 보기 시작할 것이다. 가슴은 우리와 관련된 모든 것이 존재하는 무한 정보장과 우리를 이어주는 연결고리다. 당신은 가슴을 통해 미래의 흐름을 감지할 수 있다.

깨어나서 다시 시작하기

우리가 영화 속에서 살아가고 있다는 비유로 되돌아가 보자. 이것은 마치 몸은 꼼짝하지 않은 채 영화 필름들만 바라보고 있는 것과 같다. 그 필름들은 우리가 무의식적으로 행동하도록 길을 제시한다. 우리 몸이 우리를 대신해서 생각을 하고 있는 것이다. 이 영화에서 깨어나려면 짜인 프로그램을 알아차려야 한다. 즉, 지금 이 순간 당신 자신을 객관적으로 바라보는 관찰자가 되어야 한다는 뜻이다.

양자물리학에서는 시간이 단선적이지 않다고 말하지만, 우리 대부분은 그보다 더 좁은 관점을 취하고 있다. 우리는 우리가 알고 있는 것만 볼 수 있기 때문에 제한된 방식으로 현재를 살고 과거를 다시 경험할 수 있을 뿐이다. 우리는 미래에 대한 가능성을 이해하기 힘든, 단지 생존을 위한 영역에서 살아가고 있는 것이다.

오라 테크닉을 사용하면 당신은 내가 믿는 대안 현실, 즉 평행 현실로 이동할 수 있다. 처음에는 우리 몸의 많은 부분이 충격을 받을 수 있다. 우리가 계속 머물도록 교육받아온 지금 이 순간은 안전해 보이고, 실제로도 안전한 경우가 많다. 물론 지금 당신의 현실이 정확히 당신이 원한 것이라면, 거기에 머물러도 좋다. 하지만 당신이 처한 현실을 바꾸고 싶거나 자신의 현실을 창조하길 바란다면, 이 책에 간략히 요약해놓은 연습들을 따라 해보길 권한다.

당신이 원하는 현실은 실제로 존재하고 있는 것일 수도 있고 단지 정보장에만 존재하는 것일 수도 있다. 중요한 것은, 여기에 관련된 수학 공식을 모두 아는 것보다 당신이 이 원리와 테크닉을 실지로 사용하고 연습하는 것이다. 너무 믿으려고 애쓰지 말라. 대신 연습을 더 많이 하는 데 관심을 두라. 당신의 몸과 마음을 뛰어넘겠다는, 또는 그것들을 완전히 새로운 무엇으로 재설정하겠다는 의지를 가지라.

뷰 포인팅

작가와 배우에게는 우리 대부분이 갖고 있지 않은 초능력이 있다. 바로 타인의 관점을 취할 수 있는 능력이다. 타인의 관점을 파악하고 그것을 우리 자신의 관점으로 취하려면 어떻게 해야 할까? 우리는 다른 어떤 테크닉보다 이것을 먼저 개발해야 한다.

내가 현실 변환을 하기 전에 가장 먼저 하는 테크닉이 있다. '뷰 포인팅Viewpointing'이라는 이 테크닉은 제삼자의 관점으로 자기 자신을 바라볼 수 있게 해주는데, 여기에는 운동감각적 느낌, 생각 그리고 다른 사람의 관점을 깊이 수용하는 것 모두가 포함된다.

당신은 당신의 주변에 있는 사람과 사물의 관점을 취할 수 있는가? 많은 사람들에게 이것은 아직 익숙지 않은 기법이다.

뷰 포인팅을 연습하면 그 범위가 사람 대 사람에서 사람 대 사물로 확장된다. 당신은 지금 당신이 앉아 있는 책상에 의식이 있다고 상상할 수도 있다. 그럼 그 책상은 어떤 관점을 가지고 있을까? 당신이 매일 마주 앉아 있는 컴퓨터 모니터에 의식이 있다면? 당신 주변의 모든 사물에 관점을 불어넣을 때 당신은 그 물건들의 에너지를 인식하기 시작한다. 이 연습을 하다 보면 시간이 지남에 따라 이 기법을 더 많이 사용하고 확장할 수 있는 근육이 생긴다. 사람, 동물, 무생물을 포함한 당신 주변에 있는 모든 대상을 그것의 관점에서 보려는 시도를 해보라. 이렇게 함으로써 당신은 당신을 둘러싼 현실의 모든 것과 연결되고 그것들을 조종하기 시작한다. 이것은 당신의 시각화를 더욱 강력하게 만들어줄 것이다.

우리가 이렇게 하는 이유는 당신이 대체 현실로 이동하려고 할 때 지금까지 전혀 경험해본 적이 없었던 관점 속으로 들어갈 수 있어야 하기 때문이다. 당신은 그것을 받아들여야 하고 이해해야 하며 그것을 마치 당신 자신의 것인 양 느껴야 한다. 왜냐면 그 안에서는 정말로 그게 사실이기 때문이다.

내가 원하는 것 정의하기

관점을 안정적으로 확장하고 새로운 현실을 활성화하는 과정을 시작하기 전에, 우리는 먼저 우리가 바라는 현실을 정의해야 한다. 나는 많은 사람이 자신이 원하는 현실을 정확하게 정의 내리고 있지 않다는 것을 알게 됐다. 그들은 지금 처한 현실과 원하는 현실을 명확하게 파악하는 것을 어려워한다.

어떤 사람들에게 이 작업은 기나긴 과정이다. 그들은 한동안 이 과정을 장난스럽게 대할지도 모른다. 아마 그들은 플로리다^{Florida}로 휴가를 떠나는 것을 꿈꿀 수도 있다. 그런 뒤 곧 텔레비전에서 플로리다의 풍경을 보게 될 것이고, 그들의 꿈은 이루어질 것이다. 어떤 사람들은 이보다 더 깊이 들어갈 수도 있다.

만약 당신이 원하는 게 뭔지 모르겠다면, 먼저 더는 경험하고 싶지 않은 것을 규정해볼 필요가 있다. 그러고 나서 그것을 뒤집어보라. 이 과정은 원하는 걸 명확하게 찾으려고 할 때 도움이 되는 방법이다. 나는 내게 코칭을 받으러 오는 사람들을 통해 자신이 뭘 원하는지 모르는 사람들이 많다는 것이 더더욱 사실임을 알게 됐다. 보통 코칭 비용을 지불할 능력이 있는 사람들은 이미 꽤 성공한 사람인 경우가 많다. 그들은 물질적인 성공이 아니라 진정한 목표를 찾기 위해 도움을 받고자 한다. 콘서트 티켓을 구하거나 차를 구매하는 일에 관한 것이 아니다. 진정한 목표를 찾기 위한 가장 좋은 방법은 그것을 실제 현실처럼 대하는 것이고, 그 현실을 확인하는 가장 좋은 방법은 그것에 담겨 있는 감정과 연결되는 것이다.

이 방법을 위한 한 가지 강력한 기법은 다른 여행지 열 군데로 들어가 당신의 비전을 구체화해보는 것이다. 바로 기억술의 일종인 '여행법'을 활용하는 것인데, 이는 당신이 꿈꾸는 현실에 감정을 더 쉽게 통합할 수 있도록 해준다. 영국의 기억술사인 도미닉 오브라이언^{Dominic O'Brien}은 저서 《양자 기억》(Quantum Memory)에서 당신의 기억을 서로 다른 여행지 열 곳으로 나눠서 장기 기억에 저장할 수 있다고 말했다. 배우들이 배역을 맡는 것과 같이, 당신은 열 군데의 장소나 장면 속에서 걷고 있는 자신을 상상할 수 있다. 이러한 마음의 여행은 단지 어떤 사물이나 어떤 순간을 경험하는 데 그쳐서는 안 된다. 이것은 당신의 모든 것이 정의 내려져 있는 총체적 경험이어야 한다.

이를 온전히 받아들이는 방식 중 하나는 당장은 모호하게 느껴지더라도 당신이 바라는 현실을 종이에 적은 뒤, 그 내용을 암기하는 것이다. 드라마 〈셜록^{Sherlock}〉에서 셜록은 마음속으로 자신만의 궁전을 만들어서 그곳을 세부적인 사항들에 접근하고 추리하기 위한 장소로 활용했다. 이처럼 당신도 마음속에 그런 공간을 만들어보라. 당신은 고요한 상태에서 이런 시각화에 빠져들 수 있어야 한다. 단지 그 장면을 바라보고만 있는 것이 아니라 이미 그 현실을 경험하고 있는 당신의 또 다른 버전이 되어보는 것이다.

당신이 이 정도의 현실 변화에 접근할 수 있을 때, 그것은 당신 삶의 모든 방면에서 파급 효과를 가져올 것이다. 당신이 상상하는 현실이 감정적인 수준에서 받아들여지고 연결되도록 만들라. 나의 경우에는 주로 편안함, 자유로움 또는 기쁨의 감각을 그 장소들과 연결한다. 그러고 나면 다음 단계인 제로 포인트^{zero} ^{point}의 진공 상태로 이동하더라도, 기쁨 또는 연결되었던 감각이 그대로 유지된다.

책임 의식 만들기

우리는 우리 자신의 현실을 바꾸는 중이기 때문에, 우리가 과거에 다르게 행동할 수도 있었다는 것을 생각해야 한다. 여기에는 근본적인 책임이 뒤따른다. 그 모든 순간에 대한 책임이 당신에게 있다는 것을 받아들이라. 때로는 단지 우리의 태도가 그렇게 바뀌는 것만으로도 변화가 일어나곤 한다.

지금도 나는 강도 침입 사건에 대한 책임을 스스로 감당하고 있다. 그 사건으로 인해 내 의식이 깨어났기 때문에, 어쩌면 내가 목적을 가지고 그런 현실을 창조했는지도 모른다. 그 사건 전에 나는 하와이행 비행기 표를 구했는데, 여자친구와 함께 차에 짐을 싣는 동안 밖에서 강렬한 비트의 음악을 듣고 있는 아이들이 있었다. 그들이 바로 나중에 강도로 돌변할 아이들이었다.

나는 그들에게 손을 흔들었지만, 그들은 나를 무섭게 쳐다보았다. 여행하는 동안 나는 여자친구한테 이렇게 말하고 싶었다. "집이 비어 있는 동안 그 애들이 무슨 짓을 할까 봐 걱정돼." 어쩌면 나의 일부가 지금의 현실과 이 순간으로 이동할 수 있도록 그 현실을 불러들여 창조했을지도 모른다.

이것이 나에게 벌어진 일에 대한 충분한 설명이 되지는 않겠지만, 적어도 내가 나의 현실을 책임지고 통제해야 한다는 사실을 받아들이게 해준다. 비록 당신에게 책임이 없다 하더라도 이러한 태도를 연습하는 것은 당신의 통제력을 되찾는 데 도움이 될 것이다. 만약 당신이 과거로 돌아가 특정한 순간에 대한 당신의 반응을 바꾸고 거기에서 잠재적인 미래를 연기할 수 있다면, 그로써 당신은 무언가 변화의 여지를 만들어내게 된다.

시각화 가이드

아침 햇살이 비출 때 곤히 잠을 자고 있는 당신의 모습을 떠올려보세요. 누군가가 당신 곁에 있습니다. 당신 곁에 있는 그 사람은 누구인가요? 당신의 방은 어떤 풍경인가요? 어떤 냄새가 나나요? 어떤 소리가 들리죠? 방은 깨끗한가요? 방에 있는 창문은 어떤 모양인가요?
당신이 잠에서 깨어났을 때 당신의 지갑은 어디에 놓여 있나요? 지갑 안에는 뭐가 들어 있죠?

당신은 욕실로 걸어갑니다. 욕실은 어떻게 생겼나요? 세면대와 욕조는 어떤 모양이죠? 당신은 거울을 봅니다. 거울 속에 뭐가 보이나요?

당신은 양치질을 하고 세수를 합니다. 그러고 나서 욕실 밖으로 걸어 나갑니다. 당신은 어디로 가고 있나요? 집에 사무실이나 작업실이 있나요? 수영장이나 극장이 있나요? 당신의 아이는 어디에 있나요?

오늘 하루를 맞이하면서 기대되는 것은 무엇이죠? 여행을 떠나려고 하나요? 일을 하러 가나요?

당신은 주차장으로 가서 당신의 차에 올라탑니다. 차종은 무엇인가요? 어떤 소리가 나나요?

차를 타고 목적지로 가는 길에 현금인출기에 들렀습니다. 돈을 뽑을 때의 기분은 어떤가요?

시각화를 할 때는 저항심이 일어나지 않도록 하라. 너무 복잡하게 작업하면 당신의 주파수가 떨어질 수 있다. 되도록 많은 것을 여행하듯이 함께 연결하라. 다음 단계인 '진공 상태로 들어가기'에서는 이 모든 것을 다시 불러내지 않을 것이기 때문에, 그에 앞서 당신은 이 연습을 통해 완전하고 구체적인, 언제든 꺼내쓸 수 있는 감정을 준비해두어야 한다.

진공 상태로 들어가기

이제 우리는 진공 상태, 즉 제로 포인트로 간다. 이것은 보통 깊은 명상 상태에서 발견되는, 생각이 끊어지는 지점이다. 우리는 이것을 근원, 진공, 합일, 제로 포인트 등으로 부를 수 있다. 뭐라고 부르든, 이것은 완전한 침묵이자 우리에게 꼭 필요한 것이다. 뭔가 새로운 것을 받기 전에 우리는 이 비어 있는 상태로 들어가야 한다. 우리는 묶인 것이 없는 마음으로 우리의 운영 체제에 접근해야 한다.

진공 상태에 들어가기 위한 명상 도구

나는 제로 포인트에 들어가는 것을 돕기 위한 진공 명상을 고안했다. 한번 시도해보라.[20]

내가 운영하는 팟캐스트 <리얼리티 레볼루션> 에피소드를 들어보면, 이 개념을 더 완벽하게 이해할 수 있다. 이 에피소드에서는 진공 상태를 통해서 근원에 접근하고 가능태 공간을 이해하는 것에 관한 내용을 다루고 있다.[21, 22]

만일 우리가 기억에 갇혀 있다면, 그것은 우리가 물질적인 것에도 갇혀 있음을 의미한다. 우리가 가지고 있는 휴대전화, 집, 직업, 신체, 성별, 신념. 이 모든 것의 조합은 우리가 무엇을 가지

고 있고 무엇을 하는지를 정의한다. 그것들은 우리의 몸에, 우리가 섹스하는 방식에, 우리가 생존하는 방식에 그리고 우리가 의지력을 사용하는 방식에 들러붙어 있다. 하지만 당신이 일단 생각에서 벗어나 가슴에 이르게 되면 모든 것이 변한다. 이때가 어떤 면에서 보면 우리가 입자에서 파동으로 변화하는 순간이다.

우리가 근원에 접근한다고 이야기할 때, 그 근원은 무엇이든 가능한 공간을 말한다. 그곳은 주위에 아무도 없고 아무것도 없는, 무한히 텅 빈 공간이다. 오직 생각의 순수한 가능성만이 있는 곳이다. 많은 사람들은 그것을 신 또는 그들의 상위자아라고 부른다. 아니면 모든 진동하는 물질을 빛의 속도로 통합하는 통일장(unified field)으로 이해할 수도 있다. 그곳은 입자가 얽혀 있는 곳이다. 하나의 입자가 붕괴되면 다른 입자가 몇 광년 떨어진 곳에서 동시에 붕괴된다. 근원은 모든 아원자 입자들이 연결되어 있는 하나의 장이고, 우리는 이 공간에 실제로 접근할 수 있다. 이곳이《리얼리티 트랜서핑》에서 말하는 가능태 공간이다.

인간은 오랜 세월에 걸쳐 이 공간에 접근하기를 시도해왔다. 그리고 명상이나 몰입을 통해 이곳으로 들어갔다. 우리도 현실을 바꾸기 위해 이 진공 상태로 모험을 떠나야 한다. 나는 이 상태에 이르기 위해서 조 디스펜자 박사의 최면술부터 명상에 이르기까지 모든 방법을 실천해왔다. 물론 그것은 아직 끝나지 않은 내 평생의 목표다. 그곳에 한 번 도달하고 나면 당신이 결코 열릴 거라고 상상하지 못했던 문이 열린다. 그곳은 흥미롭고, 더 많은 것 안으로 당신을 끌어들일 것이다.

명상은 종종 복잡하게 느껴질 수 있지만, 여기서는 제로 포인트를 찾는 것에 중점을 두려고 한다. 구체적인 이슈들이나 문제들은 무시하라. 당신 주변에서 벌어지고 있는 일이 사실이라는 증거들은 무시하라. 당신은 자기 자신이나 자신의 짐을 가지고 이곳에 올 수 없다. 자신의 정체성이나 자신의 역사도 마찬가지다.

보통, 우리는 상상력을 사용하는 것에 관해 이야기한다. 만일 당신이 과거에 벌어졌던 특정 장면으로 돌아가서 어떤 것을 바꿨다면, 그래서 그것으로부터 펼쳐진 미래를 통해 이동했다면, 당신은 지금 무엇을 하고 있고, 어떤 사람이며, 어디에 있게 될까? 제로 포인트에 도달하지 않고서는, 당신은 지금의 당신을 진정으로 놓아주고 당신이 되고자 하는 그 사람으로 변모할 수 없다.

변화를 무겁게 여길 필요가 없다. 예를 들어, 만약 부모에게 상처를 받았다면 우리가 지우고 싶은 것은 부모가 아니다. 부모가 없다면 그것 역시 걱정거리가 된다. 우리가 바꾸고 싶은 것은 부모와의 관계이다. 그 역동을 확인하기 위해서 우리는 과거에 그 상황을 바꿀 수도 있었던 어느 특정한 장면으로 돌아갈 수 있다.

이 연습은 시각화 기법과 비슷하다. 하지만 진공 상태로 들어가는 것은 이미 존재하고 있는 어떤 것에 주파수를 맞출 수 있는 이완된 능력에 가깝다. 마치 당신이 스무 개의 결말 중에 원하는 것을 직접 선택할 수 있는, 아주 구체적으로 쓰인 판타지 소설처럼 말이다. 여기에는 당신이 지금 있는 세상과 당신이 결코 본 적 없는 세상에 관한 정보를 포함하여 당신이 상상했던 모든 세부사항이 존재한다. 제로 포인트에서 당신은 정신적인 경험뿐만 아니라 촉각, 청각, 미각, 감정과 같은 완전한 감각 경험을 통해 그러한 소설의 관점으로 들어갈 수 있다.

이 상태에 이르렀을 때, 당신은 당신이 미소를 짓고 있다는 느낌을 받을지도 모른다. 심장박동이 빨라지고 볼이 빨개지는 것을 느낄 수도 있다. 호흡도 달라질 것이다. 그 감각 안에서 잠시 머무르라. 그 특별한 경험에서 진동이나 리듬이 있는지 확인하라. 그런 다음 감각을 풀면, 당신은 새로운 지점으로 들어가게 된다. 당신은 그 속에서 쉬고 있을 뿐, 그것을 강제하지 않는다.

오라 테크닉의 연습과 적용

오라 테크닉은 우리를 해결책이 있는 곳으로 데려가기 위한 과정이다. 이 단계들을 정기적으로 연습해보길 바란다. 이것은 우리의 기술적 현실의 특성 때문이기도 한데(인터넷, 스마트폰, SNS, 인공지능과 같은 기술이 일상의 현실에 깊숙이 파고듦에 따라 인간의 의지가 수동적이 되고 의식이 잠들기 쉬운 특성을 말하는 것으로 보인다. ─ 옮긴이), 나는 오라 테크닉을 정기적으로 연습하는 것이 그 특성을 이해하는 데 도움이 된다고 믿는다. 이 명상을 아침에 30분, 그리고 잠들기 전 30분씩 해보길 바란다. 가끔은 명상을 전혀 하지 않고도 곧장 진공 상태로 들어갈 수 있는 사람들도 있다.

당신은 이 테크닉을 당신의 현실에 맞춰 유연하게 적용할 수 있다. 당신이 더 많이 느낄수록 명상을 할 필요성은 줄어든다. 어느 순간, 당신은 어떤 명상도 할 필요 없이 바로 원하는 현실에 있게 될 것이다. 대부분의 사람들은 경험을 통해 이 명상을 적어도 하루 한 번, 21일에서 30일 동안 거르지 않고 꾸준히 하는 것이 더 큰 성공을 가져온다는 사실을 알 수 있었다.

이 방법에 대해 마지막으로 당부하고 싶은 말은, 이 책에 나오는 모든 부분이 마찬가지지만, 그것을 가볍게 여기지 말아달라는 것이다. 이것은 믿을 수 없을 정도로 강력한 활동이다. 그저 시험 삼아 해보거나 복수를 하려는 마음이 아니라, 당신의 가슴 깊은 곳으로부터 우러나오는 마음으로 이 명상을 하길 바란다. 이것은 당신의 분노나 두려움을 표현하는 수단이 아니다. 만일 당신이 그렇게 한다면 당신은 최악의 일이 발생하는, 분노와 두려움의 현실로 끌려가게 될 것이다. 당신은 위험한 일에 얽히기 전에 당신의 생각 속에 있는 관념을 잘라내야 한다. 당신의 과거나 지금의 현실에 대해 반응하지 말라. 스스로 멈추기만 하면 당신은 더 이상 이전과 같은 에너지에 머물러 있지 않게 된다.

만약 당신이 장난기가 발동해서 내 말을 시험해보기로 하고 당신이 미국 대통령이 되는 비전을 심상화한다면 무슨 일이 일어날까? 아니면 아주 빠르게 달리는 기차를 상상해보라. 당신은 그 기차에 뛰어오르기로 결심한다. 무슨 일이 일어나겠는가? 이 일은 천천히 움직이는 기차를 잡아타는 것과는 다르다. 당신은 빠르게 달리는 기차의 속도에 맞춰서 거기에 뛰어오를 수 없다. 그러다가는 죽을 수도 있다.

언젠가 당신은 대통령이 될 수도 있다. 그러나 내 말을 시험해보려는 의도로 심상화를 했다면, 그 비전은 실현되지 않을 것이다. 그런 현실은 기꺼이 긴 여정을 떠나겠다고 마음먹은 시점에서 갖추어진 에너지로부터 오는 것이며, 이로써 그 현실의 관점에 자연스럽게 이르게 된다.

오라 테크닉은 서핑 수업과도 같다. 당신은 때가 이를 때까지 보드 위에 올라타 있다. 그러다가 당신이 원하는 파도가 밀려오면 당신은 코어 근육을 사용해서 몸을 일으켜 두 발로 보드에 선 다음, 파도를 타기 위해 균형을 유지한다. 첫 번째 단계는 파도를 찾는 것이고, 두 번째 단계는 앞으로 나아가면서 파도를 타는 것이다.

내가 가족과 함께 서핑 수업을 받았을 때, 아이들은 자유롭고 여유로운 상태로 파도가 오자 그 위에 올라탔다. 반면에 나의 균형감각은 형편없었다. 나는 너무 자주 넘어졌다. 파도에 올라타는 법을 배우기 위해 내가 원하는 파도를 발견하기까지는 많은 시간이 걸렸고, 균형감각도 필요했다.

우리는 우리의 현실을 서핑하는 법을 배울 수도 있고 달리는 기차를 잡겠다고 뛰어들 수도 있다.

만일 당신이 자유와 균형이 있는 공간에 이를 수 있다면, 그곳에서 당신이 어떤 것도 지지하거나 반대하지 않는 진정한 관찰자로서 존재한다면, 지금까지의 이야기가 커다란 감동을 줄 것이다. 이것은 당신이 결코 가능하다고 생각하지 못했던 문을 열어줄 것이기 때문이다. 우리가 속해 있는 이 우주의 믿기 힘든 탁월함을 재확인하는 방식으로 말이다. 당신이 상상한 현실은 당신이 기대하지 않은 방식으로 다가올 것이다. 그것은 의심할 여지 없이 더 큰 무언가와의 연결로부터 온 것이고, 당신이 이 연습을 계속 반복하도록 영감을 줄 것이다.

그저 모든 가능성이 영원한 지금 속에 존재한다는 사실을 이해하라. 모든 문제에는 해결책이 있고, 이것은 이미 존재하고 있다. 그리고 당신은 문제와 해결책 모두에서 벗어나 있다. 당신은 뉴턴주의적으로 정의된 입자 우주를 넘어, 모든 가능성이 정의되는 곳인 새로운 물질파(matter wave) 속으로 진화해가고 있다. 아침에 당신의 몸이 잠재의식을 따라 습관적으로 욕실에 가듯이 만일 당신이 순간순간마다 미래에 대한 인식(awareness)을 지속한다면, 당신의 몸도 당신의 마음을 따라 이 미지의 공간으로 가게 될 것이다.

시각화 가이드

당신이 모든 우주에 접근할 수 있는, 모든 우주 사이에 있는 진공 상태의 중심부에 앉아 있다고 상상해보세요. 그 구체(bubble) 안에 앉아 있으면 당신은 당신이 원하는 특정한 현실의 주파수에 집중할 수 있습니다. 그것은 점처럼 보일 수도 있고, 당신의 마음속에 있는 모든 멋진 색깔 가운데 눈에 띄는 특정한 색으로 보일 수도 있어요. 그것은 당신 앞에 있을 수도 있고, 뒤에 있을 수도 있습니다. 어디에 있든 상관없어요. 당신은 무의식 상태에서 당신 주위에 있는 모든 것을 볼 수 있으니까요.

당신이 한 점을 따라가면 그 점은 점점 더 커집니다. 당신이 그쪽으로 움직이면 그것 역시 당신에게 더 가까이 다가와서 더 커집니다. 당신은 그 안으로 들어가서 그것을 둘러보며 탐험합니다. 그리고 당신은 그것이 됩니다.

당신은 당신에게 속한 어떤 것도 그 안으로 가지고 오지 않습니다. 당신은 그저 그 점을 있는 그대로 내버려둡니다.

새로운 현실은 종종 놀랍습니다. 당신이 아직 모르는 많은 것들이 거기에 있습니다. 그 안에서 당신은 모든 게 괜찮습니다. 당신은 그 안에서 평온히 쉽니다. 그리고 그 느낌에 익숙해집니다. 당신은 그것이 이미 성취되었다는 것을 온전히 믿습니다. 당신의 몸은 익숙한 것으로 돌아오길 바라기 때문에, 당신은 현실의 시험대에 놓일 순간이 올 것임을 알고 있습니다. 아마 당신은 사업이 번창하는 현실로 이동했을 테지만, 3~4일 뒤에 직장을 잃을 수도 있습니다. 만약 당신이 이 두려움을 다루지 않고 방치한다면, 두려움은 당신이 의도했던 것으로부터 당신을 끌어내릴 것입니다. 부정적으로 반응한 그 10초가 당신이 쌓아 올린 모든 것을 한 번에 무너뜨릴 수 있습니다. 그러니 당신은 두려움의 펜듈럼에 먹이를 주지 말고 계속 이 평온함을 유지하는 걸 선택합니다. 기다림을 선택합니다.

당신은 확언도, 시각화도, 반복도 하지 않습니다. 당신은 멀리 있는 미래를 꿈꾸는 게 아닙니다. 당신은 지금 이 버전의 당신을 실제 당신이라고 주장할 뿐입니다. 여기에는 지나친 중요성이 들어 있지 않습니다. 당신은 당신의 새로운 현실을 나타내는 증거가 언제, 어디서, 어떻게 나타날지 묻지 않습니다. 그 대신 당신은 단순히 하루 동안 당신에게 주어진 일을 하고, 당신이 선택한 현실을 온몸으로 느끼며 그 안에서 안식을 취합니다. 그러면 머지않아 더 나은 일이 나타날 것이고, 당신이 상상했던 감정은 당신 생활의 일부가 될 것입니다.

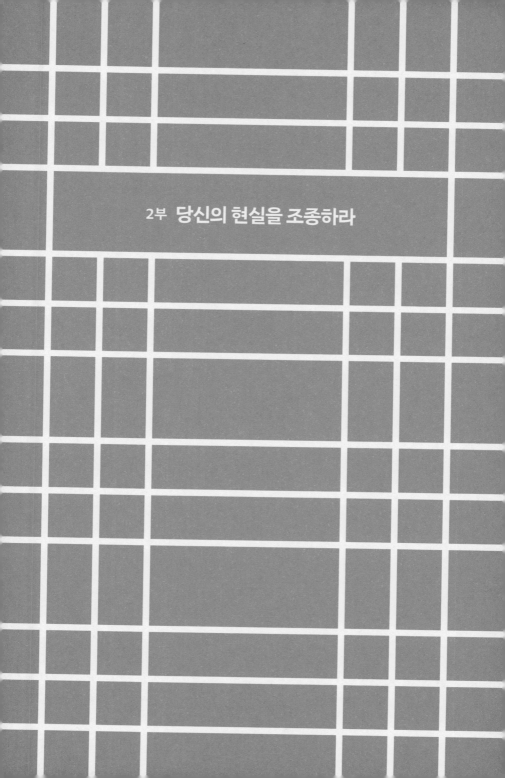

2부 **당신의 현실을 조종하라**

4장

잠재의식 해킹하기

"당신의 마음 더 깊은 곳에 무한한 정보와 무한한 힘이 있음을 인식하라."

— 조셉 머피Joseph Murphy

　　대학생이 된 첫 여름날, 나는 와이오밍Wyoming 주에 있는 큰 목장에서 일했다. 나는 한 번도 말을 타본 적이 없었는데, 함께 일했던 동료들이 말 한 마리를 끌고왔다. 그들은 내가 이 말을 길들여서 타야 한다고 농담조로 말했다. 그런데 나는 그 말이 농담인 줄 몰랐다. 그래서 몇 번이나 말에 올라타려고 했지만, 말은 나를 계속 거부했다. 나는 우선 무슨 일이 일어나고 있는지 상황을 파악하고 나서 말과 마음을 맞춰보았다. 말은 진정됐고, 마침내 나는 말 안장에 올라앉을 수 있었다.

　　우리 삶 속에서도 비슷한 일이 끊임없이 일어나고 있다. 거친 현실은 길들여지지 않은 야생마처럼 우리를 흔들어대고 걷어찬다. 만일 우리가 이 진실을 무시한다면 우리는 그냥 내쳐지고 말 것이다. 그러나 만일 잠재의식을 통해 현실과 조율하면서 이 모든 것이 어떻게 작동하는지를 이해할 수 있다면 우리는 실제로 통제력을 얻게 되고, 현실이라는 말을 탈 수 있다.

우리가 무시하든 경시하든 이용하든 우리는 모두 잠재의식의 힘을 알고 있다. 잠재의식은 우리가 하는 모든 행동에 영향을 미치는 가장 중요한 힘 중 하나다. 잠재의식은 성장하고 회복하는 데 필요한 신체 기능을 저절로 작동하게 한다. 만일 당신이 손을 베었다면 잠재의식은 상처가 다 나을 때까지 혈구와 조직을 공급해줄 것이다. 그리고 날마다 10만 번씩 심장을 뛰게 하고 수백 가지 복잡한 신체 작용을 관장한다.

조셉 머피가 쓴 《잠재의식의 힘》은 끌어당김의 법칙을 다룬 최고의 책 중 하나이다. 이 책에서 그는 잠재의식의 놀라운 힘을 개략적으로 설명하고 있다.

뇌의 잠재의식적인 부분은 불필요한 에너지 소모를 줄이도록 설계되어 있다. 우리 몸에 있는 혈중 포도당과 산소의 거의 20퍼센트가 뇌에서 소모되기 때문이다. 에너지를 아끼기 위해서, 전전두엽은 새로운 아이디어가 떠오를 때 그 출처를 굳이 따져보지 않는다. 그 결과 우리는 우리가 내리는 결정이 '깨어 있는 상태'인 뇌의 의식적인 부분에서 나온다고 생각하지만, 보통은 잠재의식이 이미 내려놓은 결정을 따르게 된다. 이 현상은 뇌파를 측정했을 때 관찰됐는데, 사람이 질문에 답하기도 전에 뇌가 먼저 응답하는 패턴을 보인 것이다.

이 조용하지만 강력한 잠재의식은 두 가지 기능으로 나눠볼 수 있다. 우리가 전혀 관여하지 않아도 자동으로 작동하는 '컴퓨터 잠재의식'이 있고, 어느 정도 자기를 인식하는(self-aware) 기능이 있는 부분이 있다. 이 부분은 앞서 말한 자동적 기능과 비교하면 개인의 특성이 조금은 있는 상위자아나 가슴이라고 볼 수 있다.

자동적 기능은 자전거 타기나 자동차 운전하기 같은 신체 활동과 사고방식을 결정하는 정신적 활동으로 나눌 수 있다. 잠재의식은 실제로 한 경험과 상상 속에서 한 삶의 경험을 모두 기억한다. 그리고 한 번에 헤아릴 수 없는 많은 양의 정보를 처리할 수 있지만 — 일부 연구에 따르면 잠재의식이 처리하는 정보의 양은 초당 4,000억 비트라고 한다 — 들어오는 정보가 진실인지 거짓인지, 도움이 되는지 해로운지를 편집할 수는 없다. 다른 한편으로 잠재의식은 병을 치료할 수 있고, 스트레스를 키우거나 줄일 수도 있다.

이렇게 설명해보겠다. 영화는 초당 24개의 프레임으로 구성된다. 반면 우리는 초당 약 900만 프레임으로 살고 있다. 그리고 잠재의식은 이보다 훨씬 더 많은 정보를 처리한다. 이에 비해 현재의식은 훨씬 더 신중하고 느리며, 덜 효율적이다. 현재의식은 단지 2,000비트의 정보만 처리하며, 처리한 정보들을 각 그룹으로 분리한다. 잠재의식이 자극을 전달하는 속도가 시속 약 16만 킬로미터인 것에 비해 현재의식의 전달 속도는 시속 약 240킬로미터이다. 이러한 사실을 보면, 잠재의식은 지구상에서 가장 진보한 기술 중 하나라고 할 수 있다. 우리는 바로 이 기술을 파헤쳐보려고 하는 것이다.

지금 이 순간에 당신이 살아 있을 확률은 300조 대 1이다. 당신이 살아서 숨을 쉬고 있다는 게 그야말로 기적 같은 일이다. 그런데 당신의 인생에서 수십 가지, 아니 수백 가지의 기적이 더 일어날 수 있다고 믿는 게 뭐 그리 어려운가? 세상이 언제나 당신을 돕고 있다는 것을 기억하라. 예상하지 못했던 문이 열릴 것이다. 그것을 허용하라. 당신은 가족이나 자녀를 위해서라면 무엇이든 기꺼이 하려고 할 것이다. 이제는 자신을 위해서도 그렇게 하라. 자신이 그런 대접을 받을 자격이 충분히 있다고 믿으라. 기적이 다가오는 것을 알아차리고 감사하라.

당신의 목표는 내일이 아니라 오늘부터 시작된다. 당신이 특별한 존재라는 것을 받아들이고, 당신이 원하는 것이 무엇인지 정의하라. 5년 후 당신의 모습은 지금 당신이 하는 행동, 보고 있는 정보, 하고 있는 운동, 먹는 음식, 생각하고 있는 것들에 달려 있다. 미래의 당신은 지금의 당신에게 어떤 새로운 행동을 보여달라고 간청하고 있다. 당신이 지금 취하는 행동이 훗날 당신의 생각이 될 것이다.

믿을 수 없는 일들이 당신의 삶에서 나타날 테지만, 그 모든 일들은 삶의 과정에서 필요한 순간마다 일어날 것이다. 이 여정에 들어서는 것, 그것이 중요하다.

잠재의식은 우리를 부와 번영으로 이끌고 직관력을 누릴 수 있는 길로 안내해주는 가슴(heart)이기도 하다. 잠재의식은 우리가 지나쳐버린 부와 인간관계에 접근할 수 있는 길을 열어줄 것이다.

이렇게 잠재의식은 삶을 변화시킬 확실한 열쇠지만, 활용하기가 쉽지는 않다. 삶을 바꾸려면 생각을 바꿔야 한다. 생각을 바꾸려면 우리는 잠재의식으로 들어가서 잠재의식 자체를 바꿔야한다. 미래에 있는 당신이 자랑스러워할 방법, 당신의 인생을 바꿀 방법은 이것밖에 없다.

잠재의식을 해킹하는 법을 배우는 것은 현실을 창조하기 위한 핵심 요소 중 하나다. 이를 잘 설명하는 사례가 있다. 내게 코칭을 받으러 온 한 내담자는 심각한 과체중이었는데, 건강하지 않은 식습관이 원인이었다. 이 여성은 너무 힘든 인간관계를 수차례나 겪은 뒤, 이제는 인간관계가 곧 고통과 연결되어 버려 사랑을 찾는 일이 두렵다고 호소했다. 나는 이 여성이 사랑을 찾는 일이 고통으로 이어지는 상상을 피하려고 계속 음식을 먹었다는 사실을 알게 됐다. 우선 나는 이 여성의 신념을 바꾸는 작업에 집중했고, 그리 오랜 시간이 지나지 않아 그녀의 체중은 아주 빠른 속도로 줄어들기 시작했다. 지금 그녀는 멋진 연애를 하며 잘 지내고 있다.

내가 코칭한 사람들을 보면, 구체적인 내용은 다르지만 그 이면에 있는 본질은 같다. 대부분의 문제가 무의식 차원에서 벌어지고 있었다는 점이다. 어떤 기억이나 신념이 그들을 특정 시나리오에 붙들고 있었다. 우리는 모두 그저 주어진 프로그램에 따라서 살고 있는 것이다. 우리가 명상을 통해 의식적으로 현실을 조종하길 원한다 해도, 무의식에 있는 문제를 해결하지 않는다면 우리는 이전의 현실로 되돌아갈 수밖에 없다.

우리가 현실을 가지고 놀 때마다 사실 우리는 잠재의식을 가지고 놀고 있는 것이다.

인생을 살면서 우리가 잠재의식을 끊임없이 통제할 수 있음을 발견하는 것, 이 과정은 평생의 여정이다. 우리가 쌓아 올린 행동이 우리를 대멸종으로 이끌고 있는 이 시점에서, 우리는 우리 자신과 문명의 이익을 위해 잠재의식을 조절하는 능력을 활용할 필요가 있다.

마법의 시간

마음은 무엇이 실제 현실이고, 무엇이 생생한 상상일 뿐인지 그 차이를 모른다. 최면은 무의식이 유지하고 있던 우리를 제한하는 프로그램을 명상 유도문이나 잠재의식 효과 메시지(어떤 정보를 인지할 수 없는 짧은 시간 동안 노출해서 잠재의식에 영향을 미치게 하는 방법. ─옮긴이) 같은 특수한 방식으로 뒤집을 수 있다. 우리가 이미 세타파 상태에 있는 잠들거나 깨기 약 5분 전, 이때가 최면 상태인지 아닌지와 상관없이 잠재의식에 접근할 수 있는 절호의 시간이다.

미셸 파이퍼Michelle Pfeiffer와 룻거 하우어Rutger Hauer가 열연한 고전 영화 〈레이디호크Ladyhawke〉가 떠오른다. 이 영화에서 여자는 낮에 매로 변하고 남자는 밤마다 늑대로 변하는 저주를 받는다. 이들은 서로 사랑하지만, 낮도 밤도 아닌 해 질 녘에만 서로의 온전한 모습을 볼 수 있다. 잠이 들기 직전이나 깨어나기 직전의 이 아름다운 순간이 우리가 잠재의식을 이용할 수 있는 시간이다.

만일 우리가 그 시간대를 인식하고 있다면 우리는 이 시간을 잠재의식과 연결하는 데 쓸 수 있다.

미디어 이용 습관 바꾸기

또 우리는 종일 특정한 감정을 반복해서 경험함으로써, 마음으로 그려낸 현실을 더욱 생생하게 느끼고 그 안에 푹 젖을 수 있다. 우리가 보고 듣는 모든 정보는, 그것이 좋든 나쁘든 상관없이 우리의 잠재의식에 영향을 미칠 것이다. 우리가 아침에 일어나자마자 뉴스를 틀고, 우울한 노래를 듣고, 암울한 기사를 읽고, 끝도 없는 페이스북 피드를 보고, 수백만 초 단위로 생성되는 부정적인 정보에 계속 주의를 둔다면, 우리 마음이 '세상은 미쳐가고 있고 나에게는 통제력이 없으니, 희망은 없어'라고 말하는 건 어찌 보면 당연한 결과다.

당신이 매일 듣고 보는 모든 것을 적극적으로 선택하는 '30일 실험'을 해보라. 밝은 노래를 듣고, 유쾌한 프로그램을 보고, 긍정적인 내용이 담긴 책을 선택하라. 만약 텔레비전을 틀어둔 채로 잠들고 싶다면 뉴스 대신 HGTV(주택 전문 채널. —옮긴이)를 틀어두라. 슬픈 노래를 좋아하지만 늘 슬픔을 느끼고 있다면 한 달 동안 긍정적인 느낌을 주는 어떤 일을 해보라. 시간은 좀 걸리겠지만 이것은 우리가 잠재의식을 통제할 수 있는 첫 번째 작업 중 하나다. 한 달이 지나고 나면 당신은 그 차이를 알게 될 것이다.

덧붙여서, 잠자는 동안 최면 프로그램이나 확언 프로그램을 듣는 것도 30일 실험에 강력한 힘을 실어주는 방법이다. 하지만 여러분의 파트너는 조용히 자고 싶어할 수도 있다. 이럴 때는 납작한 이어폰이 장착된 블루투스 수면 안대를 추천한다. 누워서 들을 수 있고, 블루투스 기능이 있어 잠이 들 때나 잠잘 때 스마트폰과 연결해 재생할 수도 있다.[23]

확언의 힘

같은 맥락에서 확언을 정기적으로 반복하고, 여기서 파생되는 감정을 받아들이면 프로그램되어 있던 잠재의식의 일부분이 긍정적인 방향으로 바뀌기 시작할 것이다. 내가 만난 어떤 사람들은 확언을 큰 소리로 반복하는 일은 정말 어리석은 짓이라고 생각한다. 또 어떤 사람들은 확언을 소리 내어 말하기에 불편한 환경에서 살고 있기도 하다. 하지만 의도만 있다면 당신은 반드시 확언을 말하기 좋은 시간과 장소를 찾을 수 있다.

당신이 단순하게 확언만 반복한다면 별 효과를 얻지 못할 것이다. 확언은 실제로 '느껴야' 한다. 확언을 하는 동안 당신의 생각과 감정을 살펴보라. 만일 확언과 당신이 분리되어 있다고 느낀다면 당신은 확언과 반대되는 에너지를 방사하고 있는지도 모른다. 확언의 효과를 극대화하기 위해서는 자신이 받아들일 수 있고 감정이 느껴지는 확언을 만들어야 한다.

당신은 운전할 때나 산책할 때, 심지어 샤워를 할 때도 확언을 할 수 있다. 또 운동을 하거나 잠이 드는 동안 들을 수 있는 30분 확언 목록을 찾을 수도 있다. 처음에는 정상 속도로 듣고 나서, 그 내용을 조용히 스스로에게 되뇌어주거나 3배속으로 설정해서 듣고 또 들으라. 일단 한번 해보고 나서 어떤 일이 일어나는지 지켜보라.

사람들은 대부분 5분 동안 확언을 했을 뿐인데 엄청 긴 시간이 흘렀다고 느낀다. 하지만 나는 확언하는 시간을 점점 더 늘려나가기를 권한다. 한 시간 동안 확언을 해보고 나서 자신에게 어떤 변화가 일어나는지 살펴보라. 개인적으로 나는 산에 오르기 시작할 때부터 확언하기를 좋아한다. 등산이 끝날 때 즈음이면 내가 반복한 내용은 뇌 신경세포에 각인돼 있다.

확언 수집가가 돼라. 뭔가가 떠오를 때마다 메모해두라. 복권에 당첨됐거나 사업에 성공한 사람들이 사용하는 확언이 있다면, 나는 그 확언들을 금덩이를 잡아채듯 가져와 내 확언 목록에 추가하고 반복해서 듣고 말할 것이다.

당신은 자기 감정에 기반을 둔 자신만의 확언을 만들 수도 있다. 하지만 무엇을 반복하고 무엇에 집중해야 하는지 조심해서 선택해야 한다. 한번은 내가 많은 돈을 확언으로 요청한 적이 있었는데, 이 거액은 아주 빨리 갚아야 하는 대출금의 형태로 나를 찾아왔다. 이 일로 나는 확언은 더 구체적으로 해야 한다는 걸 배웠다.

당신이 돈을 원한다면, 그 돈이 당신과 주변 사람 모두에게 최상의 이익을 가져다준다고 확언해야 한다. 어쩌면 이렇게 말할 수 있겠다. "많은 돈이 나를 찾아온다. 다양한 경로로 쉽고 빠르게 들어온다. 돈은 계속해서 들어오고, 액수는 점점 더 늘어난다. 이 돈은 내 주변 모두에게 최상의 이익을 가져다준다. 나는 기꺼이 행복과 함께 그 안에 머문다."

확언에는 현재 시제를 사용하고, "할 수 없다" 또는 "하지 않을 것이다"와 같은 부정적인 표현은 사용하지 말라. 예를 들어 "나는 가난하지 않을 것이다"라고 말하지 말고 "나는 부유하다"라고 말하라.

또 다른 강력한 확언 기법은 다른 확언을 왼쪽과 오른쪽 귀에 각각 들려주는 이중 유도 확언을 듣는 것이다. 이 기법은 내담자의 양쪽 귀에 두 명의 치료사가 동시에 확언을 말해주는 전통적인 유도 기법을 기반으로 하고 있는데, 내담자가 하나의 확언에 집중하는 동안 또 다른 확언은 아무런 방해를 받지 않고 잠재의식 속으로 들어가게 된다. 나의 팟캐스트에 이 기법을 활용해 만든 부와 풍요를 위한 확언이 있으니 한번 들어보라.[24]

잠재의식을 더 깊이 해킹하는 다양한 방법

우리는 일하는 동안에도 확언에 지속적으로 노출될 수 있다. 직장에서도 활용할 수 있는 이 프로그램은 당신이 확언을 통해 잠재의식을 형성하는 데 도움을 줄 것이다. 만약 당신이 이 방법이 효과가 있을지도 모른다고 믿는다면, 한번 시도해보라.

나는 일하는 동안 마인드 플래셔Mind Flasher라는 프로그램을 즐겨 사용한다. 이 프로그램은 컴퓨터 화면에 확언을 주기적으로 띄워준다.[25] 마인드 플래셔는 1,000분의 1초 동안 확언을 보여주는데, 확언 메시지는 이 시간 동안 잠재의식으로 입력된다. 그리고 시간 설정 기능도 있어서 원하는 시간 간격에 맞춰 확언을 볼 수 있도록 조정할 수 있다. 상상해보라. 만일 당신이 근무 시간(여덟 시간) 동안 5분마다 확언을 본다면, 하루 동안 확언을 96번이나 볼 수 있다는 것이다. 확언이 깜빡이는 시간은 1,000분의 1초지만, 당신의 잠재의식을 자극하기에는 충분히 긴 시간이다.

당신은 당신만을 위한 맞춤식 확언을 만들 수 있다. 예를 들어, 나는 이런 확언을 만든 적이 있다. "나는 이번 달에 3만 5,000달러를 벌었다." 두 달 후 내 순이익은, 짐작했겠지만 3만 5,000달러가 됐다. 나는 인연을 찾기 위해 애쓰고 있는 내담자들에게 매력적으로 느끼는 여성의 사진을 확언으로 사용하게 했다. 나중에 그들은 자신의 연인이 사진 속 여성과 놀랄 만큼 닮았다는 걸 알게 됐다.

당신은 원하는 집이나 자동차, 여행을 끌어오기 위해 비전 보드를 활용할 수도 있고, 자신에 관한 긍정 확언을 만들어볼 수도 있다. 그 메시지가 잠재의식이 받아들일 필요가 있는 내용이라면, 무엇이든 상관없다. 효과는 확언보다 틀림없이 더 클 것이다. 비전 보드는 잠재의식을 조율하기 위한 가장 단순하면서도 위대한 발명품 중 하나이니 말이다.

잠재의식을 확장하는 또 다른 방법은 오디오북과 유튜브 영상을 가능한 한 빠른 속도로 듣는 것이다. 처음에는 내용을 완벽하게 이해하지 못할지도 모르지만, 시간이 흐르면서 이해도가 높아지는 자신을 발견할 것이다. 한 가지 요령을 알려주자면, 먼저 콘텐츠를 표준 속도로 두 번 청취하고 나서 몇 분 뒤에 1.5배 속도로 바꿔 듣는 것이다. 이렇게 하면 처음부터 바로 1.5배속으로 듣는 것보다 더 수월하게 내용을 이해할 수 있다. 목표를 정하고, 원래 속도에서 시작해서 3~4배까지 재생 속도를 올려보라.

속독도 좋은 방법이다. 한 단어씩 읽는 것이 아니라 손가락으로 페이지를 가로지르면서 한 번에 여러 단어를 읽는 것이다. 두 단어를 한 단어라고 여기며 나아가 네 단어, 한 문장, 한 단락을 한 단어처럼 소화한다고 생각하라. 그리 쉽지는 않겠지만 이 기술을 터득하면 당신은 하루 만에 책 한 권을 통째로 섭렵하고 책에서 필요한 정보를 더욱 쉽게 얻을 수 있다. 처음에는 내용을 모두 이해하기 어려울 수 있다. 하지만 당신의 잠재의식은 할 수 있고, 당신의 뇌도 이 훈련을 잘 따라올 수 있다.

더 많은 정보를 섭렵하는 것뿐만 아니라 시간을 인지하는 감각도 달라질 수도 있다. 예컨대 당신은 표준 속도가 예전보다 더 천천히 흐른다고 느낄 수 있다. 사람들도 말과 말 사이에 어떤 공간을 두고 이야기하는 것처럼 보일 것이다. 잠재의식은 바로 이 틈으로 더 많이 접근해 들어올 것이다. 이렇게 당신은 더욱 현존하게 되고 깨어나서 오랜 시나리오와 무의식의 영향에서 벗어날 수 있다. 집중력은 더 좋아져서 당신이 무엇에 집중하든지 그것을 얻게 된다.

확언을 반복하는 방법은 그것만으로도 강력한 힘이 있지만, 효과를 더 높이려면 감정은 꼭 필요한 요소다. 암 환자가 "나는 건강하다"고 말하는 건 거의 효과가 없을 것이다. 그러나 당신이 그 확언에 관련된 감정을 반복해서 느끼다 보면 당신의 잠재의식이 이렇게 말하는 시점이 온다. "당신이 뭐라고 말하든, 나는 그 말이 진실이 아니라는 걸 알아요! 하지만 상관없어요. 이미 충분하니까요." 감정을 불어넣으며 확언을 반복하면 부족했던 신념이 강화되는 효과가 있다.

잠재의식에 관해 더 많이 알아갈수록, 우리가 감정을 억누르는 전염병에 걸려 있다는 점을 더 많이 깨닫게 된다. 긍정적인 감정은 아주 쉽게 표현할 수 있다. 행복할 때 우리는 친구나 부모, 자녀에게 행복하다고 말한다. 하지만 두려움, 스트레스, 끔찍한 상황이 발생했을 때 우리가 표현하지 못했던 감정들은 우리 몸속에 그대로 남아 있다. 이 감정들은 건강이 나빠지거나 끊임없이 질병에 시달리는 현실을 창조하는 에너지가 되어 우리를 실제 그런 현실로 끌어당긴다.

잠재의식은 신체 과정, 특히 근육 기억(어떤 신체 활동을 반복하면, 의식적으로 노력하지 않아도 근육이 그 활동을 기억해서 수행할 수 있는 상태. ─옮긴이)에 직접 관여한다. 케빈 L. 미셸Kevin L. Michel이 쓴 《잠재의식의 힘》(Subconscious Mind Power)을 보면 대부분의 신체 질환은 정신적인 문제에서 비롯된다고 한다. 몸이 과거의 경험을 기억하는 현상과 질병 등의 관계를 탐구해온 조너선 트리포디Jonathan

Tripodi에 따르면 모든 신체 세포에는 정보를 전달하고 저장하는 특성이 있으며, 이는 세포와 세포 사이에서도 적용된다. 최신 연구들과 조녀선이 발견한 현상들이 그의 주장을 뒷받침해주고 있다.[26] 분노를 느낄 때 술을 과하게 마시는 사람들을 예로 들어보자. 그들의 간이 손상되었다면, 그 원인은 술에 있을까, 분노에 있을까? 그들의 몸에 내재되어 있는 부정적 감정은 상실, 재정적 문제, 인간관계, 직무 스트레스, 학대, 전쟁 트라우마, 거절, 부정적인 신념과 부정적인 내용이 담긴 혼잣말에서 비롯된 것일 수 있다. 그래서 이런 억압된 감정을 풀어내면 감정과 관련되어 있는 특정 신체 부위도 자유로워질 수 있다는 것이다.

로버트 브래들리 넬슨Robert Bradley Nelson 박사는 이렇게 말한다. "만일 억압된 감정을 품고 있다면, 당신은 그 감정을 당신 인생으로 더 많이 끌어당긴다. 그래서 당신은 더 자주, 더 쉽게 그런 감정을 느끼게 될 것이다." 감정을 정화하지 않으면 우리는 그 감정을 더 많이 체험하는 현실로 끌려 들어간다. 감정을 의도적으로 표출하는 행위는 더 높은 의식 상태와 우리가 창조하고 싶은 현실로 이동하기 위한 자유를 가져다준다.

억압된 분노가 풀릴 때, 당신은 몸이 달아오르고 주먹을 쥐거나 소리를 지를 수 있다. 우는 동안 억압된 슬픔이 풀려나가면서 당신은 폐가 수축되는 느낌을 받을 수도 있다. 부정적 감정을 의도적으로 풀어내기 위해 당신은 자기 몸과 소통할 수 있어야 한다. 당신이 잠재의식적인 질문을 하는 동안 몸의 자연적 반응을 끌어내는 몇 가지 운동이 있다. 로버트 브래들리 넬슨 박사가 쓴 《감정 코드》(The Emotion Code)에는 특정한 감정과 그 감정에 연결된 신체 부위, 그리고 그것을 풀어주는 방법이 통합적으로 소개되어 있다.

감정을 다루는 또 다른 단계로는 에너지 심리학이 있다. 에너지 심리학은 우리의 신념을 바꿔주는 방법인데 보통 슈퍼 러닝 Super Learning(신체적·정신적으로 긴장된 상태를 이완하여 뇌 기능을 활성화하는 데 목적을 둠. ─ 옮긴이) 상태를 유발하거나 특정한 목표를 성취하기 위해 활용한다. 좋은 예로, 의지력을 들 수 있다. 그렇다, 의지력은 스스로 안전지대 밖으로 나가서 행동으로 옮기는 능력이기도 하지만, 일종의 에너지이기도 하다. 의지력이 잠재의식과 직접적으로 연결되어 있는 에너지임을 이해하면 우리가 의지력을 더 잘 활용하는 데 도움이 된다. 예를 들어 다른 에너지와 마찬가지로, 의지력이 떨어지고 있음을 알아챘을 때 우리는 여러 유혹을 피하고 자기 통제력을 강화하여 더 많은 에너지를 확충할 수 있다.

에너지 심리학에서는 신체 활동을 통해서 근육 기억 상태까지 도달하는 법이나 어떤 정보를 잠재의식 속으로 빨리 보내기 위해 양쪽 뇌를 동기화하는 방법이 큰 부분을 차지한다. 이를테면 기공, 얼굴 경락 두드리기, 가슴 두드리기, 감정자유기법(EFT), 데이터 힐링data healing, 홀로싱크holosync(깊은 명상 상태로 들어가게 도와주는 음악을 제공하는 프로그램. — 옮긴이) 등이 모두 에너지 심리학의 범주에 포함된다. 당신의 감정을 해킹하는 방법에 관한 더 많은 정보는 〈리얼리티 레볼루션〉 팟캐스트에서 확인할 수 있다.[27]

긍정적인 사고 만들기

아침에 일어나서 프라이밍 연습(priming exercises)을 해보라. 프라이밍 연습을 하느냐 하지 않느냐에 따라 그날 하루의 분위기는 달라진다. 프라이밍 연습이란 과거나 현재에 대해 감사 일기를 적어보는 활동으로, 긍정적이고 감사하는 마음가짐을 종일 유지할 수 있도록 해준다. 그리고 영화의 한 장면이 프레임과 필터로 만들어지는 것처럼, 이 활동은 '감사함'이라는 프레임을 창조한다. 당신은 이 프레임과 필터 안에서 하고 싶은 것들을 해보면서 더 나은 선택을 할 수 있고 더 좋은 느낌도 받게 된다.

친구나 가족에게 연민을 품게 되는 것도 또 다른 긍정적인 변화다. 그들에게 필요한 것들을 생각하며 그들을 위해 기도하는 시간을 가지라. 이러한 순간들은 우리 자신에게만 머물던 초점을 다른 사람들에게로 옮겨가게 한다. 우리의 잠재의식이 자기 자신만 생각할 때, 우리의 에너지는 줄어들기 시작한다. 초점을 바깥으로 돌려 다른 사람들을 연민과 보살핌의 시선으로 바라보면 에너지는 다시 차오르고 잠재의식은 기존의 사고방식, 행동방식을 바꾸기 시작한다.

근본적인 용서는 이 두 개념 모두와 관련이 있다. 우리 가운데 상당수는 살면서 누군가를 진심으로 미워한 경험이 있을 것이다. 그 사람들은 우리에게 정말 끔찍한 일을 저질렀을 수 있고, 우리는 그들을 용서할 수 없다고 느낀다. 심지어 나의 경우는 누가 나를 죽이려고까지 했다.

만일 당신이 근본적인 용서를 할 수 있다면, 잠재의식은 풀려나 본래 지니고 있던 강력한 힘을 발휘할 수 있을 것이다. 용서하지 못하는 마음을 품고 사는 것은 분노와 적대감의 감옥에 우리의 마음을 가둬둔 채 사는 것과 같다. 마음을 가두면 우리 안에 있는 모든 잠재력도 갇혀버린다. 조셉 머피는《잠재의식의 힘》에서 당신이 누군가를 떠올렸을 때 조금이라도 분노가 올라온다면 당신은 아직 그 사람을 용서하지 않았다고 설명한다.[28]

미운 사람들을 진정으로 용서하며 그들이 최고가 되기를 바라는 내용을 담아 문구를 만들라. 그리고 그들이 떠오를 때마다 만든 문구를 읽으며 당신의 마음에서 풀어주라. 당신은 그 사람들을 위해서가 아니라, 당신을 위해서 이 연습을 하는 것이다. 이를 늘 염두에 두고 자기 자신을 용서하는 것도 잊지 말라.

나는 과거에 우리가 했던 행동을 바꿀 수 있다고 믿는다. 하지만 당신이 이 사실을 믿지 않으면서 현재의 당신과 과거의 당신이 화해하기란, 쉽지 않을 것이다. 당신은 과거에 머물며 분노와 원한에 잠식된 채 살아갈 수도 있고, 당신의 인생을 완전히 뒤바꿀 수 있는 새로운 감정에 마음을 활짝 열 수도 있다.

나에게 코칭을 받으러 온 어떤 내담자는 어렸을 때 무장 강도 행각을 벌인 적이 있었다. 나는 이 사람이 감정을 해결할 수 있는 돌파구를 찾아낸다고 해도, 스스로가 치유를 거부하고 있다는 걸 발견했다. 그는 20년 전에 자신이 했던 행동에 깊은 죄책감을 느끼고 있었다. 나는 그에게 "몇 년 전 당신은 말 그대로 당신이 아니다"라는 조셉 머피의 말을 인용하며 이렇게 덧붙였다. "당신 몸에 있는 세포는 모두 새롭게 생성된 것들입니다. 그러니 지금의 당신은 과거와는 다른 사람이지요. 당신이 자신을 용서하며 있는 그대로 받아들인다면, 예전에 무슨 행동을 했든지 용서받을 수 있습니다. 용서는 당신이 과거에 했던 모든 일이 무색할 만큼 더 멋진 일을 해낼 수 있는 능력을 펼치게 해줄 겁니다."

내담자가 자신의 과거를 놓아주고, 현재의 삶에까지 영향을 미치고 있던 죄책감에 대한 중요성을 낮추자마자 이 사람의 삶은 극적으로 달라지기 시작했다. 그는 새 직장을 찾았고, 좋은 사람을 만나 연인 관계로 발전했다.

영향력이 큰 사건

만약 당신이 과거를 거슬러 올라가 인생에서 기억나는 사건들을 볼 수 있다면, 아마 그 일들은 모두 당신에게 매우 큰 영향을 끼쳤을 것이다. 위기 상황에 봉착했을 때, 큰 병에 걸렸을 때, 사랑하는 이와 사별했을 때, 심각한 사건에 예기치 않게 휘말렸을 때, 뜻깊은 축복을 받았을 때, 자녀가 태어났을 때, 소울메이트와 만났을 때 등. 이러한 극적인 사건들은 당신에게 이제는 평범한 존재 방식에서 완전히 벗어날 때라고 말해준다. 삶을 전반적으로 뒤엎을 전체론적인(holistic) 변화로 가는 창문은 이런 순간들 속에서 활짝 열린다.

당신이 겪은 극적인 사건들은 당신의 장기 기억에 깊은 인상을 남기는 신경학적 신호들을 생성한다. 실제로 많은 심리학 연구에서 공포, 분노, 기쁨 같은 강력한 감정을 느꼈던 사건들이 그렇지 않은 사건들보다 훨씬 더 기억에 오래 남는다는 결과가 나왔다. 그리고 다른 여러 연구에서도 감정이 고조된 상태가 학습능력과 기억력을 촉진한다는 사실을 명백히 보여준다. 이런 현상은 기억을 저장하는 기능을 담당하는 뇌 기관이 중요한 경험과 덜 중요한 경험을 구분해서 처리하기 때문에 나타난다. 이렇게 장기 기억은 고조된 감정 상태를 겪었던 경험에 우선순위를 부여하게 된다.

이 연구 결과는 우리가 어떤 사건이 일어나는 장면을 심상화하며 그 일이 일어났을 때 느끼게 될 강렬한 감정을 미리 느껴보면, 인생에 큰 영향을 주는 사건이 만들어지고 변화로 가는 창문도 열 수 있다는 사실을 알려준다. 만일 당신이 영향력이 큰 사건을 이미 기억에 있었던 것처럼 만들 수 있다면 — 끌어당김의 법칙을 다루는 책에서 말하는 '감정이 더해진 심상화'처럼 — 당신은 실제로 잠재의식의 영역에 연결될 수 있다. 심상화는 신경화학 물질을 자극하고 시냅스(뉴런이 다른 세포로 신호를 전달할 때 사용하는 연결 지점. — 옮긴이)의 구조적 성장을 촉진하여 당신의 잠재의식이 마치 경험을 한 것처럼 만든다. 즉, 직접 경험해보지 않고도 기억에 남을 수 있는 환경을 만들 수 있다는 말이다.

또, 모든 것이 가능성의 상태로 있는 양자장에서 당신에게 일어날 수 있는 모든 현실에 대한 정보를 신호로 전달하고, 가슴이 양자장에서 전달된 감정을 읽어낼 수 있다면 고조된 감정 상태를 동반하는 사건을 더 쉽게 구분할 수 있을 것이다. 아마 당신의 가슴이 앞으로 다가올 일을 더 잘 알아챌 수도 있다. 당신이 심상화와 명상을 하며 강력한 감정을 조율하고, 기쁨과 감사를 느낌으로써 이러한 감정들을 일으키는 미래의 장면들을 끌어당기고 있을지 모르니 말이다.

꿈 이용하기

잠재의식 바꾸기부터 리얼리티 트랜서핑 그리고 평행 현실에 이르기까지 이 책에서 다루는 모든 내용은 다시 꿈으로 연결된다. 우리는 인생의 3분의 1을 잠자는 시간으로 보내지만, 연구자들은 우리가 자는 동안 무슨 일이 일어나는지에 대해 아주 제한적인 해석만 내놓을 뿐이다. 하지만 우리는 이 사실을 알고 있다. 우리가 꿈을 꾸는 동안에 잠재의식은 우리가 갖고 있는 문제를 직면하고 해결하기 위해 꿈을 도구로 쓰고 있다는 걸 말이다. 깊이 들어가면, 우리가 2장에서 살펴봤듯이 만일 뇌가 다차원적 인터페이스라면 우리는 꿈을 통해 평행 현실에 접근해볼 수도 있다. 아무튼, 자각몽은 잠재의식에 영향을 미쳐 삶을 바꿀 수 있는 방법 가운데 하나다. 지금까지 했던 연구와 실험 결과를 봤을 때, 자각몽은 꼭 배우고 실천해야 하는, 중요한 방법이라고 나는 생각한다.

기억나는 꿈이 있다면 한번 떠올려보라. 꿈은 흔히 당신이 의식적으로 쓰지 않은 시나리오를 따른다. 꿈속에서 우리는 마치 영화를 보고 있는 것처럼, 적극적으로 의사결정을 하지 못하고 이리저리 끌려다닌다. 그런데 우리가 깨닫지 못한 것이 하나 있다. 바로 꿈속에서 벌어지는 일과 똑같은 일이 우리가 깨어 있을 때도 일어나고 있다는 사실이다. 우리는 하나의 타임라인에 머물러 있고, 이 타임라인이 끝날 때까지 이어지는 특정한 시나리오를 따르고 있다. 이렇게 생각해보면, 우리는 현실에서 깨어 있는 동안 깨어 있기(자각생自覺生 — 옮긴이) 위해 꿈속의 현실에서 깨어 있는 자각몽을 꾸는 것이다.

당신이 자각몽을 꾸는 데 성공하고 나면 이것은 최고의 오락거리가 될 수 있다. 자각몽이 거대한 취미 공간이 되는 것이다. 자각몽을 주제로 하는 책도 출간되고 있고, 모임, 행사도 많이 열리고 있다. 자각몽 분야의 전문가인 앤드류 홀로첵Andrew Holecek은 이렇게 말한다. "당신의 마음은 극장이 되고, 당신은 프로듀서, 감독, 작가, 주연 배우가 된다. 당신은 완벽한 사랑 이야기나 신나는 모험기를 시나리오로 쓸 수 있다. 그리고 자각몽은 여러 문제를 해결하거나 다가올 상황들에 대비해 예행연습을 해보거나 심리적인 문제를 풀 때도 사용될 수 있다."[29]

자각몽을 꾸기 위한 세 가지 단계가 있는데, 바로 강한 동기 부여나 의도, 꿈 회상하기, 유도 기법이다.

자각몽을 시작하려면, 먼저 하루 중 깨어 있는 시간 동안 알람을 맞춰두고 자각몽에 대한 의도를 설정해야 한다. 알람이 울릴 때마다 자신에게 "내가 지금 꿈을 꾸고 있나?"라고 질문하라. 당연히 당신은 지금 깨어 있으니, 자신에게 그런 질문을 하는 게 처음엔 이상하게 느껴질 것이다. 하지만 개의치 말라. 마찬가지로, 당신은 밤에도 이 방법을 쓸 수 있다. 앤드류 홀로첵은 알람을 꿈 신호(지금 꿈을 꾸고 있음을 인식할 수 있는 표식. ─ 옮긴이)로 사용하라고 권한다. 낮이든 밤이든 어떤 특이한 일이 벌어질 때마다 자신에게 지금 꿈을 꾸고 있는 건 아닌지 물어보라. 이렇게 외부에서 일어나는 사건들을 당신의 상태를 점검해보는 기폭제로 삼는 것이다. 당신이 꿈속에서 하는 행동은 보통 깨어 있는 동안 하는 행동과도 관련이 있다. 만일 범상치 않은 일이 벌어졌을 때 자신에게 그 일이 꿈인지 아닌지 꾸준히 묻는 습관을 들인다면, 당신은 꿈을 꾸는 동안에도 똑같은 질문을 자신에게 던지며 꿈속에서도 조금씩 통제력을 갖기 시작할 것이다.

이렇게 행동함으로써 당신은 '지금 이 순간'으로 깨어난다. 이 메타 인식(meta awareness, 자신의 마음에서 어떤 생각과 감정이 일어나는지 스스로 관찰하고 자각하는 능력. ─ 옮긴이)은 주도적으로 현실을 창조할 수 있는 아주 강력한 영역이다. 당신은 현실의 흐름을 인식하게 되고 다른 시나리오를 선택하여 양자장에서 새로운 현실을 활성화할 수 있는 자신을 인식하는 그 순간 속에 있다. 자각 상태(lucidity)를 점검하는 이 습관은 나의 '현실 창조 실험'에 큰 힘을 실어줬다. 바딤 젤란드는 《여사제 타프티》에서 현실 변환을 위한 첫 번째 단계는 잠에서 깨어나 자신의 주의를 의식의 중앙으로 돌려놓는 것이라고 말한다. 의식의 중앙은 내부 스크린과 외부 스크린 사이에 존재하는 부분이다. 주의가 이 부분에 있다면 당신은 당신의 생각(내부 스크린)과 주변 상황(외부 스크린)을 동시에 관찰할 수 있다. 그러면 당신은 당신을 둘러싸고 있는 현실과 그 현실 속에 있는 당신을 볼 수 있다.

만약 당신이 수면 주기를 깨뜨려도 괜찮다고 한다면 이 기법도 실행해볼 수 있다. 바로 대략 세 시간마다 잠에서 깨어나는 것이다. 만일 당신이 잠에서 깨고 나서도 다시 잠을 잘 수 있다면 당신은 점점 더 꿈꾸는 상태로 빠져들 것이다. 다시 잠들 때, 당신이 얼마나 꿈을 꾸고 싶어하는지를 인식하라. 동기와 의도를 설정하는 것이다. 단, 경고하자면 수면은 건강에서 중요한 요소다. 규칙적으로 수면 주기를 깨뜨리면 오히려 에너지가 줄어들기 때문에 이 방법을 습관으로 만들지는 말라.

꿈을 꾸는 동안, 아주 짧은 순간이라도 자각 상태에 있다는 걸 알아차린다면 손을 쳐다보거나 근처에 있는 거울을 들여다보라. 꿈속에서는 잘 하지 않는 행동이라 낯설고 너무 사소하게 느껴질지 모른다. 하지만 이렇게 할 수 있다면 당신은 굉장히 강한 자기 인식 감각을 만들어낼 수 있다.

당신은 또, 저쪽 ― 꿈속의 ― 세계에서 물리학적으로는 정말 말도 안 되는 행동을 해볼 수도 있다. 여전히 잠들어 있으면서도 꿈을 꾸고 있다는 사실을 알아차리자마자 탁자를 강아지로 바꿔보라. 밖으로 나가서 날아보라. 정상적인 세상에서는 불가능한 것들이라면 무엇이든지 시도해보라.

예를 들어, 나는 출구를 찾을 수 없는 미로로 만들어진 집에 갇히는 꿈을 자주 꾼다. 자각몽이 시작되면 나는 슈퍼맨처럼 벽을 모두 부수며 지붕을 뚫고 집 밖으로 날아오른다. 그리고 지는 노을을 바라보며 하늘을 날아다닌다. 학교 과제를 끝내지 못하는 꿈도 자주 꾸는데, 과제물을 제출하지 못하면 나쁜 성적을 받게 된다. 그러던 어느 날, 나는 그 꿈을 꾸다 내가 자각몽을 꾸고 있음을 알아차렸다. 그 순간에 손가락을 한 번 까딱였고, 과제물은 완성됐다. 만약 당신이 벌거벗은 채 많은 사람 앞에서 말하고 있는 꿈을 꾸고 있다면 당신 몸에 옷이 입혀지는 마법이 펼쳐지게 해보는 거다. 이렇게 당신은 일반적이지 않은 행동을 해봄으로써 지금 자각몽을 꾸고 있는 상태인지, 그리고 꿈을 통제할 수 있는지 확인해볼 수 있다.

일단 당신이 자각몽을 꾸고 있다는 걸 알아차리면, 당신의 잠재의식에게 질문을 해보라. 당신이 쓰고 있는 책 다음 장에는 어떤 내용이 담겨 있는지, 골치 아픈 문제를 어떻게 풀 수 있는지, 다음 단계에 직면하게 될 문제와 대처법에 관해서 물어보라. 그러고 나서 잠재의식에게 얻은 정보들을 기록하라. 나는 침대 옆에 노트를 한 권 두고, 거기에 어떤 꿈을 꿨는지 쓰는 걸 좋아한다. 꿈을 다시 기억해내는 건 어려운 작업이다. 완전히 잠에서 깨고 나면 꿈에서 얻은 정보는 빨리 기억에서 사라지는 경우가 많기 때문이다. 그러니 꿈을 잊지 않고 기록할 수 있도록 침대나 세면대 주변, 커피포트 옆에 노트와 필기구를 놓아두라. 아직 자각몽을 꾼 경험이 없더라도 꿈을 기록하는 습관을 들여서 꿈 회상력을 높이면 꿈의 상태를 조절하는 당신의 능력은 점점 더 좋아질 것이다.

트랜서핑 모델에 따르면 꿈이란 가능태 공간에 있는 수많은 섹터 가운데 과거와 미래에 실현되지 않은 섹터일 수 있다. 그렇다면 당신은 꿈에서 다른 사람의 타임라인에서 단순하게 실현되지 않은 미래나 과거의 시나리오를 연기하고 있을 수도 있다. 이 상태에서 깨어남으로써 당신은 가능태 공간에서 더 많은 영향을 주고받을 수 있고, 꿈에서 하는 것처럼 의도를 조절할 수도 있다. 만약 꿈속에서 날아오르고 싶다면, 그러고 싶다고 바라거나 빌지만 말고 그냥, 날면 된다.

팟캐스트에 있는 자각몽 명상은 뇌파를 델타파에서 세타파로 이동하는 데 도움을 줄 것이다. 이 명상은 수면 주기 동안 감지하기 힘들 정도로 미세한 메시지(prompts)를 전달하여 당신이 꿈속에서 깨어나게 해준다.[30]

당신의 수면 패턴에 따라 불빛이 깜빡이는 레미 수면 안대(Remee sleep mask)가 있다.[31] 이 불빛은 당신이 꿈을 꾸고 있음을 알려주는 외부 신호가 된다. 드림 고글dream goggle은 조명 빛이 깜빡이기 전에 렘REM수면을 나타내는 안구의 움직임을 감지한다. 하지만 이 유용한 도구들보다, 당신이 잠들기 전에 자각몽을 꾸고 싶다는 의도를 설정하는 것이 훨씬 더 중요하다. 바로 실현되지 않는다 해도 계속 의도를 글로 적고 말로 되뇌면서 꾸준히 연습하라.

자각몽을 연습하는 과정이 혹 수면에 영향을 미치지 않을까 걱정될 수도 있다. 자각몽을 꾸면 밤에 충분히 쉴 수 없을 것 같기도 하고 말이다. 하지만 사실, 당신은 자각몽을 꾸는 동안에도 여전히 정상적인 렘수면 상태에 있다. 물론 처음에는 알람 소리에 적응하고, 정해진 시간마다 잠에서 깨어나느라 수면의 질이 살짝 떨어질 수도 있다. 하지만 조금만 익숙해지면 여덟 시간 동안 방해받지 않고 편안한 수면 상태를 유지할 수 있을 것이다. 그리고 머지않아서 잠자는 시간을 기다리게 될 텐데, 이 시간 동안 당신은 말 그대로 모험을 떠나고, 문제를 해결하며, 다른 현실들을 이해할 수 있기 때문이다.

우리가 이런 시도를 하는 이유는 깨어 있는 동안 수동적으로 사는 삶에 지쳤기 때문이다. 자각몽은 잠이 든 사이에도 자각 상태에서 통제력을 얻을 수 있을 뿐만 아니라, 우리가 깨어 있는 현실에 대해 생각하는 방식도 바꿔놓는다. 나의 경우는, 낮 시간 동안 내가 깨어 있는 상태인지 확인하기 위해 나 자신에게 했던 질문들이 이런 확언으로 바뀌어 있음을 알아챘다. "나는 깨어 있다. 나는 시나리오 밖에 있다. 나는 이 순간에 존재한다." 만일 어떤 일을 하면서 잠재의식에 지배당했다고 느낀다면 — 어떤 프로그램을 따라가는 것 같은 느낌을 자각한다면 — 당신은 '자신을 깨우고' 현실을 통제하기 시작할 수 있다.

당신이 지금 어떤 시나리오에 속해 있는지 알아차리라. 당신이 원하는 것, 갖고 싶은 현실을 선택할 수 있을 정도로 깨어나라.

자각몽은 우리가 의도의 힘을 조율할 수 있게 해준다. 꿈을 꿀 때 당신은 바라는 것을 선택할 수 있고, 주변 환경은 당신이 그 바람을 이룰 수 있도록 모습을 바꿀 것이다. 당신은 날아다닐 수 있고, 록 콘서트장에서 노래할 수 있으며 우주 유영을 할 수도 있다. 이렇게 당신이 꿈속에서 점점 더 깨어날수록 현실에서도 더욱더 깨어나게 된다. 꿈에서 하던 것과 비슷한 방식으로 외부 세계를 바꿀 수 있는 힘이 당신에게 주어지는 것이다. 이 과정은 의식이 있는 상태에서는 더디게 진행되는 특징이 있긴 하지만, 이런 패턴에 의도적으로 초점을 맞추다 보면 당신은 게임의 주도권을 쥐고 현실을 지배할 수 있게 된다.

시나리오 다시 쓰기

나는 샤워를 하면서 나 자신과 대화를 한다. 최근까지도, 나는 나 자신에게 무슨 말을 하고 있는지, 말을 하는 중에도 무슨 생각을 하고 있는지를 곰곰이 생각하는 시간을 잊지 않고 보내고 있었다. 그렇게 할 때마다 내 의식은 더더욱 깨어났다. 샤워를 마치고 적어둘 말이 떠올랐던 바로 그때, 나는 깜짝 놀랐다. 속에서 "너는 절대로 그렇게 못 할걸", "방법이 없잖아" 같은 말들이 올라왔기 때문이다. 내가 더욱 의식적으로 긍정 확언을 하고 긍정적인 마음가짐을 유지하는 동안 나는 무의식적으로 나에게 부정적인 말을 중얼거리고 있었던 것이다.

나는 내가 이 상황을 바꾸고 싶어한다는 걸 알았다. 그래서 내가 무슨 생각을 하는지 확실하게 확인할 수 있는 기법을 실행에 옮겼다. 어떤 생각이 올라올 때마다 큰 소리로 그 생각을 말하고, 글로 적어보는 것이다. 이 활동은 아주 중요하다. 생각과 무의식적인 행동이 우리를 부정적인 시나리오로 끌고 갈 수 있기 때문이다. 우리는 말하고 생각하는 것들을 계속 기억하고 싶어하고, 통제력을 갖고 싶어한다. 하루 종일 당신이 하는 모든 생각을 적어보고, 무슨 일이 일어나는지 살펴보라. 마음속에서 일어나고 있는 일들을 말하고 기록하다 보면, 어떤 패턴이 보이기 시작할 것이다. 그 패턴을 알아차리면 당신은 어느 정도의 통제력을 얻을 수 있다.

시나리오를 바꾸기 위해 당신은 모든 것을 의식적으로 '의도하기' 연습을 해볼 수도 있다. 처음엔 쉽지 않을 것이다. 어떤 행동을 하기 전에 의도를 선언하기로 하고, 하루 또는 한 시간 동안 이 연습을 해보라. 욕실에 가기로 의도한 다음에 욕실로 가라. 양치질을 하기로 의도하고 나서 칫솔을 들어 양치질을 하라. 할 수 있다면 자신의 의도대로 행동하는 모습을 시각화하고 나서 소리 내어 의도를 말하라. 이 활동은 당신의 현실에 일치하는 잠재의식을 불러올 것이다. 욕실에 들어가서 커피를 마시겠다는 의도를 하는 건 앞뒤가 맞지 않는다. 당신의 잠재의식과 의도가 일치돼서 움직이기 시작하면 잠재의식은 평범한 일상과 당신의 바람 사이에 무슨 차이가 있는지 구분하지 못할 것이다. 그러니 잠재의식에게 따라야 할 시나리오를 만들어주라. 그러면 잠재의식은 그렇게 할 것이다. 말로만 들으면 쉬워 보일 수 있겠지만 꼭 그렇지는 않다. 처음에 나는 시간을 정해두고 의도하기 연습을 했는데 제대로 하기가 상당히 어려웠다. 한 시간 동안 의도대로 행동하는 데 성공하고 나니, 정말로 말을 타고 달릴 수 있을 것 같은 기분이 들었다.

이것은 마법이 아니다. 과학은 이 모든 일이 벌어지는 현상 뒤에 있는 것을 신경가소성(neuroplasticity)이라고 부른다. 신경가소성은 우리가 뇌를 쓰는 방식에 따라서 뇌가 스스로 구조를 바꾼다는 개념이다. 우리의 감정을 관리하는 기능과 의사결정 기능은 뇌의 변연계에서 담당하는데, 변연계는 선과 악의 구분, 식욕, 만족감, 순간적인 감정 등 인간의 기본 욕구와 긴밀하게 관련되어 있다. 우리는 무의식에 따라 의사결정을 해오던 본능적인 패턴에서 벗어나 더 통제력을 가질 수 있도록 뇌 구조를 바꾸고자 한다.

우리는 변연계와 우리 몸을 병들게 하고 망가뜨리는 현상과 관련이 있는 시상하부, 코르티솔 호르몬에 관해 이해하고 통제하길 원한다. 또 우리는 두려움을 관장하는 뇌 부위인 편도체를, 매 순간의 경험을 기억으로 바꾸는 기능을 담당하는 해마를, 사상이나 개념 등 추상적인 사고를 할 수 있게 해주는 전두엽을 이해하고 통제하길 원한다. 여기서 문제가 되거나 없애야 할 기능은 아무것도 없다. 오히려 우리가 세상에서 살아남기 위해 꼭 필요한 기능들이다. 하지만 우리는 이 기능들을 인식하고 싶고, 변연계를 통제하는 잠재의식과 소통하고 싶은 것이다.

신경가소성, 즉 스스로를 재조직할 수 있는 컴퓨터처럼 뇌가 바뀐다는 관점은 말뜻 그대로 기적적인 것이다. 지금 당신의 몸에서 어떤 화학물질이 분비되고 있고 당신의 뇌가 어떻게 작동하고 있든지 간에, 당신은 '생각'으로 뇌 모양과 구조, 기능을 원하는 대로 바꿀 수 있다.

잠재의식을 통제할 수 있게 되면 우리는 더 이상 잠재의식의 변덕에 끌려다니지 않게 된다. 성공의 비결은 감정적으로 힘든 일을 해내는 능력, 즉 하고 싶지 않더라도 필요하면 한다는 의지력을 갖추는 데 있다. 이를테면 나중에 500달러를 벌기 위해 지금 벌 수 있는 100달러를 포기할 수 있어야 한다. 하지만 우리는 대부분 무의식의 충동에 영향을 받아서, 당장 눈앞에 있는 만족을 선택할 것이다.[32] 한편 크게 성공한 사람들은 자신이 통제력을 쥐고 있기 때문에 믿을 수 없이 놀라운 현실을 펼쳐 나가고 있다. 그 사람들은 미래의 성공을 위해 지금 준비해야 할 일들을 어렵지만 묵묵히 수행한다. 그리고 정서적인 어려움을 감수하며 더 건강한 몸, 깊은 우정과 사랑, 완전한 행복, 더 큰 번영을 이룰 수 있는 마음가짐을 적극적으로 만들어간다.

참된 현실 인식하기

만일 양자장에 모든 가능성이 존재한다면, 우리가 하는 모든 행동에 따른 결과들이 수많은 길로 나 있는 진공 상태의 공간도 존재할 것이다.다. 우리는 어떤 길에서는 여든 살에 죽고, 다른 길에서는 100세에 죽을 것이다. 어떤 행동을 하면 인생의 동반자를 만나는 결과를 얻을 수 있고, 또 다른 행동을 하면 억만장자가 될 수도 있다. 우리 뇌는 이런 귀한 정보들에 접근해서 그것들을 살펴보기에는 너무 이성적이다. 하지만 우리의 가슴 ─ 잠재의식 ─ 은 할 수 있다. 우리는 기억하지 못하지만, 매일 무의식적으로 순환되고 있는 이 수십억 비트에 달하는 정보를 잠재의식은 처리할 수 있다.

밥을 먹으러 식당에 들어갔다고 하자. 당신의 마음은 그곳에 있는 모든 사람에 관한 정보와 앉아 있는 자리에서 들을 수 있는 모든 주변 대화를 받아들인다. 축구 경기에서 만날 수 있는 모든 소리, 모든 얼굴, 모든 순간을 받아들인다. 당신의 마음에는 매일, 모든 환경에서 드러나는 정보를 분석하는 영역이 있다. 이 영역은 당신 같은 사람을 고용하길 원하는 사람, 당신 같은 리더를 필요로 하는 사람, 당신이 어디에 투자해야 할지를 아는 사람, 그리고 당신이 인생에서 원하는 다음 목표를 위해서 필요한 인간관계를 만들 수 있는 곳을 잘 알고 있다. 마음은 이미 정보를 가지고 있다.

당신이 만약 자신만의 길에 관해, 그리고 자신이 누구인지에 관해 스스로 하는 말에 갇혀 있다면, 당신은 주변에 널려 있는 유용한 정보들을 모두 무시해버릴 수 있다. 당신이 어떤 유형의 사람이며 어떤 친구고 직원인지, 성별은 뭐고 성격은 어떤지, 어떤 과거를 붙들고 있는지, 어떤 자잘한 짐을 지고 있는지 등 이 모든 것들에 매달려 있다면 정작 당신이 무엇을 할 수 있는지는 절대로 보지 못할 것이다. 우리는 오직 자신의 베일을 벗겨내고 잠재의식에 연결될 때에만 근원으로 접근할 수 있다.

지금까지 소개한 이 활동들은 속임수에 관한 이야기가 아니다. 우리의 가슴에 접속하고 소통하는 방법에 관한 이야기다. 잠재의식은 돈이나 소유물, 직업에 대한 개념이 없다. 그러나 감정과 에너지를 알고, 옳고 그름을 안다. 우리는 단계적으로 잠재의식과 연결될 수 있고, 낡은 프로그램을 버릴 수도 있으며 현재와 이루어지길 바라는 미래에 더 정확하게 조율될 수도 있다. 당신은 가슴이 하는 행동이 즉흥적이라고 생각할지 모른다. 집에 가려면 오른쪽으로 가야 하는데 당신의 가슴은 왼쪽으로 돌아서 가라고 말할 수도 있고, 어딘가 다른 곳에 가려던 당신에게 가게로 들어가보라고 말할 수도 있다. 이 모든 순간은 단 한 번의 큰 기회가 아니라 수백 개의 크고 작은 기회들이다.

우리의 가슴과 마음은 항상 우리가 주의를 기울이는 쪽을 향해 움직이고 있다. 단 1초 동안 일어난 의심이 모든 것을 창조할 수도 있고 파괴할 수도 있다. 가끔, 어떤 사람들은 마음이 지닌 힘에 집착하기 시작하자마자 그 즉시 파괴적인 성향을 보일 때가 있다. 불가능과 잠재력에 주의를 기울이는 대신 방법과 이유에 초점을 맞추는 것이다.

우리는 당신이 세상에 존재하기 위해 무슨 일을 겪었는지 모른다. 당신에게 일어날 수 있었던 모든 일 — 만나지 않은 사람들, 듣지 않은 노래들, 평생을 겪은 복잡한 일상들 모두 — 을 차근히 되짚다 보면 당신은 가슴이 벅차오를 것이다. 우주는 무한하고 당신의 삶도 무한하다. 당신은 지금까지 무한한 기회를 얻어왔고, 앞으로도 무한한 성취를 이뤄낼 수 있다. 그러기를 진정으로 원하기만 한다면 말이다.

우리는 빙산의 일각만 볼 수 있지만, 잠재의식이라는 빙산의 대부분은 수면 아래 존재한다. 그 잠겨 있는 빙산과 연결되어 그것과 영향을 주고받을 때, 우리는 꿈도 꿀 수 없을 정도로 많은 잠재력을 성취할 수 있는, 놀라운 미래에 접근할 수 있다.[33]

5장

현실 창조를 위한 에너지

"그 기세는 잡아당긴 활과 같고, 그 절도는 발사된 화살과 같다."

— 손무孫武

'에너지'라는 말을 들었을 때, 당신은 어떤 생각이 드는가? 비슷한 단어인 활력, 생기, 생명 아니면 약동이 떠오르는가? 에너지라는 말을 정의하기란 쉽지 않다. 이 단어는 많은 의미를 포함하고 있기 때문이다. 과학적 차원에서 에너지는 물리적, 화학적 자원을 이용하는 데서 오는 힘이다. 정신적인 차원에서는 육체적, 정신적 활동을 지속하는 데 필요한 힘과 활력을 뜻한다. 물리학에서 에너지는 운동, 열, 전기, 화학, 핵 등 다양한 형태로 잠재해 있거나 존재하는 모든 것을 움직이는 힘이다.

에너지는 쉽게 정의되지 않으며 늘 측정할 수도 없다. 우리는 우리 신체와 주변 환경 그리고 물질세계를 형태가 분명한 고체로 파악한다. 하지만 실제로 원자보다 작은 입자인 아원자 수준에서 본다면 우리는 단지 진동하는 에너지일 뿐이고, 우리 생각으로는 단단한 고체라고 인식될 만큼 매우 빠르게 움직이고 있을 뿐이다.

어떤 일이 실현되었을 때, 그 일이 어떤 삶의 차원에서 일어났든 그 시작은 에너지라고 말할 수 있다. 에너지는 현실을 자라나게 하는 씨앗이다. 물줄기가 얼음이 될 수 있는 것처럼 에너지 그 자체도 다른 형태로 나타날 수 있다. 우주, 시간, 물체, 자연, 사람, 행성뿐만 아니라 생각, 감정, 다양한 차원과 같은 비물질적 우주도 모두 에너지일 뿐이다.

이렇게 우리 인생의 모든 것은 에너지적 특성을 지닌다. 에너지(진동)는 서로 다른 주파수로 존재하며, 안에서 밖으로 그리고 위에서 아래로 흐른다. 각각의 변화하는 에너지는 우리가 꿈과 목표를 실현하기 위해 현실을 조종하는 방식에 영향을 미친다. 우리 몸의 세포들이 복잡하게 얽혀 있는 것처럼, 진동도 양자공명 수준에서 자신과 연결될 다른 에너지를 찾는다. 공명이 일어나지 않아서 사람, 장소, 사물의 에너지가 우리에게 닿을 수 없을 때마다 우리는 얽혀짐 없이 서로 다른 입자로서 나란히 존재한다.

인체에는 생리적 에너지와 자유에너지라는 두 에너지가 존재한다. 생리적 에너지는 소화 기관을 통해 생성되고, 자유에너지는 인간의 몸을 통과하는, 우리 주변의 모든 에너지다. 이 두 에너지가 함께 우리의 에너지 몸을 구성한다. 인간의 에너지는 인체 외부와 우리를 둘러싼 공간으로 뻗어나간다. 세상에는 자유

에너지가 끊임없이 공급되고 있지만, 우리는 그중 극히 일부만을 사용하고 있다.

에너지는 우리 몸을 통과해서 두 방향으로 흐른다. 첫 번째 에너지 흐름은 위로 올라간다.《리얼리티 트랜서핑》에 따르면 대부분의 경우에 남성은 척추 앞 2.5센티미터, 여성은 척추 앞 5센티미터 지점으로 흐른다고 한다. 두 번째 에너지 흐름은 척추와 매우 가까운 위치에서 아래쪽으로 내려간다. 사람에게 흐를 수 있는 자유에너지의 양은 중앙 에너지 통로의 폭에 달려 있는데, 에너지 통로가 넓으면 넓을수록 흐르는 에너지양은 더 많아진다.

이 장에서는 이 연결 통로와 그 사이를 흐르는 에너지에 초점을 맞춰서 살펴보도록 하자.

에너지 코드Cord 및 연결(Link): 모든 것은 연결되어 있다

사람, 장소, 우리 주변의 모든 것들과 우리를 이어주는 전선이나 호스 같은 연결 통로가 있다고 상상해보자. 이 연결 통로를 통해 우리는 때로는 방전되고, 때로는 에너지를 얻는다. 누군가와 대화를 나누거나 그 자리에 없는 사람을 떠올렸는데 이유는 알 수 없지만 완전히 지치는 느낌을 받았던 경험이 아마 한 번쯤은 있을 것이다. 이런 현상은 우리는 에너지로 둘러싸여 있고, 연결되어 있다는 징후일 수 있다. 나는 우리가 우리의 과거와 조상과 가족 그리고 친구들과 에너지로 이어져 있듯이 사무실과 집에 있는 물건들하고도 에너지적으로 연결되어 있다고 믿는다. 모든 존재는 에너지적 특성이 있고, 에너지를 교환하기 위해 서로 관계를 맺을 수도 있다.

어떤 사람이나 사물에 자연스럽게 매력을 느끼거나 본질적으로 같거나 비슷한 성질이 있다면 두 존재 사이에는 양자 공명이나 양자 결맞음이 일어날 수 있는 유사성이나 연결성이 존재할지도 모른다. 이들의 연결 속도는 빛의 속도보다 빠르며, 아인슈타인이 말한 '유령 같은 원격 작용'을 먼 거리에서 만들어낸다. 이 현상이 2장에서 말했던, 입자들이 엄청 멀리 떨어져 있어도 서로 똑같이 반응한다는 양자 얽힘이다. 우리가 사람이나 사상, 펜듈럼에 얽혀버린다면 우리는 심장, 혈액, 몸에서 영향을 받는 것만큼이나 이것들에 의해 긍정적이거나 부정적인 공명의 영향을 받게 된다. 여기서 긍정적 영향과 부정적 영향은 '좋다', '나쁘다'를 말하는 게 아니라 단순히 에너지가 차오르느냐, 고갈되느냐를 말하는 것이다.

이 얽힘들은 미세 섬유나 거미줄처럼 극히 가느다랄 수도 있고, 두꺼운 밧줄 같을 수도 있다. 그리고 유연하고 유려하고 부드러울 수도 있고, 뻣뻣해서 움직이지 않는 것처럼 보일 수도 있다. 또 우리는 이 현상을 무지갯빛으로 일렁거리는 불빛으로 상상할 수도 있고 밀도가 높고 흐릿하고 탁한 빛으로 상상할 수도 있다. 그것들은 잠재의식 차원에서 정보가 오가는 통로로서 기능하며, 사방으로 뻗어 있고 가치 중립적이다. 원주민 문화에서 볼 수 있는 샤먼처럼 매우 직관적인 사람들은 때때로 태양신경총, 제3의 눈, 사타구니, 차크라에서 방사되는 에너지를 통해 이러한 연결을 감지할 수 있었다. 어떤 사람들은 연결된 상태를 색깔로 파악한다. 또 어떤 사람들은 이 연결되어 있는 상태를 볼 수는 있지만 자신들이 보고 있는 게 무엇인지 이해하지 못한다. 왜냐면 그것 자체는 에너지가 이렇게 저렇게 교차하거나 우회하는 통로 — 도로 혹은 교차로 — 일 뿐이기 때문이다.

긍정적인 의미이든 부정적인 의미이든 두 사람이 어떤 관계를 맺으면 당신과 그 사람 사이에는 유연한 에너지 필라멘트가 형성되고, 그 사이로 정보, 감정, 에너지 주파수가 전달된다. 누군가가 다른 사람에게 화를 낼 때 연결감은 희미해진다. 그리고 어떤 한 무리가 펜듈럼을 만들어낼 때 — 정당, 그룹, 심지어 가족도 펜듈럼이 될 수 있다 — 우리의 현실은 그 펜듈럼과 연결될 수 있다. 관계에 감정이 더 많이 개입되거나 오랫동안 관계를 맺을수록 강렬한 이끌림과 유대감은 더욱 강해질 것이다. 어느 날 당신은 어떤 식으로든 여전히 에너지적으로 연결되어 있는 전 남자친구나 전 여자친구 때문에 피곤한 일을 겪을지도 모른다. 아니면 지나치게 높은 중요성 때문에 자유에너지가 소진되어 에너지 불균형이 뚜렷하게 발생하고 있음을 발견할 수도 있다. 우리가 이런 연결 상태를 인식하지 못하면 그것은 우리를 소진시키거나 실제로 우리를 원치 않는 곳으로 끌어들일 수 있다.

이 장에서 논의할 에너지 흐름에 대해 우리는 그 밑바탕에 있는 세 가지 원칙을 이해해야 한다.

첫째, 모든 것은 끊임없이 움직이고 변화하는 에너지로 구성되어 있다. 일반적으로 우리는 우주가 고정되어 있다고 이해하고 있지만, 물리학자들은 세상이 탄생한 이래로 모든 생명체가 에너지였고, 에너지임을 인정하고 있다.

둘째, 우리는 우리를 둘러싼 세상과 분리되어 있지 않다는 것이다. 기술이 발전하면서 우리는 태곳적부터 내려온 이 지혜를 잊어버리고 말았다. 우리는 세상과 별개로 존재하는 단단한 물질이 아니다. 이 행성에 있는 모든 생물과 사고방식은 내재적으로 연결되어 있으며 양자 수준에서뿐만 아니라 더 큰 규모로 지속적인 상호작용을 하고 있다. 한 단계 더 나아가서 시간이 시작된 시점으로 거슬러 올라가보면, 우리 몸을 이루고 있는 입자들은 그때 서로 얽혔을 수도 있다. 완두콩 크기만 한 우주가 폭발한 빅뱅으로 만들어진 모든 원자와 화학물질은 연결되어 있다. 이는 하늘에 떠 있는 무수한 별들과 우리가 서로 연결되어 있다는 것을 의미한다. 비록 글이나 말로 표현하기엔 약간의 어려움이 있지만 우리는 아주 깊고 내적인 차원에서 이것을 이해할 수 있다.

셋째, 모든 것에는 의식이 깃들어 있다. 과학자들은 식물은 의도를 가진 존재이고, 인간의 에너지장에도 반응한다는 사실을 이해한 것처럼 이 명제를 증명해내기 시작했다. 아주 미미한 수준일 수 있지만, 당신이 손에 들고 있는 연필에서부터 문진으로 쓰는 돌에 이르기까지 모든 사물은 어느 정도의 의식을 지니고 있다. 원주민 문화에서는 이런 인식이 오랫동안 이어져 내려오고 있지만, 서양 문화에서는 사라져버렸다.

이 관계들을 끊어내거나 만들어낼 수 있는 특별한 요령 같은 건 없다. 당신을 이상적인 주변 환경이나 과거와 연결해줄 마법의 주문도 없다. 우리는 그저 우리가 무엇을 구하든지 그것을 끌어들일 뿐이다. 우리가 어떤 현실을 창조하기로 마음먹었다면 우리는 수십억 가지의 에너지 변화와 그것들이 서로 연결되어 공존하는 방식을 인식하는 것으로부터 시작해야 한다.

당신의 에너지 레벨은?

우리가 이러한 에너지 코드들과 소통하는 방식은 우리가 살고 있는 현실에도 영향을 미친다. 에너지 코드의 존재를 인식하게 되면 당신은 떠오르는 감정들과 상호작용을 각각 새로운 시각으로 분석할 수 있다. 생각들은 그 자체로 고유한 에너지로 존재할 수 있는데, 안타깝게도 빨리 발견하기가 어렵고, 관리하기도 힘들다. 나는 에너지를 측정하는 데 가장 좋은 척도를 찾았는데, 바로 데이비드 호킨스David Hawkins의 의식 지도를 기반으로 프레더릭 도슨이 만든 목록이다. 이 목록은 그가 쓴 《에너지 레벨》(Levels of Energy)에 수록된 것이다.

우리가 움직이는 척도에 따라, 각 레벨에 해당하는 내용은 당신의 사고방식, 당신이 맺고 있는 인간관계, 당신이 창조하는 현실과 풍요에 영향을 미친다. 당신의 의식도 척도에 따라 변화한다.

그리고 당신이 하나의 레벨에 영원히 머무르는 경우는 없다. 하나의 레벨에서는 30일 동안 머물 수도 있고, 어떤 레벨에서는 80일 동안 머물 수 있으며 때로는 그 수치가 오르락내리락할 수도 있다. 다만, 주파수는 서로를 끌어당긴다는 사실만은 꼭 기억하라.

다음은 내가 사용하는 척도로, 몇 가지 핵심사항이 담겨 있다.

30 : 죄책감, 수치심, 정신 질환, 굴욕감, 증오

50 : 무관심, 절망, 좌절, 우울감

80 : 상실감, 슬픔, 자기 연민

100 : 두려움, 염려, 수줍음, 열등감, 편집증

120 : 갈망, 욕구, 충동, 충족되지 않은 욕망

160 : 분노에 지배당함, 공격성, 냉담함

180 : 적대감, 비난, 불평, 책망

190 : 자존심, 우월감, 자만

200 : 만족, 일상, 기능을 발휘함, 권태, 낮은 수준의 에너지

275 : 용기, 이완, 열성, 재미

320 : 의지력, 친절, 낙관성

400 : 수용, 주의집중, 중립

450 : 지능, 지식, 이성

475 : 기쁨, 창의성

505 : 아름다움, 창의성

510 : 권위, 주도성, 도덕성

530 : 사랑, 직관, 감사

540 : 유머, 행복

550 : 무조건적 사랑

570 : 황홀경, 환희

600 : 축복, 평화, 평온

700 : 일치(하나됨)

1,000 : 무한함

이 차트에 전적으로 동의할 필요는 없다. 프레더릭은 책에서 다른 학파에서 만든 에너지 레벨도 소개하고 있는데, 그중 하나가 신지학자 척도이다. 이 '신지학자 척도'(the theosophist scale)는 0에서 1,000 사이의 에너지적 차원을 제시한다. 하위 아스트럴계는 0~160, 중위 아스트럴계는 160~275, 상위 아스트럴계는 275~475, 멘탈계는 475~600, 깨달음 단계는 600~740, 근원의 단계는 740~1,000이다. 힌두교에서 만든 레벨 척도는 200~300 또는 500까지이며, 레스터 레븐슨Lester Levenson이 고안한 척도는 50에서 475까지다.[34] 이런 차트는 우리가 느끼고, 행동하고, 경험하는 모든 것에 서로 다른 에너지가 있다는 개념에 기초해 만들어진 것으로, 차트 그 자체가 중요한 건 아니다.

당신이 어떤 척도를 사용하든, 여기서 배워야 할 중요한 교훈은 우리는 현실을 조종할 수 있고, 더 높은 에너지 수준에서는 현실을 더 쉽게 창조할 수 있다는 것이다. 당신의 삶에서 강렬한 기억으로 남아 있거나 뜻깊었던 순간들을 되돌아보면, 그 순간들은 더 높은 에너지와 연결되어 있음을 발견할 수 있다. 크리스마스, 결혼식, 출산 같은 이벤트들은 어느 정도 특정한 수준에서 일어난다.

무조건적 사랑의 영역, 즉 우리가 가슴으로 사랑하고, 용서하고, 절망을 극복하도록 허용하는 이 영역에서는 기적이 일어날 수 있다. 반대로 가장 낮은 수준에서는 그 어떤 존재와도 공명하기 어려운 영역으로 속박돼버릴 수 있다. 우리가 낮은 레벨로 떨어지면, 절망감은 자기 자신과 다른 어떤 삶도 완전히 경멸하는 상태로 바뀔 수 있다. 죄책감, 수치심, 절망감보다 아래에 있는 것은 순수 악일 것이다. 하지만 당신이 더 높은 레벨에 있다면, 그렇게 쉽게 밑으로 떨어지거나 낮은 주파수의 감정에 연루되지는 않을 것이다.

또 하나 주목해야 할 것은, 분노는 죄책감이나 수치심보다 더 높은 에너지이고 사랑은 수용과 다르며 의지력은 자존심과 다르다는 점이다. 에너지들은 주방에 있는 다양한 향신료들처럼 저마다 완전히 다르다. 그 에너지들이 각각 어떤 점이 다르고 어떻게 다르게 기능하는지를 아는 것은 우리가 현실에 더욱더 영향을 잘 미치는 방법을 이해하는 길이다. 당신의 잠재의식에서 일어나는 감정과 사고하는 방식이 무엇인지를 인식하라. 당신이 자기 자신과 세상을 바라보는 방식은 그와 비슷한 에너지를 끌어당기는 에너지를 방사할 것이기 때문이다.

슬픔이나 염려 같은 낮은 레벨에서 당신은 주변의 아름다움, 창의성, 가능성을 보기가 어렵다. 그리고 권위가 포함된 510 레벨에서 그 이상으로 넘어서지 않으면 당신은 사랑을 경험하지 못할 수도 있다. 당신이 무조건적인 사랑 단계를 넘어설 때까지는 진정한 황홀경이나 환희를 발견하지 못할지도 모른다. 가장 위대한 깨달음은 가장 높은 레벨에서 일어난다. 바로 이때 우리는 모두 잠재의식적으로 연결되어 있음을 이해하기 시작한다.

누군가를 만났을 때, 당신이 상대방을 어떻게 느끼는지와는 상관없이 그들이 보이는 어떤 모습은 바로 당신의 모습이라는 걸 기억하라. 만일 당신이 화가 났다면, 당신을 화나게 만든 사람은 바로 자기 자신이라는 것이다. 당신은 이러한 관점으로 다른 사람들을 바라볼 수 있고, 그들이 어떤 경험을 하는지도 일부 체험할 수 있다. 예를 들어, 마트 계산대에서나 차가 꽉 막힌 도로 위에 있을 때 우리는 다른 사람이 되어볼 수 있다. 당신이 계산대 맞은편에 서 있는 마트 점원이라고 상상하며, 그 순간을 기억하는 것이다. 당신이 이러한 하나(oneness), 비이원성(nonduality), 그리고 인식(awareness)의 레벨에 이르면 — 이런 순간이 늘 일어나지는 않는다 — 모든 가능성에 접근할 수 있는 문이 열린다.

가장 강력한 에너지 상태

에너지 레벨 가운데 정말 강력하면서도 우리가 쉽게 접근할 수 있는 단계는 유머와 웃음이다. 어둡고 우울한 분위기가 감도는 실내에서 우리는 가벼운 농담 한마디로 그 공간의 에너지를 밝게 만들 수 있다. 유령에 관해 쓴 책에서는 유령으로부터 자신을 보호하려면 소리 내어 웃으라고 일러준다. 웃음은 공간의 에너지 진동을 완전히 끌어올리면서 당신 자신의 에너지도 바꿀 수 있다는 것이다. 그래서 나는 우리가 주력해서 우리 것으로 만들 수 있는 가장 강력한 에너지는 유머라고 믿는다.[35]

또 다른 강력한 에너지는 성 에너지다. 성 에너지는 생명체를 창조해낼 뿐 아니라 창조력 그 자체를 실어나른다. 지구에서 한 사람 한 사람이 탄생할 때마다 함께 폭발하는 황홀감과 행복함은 빅뱅에서의 거대한 에너지 폭발에 비유할 수 있을 것 같다. 성(sexuality)은 자기 자신과 또는 다른 누군가와 함께하는 창조의 에너지다. 1920년대에도 나폴레온 힐^{Napoleon Hill}은 우리가 자신만의 생각을 창조하는 데 있어서 성 에너지는 강력한 요인이라고 말했다.

이렇게 성 에너지를 언급하는 것이 불편하게 느껴질 수도 있다. 하지만 우리는 성 에너지를 당신의 에너지를 즉시 바꿔주고 더 나은 현실 조종을 위해 활용할 수 있는 또 하나의 에너지로 인식할 필요가 있다. 우리는 성 에너지가 강렬하고 감정적이며, 두뇌가 작동하는 방식에 훨씬 강력한 영향을 준다는 것을 알고 있다. 성 에너지는 창의적이며, 우리를 다른 사람들과 이어주고 더욱 끈끈하게 연결해준다. 당신이 누군가와 성관계를 갖지 않더라도 성 에너지는 그 자체로 이 모든 영향을 미치고 있다.

1800년대에 알레스터 크로울리^{Aleister Crowley}는 섹스가 마법의 비결이라고 주장하며 그 마법을 이루기 위해 집단 난교를 했다는 이유로 감옥에 갇혔다. 오늘날까지 이 방법을 쓸 필요는 없지만, 우리는 사람들이 여러 세대에 걸쳐 성 에너지의 힘을 확인해왔음을 알 수 있다. 성 에너지 속에는 분명 '마법'이 존재하며, 그 덕분에 우리는 이 강력한 힘을 활용할 수 있다.

에너지 정화 의식

정신적이고 에너지적인 수준에서, 당신과 당신이 있는 공간의 에너지는 정화될 수 있고 정화되어야 한다. 명상이나 몸을 움직이는 활동이 그 정화 활동의 일부가 될 수 있다. 실제로, 집을 청소하는 것만으로도 에너지에 영향을 미칠 수 있다. 우리는 일본의 정리 컨설턴트인 곤도 마리에의 인기를 통해 이 사실을 확인할 수 있다. 나는 곤도 마리에가 물건을 정리하는 것 이상의 일을 하고 있다고 믿는다. 그는 집에 있는 물건에 부정적인 에너지가 연결되어 있는 상황을 제거하는 방법을 사람들에게 안내하고 있는 것이다.

에너지 정화 분야에도 많은 전문가가 있다. 내가 전문가인 척하지는 않겠지만 톡톡히 효과를 봤던 몇 가지 기술에 대해서 말하고 싶다. 예를 들어 당신이 새로운 집으로 이사를 했거나 공간을 정화하고 싶을 때는 구석으로 가서 박수를 치거나 큰 소리를 내보라. 큰 소리는 그 공간에 있던 입자와 분자를 움직여준다고 한다. 그리고 나선 반드시 손을 씻어야 한다.

사람들은 정화 의식에 수정, 향, 초, 스머징smudging(허브를 태운 연기로 공간을 정화하는 아메리카 원주민 부족의 전통적인 정화 방법. ─ 옮긴이)과 연기를 사용하는데, 이 의식들의 대부분은 고대의 전통적인 수행들로 거슬러 올라간다. 내 친구들은 알코올에 물과 소금을 섞은 다음 정화하려는 방에 가서 불을 붙인 뒤, 다 타서 없어질 때까지 태운다. 1930년 디온 포춘Dion Fortune이라는 오컬트 작가는《영적인 자기 방어법》(Psychic Self-Defense)이라는 책에서 우리가 정화할 수 있는 충분한 시간이나 도구가 없는 장소에 갇혀 있을 때 할 수 있는 정화법을 알려준다. 두 손을 마주 잡고 당신 주위에 의도의 원을 그린 다음, 신이나 우주의 어떤 존재에게 주변의 공간을 정화해달라고 요청하는 것이다.

수많은 가르침에서 전하는 에너지 공간 정화법은 단지 깨끗하게 정화된 공간을 시각화하라는 것에 있다. 당신이 어떤 방법을 사용하든지 공간을 정화했다는 깊은 느낌을 받았다면 대체로 효과가 있었을 것이다. 당신에게 가장 좋은 느낌을 주는 방식대로 행하면 그렇게 될 것이기 때문이다.

에너지 정화를 위해 고안된 수많은 마법과 문화적 의식들은 전 세계적으로 존재한다. 이 의식들에 주목하라. 여기에 진실이 담겨 있을지도 모른다. 당신이 어떤 형식으로든 명상을 할 때 당신의 에너지는 더 상승하고 더 순수해진다. '마법' 의식을 행하든 의도를 가지고 간단히 명상을 하든 당신 주변 에너지가 깨끗해지는 모습을 시각화하면, 모두 비슷한 결과를 얻을 수 있다.

우리가 행하는 의식(rituals)은 아직 우리에게 실제적인 개념이 없는 에너지 진동에 접근하는 데 도움이 된다. 우리는 천사를 불러낼 수도 있다. 우리의 마음이 현실을 창조한다면 천사도 창조할 수 있을 것이다. 과거에 사람들이 그들을 믿었다면 왜 그들이 지금은 존재할 수 없는 걸까? 고대의 관습과 연결되어 있는 에너지를 불러오면 이전 세대들이 사람들을 치유하고 보호했던 에너지와 똑같은 에너지를 불러올 수 있다. 믿어지지 않는다는 이유로 단순히 배제해버리기보다는, 적어도 그 의식들을 이해해보고 그 잠재적인 효과에 대해서도 알아볼 필요가 있다.

에너지 경락

사람들이 에너지를 이야기할 때, 종종 차크라라는 단어가 등장하곤 한다. 나도 언급한 적이 있고, 많은 사람들이 차크라에 관한 책을 쓰기도 했다. 하지만 안타깝게도 여전히 일부 사람들은 차크라에 대해 부정적인 이미지를 가지고 있으며 그것이 어떻게 작동하고 기능하며, 어디에 존재하는지에 대해 많은 오해를 하고 있다. 조 디스펜자 박사는 차크라를 에너지 센터(energy center)라고 부른다. 나는 경락經絡이라고 부르기를 좋아한다. 침술과 한의학에서는 경락을 몸을 따라 생명 에너지(氣)가 흐르는 일련의 통로로 본다.

어떤 센터는 다른 센터보다 더 많은 주목을 받는다. 예를 들어 몸 바깥 부분에 머리 정수리 위로 약 15센티미터 떨어진 지점에 센터가 있다. 아마도 이 센터는 상위 차원에 접근하는 곳이며 근원과 연결되는 센터일 것이다. 그러나 이곳에 연결되기 전에 우리는 먼저 몸 전체를 통해 흐르는 에너지 흐름을 열어야 한다. 그래서 나는 에너지 센터에 집중하려고 한다.

그 바로 아래, 정수리 부분에는 크라운 차크라가 있다. 영들과 교류하는 사람들은 이 크라운 차크라를 통해서 존재들과 연결된다고 주장한다. 이곳은 우리가 헌신, 통합, 영성을 발견하는 곳으로, 크라운 차크라가 자주 영(spirit)과 연관되는 이유가 여기에 있다.

제3의 눈 차크라는 우리가 앞서 보았듯이 송과체에 존재하며, 생명 에너지가 흐르는 경락 그 이상이다. 나의 체험을 바탕으로 한 이론으로 본다면, 송과체는 여러 현실들 사이에 있는 출입구라고 할 수 있다. 제3의 눈 차크라는 대략 양미간 약간 위쪽에 위치하며 직관, 미래, 영적인 통찰과 관련이 있다. 나는 이곳을 통해 우리가 양자장의 근원으로 접근할 수 있다고 믿는다. 과학적으로 이곳은 빛을 받아들이는 신경절 복합체로, 수면을 유도하는 화학물질과 호르몬이 분비되는 곳이며 우리가 잠을 자거나 세타파로 이동할 때 활성화된다.

목 차크라는 목 아래쪽 갑상선 부근에 있다. 사람들이 이 차크라를 깨웠다고 말할 때, 그 말은 자신을 표현하는 능력, 글을 쓰거나 노래하는 능력, 다른 사람들이 자신의 표현을 어떻게 생각할지를 두려워하지 않고 자신의 일부를 드러낼 수 있음을 뜻한다. 수줍음이 많은 사람은 목 차크라가 수축되어 있을 수 있다. 목 차크라와 심장 차크라 사이에서 약간 아래쪽에는 흉선 차크라가 있는데 다른 모든 차크라와 함께 작동한다. 이곳은 자기 연민, 용서, 그리고 활력을 불어넣고 건강을 유지하는 것과 관련이 있다.

심장 차크라는 두 번째 뇌로, 두뇌보다 더 똑똑하다고 확실하게 말할 수 있다. 이 차크라는 진짜 심장을 말하는 게 아니라, 가슴의 중앙과 심장 근처에 있다. 심장 차크라가 완전히 열리면 온전한 사랑을 할 수 있게 된다. 이곳은 다른 사람들에 대한 연민, 수용, 용서와 관련이 있다. 양자물리학의 관점에서 보면 심장은 관찰자가 없을 때 입자가 파동으로 변화되는 곳으로서, 모든 가능성을 가지고 있다.

반면에 하위 차크라의 에너지는 입자 에너지에 더 가깝다. 태양신경총과 배꼽 사이에는 흔히들 발전소라고 말하는 태양신경총 차크라가 있다. 찰스 해낼^{Charles Haanel}은《성공의 문을 여는 마스터키》에서 이곳에서 모든 현실 창조가 일어난다고 주장한다. 태양신경총 차크라는 개성의 중심으로 많은 에너지를 발산하며, 개인의 힘, 자성(magnetism), 의지력과 연관되어 있다.

마지막으로 천골 차크라와 뿌리 차크라가 있다. 천골 차크라는 배꼽과 회음부 사이에 있다. 이곳은 감정, 성욕 그리고 삶에 대한 열정, 즐거움, 경험에 관한 모든 것과 관련이 있다. 항문과 성기 사이의 회음부에는 뿌리 차크라가 있다. 이곳은 땅과의 연결, 삶이 당신을 돌보고 있다는 믿음과 관련이 있다. 이것은 원초적인 부위로서 두려움, 불균형, 막힌 에너지와 연결되어 있다.

사람들의 에너지는 대부분 여기에서 멈춰 있거나 단지 그 위쪽에 있는 하위 차크라 중 어느 한 곳에 머물러 있을 것이다. 이곳들은 생존과 두려움과 관계가 있고, 보통 우리는 몸 아랫부분에서 직감으로 이 감정들을 느낀다. 아니면 경락이 수축되어 있을 수도 있다.

당신은 명상을 하면서 각 차크라에 집중할 수 있고, 다른 차크라끼리 어떻게 상호작용하는지 알 수 있다. 당신의 에너지는 가능성이 펼쳐지는 영역인 가슴 차크라를 따라 위쪽으로 흐를 수 있고, 제3의 눈 차크라를 지나 머리 위에 있는 무한한 에너지로 접근할 수 있는 근원으로 들어갈 수도 있다. 요가의 물구나무서기와 어깨서기 같은 반전 자세는 에너지의 흐름을 평소와는 반대로 뒤집을 수 있는 동작이다. 거꾸리 운동기구에 매달리거나 중력 부츠(발목 부위에 고리가 달려 있어 철봉 같은 긴 막대에 매달릴 수 있게 돕는 운동용품. — 옮긴이)를 신고 짧은 시간 동안 거꾸로 자세를 취할 수도 있다. 이러한 동작은 중력의 압박을 줄여줄 뿐만 아니라 에너지가 활발하게 흐르도록 해준다.

잘 알려지지 않은 센터들

당신의 발 아래에서 약 183센티미터 떨어진 곳에는 또 다른 센터가 있다. 바로 지구별 차크라인데, 적어도 하루에 한 번은 풀밭에 서 있는 시간을 보내기를 권하는 사람들이 언급하는 곳이다. 풀밭에 맨발을 딛는 행위는 과학적으로 증명된 방법으로, 확실히 긍정적인 효과가 있다. 차크라의 개념으로 설명하자면, 우리는 이 행위를 통해 땅에 우리 자신을 뿌리내려 지구와 연결된다는 것이다.

마지막으로 그렇게 많이 논의되지 않는 센터가 또 있는데 '땋은머리'라고 부르는 지점이다. 이 센터는 우리의 의식이 깨어나 신성과 연결되는 곳이다. 나는 이 센터가 관찰을 통해 물질화된 형태를 현실로 나타나게 하는 곳이라고 믿는다.

바딤 젤란드는 《여사제 타프티》에서 외부의도의 땋은머리에 대한 개념을 소개하고 있다. 땋은머리는 양쪽 어깨 사이에서 뒤쪽으로 뻗어 나간 지점에 있는 기관으로, 원래는 존재했으나 지금은 없어진 에너지 다발이다. 카를로스 카스타네다[Carlos Castaneda]는 이와 비슷한 내용을 '연결점(assemblage point)'으로 설명하고, 요가에서는 '빈두[Bindu] 차크라'라고 부른다.

땋은머리

바딤 젤란드는 우주에는 존재할 수 있는 모든 현실이 기록되어 있는 공간이 있다고 생각한다. 우리가 현실에 주의를 집중했을 때는 그 현실이 영화처럼 상영되고 있다고 생각할 수 있다. 그리고 다른 영화 중 하나로 초점을 옮긴다면 우리는 그 현실로 이동할 수 있다. 바딤은 이 에너지 코드를 활성화하는 연습을 하고, 슬라이드 기법으로 시각화한 모습이나 느낌을 이 에너지 코드의 끝으로 이동시키는 것이 특정한 현실이 담긴 새로운 영화를 우리의 존재 안으로 업로드하는 효과적인 방법이라고 말한다.

땅은머리와 빈두 차크라는 우리가 이 작업을 하기 위해 집중하는 곳이다.

우리의 의식이 깨어나는 이곳은 중요한 지점이다. 우리가 관찰자 효과를 이해하고 있듯이 이곳은 물결 같은 파동 상태에 있는 우리의 에너지장에 가장 근접한 영역이다. 에너지는 우리 뒤쪽에 있는 이 영역을 통해 우리의 의식 안으로 흘러들어갈 수 있다. 머리 뒤쪽은 관찰자가 볼 수 없는 공간, 관찰 사각지대이기 때문이다. 나는 에너지의 이러한 흐름을 이해하여 땅은머리를 활성화하여 시각화를 했고, 이렇게 시각화한 것은 계속해서 현실로 구현되기 시작했다. 바로 이곳이 모든 가능한 현실들이 있는 가능태 공간으로, 우리의 의식이 접속되는 곳이다. 일단 당신이 이 영역에 집중하면 당신은 이 에너지 코드에서 감각을 느끼기 시작할 것이다. 그런 다음 당신은 마치 새 영화를 업로드하듯이 땅은머리 끝에서 시각화를 하면 된다.

흥미로운 점은 이 내용이 우리가 이 장의 시작 부분에서 말했던 '에너지 코드 및 연결'과 다르지 않다는 것이다. 당신은 명상을 하면서 땅은머리나 차크라가 어디에 있을지 상상하고, 곧 그 영역과 연결되면서 그 영역의 에너지를 느끼기 시작한다. 만일 당신이 경험하고 싶은 것이 있다면 강렬한 생각이나 감정을 땅은머리로 입력하고 그것을 계속 품으라. 보고, 듣고, 느끼라. 그 소망을 빈두에 있는 에너지 흐름에 집어넣으라. 이 흐름이 당신을 그 의도로 이끌 것이다.

지자기의 영향

당신의 의도와 창조는 태양이나 행성들 같은 우주의 에너지, 특별히 지자기地磁氣에 의해 직접적인 영향을 받는다. 린 맥태거트는 《의도 실험》(The Intention Experiment)에서 1970년대에 활동했던 심리학 교수 마이클 퍼신저Michael Persinger의 연구를 계승한 후속 연구들을 제시했는데, 그 연구들에 따르면 지자기의 활동은 의도가 증가하는 것과 관련이 있다. 예를 들어 만약 누군가가 태양 폭풍(태양의 흑점이 폭발하여 플라스마 입자가 방출되는 현상. ─ 옮긴이)이 발생할 때 의도를 가지면, 그 의도가 더 쉽게 실현된다는 것이다.

퍼신저는 깊은 수면 상태에서의 텔레파시, 투시력, 예지력을 시험하는 연구를 했던 초심리학자 스탠리 크리프너Stanley Krippner와 함께 지자기 현상이 텔레파시에 어떤 영향을 미치는지 알아보기 위해 한 가지 실험을 했다. 이들은 피험자들을 두 명씩 짝을 지어, 한 명이 자고 있는 동안 다른 한 명에게는 다른 방에 들어가 특정한 이미지가 잠자고 있는 사람의 꿈에 나올 수 있도록 그 이미지를 자신의 파트너에게 전송하게 했다. 그리고 자고 있던 사람이 깨어나자마자 지난밤 꿈 이야기를 자세히 설명해보라고 하고, 파트너가 전송한 이미지와 비슷한 것이 나왔는지 확인해보았다. 그들은 이 실험에서 지자기 활동이 비교적 조용했던 밤에 꿈을 꾼 사람들이 전송된 이미지를 짚어내는 정확도가 훨씬 더 높다는 걸 발견했다. 지자기가 고요한 날에는 텔레파시나 투시 현상이 저절로 일어나는 확률이 높았고, 초감각적 원격투시(remote viewing, 인간의 직관 능력을 고도로 발휘하여, 시공간을 넘어 정보를 얻고 영향력을 행사하는 능력. ─ 옮긴이)의 정확도가 향상되는 확률도 높았다.

이 실험은 지자기 활동이 더 강할 때는 어떤 대상에 물리적인 영향을 미치는 것이 더욱 효과적이고, 지자기 활동이 약할 때는 텔레파시나 생각으로 의사소통을 하는 것이 더 효과적이라는 것을 보여준다.

맥태거트는 퍼신저의 실험으로 모든 영적인 경험이 지자기에 의한 환각에 불과하다는 결론을 내리고 싶은 유혹이 있었을 거라고 특별히 언급했다. 그런데 한 가지 불안정한 사실이 있다. 소소한 날씨 변화부터 태양의 패턴에 이르기까지 사소한 환경 변화조차도 초감각적 지각 능력이나 원격으로 사물을 볼 수 있는 능력에 지대한 영향을 미친다는 것이다.

당신이 점성술 같은 것을 믿지 않는다 해도 우리가 보름달과 행성이 정렬하는 상태 같은 지자기 활동에 어떠한 영향을 받을 수 있다는 건 분명한 사실이다. 이러한 사실은 우리가 명상으로 현실을 창조하려 할 때 지자기 활동이 영향을 줄 수 있다는 점을 보여주기도 한다. 그러므로 만약 이렇다 할 반응이 없더라도, 계속 시도해야 한다. 무엇을 하든지 단 한 번이 아니라 그보다 더 많이 하려고 하라. 우리는 어떤 변수가 작용하고 있는지 결코 알지 못한다.

에너지 구축하기

최근에 내가 팟캐스트에 올린 인터뷰에서 물리학자이자 작가인 신시아 수 라슨은 평행 현실로 도약하게 만드는 열쇠는 에너지라고 했다. 전자는 양자 도약을 완성하기 위해 폭발적인 에너지를 필요로 한다.[36] 여기서 이야기하는 폭발적인 에너지는 커피 한 잔을 마신다고 얻을 수 있는 게 아니다. 우리는 기(생명력) 에너지를 증폭시켜야 한다. 나는 폭발적인 에너지를 생성하기 위해 여러 다양한 방법들을 실험해봤다. 그 방법들을 소개한다.

티베트 5식 요가

티베트 5식 요가 ─ 또는 다섯 가지 티베트 의식(Five Tibetan Rites) ─ 는 새로운 현실로 나아가는 퀀텀 점프를 수행하는 데 필요한 에너지를 구축하기 위한 것이다. 이 운동은 매우 대중적인 운동 루틴이다. 나는 훌륭한 공상과학소설 작가인 스티븐 반즈Steven Barnes에 의해 이것을 처음 접했다. 바딤 젤란드도 이 운동을 하고 나서《트랜서핑 현실의 지배자》에 티베트 5식 요가를 소개했다.

티베트 5식 요가는 적어도 2,500년 전부터 내려오는 운동으로,《아주 오래된 선물》의 저자인 피터 켈더Peter Kelder가 1939년에《계시의 눈》(The Eye of Revelation)에서 처음으로 대중에게 보급했다. 피터의 이야기에 따르면, 한 남성이 젊음의 샘물을 필사적으로 찾고 있었다. 그는 노인들이 티베트를 여행하고 돌아온 뒤로 불가사의할 만큼 힘이 세고 건강하고 활력이 넘치게 됐다는 말을 들었다. 그는 은퇴 후 젊음의 샘물에 관해 알고 있는 라마와 함께 살기 위해 티베트로 떠났다. 거기서 라마는 그에게 '다섯 가지 티베트 의식'이라고 부르는 이 다섯 가지 요가 동작을 가르쳤다고 한다.

1번 동작. 만일 당신이 록 밴드 그레이트풀 데드^{Greatful Dead}의 공연에 가본 적이 있다면, 빙빙 돌고 있는 사람들을 봤을 것이다. 그 모습은 휠링 더비시^{whirling dervish}(수피교에서 내려오는 춤 가운데 하나로, 회전하는 동작은 태양 주위를 도는 지구의 궤도를 나타내며, 수행자들이 춤을 추며 신과 진리에 가까워진다는 의미가 담겨 있다. ― 옮긴이)를 떠오르게 한다. 많은 사람들에게 이 행동은 교회에서 예배를 드리는 것만큼이나 영적이다. 이 회전 운동이 다섯 가지 동작 중 첫 번째 동작이다.

똑바로 서서 팔을 양옆으로 쭉 뻗고, 약간 어지러울 때까지 제자리에서 몸을 빙빙 회전시킨다. 북반구에서는 오른쪽으로, 남반구에서는 왼쪽으로 회전한다. 돌면서 회전수를 세어보라. 처음에는 어지러울 수 있으니 너무 많이 돌지 않는 편이 좋다. 내게는 이 동작이 어떻게 작동하는지에 대한 나름의 이론이 있다. 회전하다 보면 어느 순간 차크라가 열린다. 그 순간, 이루고 싶은 현실을 끌어당기는 것이다. 《계시의 눈》(The Eye of Revelation)에서 이 동작은 몸에 있는 사이킥 센터(차크라 센터와 다르지 않다)들을 열어준다고 이야기하고 있다.

처음 이 동작을 했을 때, 나는 이상한 기분을 느꼈다. 60일 정도가 지난 뒤에 나는 이 동작으로 에너지가 생성되고 있음을 알아차렸다. 회전하는 동작이 에너지를 끌어당기고 속도를 높여 몸속에서 에너지를 증폭시키는 것 같다.

2번 동작. 바닥이나 침대에 눕는다. 양팔을 엉덩이 옆으로 뻗고 손바닥은 바닥을 향하게 한다. 이때 손가락은 모아준다. 그리고 다리를 곧게 편 상태에서 가슴 쪽으로 수직이 되게 들어올리고, 동시에 머리도 가슴 쪽으로 들어올린다. 할 수만 있다면 발이 몸에 가까워지게 한다. 단, 무릎을 구부리지는 말라. 이 자세를 잠시 유지한 뒤에 다시 다리를 바닥으로 내린다. 이 동작을 21번 반복하라. 처음에는 한 번이나 두 번 또는 세 번밖에 할 수 없을지도 모른다. 괜찮다. 21번 이상 할 필요는 없다.

이 동작을 규칙적으로 한 뒤로 나는 1번 동작을 하면서 생성된 에너지가 내 복부 부위의 차크라까지 끌어올려진다는 걸 느낄 수 있었다.

3번 동작. 매트 위에 무릎을 꿇고 허벅지에서 상체까지는 똑바로 세운 상태에서 손바닥을 엉덩이 쪽에 댄다. 그런 다음 고개가 가슴 쪽에 닿도록 어깨를 구부리면서 최대한 앞으로 몸을 숙인다. 그다음엔 고개를 뒤로 젖히면서 몸도 최대한 뒤로 젖힌다. 엉덩이가 살짝 앞으로 움직여도 손은 계속 엉덩이에 둔다. 바닥에 닿은 발가락은 몸이 넘어지지 않게 지탱해줄 것이다. 그런 다음 최대한 몸에 긴장을 풀고 무릎을 꿇은 처음의 자세로 다시 돌아와서 같은 동작을 반복한다. 이 동작은 척추를 곧게 폈다가 어깨와 허리를 뒤로 젖히면서 에너지를 위로 올려보낸다. 할 수 있다면 에너지가 당신의 태양신경총으로 이동하는지를 느껴보라. 이 동작을 21번 반복하라.

4번 동작. 바닥에 앉아 다리를 어깨너비로 벌린 상태에서 앞으로 쭉 뻗는다. 두 손은 발 쪽을 향하게 하고, 손가락을 모은 채로 바닥에 댄다. 턱을 가슴에 닿도록 당기면서 머리를 앞으로 숙인다. 이제 손이 엉덩이 옆 바닥을 짚은 상태에서 발을 바닥에 대면서 엉덩이를 들어 탁자 모양이 되도록 몸을 천천히 들어올린다. 굽혀진 무릎 아랫부분과 양팔은 바닥과 수직이 되게 한다. 몸을 들어올릴 때는 가능한 한 머리를 부드럽게 뒤로 젖힌다. 이 동작도 21번 반복하라.

너무 겁먹지 말라. 4번 동작은 확실히 가장 어려운 동작 중 하나다. 그러니 반드시 여기서 말하는 그대로 정확하게 동작을 해야만 하는 건 아니다. 나는 어깨가 좋지 않아서 팔에 무리가 가지 않도록 벤치를 이용해서 엉덩이를 위로 밀어올린다. 이렇게만 해도 에너지를 가슴으로 충분히 보낼 수 있다. 아니면 등 윗부분은 침대에 걸치고 발은 바닥에 댄 상태에서 허리를 들어올렸다가 다시 아래로 내려도 된다. 이 동작의 목적은 몸의 해당 부위를 늘려주는 것이다. 역시 이 동작도 21번 반복하라.

5번 동작. 엎드려 뻗친 자세로 양팔을 쭉 펴라. 두 발을 어깨너비로 벌리고 엉덩이를 최대한 위로 들어올리라. 턱은 가슴 쪽으로 당긴다. 그 상태에서 엉덩이를 천천히 바닥 쪽으로 내리고 머리를 최대한 위로 들어올린다. 이 동작을 요가 용어로 말하면 다운 독 자세(downward dog position)에서 코브라 자세로 전환하는 것이다. 다른 자세들보다 더 힘들긴 하지만 당신이 이 동작을 21번 할 수 있다면 실제로 에너지가 흐르기 시작한다.

이 다섯 가지 동작을 마치고 나면 나는 거꾸리 운동기구를 사용해서 물구나무서기 동작 같은 운동을 21번 반복한다. 그러면 에너지와 혈액이 머리로 흐른다. 이 운동은 선택 사항이다. 여건

이 어려울 수 있지만 만일 이렇게 한다면 훨씬 더 큰 에너지가 흐른다는 걸 알아차리게 될 것이다.

여기까지 하는 데 시간은 대략 5분 정도 걸린다.

티베트 5식 요가 동작

(유튜브에 'Five Tibetan Rites'를 검색하면 영상으로 볼 수 있다. — 편집부)

명문 두드리기

티베트 5식 요가를 다 하고 나서 하는 운동은 기공^{氣功}이
다. 목표는 고품질의 에너지를 배양하는 것이다. 절차는 단순하
다. 그림 '명문 두드리기 1'에 나와 있는 것처럼 발을 어깨너비로
벌리고 서서 엉덩이와 허리를 천천히 시계방향과 반시계방향으
로 번갈아가며 돌린다. 어깨, 팔, 등 윗부분은 편안하게 이완하라.
두 팔도 몸을 돌리는 방향을 따라서 휙휙 돌아가게 하라. 이렇게
가속이 붙어 살짝 들어올려진 두 팔이 등 아래쪽을 가볍게 두드
리게 될 때까지 이 동작을 반복한다. 이 동작은 '생명의 문' 또는
'명문'^{命門}이라고 불리는 배꼽 바로 뒤쪽 부근에 위치한 혈자리를
자극해준다.

명문혈은 당신의 활력을 전반적으로 높여주고 중추신경계
를 활성화한다. 방법도 간단하니, 이 동작을 21번 하거나 자연스
럽게 느낌을 따라서 하고 싶을 때까지 반복해도 된다.

이 전체 운동을 통해 호흡을 하고 그다음에는 등에 기 마사
지를 하라. 가볍게 쥔 주먹으로 등 부분을 두드려주면 된다. 팔이
불편하지 않은 범위 안에서 등 위쪽부터 아래쪽까지 골고루 두드
리라. 이것은 당신의 부신(좌우 신장 위에 한 쌍 있는 내분비 기관으로, 생
명을 유지하는 데 중요한 기능을 한다. — 옮긴이)을 깨우고 명문혈을 자극
한다. 또한, 신장에 활력을 불어넣고 허리 쪽 혈액순환이 잘 되게
해준다.

이제 다리 바깥쪽을 따라 내려가면서 손바닥으로 툭툭 몸을
두드린다. 발끝까지 내려간 다음에는 다시 다리 안쪽을 따라 올

명문 두드리기 1

라오면서 몸을 두드린다. 부드럽게 다리를 두드리며 엉덩이 부근까지 이르면 계속 올라가서 가슴을 타잔처럼 두드리라. 이 동작은 폐와 심장 그리고 흉선을 자극한다. 이것은 노화를 늦춘다고 말할 수 있을 정도로 활력을 되찾아준다.

이 순서 전체를 세 번 반복하고 나서 마지막에는 그림 '명문

명문 두드리기 2

두드리기 2'에 나오는 것처럼 몸을 털어내듯 흔들어주라. 농구 선
수들이 경기 전에 이 동작을 하는 장면을 본 적이 있는가? 선수
들은 긴장한 상태인 데다 에너지가 과하게 올라가 있기 때문에
몸을 흔들어 긴장을 풀어주는 것이다. 동작은 똑같지만, 우리가
이 동작을 하는 이유는 부정적인 에너지를 털어내기 위함이다.

내가 소개하고 싶은 또 다른 운동은 타이거^{Tiger}라고 부르는 운동이다. 간단히 '굽혔다 펴기'라고도 부른다. 먼저, 당신에게 무리가 가지 않는 범위에서 스쿼트 자세처럼 낮게 몸을 굽힌다. 그리고 땅에서 에너지를 거머쥐는 것 같은 동작을 취하고 당신의 심장까지 끌어올리는 느낌으로 일어선다. 그런 다음 에너지를 더 끌어올리듯이 손을 공중에 뻗은 다음 다시 바닥부터 에너지를 끌어올린다.

이 동작도 마찬가지로 21번 반복하라. 몸을 위아래로 굽혔다 펴기를 반복하면서 심장이 움직일 것이다.

또 당신은 젠 스윙^{Zen Swing}도 시도해볼 수 있다. 먼저, 무릎을 약간 구부린 자세로 편안하게 선다. 골프를 치는 것처럼 팔을 뒤쪽으로 당기며 스윙을 한다. 스윙이 끝나는 지점에 올 때 체중의 90퍼센트가 앞다리로 쏠리게 하라. 팔이 자연스럽게 이리저리 흔들리도록 해보라. 그렇게 하면 당신은 스윙 각도를 바꾸면서 약간의 기름칠이 필요하거나 풀어줄 필요가 있는 척추의 그 어떤 부위라도 자극할 수 있음을 알게 될 것이다. 당신이 편안하게 느끼는 한 몸을 이완하고 풀어주는 이 젠 스윙을 계속하라.

마지막으로, 에너지 심리학을 기반으로 한 세 가지 두드림 동작이 있다. 시간은 각 동작 당 약 1분 정도 걸리고, 정리 단계를 포함한 전체 과정은 10분 정도가 소요된다. 엄지를 포함한 손가락 전체로 얼굴 볼을 21번 정도 두드려준다. 그런 다음 쇄골 사이 바로 밑에 있는 가슴 부위를 톡톡 두드리라. 여기는 흉선이 있는

젠 스윙

부위다. 그러고 나서 비장이 있는 몸 아래쪽 옆 부분 주위를 톡톡 두드리라.

각 타점 부위를 두드려주면 에너지 수준이 높아지고 혈당 항상성이 유지된다. 그리고 신진대사가 원활해지며 에너지를 증가시키고 힘과 활력을 주며 민첩성을 강화한다고 한다.

각 단계를 마치면 잠시 앉아서 에너지를 느끼고, 손과 몸에서 따끔거리는 감각을 느껴보라.

만일 시간이 없다면 티베트 5식 요가나 두드림 동작은 건너뛰어도 괜찮다. 하지만 세 가지 모두를 조합하면 부작용 없는 좋은 커피를 마시는 것과 똑같은 효과를 얻을 수 있다. 당신의 몸 안에는 에너지가 쌓이고, 명상을 시작할 때 전달할 수 있는 전자기 에너지는 그만큼 더, 아니 기하급수적으로 커질 거라고 믿는다. 그것은 내가 하고 있는 명상과 나의 의도, 나아가 내가 하는 모든 것을 확장시킨다(퀀텀 점프를 하기 위해서는 이런 종류의 에너지가 필요하다. 12장 '퀀텀 점프를 위한 에너지 강화'를 참조하길 바란다).

당신은 에너지를 끌어올리는 다른 어떤 운동도 따라 해도 된다. 효과는 똑같을 것이다(에너지를 강화하기 위한 바이오해킹과 음식과 운동에 관한 탐구는 흥미로운 테크닉으로, 8장에 소개되어 있다). 팔굽혀 펴기나 윗몸 일으키기, 달리기 등 당신의 가슴과 느낌을 따라 당신에게 효과가 있을 것 같은 운동을 하라. 에너지 수준을 높여주는 것이라면 무엇이든 좋다. 나는 지금까지 소개한 이 루틴을 따른다. 왜냐면 이 루틴은 몸의 다양한 지점들을 활성화시켜 에너지가 뻗어나갈 수 있게 만들어주기 때문이다. 게다가 명상을 할 때 좋은 자세를 유지할 수 있도록 도와주기 때문에, 에너지가 계속 흐르는 상태에서 편안한 몸으로 차분히 앉아서 명상을 시작할 수 있다.

만약 당신이 현실을 조종하고 싶거나 아니면 당신이 있는 현실보다 더 나은 현실로 퀀텀 점프를 하고 싶다면 높은 에너지가 필요할 것이다. 당신의 삶에서, 음식에서 그리고 운동에서 에너지를 인식하라. 당신의 에너지와 우주 에너지가 연결되었음을 인식하라. 만약 당신이 에너지를 강화하고 당신의 삶과 환경에서 흐르는 에너지에만 집중한다면 당신의 삶은 변화할 것이다. 하지만 아직 책을 덮지는 말기를. 왜냐면 우리가 해야 할 것이 아직 더 많이 남아 있기 때문이다.

6장

직감 조율하기

"기술은 우리를 구원하지 못할 것이다.

컴퓨터, 도구, 기계는 구원을 위한 충분한 방법이 될 수 없다.

우리는 우리의 참된 존재인 직감에 의존해야 한다."

— 조지프 캠벨Joseph Campbell

제2차 세계대전 당시 런던에서는 공습이 일상이었기 때문에 주민들은 위험 경고에 점점 무관심해졌고, 사이렌 소리를 들어도 아무렇지도 않게 행동하기 시작했다. 《풀리지 않는 미스터리》(Mysteries of the Unexplained)에서는 윈스턴 처칠 총리를 '적에 대한 영국의 단호한 저항의 화신'으로 묘사하면서 그가 자신의 역할을 충실하게 수행했다고 언급하고 있다. 그는 사이렌 소리가 일하는 데 방해가 된다는 이유로 다른 사람들처럼, 아니 그들보다도 더 사이렌 소리에 무신경했다.

하지만 책에서 처칠은 내면의 목소리에는 면밀히 귀를 기울였다고 이야기한다. 어느 날 밤, 처칠은 총리 공관이 있는 다우닝 스트리트 10번지에서 장관들과 만찬을 나누고 있었다. 그때도 공습 소리는 요란하게 울리고 있었다. 그런데 식사를 하던 처칠은 갑자기 일어나 커다란 유리창이 있는 주방으로 갔다. 그러고는 집사에게 뜨거운 음식이 담긴 접시를 식당에 놓아두라고 말한 뒤 주방 직원들에게 방공호로 대피하라고 명령했다. 그런 다음 손님들이 있는 만찬 자리로 돌아왔다.

3분 후, 폭탄이 공관 뒤쪽으로 떨어졌고 주방은 완전히 파괴됐다. 처칠과 함께 있던 손님들은 기적적으로 무사했다.

또 이런 일도 있었다. 처칠은 공격을 감행하는 밤에 병사들을 격려하고 전의를 고취시키고자 대공포 포대를 방문했다. 일정을 마치고 그는 대기하고 있는 차를 향해 걸어갔다. 그런데 열려 있는 문으로 타지 않고 차 반대쪽으로 걸어가서 문을 열고 차에 타는 것이다. 차가 불이 꺼져 있는 어두운 도로를 빠져나가기 시작한 그때, 차에서 폭탄이 터졌다. 충격으로 차가 들썩였고 그가 앉아 있어야 했던 옆 좌석은 파손됐다.

훗날 처칠의 아내가 그 당시에 차 반대편 좌석을 선택하게 만든 건 무엇이었는지 물었을 때, 그는 처음에는 모르겠다고 답했다. 하지만 다시 이렇게 말했다고 한다.

사실은, 알고 있소. 무언가가 "멈춰"라고 내게 말했지. 내가 차에 다가가기 전에 나를 위해 열려 있는 문이 마치 나에게 이렇게 말하는 것 같았다오. "처칠, 당신은 반대쪽 문으로 타야만 해요!"라고 말이오. 그래서 난 그렇게 했소.

직감에 대해 이야기할 때 우리는 역사가 자신의 직감을 믿고 따랐던 위대한 사람들에 의해 만들어졌다는 점을 인식해야만 한다. 역사를 통틀어 위대한 남성과 여성은 그들이 직감의 소리를 믿고 따랐기 때문에 위대했던 것이다. 그리고 많은 사람들이 충돌할 기차에 타지 않았고, 폭격을 당할 건물에 들어가지 않았고, 추락할 비행기에 타지 않음으로써 그들의 목숨을 건사해왔다.

1950년대에 W.E. 콕스W.E. Cox는 사고가 난 열차를 타고 있던 승객 수는 그렇지 않은 열차보다 더 적었다는 연구 결과를 발표했다. 사고가 일어나기 전까지 우리는 그것을 알 수 없고 완전히 예측하기도 어렵다. 콕스는 많은 사람이 열차가 충돌하는 당일에 의식적으로 또는 무의식적으로 기차 타기를 꺼렸다는 사실을 알게 됐다. 어떻게 이런 일이 가능할까?

많은 사람들은 여기에 마법을 끌어들이고 싶겠지만, 다른 뭔가가 더 있을 수 있다. 영국과 독일의 대학에서 수리 물리학자였던 제라르 디트리히 바서만Gerard Dietrich Wasserman는 "모든 사건은 우주에 살아 있는 모든 입자와 살아 있지 않은 모든 입자가 연관되어 있는, 시간을 초월한 정신적 패턴으로 존재한다. 우리는 이 모든 사건을 동시에 인식하고 있다"고 했다. 다시 말하면, 우리에게는 앞으로 다가올 모든 일을 알고 있는 어떤 부분이 있다는 것이다. 이것이 직감이다. 그리고 우리는 이 직감을 조율할 수 있다.

직감이란 무엇인가

당신은 실제로는 만나보지 못한 누군가의 전화를 받았거나 사진을 보고 그들과 만날 것 같다는 예감을 느껴본 적이 있는가? 나는 이 책을 준비하면서 친구 몇 명에게 직감을 어떤 방식으로 경험해봤는지 물어보았는데, 그들의 반응은 다양했다. 몇몇은 갑자기 생각이 번뜩인다고 했다. 또 어떤 친구는 뱃속에서 어떤 느낌이 올라온다고 했다. 한 번도 만난 적이 없던 사람이나 가보지 못한 장소에 관한 이야기를 들었을 때 두근거림으로 직감을 알아채는 것이다. 나머지 친구들은 대부분 직감은 순식간에 어떤 느낌으로 찾아온다고 했는데 많은 이들이 이 느낌이 직감이라는 걸 전혀 믿지 않았다.

이렇게 우리 몸은 우리가 의식적으로는 이해하지 못하는 형태의 지식을 번뜩임 같은 자극으로 전달함으로써 특정 장소나 사람들에게 위험 여부를 알린다. 어쩌면 직감은 과거나 미래에 있는 어떤 것을 기억하고 있을지도 모른다. 우리는 대부분 사리 분별을 한다는 이유로 직감으로 활성화된 지식을 무시하는 경향이 있다. 예전에 구글 주식이 주당 5달러였을 때 구글에 투자해야 한다고 내게 말해준 사람이 있었다. 내 직감도 거기에 동의했지만, 나는 그때 그렇게 하지 않았다. 당신은 어떤 식으로든 직감과 관련될 수 있지만 아마 우리 중 누구도 실제로는 직감을 그렇게 긴밀하게 따르지 않을 것이다. 만일 우리가 직감에 관해 더 많이 이해할수록 우리는 이 느낌을 더 잘 따를 수 있다.

그렇다면 직감이란 무엇인가?

사전에는 직감의 동의어로 '육감, 예감, 투시력' 같은 단어들이 나와 있는데 그렇다고 해서 직감을 키우기 위해 심령술사가 될 필요는 없다. 오히려 이 동의어들 때문에 직감과 미신을 혼동하기가 쉽다. 침대 위에 모자를 올려두지 말라거나 검은 고양이가 당신 앞을 걸어가면 그날 조심하라는 등의 이야기 말이다. 물론 나는 이런 미신이 사람들이 다른 존재들에게서 느꼈던 직관적인 신호와 연관이 있을 수 있다고 생각하지만, 우리가 조율하려는 종류의 정보는 아니다. 우리가 찾으려고 하는 건 우리에게 열려 있던 차 문으로 타지 말라는 경고를 보내 우리를 안전한 미래로 안내해주는, 순간적인 직감이다.

케임브리지 대학의 수학자 겸 물리학자인 에이드리언 돕스는 시간이 '호수'처럼 단선적이지 않다는 관점을 가지고 있었고, 아원자 수준에서 존재하는 것은 그 변화 가능성이 상대적으로 낮다고 제안했다. 하지만 민감한 사람들은 파동이 이 변화 가능성을 교란했을 때 그것을 감지할 수 있다고 했다. 우리가 1장에서 살펴봤듯이 그들은 일렁이는 물결(파면)을 보면서 보이지 않는 장난감 배가 호수 가장자리로 오고 있다는 사실을 감지할 수 있는 것이다.

범죄 예측 전문가인 개빈 드 베커Gavin de Becker가 말하는 것처럼 민감한 사람들의 직감을 앞으로 일어날 일을 측정하고 식별하기 위한 하나의 기술로 사용할 수 있다. 문제는, 이 기술이 보통은 잠재의식 수준에서 작동한다는 점이다. 그것은 의식적인 추론 과정 없이 즉각적으로 일어난다.

드렉설[Drexel] 대학교 심리학 교수인 존 코우니오스[John Kounios]는 직감을 '무의식적인 정보 처리의 산물'이라고 부른다. 그리고 《직감의 예술》(The Art of Intuition)의 저자 소피 버넘[Sophy Burnham]은 '당신이 알고 있다는 것을 전혀 알지 못하는 미묘한 앎'이라고 묘사했다. 직감에 관한 여러 가지 정의들은 직감이 이성적인 생각에서 나오는 지식이 아니라는 사실을 일관되게 가리키고 있다.

그렇다면 비이성적인 개념인 직감을 조금이라도 과학적으로 증명할 수 있을까? 이 질문을 던진 연구자들은 수백 건의 실험을 진행했다. 그리고 눈으로 확인할 수 있고, 수치로 측정할 수 있는 결론들을 얻었다. 직감은 단순한 예감 그 이상이다. 그것은 미래에 있는 어떤 놀라운 장소로 우리를 안내할 수 있다. 우리가 차의 반대쪽 문으로 갈 수 있는 방법이고, 살아남아 더 나은 삶을 살 수 있는 방법이다.

직감은 우리가 알아야 할 메시지나 경고 신호가 있을 때 우리 뇌에 의해 걸러지고 통과된 정보다. 그것은 우리가 필요로 할 때 너무 빠르지도 늦지도 않게 정확히 우리에게 온다. 이 장에서 나눌 이야기는 터무니없는 신비주의가 아니다. 망상도 아니고 마법도 아니다. 조지프 캠벨이 말했듯이 직감은 우리를 '구할' 것이다.

직감의 과학

많은 사람이 우연으로 치부해버리는 직감은, 사실 우리가 따라갈 수 있는 것보다 훨씬 더 빠르게 작동하는 인지 과정이다. 직감은 우리가 더 나은 사고 과정이라고 여기며 기꺼이 의존하는 단계적인 의식적 사고와는 매우 다르다. 논리가 터벅터벅 걸어가는 느낌이라면 직감은 비행기가 비상하는 것과 같다. 자연의 가장 위대한 성취 중 일부로서, 인간의 두뇌와 놀라운 직감은 위험에 처했을 때 가장 효율적으로 작동한다.

개빈 드 베커는 《서늘한 신호》에서 직감이란 "도중에 다른 알파벳에서 멈추지 않고 A에서 Z에 이르는 여정"이라고 했다. 위험과 두려움이 닥쳐오는 순간에 직감은 완전히 다른 수준으로 튀어오른다. 인간의 패턴 인식과 의사결정 능력을 다루는 연구에서는 직감을 두렵고 불안한 상황에서도 의식적으로나 의도적으로 분석하지 않고 고유한 패턴으로 행동할 수 있는, 여섯 번째 감각으로 표현한다.

컬럼비아^{Columbia} 대학교 의학 센터에서 진행한 실험 연구에서, 참가자들에게 두려운 표정을 짓고 있는 얼굴 사진을 보여줬을 때 그들의 뇌가 불안을 나타낸다는 점을 발견했다. 심지어 그 이미지를 의식적으로 볼 수 없을 정도로 빠른 속도로 제시했을 때도 결과는 마찬가지였다. '아이오와 도박 과제'(피험자들에게 네 개의 카드 묶음 중 하나를 골라 카드를 뒤집고, 카드에 적힌 내용에 따라서 상금을 얻거나 잃는 게임을 하게 함으로써 정서가 의사결정에 어떤 영향을 미치는지 알아보기 위해 고안된 심리 테스트. ― 옮긴이)로 알려진 실험에서 참가자들은 자신이 선택한 카드가 나쁜 패라는 걸 의식적으로 알아차리기 훨씬 전부터 이미 부정적인 감정 반응을 보였다. 또 실험 대상자들이 주의를 완전히 집중했을 때보다 다소 산만할 때 과제를 더 잘 수행한다는 연구 결과도 있다.

분명히 잠재의식은 직감과 복잡하게 연관되어 있다. 무의식은 마치 양자 컴퓨터처럼 수백만 비트에 달하는 정보를 거쳐서 우리가 할 수 없는 것을 처리한 다음, 그 정보를 분류해서 우리가 자는 사이에 필요한 통찰을 제공한다.

매사추세츠Massachusetts 대학교 심리학과 교수인 레베카 스펜서Rebecca Spenser는 렘수면이 문제 해결과 의사결정에 도움을 주며, 렘수면 시간을 더 많이 가질수록 효과는 더 커진다는 사실을 발견했다. 왜일까? 우리의 무의식적인 프로세서인 직감이 더 잘 작동하기 때문이다.

때로는 직감이 논리보다 훨씬 더 낫다. 여성들에게 "직감을 따라서 음식을 먹으라"고 했던 연구에서 이 사실이 입증됐다. 그들은 내면에 있는 잠재의식 측정기에 의존해서 음식을 먹을지 말지, 얼마만큼 먹을지를 결정했다. 연구 결과, 이 여성들의 체질량 지수(BMI)가 칼로리를 제한하는 다이어트를 한 여성들보다 더 낮은 것으로 밝혀졌다. 유사한 연구로 〈미국 영양사 협회 저널〉(Journal of the American Dietetic Association)에 따르면 직감적인 식사를 2년 이상 실천한 여성들이 체중을 더 잘 유지했고 더 높은 자존감과 신체 활동 수준을 나타냈다.

비즈니스 영역에서도 애플의 스티브 잡스나 텀블러Tumbler와 트윗덱TweetDeck의 투자자인 존 버터워스John Butterworth 같은 혁신가들은 직감을 따랐다. 그들은 자신의 직감을 따랐기 때문에 그렇게 큰 성공을 거둔 것이다. 요즘은 그들이 거쳐간 단계를 밟아갈 수 있게 자신만의 직감을 따르도록 도와주는 컨설턴트들도 있다.

《직장에서 당신의 느낌을 신뢰하라》(Trust Your Vibes at Work)의 저자 소니아 쇼케트Sonia Choquette는 모든 사실을 논리적으로 수집한 다음에 그것을 당신의 직감으로 걸러내는 방법을 제안하고 있다.

우리는 대인관계에서도 직감을 쓴다. 〈사이콜로지 투데이Psychology Today〉는 이것을 '공감적 정확성'이라고 부른다. 타인을 읽어내는 우리의 능력은 말과 감정을 해석하는 것 그 이상이다. 연구자 라딘Radin과 슐리츠Schlitz는 〈직감〉(Gut Feelings)에서 이전의 연구를 메타 분석해본 결과, 사람들은 일반적인 상호작용 방식을 뛰어넘어 서로의 심리 상태에 정신적으로 영향을 미친다는 결론을 내렸다. 간단하게 말하자면, 사람들은 15미터 떨어진 방에 있는 파트너의 직감에도 영향을 미친다는 것이다.

당신은 이 내용을 읽으며 5장에서 논의했던 에너지 연결고리를 떠올렸을지도 모른다. 그렇다. 직감은 양자 수준에서 작동한다. 그리고 에너지와 우리가 다른 사람이나 사물과 가지고 있는 연결고리에 의해 확실한 영향을 받는다.

직감이 당신에게 무언가를 말해줄 때, 그것은 타당하고 절대적이며 실질적인 증거를 기반으로 할 수 있다. 하지만 당신은 그 증거들을 일일이 검증할 수는 없을 것이다. 그 순간에 모든 정보를 검토할 시간은 거의 없을 테니 말이다. 개빈 드 베커가 실행하는 "2분"이라는 훈련은, 역사적인 암살 시도 사건이 벌어진 2분간의 장면을 초 단위로 분석하는 것이다. 이런 비극적인 사건이 일어날 때 우리에게는 그 몇 분이 단 한 번만 주어진다. 우리는 수백만 비트의 데이터를 짧은 시간 안에 의식적으로 분석할 수가 없다. 하지만 우리 뇌는 몇 초 이내로 그 데이터에 접근할 수 있다. 그래서 목숨을 구하거나 인생을 바꾸는 기적 같은 일이 일어날 수 있는 것이다.

직감과 예감

명상을 하면서 과거에 일어났거나 미래에 일어날 모든 일에 대한 기억과 생각이 보관된 공간으로 들어간다고 상상해보라. 당신은 그 공간에 있는 모든 정보를 처리할 수는 없지만, 그것은 거기에 있다. 그리고 당신은 그 안에 존재한다. 명상을 마치고 일상으로 돌아오면 당신은 무슨 일이 일어날지를 이미 알고 있다. 앞으로 일어날 일을 당신 주위에 있는 모든 것들과 살아 있는 모든 생명체의 눈을 통해 이미 그 공간에서 한꺼번에 경험했기 때문이다. 당신은 무한한 정보를 전달해주는 근원장에 접근했던 것이다.

우리는 근원에 관해서, 또 그 정보에 접근한다는 건 무엇을 의미하는지에 관해 이야기했다. 하지만 이것은 단순한 이론이 아니다. 의사이자 작가인 래리 도시Larry Dossey는 《예감의 힘》(The Power of Premonitions)에서 "예감은 우리가 존재했거나 존재하거나 존재할 모든 의식과 서로 연결되어 있음을 시사한다. 우리는 개인적인 자아보다 더 큰 무언가의 일부다"라고 말했다. 물리학자 데이비드 봄은 "각 사람의 의식 속에는 다른 사람의 영혼이 일부 포함되어 있다"고 설명했다.

우리는 현재에서 다른 이들과 서로 연결되어 있을 뿐만 아니라 모든 시간과 모든 현실에도 연결되어 있다. 우리가 명상을 통해 이 하나(oneness)와 연결되기만 하면 우리가 직감으로 접근하는 길은 더욱 견고해지기 시작한다. 이미 과거와 미래에서 경험한 일들이니 말이다. 직감은 우리에게 필요한 생존 기술의 일부이지만, 꼭 우리를 죽음으로부터 보호해야 하는 건 아니다. 우리 영혼은 정보장 전체에 접근할 수 있고, 심지어 아직 실현되지 않은 미래의 섹터들이 앞에 놓여 있는 것도 볼 수 있다. 영혼은 우리에게 좋고 나쁜 것이 무엇인지, 그리고 우리 자신을 위해 설정한 놀라운 미래로 우리를 어떻게 인도할지를 알고 있다.

물리학자 슈뢰딩거는 "확실한 대안은 단 하나다, 바로 마음 또는 의식의 통합이다. 사실은, 하나의 마음이 있을 뿐이다"라고 말했다. 직감을 무시하는 건 마치 눈가리개를 한 상태에서 차를 운전하는 것과 똑같은, 위험한 행위다.

인류가 상위자아로 진화함에 따라 우리는 이 현실 혁명을 경험하면서 더 많은 직감을 얻게 될 것이다. 우리가 동물적인 의식에서 영적인 의식으로 진화함에 따라 우리는 우리에게 있는 이전의 낡은 생각과 몸의 반응을 보게 될 것이다. 스티브 잡스가 말했듯이 "가슴과 직감을 따를 용기를 가지라. 직감은 이미 당신이 진정으로 원하는 게 뭔지 알고 있다. 그밖에 다른 건 모두 부차적인 것일 뿐이다."

에너지 교환

우리의 눈은 물체를 3차원의 고체로 인식하고, 신경종말은 3차원의 고체로 느끼도록 프로그램되어 있다. 하지만 현실은 —

양자 영역에서는 — 고체로 존재하지 않는다. 두 구름이 만날 때 고체의 성질이 있는가? 같은 방식으로, 모든 것은 양자 결맞음으로 병합된 입자들의 구름이다. 모든 것이 병합되고 분리되고 다시 비슷한 것으로 병합된다.

즉, 당신이 어떤 물체에 접촉할 때마다 당신은 그 물체에 에너지를 주고 또 그 물체에게서 에너지를 얻는다. 우리는 이러한 에너지장에서 끊임없이 정보를 얻고 있다. 전자구름(electron cloud, 원자를 이루는 전자가 원자핵 주위의 어느 곳에 존재할 확률을 점으로 찍으면 구름처럼 퍼져 있는 형태로 보인다. — 옮긴이)들이 만나 작은 부분들로 병합되면, 당신은 다시 분리된다. 당신은 여전히 자신을 부분이 아닌 전체로 인식하고 있지만, 당신은 에너지를 잃었거나 얻고 있는 것이다.

한편, 직감도 정보장에서 정보를 받고 있다. 정보장은 상황이 어떻게 전개될 수 있는지 보여주는 형판(template)이다. 이 형판 안에 있는 에너지들이 동일한 공명을 가질 때, 그 부분들은 병합되어 물리적 현실로 변환된다.

현재의식은 그 정보를 읽을 수 없을지 몰라도 잠재의식은 육감, 예감, 예언, 발명, 그리고 예술 작품에 대한 정보를 품고 있는 정보장에 곧바로 접근할 수 있다.

직감의 정확성

내가 더 많은 성공과 행복을 누리는 건 모두 직감 덕분이다. 내가 하는 결정은 대부분 정상적인 추론에 반하여 내려진다. 직감은 그 추론을 설명하거나 정당화하지 않는다. 다만, 길을 가리킬 뿐이다. 뭔가 설명할 수 있는 이유를 찾으려고 한다면, 당신은 직감을 활용하는 능력을 애초에 잃어버릴 것이다.

몇 가지 예를 들어보자. 나는 사업적으로 거래를 맺고 싶다는 이메일을 받으면, 메일을 보낸 사람이 어떤 사람인지 더 알아보고, 구글을 검색해보고, 직접 만나기도 전에 그와 거래를 하고 싶은지 아닌지를 직감적으로 알 수 있다. 그리고 눈앞에 최신 소프트웨어가 있으면 마음이 가는 대로 클릭해보며 작동법을 익히는데, 나중에 설명서를 읽어보면 그 내용이 내가 스스로 터득한 방법과 거의 일치하는 경우가 많다. 또 누가 나에게 주식 투자를 제안하거나 책을 건네면 그 선택이 나에게 좋은지 아닌지를 그 순간에 바로 알 수 있다.

한번은 여자친구의 물건을 사러 편의점에 들어갔는데, 도착하자마자 왠지 마음이 조급해져서 얼른 자리를 떴다. 나중에 나는 뉴스에서 내가 급히 들렀던 편의점에서 정확히 내가 그곳을 떠난 시간에 강도 사건이 일어났다는 소식을 접했다. 돌이켜보니, 내가 편의점을 나오던 그 순간에 강도가 들어가던 모습이 기억났다. 그는 여름인데도 재킷을 입고 있었고 그가 타고 온 차에는 사람들이 앉아 있었다. 나의 직감은 이미 그 상황을 읽을 수 있었을 테지만 나는 나중에서야 모든 걸 이해할 수 있었다.

이렇게 나는 내면에서 번뜩인 직감을 신뢰해서 살아남은 사례를 여러 번 겪었다. 하지만 강도 침입 사건은 예외였다. 이 사례에는 딜레마가 있다. 왜 직감은 나에게 그런 일이 일어날 거라고 미리 말해주지 않았을까? 나는 왜 문을 잠그지 않았을까? 아니, 왜 애초에 그 일을 피하지 않았을까?

이것이 내가 해결해야 했던 질문들이다. 왜냐면 나는 이제 나의 직감과 조율했고, 내가 직감의 힘을 사용하기 시작했다고 믿고 있었기 때문이다.

잠시 후에 더 자세히 살펴보겠지만, 지금으로서는 이것이 마치 어떤 능력인 것처럼 읽힌다는 걸 인정한다. 몇몇 사람들은 이것을 초자연적인 현상으로 여길 것이다. 하지만 이런 관점은 우리를 직감의 진실에서 멀어지게 한다. 눈으로 볼 수 있는 세계 너머에 있는 공간으로 확장할 수 있는 것은 단지 우리의 주의력뿐이다. 당신이 인식의 폭을 넓힐수록 당신은 무슨 일이 일어나고 있는지를 더 잘 알아차리게 된다.

직감과 우연

페이스북 피드에서 이런 글을 본 적이 있는가? "11시 11분이야, 천사들이 나와 교신하고 있어!" 아니면 검은 드레스를 입은 여자를 생각했더니 검은 드레스를 입은 소녀를 봤다면서 "내 생각이 현실을 창조한 게 틀림없어!"라고 쓴 글 말이다. 나는 이 글을 쓴 사람들에게 이렇게 말하겠다. "아니요, 당신은 어떤 것도 창조하지 않았어요." 나는 11:11 현상을 찾아내는 것을 즐길 만큼 그런 현상을 충분히 겪었고, 그 숫자를 볼 때마다 천사들이 나를 인도해주기를 진심으로 바란다. 하지만 한편으로는 나의 망상 활성계(RAS)가 작동하고 있을 가능성도 있다고 생각한다. 인간인 우리는 무언가를 찾아내려고 할 때면 정말 그것을 잘 찾아낸다.

이런 경우 우리는 우연과 동시성의 차이를 이해해야 한다. 여기에는 뇌의 망상 활성계가 관여되어 있다. 우리 뇌는 엄청나게 복잡하며 주어진 시간에 수십억 비트의 데이터를 처리할 수 있다는 사실을 기억할 것이다. 그렇다면 우리는 어떻게 이런 환경에서 합선을 일으키지 않고 살아남을 수 있는 걸까? 우리에게는 데이터를 구성하는 능력이 있기 때문이다.

망상 활성계는 모든 정보가 뇌간에 있는 신경 다발을 통해 우리 몸과 마음에 들어오게 하는 주요 필터다. 감각 기관에서 들어온 데이터와 당신이 신호를 보낸 모든 주요 정보들이 이곳을 거쳐간다. 11:11이나 당신이 생각했던 드레스를 발견할 수 있는 건 사실 당신이 망상 활성계에게 무엇을 찾아야 할지를 알려주고 있기 때문이다.

이 힘을 인식하게 되면 당신은 의도적으로 이것을 사용할 수 있다. 당신이 작가이고, 특정한 주제에 주의를 기울이고 있다면 어디를 가든지 그 주제에 대한 수많은 정보를 얻게 될 것이다. 망상 활성계가 당신을 위해 표시(flagging)를 하기 시작한 것이다. 그런데 진실은, 이런 일은 현실 창조로서 당신 앞에 나타난 게 아니다. 늘 있었던 일이지만, 단지 이전에는 그것을 알아차리지 못했을 뿐이다.

당신이 차를 사러 가는 길에 여기저기서 차들이 갑자기 눈에 들어오는 이유는 망상 활성계 때문이다. 새로운 단어를 배우고 나면 그 단어가 온종일 귀에 들어오는 이유도 그 때문이다. 그래서 당신은 군중 속 소음에는 신경을 끌 수 있지만, 방 건너편에서 누군가 말하는 당신의 이름은 들을 수 있는 것이다. 당신의 뇌에는 방에서 일어나는 모든 대화를 듣고 당신의 이름을 포착해서 알려주는 기능이 있다. 이 얼마나 놀라운 일인가.

잠재의식을 통해 직감에 접근할 때 우리도 그 모든 정보에 접근하고 있다. 하지만 망상 활성계는 매일매일 필터를 만들고 당신에게 중요한 조각들만 보여준다. 캘리포니아 대학교 수학과 교수인 마이클 허친슨^{Michael Hutchison}은 《메가 브레인》(Mega brain)에서 망상 활성계를 언급하며, 일단 외부의 자극이 줄어든 상태에서 눈을 감고 있으면 망상 활성계는 내부로 전환된다는 점에 주목한다. 다른 정보들이 들어오지 않으면 망상 활성계는 당신이 경험했던 것에 대해 직감을 주기 위해서 잠재의식으로부터 정보를 걸러내기 시작한다.

이것이 명상의 힘에 대한 과학적 이해이다. 단순히 망상 활성계가 다른 방식으로 작동하도록 방향을 바꿔주는 것뿐이다. 명상은 우리가 검은 드레스를 입은 여자를 보고 내가 현실을 창조했다는 생각을 내려놓게 만드는 훌륭한 도구다. 우리는 마음을 통해 걸러진 것들과 우연의 일치를 혼동했던 것이다.

망상 활성계를 훈련하기 위해 우리는 무의식적인 생각과 의식적인 생각을 결합할 수 있다. 예를 들어 의도를 설정하는 것은 목표에 집중하는 것을 의미한다. 그 지점에서 당신의 망상 활성계는 경로를 따라 당신을 안내해줄 테마를 반복해서 찾기 시작할 것이다. 우리는 망상 활성계를 통하여 목표를 조율하고 그 방향으로 갈 수 있도록 목표를 설정한다.

우연에 대한 다른 생각

동시성, 우연, 기적, 행운. 이 용어들은 모두 망상 활성계 현상을 다르게 이르는 말이다. 하지만 우리 몸의 지성은 이러한 동시성을 통해 작동한다는 점을 이해하는 것도 중요하다. 당신이 우연을 창조의 기회로 보기 시작하면, 모든 우연은 당신이 우주가 의도한 사람이 될 기회를 준다.

우리는 매일 똑같은 일상을 유지하고 특정한 행동 방식에 마음이 길들어져 그 습관에 빠져드는 패턴을 반복하고 있을 것이다. 만약 정신줄을 놓고 무의식적으로 나아간다면 우연이 찾아와도 알아차리지 못한다. 우리가 좀비로 살기를 그만두면 정말 많은 기적이 일어날 수 있을 것이다.

술과 마약에 중독되었다가 지금은 완전히 회복한 친구가 한 명 있다. 나는 그에게 직감이 중독에서 벗어나는 데 어떤 영향을 미쳤는지 물었다. 친구는 어떤 음성이 자신에게 술을 먹어도 괜찮다고 말했고, 또 어떤 음성은 그에게 술을 마시고 싶다고 말했다고 했다. 그는 그에게 들리는 모든 음성을 듣는 방법을 알아내기 시작했다. 그는 어떤 음성들은 가짜로 직감 행세를 한다는 사실을 알아챘다. 생각은 직감이 아니다. 그것은 대화 상대가 없는 외로운 캐릭터일 뿐이다. 만약에 자기중심적으로 항상 "나, 나, 나"라고 말하는 음성이 있다면 아마도 그건 당신의 머리에서 들리는 음성일 것이다. 그 음성들 — 망상 활성계, 우리 자신의 성향, 직감 같은 — 을 구분하는 법을 배우면 우리는 우연, 기적 그리고 현실 창조를 더 잘 발견할 수 있다.

직감은 당신의 가슴에 존재한다. 그곳에서 당신은 참된 직감의 음성을 들을 수 있다.

직감을 익히고 실행하기

학교에서 우리 아이들에게 직감에 대해 가르쳐준다면 정말 멋질 것이다. 하지만 우리는 보통 어른이 되어서야 명상을 통해 그것을 발견한다. 명상을 하고 마음공부를 하는 사람들은 자신의 몸을 조율하고 직감이 보내는 메시지를 읽어내는 법을 훨씬 잘 이해한다. 심지어 간디도 정기적으로 기도를 하면서 '어떤 행동을 하도록 알려주는' 음성을 인식하기 시작했다고 말했다.

모든 사람이 다 직감을 예민하게 느끼는 건 아니지만 많은 사람들이 뭔가 상황이 잘 안 돌아갈 때 복통을 느낀다거나 정확히 설명하기 힘든 어떤 높은 의식 상태를 경험할 것이다. 직감을 보거나 들을 수는 없지만 소통할 필요가 있는 살아 있는 존재로 상상한다면, 직감은 무엇을 할 수 있을까? 아마도 우리와 소통하기 위해서 방법을 찾을 것이다. 말하자면 복통이나 뭔가 잘못되었다는 느낌을 보내는 식으로 말이다.

우리는 메시지를 받는 방법과 함께 그 메시지를 어떻게 신뢰할 수 있는지도 배워야 한다. 때때로 우리는 진실을 경험해본 적이 없어서 메시지를 신뢰하지 못할 때가 있다. 우리는 자기 자

신과 다른 사람들에게 진심으로 행동함으로써 우리가 가지고 있
고, 공유하고 있는 그 정보를 신뢰하기 시작하며 결국 우리의 직
감이 보내오는 정보를 신뢰할 수 있다.

　　때로는 의식적인 정보도 우리에게 도움이 된다. 말콤 글래
드웰^{Malcom Gladwell}은 직감은 당신이 잘 이해하고 있는 분야에 더
예민해진다고 말한다. 나는 내 컴퓨터가 제대로 작동하지 않을
때 그것을 금방 알아차린다. 나의 아버지는 45년 동안 수의사로
일하셨다. 그는 반려동물에게 어떤 문제가 있는지를 금방 알아낸
다. 수천 시간의 경험에서 얻어진 감각으로 미세한 신호를 인식
했기 때문에 혈액검사와 엑스레이 결과는 언제나 그의 직감이 맞
았다는 걸 확인해주곤 했다.

　　하지만 그런 정보를 인식할 정도의 풍부한 경험이 우리에게
언제나 있는 건 아니다. 호주에서는 매년 약 20명 정도가 캥거루
에 의해 목숨을 잃는다. 만약 그들이 캥거루가 보내는 신호를 이
해했다면 어땠을까. 예를 들어 이빨을 드러내는 것은 미소가 아
니라 얼굴을 찡그리는 것이며, 주머니 속에 새끼가 있다면 공격
하지 않을 것이고, 보통 사람을 죽이려고 다가오기 전에는 뒤를
돌아본다는 것을 말이다. 만약 당신이 이런 정보들을 알고 있다
면, 당신은 직감이 신호를 보내고 있다는 걸 알아차릴 수 있을 것
이다. 만약 모른다면 당신에게 이런 신호들은 비논리적으로 느
껴질 수도 있다. 직관력 전문가인 페니 피어스^{Penny Pierce}는 "위대한
지식이 열리는 순간뿐만 아니라 정보도 낯설고 비논리적인 방법
으로 올 수 있다. 우리는 직관적인 진실을 구체적이고 과학적으

로 인식하고 검증하는 데 익숙하지 않다"고 말한다.

어쩌면 당신은 여정을 떠나야 할지도 모른다. 극단적인 행동을 해야 할 수도 있다. 때로는 그런 기회를 붙잡고 직감을 따라 위대한 일이 일어나도록 해야 할 필요가 있다.

직감은 단순히 가슴에서 오는 신호들로 구성되어 있다는 점을 기억하길 바란다. 일단 뇌가 관여하기 시작하면 그 지식과 진실은 그저 해석되어 버린다. 모든 생명체에게는 신호들과 진실을 해석하는 그들만의 방식이 있다. 정보에 접근하는 단계들이 있다는 것을 이해하라. 그런 다음 왜곡을 최소화하여 필터링하라. 잠재의식으로부터 정보를 수집하고 그것을 가장 순수하고 객관적인 형태로 유지하려면 연습과 신뢰와 신념이 필요하다. 이 장의 나머지 부분에서 우리는 직감에 조율하는 연습, 즉 무의식이 이미 접근한 정보의 문을 여는 방법을 살펴볼 것이다.

깨어나서 시나리오를 재설정하라

직감은 시나리오 밖에서 온다. 당신은 '시나리오를 벗어난' 순간들을 이미 알아차렸을지도 모른다. 문제를 해결하기 위한 방법을 찾다가 갑자기 영감을 받은 적이 있다면, 그 영감이 어디서, 왜 왔는지를 생각해보라.

한번은 직장을 결정해야 하는 상담 전공생을 코칭해준 적이 있다. 그는 자신이 꾼 꿈에 대해 꿈 분석 치료 과정을 시작했다. 그 뒤로 그 학생이 실습에 들어갔을 때, 그는 자신이 내담자들에 대한 깊은 통찰력을 갖고 있다는 것을 발견했다. 그가 꾼 꿈들은 모두 일에 관한 것들이었을 뿐만 아니라, 그의 잠재의식적인 직 감이 그의 실습을 도와주며 업무 능력을 매일매일 키워주고 있었던 것이다.

때로는 감각을 통해서 문제를 훨씬 더 수월하게 풀어낼 수 있다. 나와 함께 작업했던 예술 감독은 작업에 실수가 생겼을 때 직감의 청각적 감각으로 이를 감지한다. 그는 실제로 인쇄 작업이나 프로젝트 마무리 단계에서 이상이 있다는 것을 알리는 작은 소리를 듣는다.

메타버스 뮤직Mettaverse Music의 창시자인 브라이언 라슨Brian Larson은 공감각을 사용해서 음악을 색으로 나타낸다.[37] 그는 노래의 느낌을 완성하기 위해 음악적으로 필요한 것이 무엇인지를 다양한 감각을 사용해서 보여준다. 그 결과, 그는 시각적으로 뛰어난 음악을 사람들과 나눌 수 있다.

당신도 자신의 감각들을 이런 유사한 방식으로 함께 활용할 수 있다. 냄새에서 감정에 이르기까지 모든 감각은 당신의 주변에서 무슨 일이 일어나고 있는지를 이해하는 데 매우 중요한 요소이다. 다양한 감각을 불러오는 능력을 키우는 건 고도의 정신적 무술을 배우는 것과 같다. 이러한 능력은 당신의 의식 수준을 높이고 일반적으로 삶의 효율성을 극대화한다.

"음악을 듣지 못하는 사람에게는 춤추는 사람이 미친 것처럼 보일 수 있다"고 말했던 프리드리히 니체의 말이 생각난다. 다른 사람들이 할 수 없는 방식으로 직감을 들을 수 있다고 해서 당신이 미쳤다는 뜻은 아니다. 당신의 느낌을 알아차리고 그것을 인식하라. 영화에서 깨어나 직감에 따라 자기만의 시나리오를 선택하라.

직감력 체크하기 [38]

예감: 당신은 자신의 삶이나 다른 사람의 미래 또는 이 행성의 미래에 관한 정보를 꿈이나 환상으로 본 적이 있는가? 갑자기 모든 일이 예전에 이미 일어난 일이었다는 걸 알아차리는 데자뷔 현상을 경험해본 적이 있는가? 전화벨이 울리거나 문을 두드리는 소리에 잠이 깼는데, 가보니 아무도 없었던 일이 있는가? 우연히 친구와 마주치기 전에 그 친구의 사진을 본 적이 있는가?

문제 해결: 무심코 흥얼거리던 노래 가사가 하루 종일 당신을 괴롭히고 있던 문제를 풀 수 있는 해답이었다는 걸 깨달은 적이 있는가? 음악을 들을 때 평범한 사람의 귀로 듣기엔 너무 높은 음이 들리는가?

진동: 낯선 집에 들어갈 때 춥고 축축한 느낌을 받은 적이 있는가? 사람들의 목소리 톤에서 긴장감을 느낄 수 있는가? 대화하기도 전에 당신을 화나게 하거나 매우 긴장하게 만드는 사람들이 있는가? 당신은 반려동물이 언제 화가 났는지

알 수 있는가? 누군가 당신을 만진 것 같은 느낌이 들어서 돌아봤는데 아무도 없었던 일을 겪어봤는가? 당신의 목 뒤에서 머리카락이 쭈뼛 서거나 특정한 사람 주변에서 '소름 돋는' 느낌을 받은 적이 있는가?

자신이 알고 있는 정보 확인하기

직감을 다루는 데 있어 나와 내가 코칭했던 사람들에게 효과가 있었던 몇 가지 활동이 있는데, 그중 아주 간단한 방법을 소개한다. 내가 프레더릭 도슨에게서 배운 직감적 인식법으로, 단순하게 말하자면 마음을 진정시키기 위한 활동이다.

당신이 직감으로 특정한 질문에 대한 답을 알고 싶다면, 먼저 명상이나 이완을 통해 자신을 고요한 상태로 만들라. 그러고 나서 종이에 질문을 적고, 그 질문에 대해 당신이 생각할 수 있는 답을 모두 적어본다. 그다음 그 각각의 답이 모두 사실이라고 상상해보고 기분이 어떤지 살펴보며, 가장 진실하게 느껴지는 답이 나올 때까지 항목을 지워보라. 100퍼센트 정확한 답을 주는 건 아니지만 그 문제에 대한 생각과 당신의 몸이 느끼는 감정에 접근하는 좋은 방법이다.

한번은 내 차 조수석에 아주 비싸고 영국 근위병 디자인이 새겨져 있는, 독특한 펜이 놓여 있었다. 내가 아는 사람 중에는 영국에서 온 사람이 아무도 없었다. 누군가 일부러 그런 짓을 한 걸까, 아니면 내 여자친구가 장난을 친걸까? 나는 내가 생각할 수 있는 모든 가능성을 철저히 따져보기 시작했다. 그러다 나는 최근에 영국에서 온 어떤 가족이 근처로 이사 온 것을 기억해냈다.

나는 이 가족이 연관되어 있을 가능성이 가장 크다는 느낌을 받았다. 그래서 그 집으로 가 아이 아버지에게 "당신 아이들이 내 차에 탔었나요?"라고 물어보았다. 아이들은 웃고 있었지만 아이 아버지는 아니라고 해서 나는 그냥 집으로 돌아왔다. 그런데 나중에 그 아버지가 나를 찾아와서 아이들이 내 차에 탔던 것을 인정하며 사과했다. 나는 차 문을 잠그지 않고 다니는 나쁜 습관이 있었다.

이미 알고 있는 기본 정보만 밝혀내더라도 그 과정은 내가 직감으로 확인하고 결정을 내리는 데 도움이 됐다. 당신이 이 기술을 익히면 당신이 받아들이고 있는 정보를 흡수할 수 있을 만큼 맑은 생각을 유지하는 동시에 레이저처럼 날카로운 정확도로 목표에 집중하는 능력을 갖게 될 것이다.

중립적인 현재 시제의 뇌 발견하기

생각해보라. 만약 당신이 산에서 시속 약 160킬로미터의 속도로 스키를 타고 내려간다면 당신은 직감에 의존해야만 한다. 당신은 산 아래까지 안전하게 내려갈 수 있도록 오직 감으로 흐름을 타며 움직여야 한다. 이런 상황에서 우리는 느릿하게 걸어오는 의식적 정보들에 의존할 수가 없다. 평소의 미래 예측 방식이 통하지 않는다.

당신이 지금 고요한 상태에 있지 않다면 스스로 안다고 생각하는 것, 다른 사람들이 떠들어대는 것, 걱정하는 마음이 속삭이는 것에 의지하지 말라. 당신의 자아는 직감을 잘 분별할 수 없다. 왜냐면 직감은 외부에서 들어오는 온갖 종류의 정보들로 프로그램되어 있기 때문이다. 진정한 직감과 접촉하기 위해서 당신은 프로그램되지 않은 자신의 일부와 접촉해야 한다.

좌뇌와 우뇌는 모두 중요하지만, 그 기능은 서로 다르다. 좌뇌는 논리적이고 우뇌는 창의적이다. 당신이 지나치게 감정적이거나 지나치게 논리적이라면 당신은 어느 한쪽 뇌에 더 의존하고 있을지도 모른다. 직감이 작동하려면, 특히 현실을 창조하려면 중립적인 태도를 취해야 한다. 당신이 적극적으로 지지하거나 반대하는 것이 무엇이든지 그것은 당신에게 올 것이다. 중립을 지키는 것은 훨씬 더 큰 명료함과 지식을 가져다줄 수 있다.

이것은 쉬운 일이 아니다. 특정 주제에 관해 느끼는 강한 감정은 우리가 중립성에 접근하는 걸 어렵게 만들 수 있다. 왜냐면 우리 뇌는 오히려 앞으로 나아가려고 하기 때문이다. 뇌는 가장 복잡한 알고리즘 같은 예측 장비다. 예측은 우리를 오랫동안 종(種)으로서 살아남을 수 있게 해주었다. 그것은 항상 다음에 무슨 일이 일어날지를 보려고 애쓰는, 영원한 미래 시제 속에 있다. 어떤 것이 우리의 기대와 다르거나 전혀 새로운 경험 — 여행, 강한 영적 체험 — 을 일으킬 때 우리 뇌는 그것을 붙들고 미래를 예측하려고 애쓴다. 이것이 나쁘다는 말은 결코 아니다. 하지만 그러한 알고리즘은 예측이다. 직감이 아니다.

중립성, 곧 좌뇌와 우뇌의 이분법에서 빠져나와 일상에서 벗어나는 일은 우리를 표준 알고리즘에서 벗어나게 하여 직감의 장을 열어줄 수 있다. 당신이 기대를 내려놓을 때 당신의 감각은 고조되고 완전히 제자리를 잡아 직감에 접근할 수 있게 된다. 몰입 상태와 뇌가 하는 미래 예측은 같지 않다. 오히려 그 반대다. 운동선수와 예술가들은 미래에 머물고 있는 뇌의 그 부분을 끄고 나서 현재를 직감적으로 파악하는 능력을 장착할 수 있는 사람들이다.

따라서 직감은 이완된 상태에서 몸이 느끼는 진실에 의지하는 능력이다. 스트레스로 가득 찬 우리의 환경 탓에 이완의 정도를 식별하기는 어렵지만, 그것이 우리의 자연스럽고 가장 진실한 상태다. 직감은 부드럽게 알아채며 걱정이 전혀 없는 관대함이다. 인생이 오르락내리락하는 경험을 한 번도 한 적이 없고 훨씬 넓은 관점을 가지고 있으며 정말로 진리를 인식할 수 있는, 당신 안에 있는 어린아이 같은 존재이다.

직감 확인하기

이완된 뇌 부위에 접근하는 한 가지 방법은 일반적인 뇌 패턴과는 다른 질문을 자신에게 해보는 것이다. "내가 마지막으로 진심으로 웃었던 때가 언제였지?", "내가 마지막으로 노래하고, 춤추고, 이야기를 나누던 때가 언제였지?"처럼 좀더 직감적인 마음 상태에 빠지게 하는 질문으로 시작하

라. 이런 정신적으로 높은 상태들은 우리의 가장 좋은 한 부분인, 직감을 열어준다. 이런 질문은 마치 우리가 직감적인 상태에 있는 것처럼 행동하는 데 도움을 주고, 우리의 직감력을 높여준다.

다음으로, 순환과 반복을 사용해서 당신을 일반적인 뇌 패턴에서 분리시키라. "어떻게 하면 내가 행복해질 수 있을까?" 같이 긍정적인 프레임을 담은 질문을 적고 나서 그 질문에 대해 생각해보는 동시에 계속 질문을 반복해서 순환시킴으로써 잠재의식을 활성화하라.

어느 정도 시간이 지난 뒤, 더 높은 관점에서 자기 자신에게 답해보라. 자신감 넘치는 당신의 자아(self)는 그 질문에 어떻게 대답할 수 있을까? 먼저 누운 상태로 순환 호흡을 연습해보라. 마치 외부에서 정보를 가져오는 것처럼 정수리로 숨을 들이마신 다음 코로 내쉬라. 몸이 완전히 이완되는 동안, 질문에 답하는 당신의 상위자아를 상상하면서 계속 숨을 들이마시고 내쉬라. 자신을 완전히 내려놓으라. 대답은 즉각적이고 분명하게 다가올 것이다.

감정 분리하기

캘리포니아로 돌아가기 전에 나는 내 여자친구가 다른 남자와 문자를 주고받았음을 직감했다. 나는 원래 질투심이 많은 사람이 아니지만, 여자친구가 마라톤을 하러 간 어느 주말에 갑자기 질투심을 느꼈다. 정말 말도 안 되는 감정이었다. 그녀가 돌아왔을 때 나는 그녀에게 내가 직감한 일에 대해 물었다. 물론 그녀는 처음에는 부인했지만 결국 그 일은 사실이었다. 그녀는 고등학교 시절의 첫사랑을 만났고, 문자 메시지를 주고받기 시작했다. 그녀는 그를 만났고, 키스를 했다.

내가 그녀와 강한 에너지 수준에서 연결되어 있었기 때문인지도 모르지만 내 직감은 무슨 일이 일어나고 있었는지 내게 말해줬다. 만약 내가 평소에 질투가 많은 사람이었다면 그 예감은 그리 정확하지 않았을 것이다. 이전의 경험, 자기 자신이나 상황에 관해 후천적으로 습득한 지식은 당신이 더 나은 판단을 내리는 데 도움을 줄 수 있다.

문제는 우리가 모두 다양한 목소리를 가지고 있다는 것이다. 우리 모두의 내면에는 날뛰는 광대(trickster)와 수많은 감정, 걱정거리들이 있다. 예를 들어 우리는 직감과 편집증을 어떻게 구분할 수 있을까? 직감과 질투는? 희망 사항은? 간략하게 대답하면, 당신이 긍정적이고 이완된 상태에 있을 때 느끼는 당신의 직감은 대부분 진실일 것이다.

편집증은 계속되는 두려움에서 시작해 집착에까지 이르는 부정적이고 정신질환적인 에너지다. 두려움 자체는 직감의 하인이지만 집착을 하거나 두려움이 확대된 상태에서는 파괴적일 수 있다. 일부 다윈주의자들은 초기 인류가 극도로 불안한 상태에서 생존할 가능성이 가장 클 거라고 믿는다. 만약 내가 당신을 무인도나 당신이 전혀 모르는 환경에 떨어뜨린다면 당신의 직감이 작동하기 시작할 것이다. 두려움은 짧은 순간에는 직감의 신호가 될 수 있지만 사랑은 우리를 훨씬 더 높은 수준으로 이끈다.

당신이 걱정이나 강한 욕망에 사로잡히면 당신은 감정에 따를 가능성이 크다. 만일 당신이 느끼는 걱정이나 의심의 수준이 당신의 감정적·정신적 상태를 지배할 정도가 아니라면, 지금 이 느낌은 직감일 가능성이 더 크다. 하지만 이런 감정, 특히 부정적인 감정들을 가라앉히지 않으면 처음에는 직감이었던 감정이 엉뚱하게도 편집증을 유발할 수도 있다. 예를 들어 누군가가 당신의 컴퓨터를 해킹하려고 한다는 직감을 느꼈다면, 이 감정은 당신이 이 일을 해결할 수 있는 지식을 준다. 그러나 만약 어떤 위성이 당신의 모든 정보를 훔치기 위해 당신이 있는 집으로 신호를 전송하고 있다는 생각에 집착한 나머지 컴퓨터를 포일로 덮어버린다면 당신은 그 생각이 자신의 프로그램이 되도록 허용해버린 것이다.

우리는 누군가에 대해 또는 무언가에 대해서 쌓아온 정보가 직감적인 정보를 완전히 덮어버리는 경우를 많이 겪는다. 그렇다면 우리는 다시 처음부터 연습해야 한다. 직감의 미묘한 에너지를 느낄 수 있는 유일한 방법은 이완하는 것이다. 직감은 상황을 아무런 감정적인 짐이 없는 중립적인 사랑의 마음 상태에서 볼 때, 즉 그 상황을 마치 처음 마주하는 것처럼 대할 때 찾아온다.

이 지구상에서 생명을 가지고 존재한다는 것은 우리 모두가 귀하게 여겨야 할 흔치 않은 특권이다. 그리고 선택과 사랑을 실천하고 도전을 극복할 수 있는 기회이기도 하다. 우리 모두에게는 믿을 수 없을 정도로 우리 주변의 현실을 형성하는 놀라운 능력이 있고, 저마다 고유한 목적과 재능 그리고 세상에 기여하려는 의도를 가지고 여기에 있다. 직감은 우리를 그러한 미래와 목적으로 인도하기 위해 여기에 존재한다.

그렇다고 반드시 명상을 할 필요는 없다. 드라이브를 해도 되고 친구들과 어울리거나 텔레비전을 볼 수도 있다. 하지만 적절한 규칙과 약속을 정해두면 당신은 언제든지 필요한 집중 수준으로 되돌아올 수 있도록 자신을 훈련할 수 있다.[39]

직감 확인하기

멜 로빈스Mel Robbins는 《5초의 법칙》(The 5 Second Rule)이라는 직감에 관한 멋진 책을 썼다(솔직히, 원칙적으로는 5초보다 더 빠를 수도 있다). 이 책에서 말하는 순간적인 직감의 개념은 자신에게 어떤 질문을 한 다음, 5초간 대답할 시간을 주는 것이다. 간단한 방법이지만, 효과가 있다.

이제, 당신의 두려움이 몰려와 외부로부터 정보를 만들어내기 시작하고, 당신을 진실로부터 차단할 것이다. 만일 당신이 자신에게 "이 모험을 떠나야 할까?", "이 책을 써야 할까?", "이 노래를 불러야 할까?"라고 물어본다면, 당신이 첫 순간에 느낀 반응이 옳은 답이다. 그 뒤로 슬금슬금 들어오는 자아와 두려움은 정답이 아니다.

직감의 음성을 찾아 신뢰하는 법을 배우면 좋은 일이 생길 것이고, 당신은 더욱 직감을 신뢰할 수 있을 것이다. 어린아이에게 운전을 하지 못하게 하는 것처럼, 우리가 직감을 완전히 얻고 발전시키기 전에, 먼저 움직이고 걷는 법을 배우고 책임감을 가져야 한다. 이 과정은 시간이 필요하다. 지금 이 순간 당신의 목적이 무엇인지 자신에게 물어보는 건 좋은 출발점이 될 수 있다. 우리가 두려움이나 생존 대신 목적에 초점을 맞출 때, 우리는 더욱 분명한 직감으로 보상을 받을 거라고 나는 확신한다.

감각 통합하기

디팩 초프라Deepak Chopra에 따르면, 주변에서 일어나는 사건이나 자극에 민감한 사람은 우주에서 온 '우연'에 민감하게 반응한다. 그 단서는 언제나 우편으로 오거나 텔레비전 화면에 번뜩이며 나타나지 않는다. 오히려 열린 창문을 통해 흘러나오는 파이프 담배 연기 냄새처럼 미묘하게 나타날 수 있다. 그것은 당신의 아버지를 생각나게 하고, 당신이 사랑하는 책을 떠올리게 하며, 그 순간 당신의 삶에서 중요한 것을 이끌어낸다.

당신은 몸이 어떻게 반응하는가에 따라서 직감을 알아차릴 수도 있다. 이것이 바로 근육 테스트의 이면에 있는 사상이며, 직감을 점검하는 하나의 방법이다. 우리 몸은 어떤 것이 진실하다고 느낄 때 강해지고 어떤 것이 부정적이거나 좋지 않거나 틀릴 때 약해진다. 몸의 반응을 살펴 직감을 알아차리는 방법에서 어려운 점은, 몸에서 일어날 수 있는 반응들을 구분해내는 것이다.

그 감도를 섬세하게 조율하려면, 적어도 하루에 한 번 1분 동안 당신의 모든 감각에 집중해보는 것이 좋다. 우리의 뇌는 생존의 한 방식으로서 우리가 끊임없이 받아들이고 있는 정보의 홍수를 차단하는 것 같다. 그중 몇 가지에 맞추어 조정하는 작업을 해보자. 눈을 감는다. 그리고 시각, 청각, 미각, 촉각, 후각에 주목해보라. 각각의 감각에 주의를 기울이고 그 감각들이 가져오는 정보를 인식하라. 주변 환경의 다양한 측면을 되도록 많이 받아들이도록 허용하라.

감각을 높이는 가장 좋은 연습 가운데 하나는 우리가 보고 듣는 감각들의 결합을 차단하는 것이다. 적어도 30분 동안 안대로 눈을 가린 채 시간을 보내보라. 어떤 사람들은 이 상태를 유지한 채 한두 시간 정도 시간을 보내기도 한다. 잠시 후 당신이 평소에 듣지 못했던 소리들이 귀에 들어오기 시작할 것이다. 평소 보이지 않던 것들을 알아차리기 위해 소음 차단용 헤드폰이나 귀마개를 사용할 수도 있다.

우리는 소리로 우리 주변의 모든 것에 영향을 미칠 수 있다. 우리가 침묵할 때 뇌는 우리 주변의 소리에 더 잘 조율되는 것 같다. 현실 통제를 시작하기 위해선 라디오나 영화 사운드트랙을 이용할 수도 있다. 사운드트랙은 당신의 직감에게 이야기가 어떻게 전개되고 있는지 말해주고, 심지어 이야기 구조까지 알려준다. 만약 우리의 삶이 시나리오를 따르는 것이라면 우리만의 사운드트랙을 만드는 것이 합당하다.

예를 들면, 약 스무 곡의 노래들로 재생목록을 만든 다음, 일주일 동안 이 노래들만 순서대로 들어보라. 가사가 산만한 노래보다는 배경음악이 더 좋다. 이것은 한 번에 3분씩 새로운 현실을 창조하는 소소한 방법이다. 시나리오와 우리 주변의 배역들을 계속 인식하게 해주며 영화 속에서 깨어나 새롭게 시작하도록 우리를 상기시킨다.

직감을 분석하고 사용하기

가끔, 직감이 보내는 신호와 따라오는 결과는 정말로 명확하다. 당신은 복권 당첨 번호를 선택할 수도 있고, 잘 나가는 사업 발표회에서 조명을 받을 수도 있다. 직감에 따른 결과가 나왔을 때 올라오는 당신의 감각과 생각을 분석해보라. 그 느낌이 그냥 사라지게 두지 말라. 실제로 당신이 어떤 직감적인 순간을 기록할 수 있다면 그 피드백은 미래의 직감에 대한 당신의 반응을 연마하는 데 도움이 될 것이다. 매일 시간을 따로 정해서 당신이 경험한 직감의 신호들, 예를 들면 쑤시는 통증, 어떤 예감, 속 울렁거림, 우연 같은 일들을 기록해보라. 깨어난 의식은 우리가 미래에 더 나은 결정을 내리게 해줄 수 있다.

직감이 보낸 많은 신호를 놓쳐왔다는 걸 깨닫는 것은 좋은 일이다. 나는 17년 동안 침묵했던 사람에 대한 글을 읽은 적이 있다. 그 침묵 속에서 그는 직감의 음성을 발견했다고 한다. 그런데 그는 당시에 적어도 10퍼센트는 무슨 말을 듣고 있는지 알 수 없었다고 했다. 나도 나의 직감을 듣지 않아서 결국 후회한 적이 있다. 괜찮다. 그런 순간들도 필요하다. 하지 말았어야 하는 일이나 시작하지 말았어야 하는 우정이나 하지 말았어야 하는 사업 거래에 대해 너무 자책하지 마라. 직감은 식별하기 어렵고 신뢰하기는 훨씬 더 어렵다.

이것은 과학보다는 야구 경기에 가깝다. 가끔은 헛스윙을 할 때가 있다. 그래도 괜찮다. 연습하면 할수록 당신은 직감 자체뿐만 아니라 당신이 이루려는 현실에 더 가까이 접근할 수 있다.

더 오래 살수록 상위자아로 가는 길에 더 많은 퍼즐 조각을 채울 수 있다. 어려운 경험들, 작은 선택들 그리고 큰 결정들이 모두 모여서 현실을 이루는 더 큰 그림을 형성할 것이다. 매 순간 너무나 많은 선택의 순간들이 다가오고 직감은 우리를 정말로 빛나는 무엇과 연결해줄 수 있다. 최고로 기분 좋은 현실을 가리키는 그 음성을 알아보라. 생존을 위한 직감을 넘어 진정으로 당신이 만족할 수 있는 것들을 향한 안내로 이동하라.

이 정보를 활용할 수 있는 방법과 우리에게 제공되는 방법을 더 많이 이해할수록 우리는 양전자 파면을 더 잘 인식하게 되고, 그것을 통해 우리가 원하는 현실로 이동할 수 있다.

7장

당신이 꿈꾸는 삶

"사람들이 인생에서 실패하는 건,

그들이 목표를 너무 높게 잡아서가 아니라 너무 낮게 잡기 때문이다."

— 레스 브라운Les Brown

당신이 인생에서 원하는 것은 무엇인가? 대부분의 자기계발서에 등장하는 꿈과 의도에 관한 이야기 가운데 잘못 사용되는 말이 있다. 우리는 인생에서 하나의 목적만 가지고 있고, 어떤 신비한 탐험을 하고 있는데 그 독특한 목적이 우리에게 나타나기까지 방황하게 된다는 것이다.

빅터 프랭클Victor Frankl의 저서 《죽음의 수용소에서》는 강제수용소에서 의미를 탐구하는 것에 관해 이야기한다. 사람들이 언제든지 죽을 수 있음을 알고 있었던 그 공간에서 목적이라는 것은 과연 어떤 의미였을까? 인생이란 어떤 것이었을까? 목적이 구체적으로 무엇인가 하는 내용에 상관없이 목적과 의미를 지니고 있었던 사람들은 살았고, 의미를 잃어버린 사람들은 죽었다.

빅터 프랭클은 목적을 상실한 사람들을 알아볼 수 있었다고 했다. 수용소에서는 담배가 여분의 음식이나 필요한 물건과 교환할 수 있는 화폐의 역할을 했다. 만약 누군가가 구석에 앉아 담배를 피우고 있다면 그가 자포자기 상태라는 것을 알 수 있었다. 살아야 할 이유가 없으니 거래를 할 이유도 없었다. 그런 사람들은 가스실로 가거나 사형이 집행되어야 죽는 것이 아니다. 때로 그들은 그냥 죽곤 했다.

삶에 대한 의미가 하루하루 조정되기 때문에 그들은 특별한 목적이 필요 없었다. 매일 일어나서 앞으로 나아가야 할 이유를 갖는 것이 중요했다. 그것은 말 그대로 경이로운 삶과 끔찍한 삶의 차이, 곧 삶과 죽음 그 자체의 차이를 의미할 수 있다.

당신이 한 해를 되돌아보며 올해가 가장 성공적이고 만족스러운 해였다고 말하려면 내년에 당신에게는 어떤 일이 일어나야 할까? 우리 중 너무 많은 사람이 이 질문에 관해 생각해보지 않는다. 우리는 그저 적응하고, 잠을 자고, 안전하게 지내고, 살아남고 싶을 뿐이다. 하지만 월요일 아침 6시에서 9시 사이가 되면 대부분의 사람들에게 '심장마비'가 일어난다. 비전과 목적 대신에 스트레스, 걱정, 두려움이 사람들을 침대에서 끌어내린다.

나는 우리 각자에게 우리의 기술, 능력, 목표에 특히 잘 맞아 빛을 발할 수 있는 특정한 미래 타임라인이 있다고 믿는다. 우리는 자신만의 중력이 있는 개별적인 행성과 같다. 우리가 궤도를 그리길 원하는 운명과 우리의 밤에 빛나길 원하는 달이 일치할 때 우리의 삶은 더욱 의미가 있다. 그 타임라인을 찾는 일이 마법처럼 느껴질 수 있지만, 그것은 쉽고 단순하며 재미있다. 당신이 앞으로 다가올 일에 너무 신이 나서 알람이 울릴 때마다 침대에서 점프를 하며 일어난다고 상상해보라. 얼른 자리에서 일어나 일을 하고 싶은 욕구가 샘솟는 장면을 상상해보라. 살아야 할 진정한 이유가 있다고 상상해보라.

우리 가운데 원하는 미래에 살 수 있거나 우리만이 유일하게 해결할 수 있는 문제를 해결하거나 다른 누구도 할 수 없는 해결책을 볼 수 있는 지점에 도달한 사람은 거의 없다. 왜 그럴까? 그만큼 높은 목표를 위해 감히 자신을 쏘아 올리지 못하기 때문이다. 우리는 자신의 목표가 낮아서 더 이상 발전할 수 없다고 판단한다. 그리고 비범한 꿈에서 벗어나라고 스스로에게 말한다. 그리고 평범하고 쉬운 것, 다시 말하면 부모, 친구, 배우자, 상사가 우리에게 바라는 것에 끌려간다.

나는 우리가 대중을 따르고 안전선 안에만 머물기를 선택하면 우리는 모두 목표를 달성할 수 있다는 사실을 의심하지 않는다. 하지만 그건 단지 우리의 목표가 작기 때문이다. 그게 정말 당신이 원하는 삶인가? 셰익스피어가 말했듯이 "의심은 우리가 운명에 대항하는 것을 두려워하게 만드는 배신자"다. 우리는 상상도 할 수 없는 기회들을 밀고 나가기가 두려워서, 혹은 평범함에 안주하느라 그 기회들을 놓치고 살아왔다.

인생의 목적을 찾는다는 것은 우리의 시간을 정말로 소중하게 보낼 방법을 찾는 것이다. 목적지를 얻기 위한 것이 아니라 우리가 따라가야 할 로드맵을 얻기 위함이다. 이 로드맵은 사고 싶은 자동차나 필요한 집을 끌어오는 것 이상으로 우리를 이끌어준다. 인생의 목적을 찾는 것을 하나의 여정으로 이해해야 한다. 우리가 사랑하는 것과 일치하는 비전을 만든 다음, 할 수 있는 한 그 비전을 향해 나아가면 우리의 삶은 더욱 부유해지고 더욱 아름다워진다.

마틴 루터 킹, 간디, 스티브 잡스, 아브라함 링컨, 로자 파크스Rosa Parks, 마이클 조던, 랄프 왈도 에머슨Ralph Waldo Emerson, 페이튼 매닝Peyton Manning 등 역사상 위대한 인물들은 그들에게 주어진 시간을 최대한 활용했다. 그들은 평범하거나 쉬운 일을 하지 않았다. 각자가 나름대로 독특했고 다른 사람처럼 되려고 하지 않았다. 자기 자신과 자신만이 할 수 있는 자유로운 상상을 펼치는 것에 충실했다. 그리고 그들은 인류의 역사를 바꿨다.

우리의 영웅들은 우리와 같은 공기를 마셨다. 우리와 같은 태양이 그들의 얼굴을 따뜻하게 비췄다. 하지만 우리는 그들을 슈퍼히어로처럼 대한다. 그들은 자기만의 방식 안에 머물러 있다는 점에서 우리와 조금도 다를 게 없었다. 다만 그들은 자신만의 비전이 있었기 때문에 평범함 대신 전설이 되었다. 그들은 자신이 원하는 것이 무엇인지 알았고, 의미와 가치로 그들의 세상을 어떻게 채우고 싶은지를 알고 있었다. 그리고 꿈 없이 살기에는 인생이 너무 짧다는 것을 알았고, 사랑하는 것을 찾지 못하면 삶은 의미가 없다는 것을 알았다.

나의 목적은 무엇인가?

코치로서 첫 내담자를 만났을 때, 나는 적잖이 흥분됐다. 드디어 내가 의도했던 일을 하게 된 것이다. 하지만 조금 불안하기도 했다. 내가 코칭을 해주고 있던 사람은 나보다 훨씬 성공한 사람이었다. 그는 사업가였으며 검은 띠가 있는 올림픽 선수였다. 그런 사람이 나에게 코칭을 받으러 온 것이다. 그를 돕기 위해 내가 무엇을 할 수 있을까? 그는 이미 믿을 수 없을 정도로 많은 일을 이뤄낸 사람이었다. 그러나 그는 나에게 와서 이렇게 말했다. "브라이언, 내 목적이 뭔지 모르겠어요."

이 일이 나의 관점을 영원히 바꿔놓았다. 그 이후로도 나는 위대한 일을 성취한 사람들조차도 자신의 목적을 찾지 못했던 사례를 여러 번 목격했다. 당신은 바딤 젤란드가 말한 것처럼 펜듈럼이 의도하는 바대로 진지하게 노력해서 당신이 원하는 목표를 달성할 수도 있다. 하지만 애쓰지 않고 흐름을 타며 당신의 목적을 찾아가는 이 위대한 경이로움에서 진짜 마법이 일어난다. 일단 진정한 목적을 찾으면, 당신이 엄청난 성공을 거둔 사람이라 하더라도 경외감과 경이로움이 가득한 인생 트랙으로 이동할 것이다. 이 단계는 다른 어떤 단계보다도 변혁적이다. 이것은 사업, 인간관계, 삶에서 우리가 그다음 단계로 나아가기 위해 필요한 것들을 제공해준다.

스티브 잡스가 대학을 그만뒀을 때, 사람들은 잡스가 정신나간 짓을 했다고 생각했다. 하지만 그는 단지 대학을 그만둔 게 아니었다. 그는 사람들이 그가 해야 한다고 생각하는 것을 그만

두고 그 대신 자신이 해야 한다고 느낀 것을 선택했다. 그는 운명과 목적이라는 내면의 부름에 응답하고 있었다. 우리 안에도 똑같은 부름이 있다. 문제는 우리가 목적을 지나치게 많이 생각한다는 점이다. 우리는 우리의 삶에 가장 큰 즐거움과 의미를 가져다주는 일을 하기보다는 우리가 원하는 것을 생각한다.

당신은 여전히 당신 안에 부름이 존재한다는 점을 믿지 않을 수도 있다. 괜찮다. 배움은 인생의 한 부분이다. 우리가 해온 경험들은 우리가 원하는 것과 원치 않는 것이 무엇인지를 대조적으로 보여줄 수 있다. 하지만 우리는 보통 마지막에 "내가 원하는 것은 무엇인가?"라는 질문을 스스로에게 던진다. 우리는 부모님, 친구, 학교, 지역사회가 말해주는 것들에서 목적을 찾고, 다른 사람을 모방하려고 한다. 우리는 고등학교 시절에 그랬던 것처럼 여전히 옷차림과 행동과 직업으로 남들에게 인기를 얻으려는 관념에 붙들려 있다.

그 어느 것도 목적이 아니다. 그 어느 것도 당신의 내면의 부름에 응답하지 않는다. 어느 누구도 당신이 무얼 하며 인생을 보낼 것인지를 대신 결정해줄 수 없다. 그들은 당신이 아니다.

당신이 여기 있는 이유는 저스틴 비버의 삶이나 부모님의 삶이나 친구의 삶을 살기 위해서가 아니다. 똑똑하다거나 안전하다는 말을 듣는 삶을 살기 위해서도 아니고, 좋아 보이거나 평범해 보이는 삶을 살기 위해서도 아니다. 이 모든 것들은 당신을 멋진 미래로부터 멀어지게 할 수 있는 훼방꾼이다.

당신이 꿈꾸는 삶을 설계하기 위한 첫 번째 단계는 이 훼방 꿈을 차단하는 것이다. "사람들이 너를 미쳤다고 생각하면 어쩔 래?"라며 천천히 다가와 속삭이는 목소리를 잠재워야 한다.

우리는 모두 그 목소리를 듣고 있다. 나는 미친 소리처럼 들 릴까 봐 이 주제를 가르치기를 망설였었다. 내가 이 주제를 다루 는 문제를 생각하기 시작했을 때, 나는 정확히 누가 나를 미쳤다 고 생각할 것인지, 그리고 그 사람들이 그렇게 하더라도 그게 정 말 중요한지를 자문해봤다. 사람들이 당신을 정말 미쳤다고 생각 한다면 누가 신경이라도 쓰겠는가? 자신에게 낯선 사람이 되는 것보다는 다른 사람들에게 낯선 사람이 되는 게 훨씬 더 낫다.

햄릿의 명대사 "사느냐 죽느냐(존재할 것인가 존재하지 않을 것인 가 - 옮긴이)"는 질문이 아니라 우리 모두가 내려야만 하는 선택이 다. 당신이 사랑하는 것을 추구할 때, 즉 당신이 존재하기로 선택 할 때 인생은 평범한 경험, 선택, 일상, 직업의 합 그 이상의 것이 된다. 학위, 훈련 수료증, 자격증 가운데 나를 나의 목적에 이르게 한 건 하나도 없었다. 위대한 사람들은 학교를 다니지 않았거나 졸업을 하지 않았다. 이런 선택은 모든 외부의 압력에도 불구하 고 당신이 발견하고, 선택하고, 추구하는 내면으로부터 오는 것 이다.

목적이란 당신이 하는 일 이면에 있는 의미와 기쁨을 가져 다줄 삶의 길이다. 당신의 꿈과 목적이 중요하다는 것을 인정하 라. 꿈을 멈추면 삶도 멈춘다. 당신이 좋아하는 것을 하라. 당신의 목적을 따라가라. 성공이 다가올 것이다.

목적이란 무엇인가?

우리 대부분은 완벽을 추구하려고 하지만 인생은 수학 시험이 아니다. A 학점도 없고 낙제 점수도 없다. 완벽을 추구하는 것은 우리를 목적에서 벗어나게 한다. 우리 대부분이 바라는 좋은 삶은 실수와 겸손이 어우러진 따뜻한 삶이다. 군중들 속에서 춤을 추다 가끔 자기 코를 찌르거나 발에 걸려 비틀거리지 않고 우아한 삶을 살기란 불가능하다. 우리는 혼란 속에서 메시지를 찾고, 우리가 원하지 않는 것을 경험함으로써 우리가 원하는 것을 배운다.

목적을 찾는다는 것은 지갑을 잃어버렸는데 알고 보니 내 주머니에 있었다는 사실을 알게 되는 것과 같다. 우리는 목적 지향적인 삶을 살기 위해 필사적으로 세상을 살피는 데 시간을 보내지만, 사실 그 목적은 그때, 바로 거기에 우리와 함께 있었다.

잭 캔필드Jack Canfield는 이 질문을 자기 자신에게 던지라고 제안한다. "무엇이 나를 온전히 나 자신으로 느끼게 만드는가?" 이 질문에 답을 하는 데 시간을 보내보라. 다만 너무 많이 생각하지 말고 그것을 느껴보라. 마음속으로 미래로의 시간여행을 떠나, 이 꿈속에서 산다는 게 어떤 것인지 느껴보라. 그 꿈이 당신에게 도움이 된다면 집 주변에서 그것을 실행해보고, 당신이 꿈꾸는 이상적인 삶이 1년 안에 어떤 모습으로 나타날지 두 문장으로 묘사해보라. 그리고 현재로 돌아와 그 느낌도 두 문장으로 묘사하고, 노트에 적어보라.

이 연습을 할 때는 완벽함을 내려놓도록 하라. 이 일이 어떻게 흘러갈지는 아무도 정확히 알지 못한다.

영화계의 거장 두 명이 떠오른다. 영화 〈스파이 키즈^{Spy Kids}〉를 연출한 로버트 로드리게즈^{Robert Rodrigues}와 배우 실베스터 스텔론이다. 두 사람 모두 완벽한 능력을 갖추거나 충분한 교육을 받지 못했고, 심지어 지원을 받을 수 있는 환경도 누리지 못했다.

《로버트 로드리게즈의 십 분짜리 영화학교》에서 로버트 로드리게즈는 아무도 가르쳐주지 않아서 영화 편집 기술을 독학했던 일에 관해 이야기한다. 그는 오로지 혼자서 영화 〈엘 마리아치^{El Mariachi}〉를 촬영하기 위해 헌혈을 하고, 제약회사 약품 임상 실험에 참여해서 돈을 모았다. 그를 외면했던 할리우드는 결국 그의 영화를 좋아하게 됐다. 그가 할리우드에 손을 썼거나 완벽한 조건을 갖췄기 때문에 그렇게 된 게 아니다. 그가 그의 진실을 따랐기 때문이다.

때로는 완벽함이 목적과 일치하지 않기도 한다. 실베스터 스텔론이 〈록키^{Rocky}〉 대본을 쓸 당시에, 그는 직업이 없었고 여자친구와도 헤어졌다. 그리고 생활비가 필요해서 키우던 개를 동네 술집에 팔아야 했다. 이런 절박한 상황에서 어떤 사람이 그가 쓴 대본에 관심을 보이며 10만 달러를 제안했다. 그런데 한 가지 걸리던 점은 그가 록키 배역을 맡을 수는 없다는 것이었다. 그의 목적은 배우가 되는 것이었고, 특히 록키를 연기하는 것이었기 때문에 그는 그 제안을 거절했다. 투자 제안은 계속 들어왔고 제안 금액은 100만 달러에 달했다. 하지만 그는 계속 거절했다.

마침내 그가 록키 배역을 맡는 조건으로 투자금 5만 달러를 제시하는 제안이 들어왔다. 그는 그 제안을 수락했다.

나다움, 무엇이 당신을 당신 자신으로 느끼게 만드는지 스스로에게 물어볼 때는 나다움을 느끼기 위해 당신이 기꺼이 희생해야 할 것이 무엇인지 고려해보라. 거대한 질문이긴 하지만 우주적인 의미에서 당신의 삶이 어떤 의미가 있는지를 고려하는 것보다는 훨씬 더 다루기 쉽다. 만물의 원대한 계획에 대해 생각하기 시작하면 우리는 거기에 압도돼버린 채 소파에 꼼짝 않고 앉아서 도리토스 과자나 먹어댈지도 모른다. 이 질문은 우리를 밖으로 나가 나다움을 느끼게 하는 경험을 할 수 있게 이끌어준다.

행복은 절대로 돈으로 살 수 없다

나는 우리가 목적을 찾기 시작하면 우주가 도와줄 거라고 믿는다. 하지만 사람들이 찾았다는 목적은 부와 직접적인 연관이 있는 경우가 많다. 부와 물질적인 것들을 추구하는 것 이면에는 검증되지 않은 가정들이 수없이 많이 있는데, 그중에서도 부가 당신을 행복하게 해준다는 가정은 잘못된 것이다.

자신을 한번 점검해보라. 마지막으로 월급이 인상됐거나 많은 돈을 받았을 때 기분이 어땠는가? 물론, 좋았을 것이다. 그런데 그 느낌은 얼마나 오래 지속되었는가? 감정이 사그라들고 모든 게 제자리로 돌아오고 나면, 우리는 그건 액수가 그다지 크지 않아서였다고 자신에게 말한다. 만일 복권에 당첨되었거나 큰 매출을 올렸다면 그 기분은 더 오래 지속되었을 거라고, 우리는 이렇게 믿고 있다. 사실 대부분의 기업과 국가로서는 우리의 이런 믿음이 필요하다. 우리의 충동을 이용해 복권 판매 수익금을 벌어들여 예산을 충당해야 하니 말이다.

그러나 지속 가능한 행복은 돈이나 사들인 물건에 있지 않다. 행복은 목적과 의미에서, 그리고 다른 사람들의 삶에 긍정적인 영향을 미치는 데서 온다. 삶의 목적은 '무엇'이 아니라 '왜'에 있다. 즉, 당신이 하고 싶은 것이나 창조하고 싶은 것이 아니라 당신이 여기 있는 이유에 관한 것이다. 당신은 누가 되어야 하는가. 그것은 결과가 아니라 목적과 의미의 문제다.

자신의 길을 찾는 법

자연 안에서는, 생태계의 한 부분부터 훨씬 더 보잘것없는 의미에 이르기까지 모든 것에 분명한 목적이 있는 것처럼 보인다. 우리가 바나나를 손에 들고 있을 때 바나나 껍질의 목적은 손이 지저분해지지 않게 하려는 데 있다. 물론 더 큰 목적도 있겠지만, 우리는 이 점도 무시할 수는 없다. 마찬가지로 우리의 목적도 다양하지 않을까? 바나나가 그런 목적을 선택했다면 우리도 자신의 목적을 선택할 수 있지 않을까?

만일 우리가 지금까지 직면했던 모든 문제가 어떤 목적을 위한 선물이라면 어떨까? 어쩌면 목적을 이해하는 것은 우리가 이 문제들을 극복하는 데 도움이 될 수 있다. 왜냐면 그 문제들이 어떻게 우리에게 유리하게 작용했는지 이해할 수 있으니 말이다.

우리는 이 개념들에 관해 깊이 생각해봐야 하는데, 그 해답을 찾을 수 있는 방법으로는 두 가지, 간접적인 방법과 직접적인 방법이 있다. 먼저, 간접적인 방법은 삶의 목적에 대한 그림을 구성하는 데 유용하게 쓸 수 있는 증거들을 활용하는 것이다. 마치 범죄 현장을 수사하는 것처럼 주어진 단서를 활용해서 우리에게 무슨 일이 일어나고 있는지를 대략 짐작해볼 수 있다. 정확한 목적의식을 알 수 있는 방법이라고 하기엔 어려울 수 있지만, 아무것도 하지 않는 것보다는 우리가 답에 더 가까이 다가갈 수 있게 해준다.

직접적인 방법은, 같은 비유로 설명하자면 마치 심문 과정을 거치는 것처럼 당신의 영혼에게 직접 당신의 목적이 무엇이냐고 물어보는 것이다. 간단하게는 매일 자기 자신에게 "나의 목적은 무엇인가?" 질문을 던지고 그 답을 적어보며 어떤 패턴이 있는지 살펴볼 수도 있고, 어떤 행동을 하면서 받은 느낌에 주의를 기울여볼 수도 있다. 당신의 영혼은 당신에게 긍정적이거나 부정적인 피드백을 줄 것이고, 당신은 그 피드백을 따라 성취감과 열정을 얻고 변화를 만들어낸다. 그러다 보면 만사가 쉽게 풀리기 시작한다. 모든 기회와 우연은 당신의 목표와 노력을 지원해주는 것만 같고, 동시성도 알아차리게 된다. 별로 애쓰지 않았는데 일에 성과를 올린다. 그리고 점점 더 몰입 상태로 빠져들어 새벽 4시가 되도록 시간 가는 줄 모르며 일하기도 하고, 일이 너무 재미있어서 뭘 먹어야 한다는 사실도 잊어버릴 것이다.

하지만 이 신호들이 언제나 목적과 관련이 있다고 생각하면 안 된다. 내 아이들은 포트나이트Fortnite(서바이벌 슈팅 게임. — 옮긴이) 게임을 할 때 몰입 상태에 빠져든 것 같지만 나는 게임이 그들의 목적이라고 생각하지는 않는다. 물론 당신도 당신의 목적이 포트나이트라고 생각하지는 않겠지만, 가끔은 다른 사람들로부터 조언을 얻는 데는 도움이 될 때도 있다. 또 당신은 당신 안에 무엇이 있는지 감지해서 피드백을 줄 수 있는 코치를 찾아갈 수도 있다. 아니면 당신 주변 사람들에게 당신이 그들이 있는 공간에 들어섰을 때 무슨 일이 일어나는지 물어보는 것도 좋다. 당신에게서 무엇을 봤는지, 존경할 만한 점이 있다면 어떤 것인지 물어보라. 그리고 들은 이야기를 — 당신에 대한 깊은 신념과 확신, 재능, 그리고 가능성에 대한 모든 것을 — 적어보라.

자신의 목적을 발견하기 시작하면 자세히 기록해두고 매일 아침, 매일 밤마다 거울을 보면서 자신에게 그 내용을 읽어주라.[40] 불편한 감정이 올라오더라도 계속하라. 왜냐면 당신은 당신이 주는 선물을 받을 자격이 있기 때문이다.

가장 큰 비극은 사람들이 대부분 자신이 받은 선물을 건드려보지도 못하고 죽는다는 것이다. 그들은 결코 그들의 목적을 세상과 나누지 않고, 더 나은 세상을 만들기 위한 기회를 붙잡지 않는다. 내가 그 비극에 얼마나 가까이 다가갔는지를 깨달았을 때, 나는 나 자신에게 몹시 화가 났다. 나는 그동안 내가 배웠고, 할 수 있었던 모든 것을 내 목적을 위해 하나도 쓰지 않았기 때문이다.

지금 당장은 힘들 수도 있다. 하지만 자신의 목적을 찾았을 때 당신은 모든 것을 바꿀 수 있다.

이 질문들에 대해 깊이 생각해보라. 일기장에 적어볼 수도 있고, 그냥 생각만 해도 된다. 답을 해보는 게 중요하지 형식은 중요하지 않으니 말이다.

- 당신이 가장 만족스러움을 느꼈던 때는 언제인가?
- 인생에서 가장 의미 있었던 때는 언제인가?
- 당신이 가장 내적인 일치감을 느꼈던 때는 언제인가?
- 당신은 어렸을 때 커서 무엇을 하고 싶었는가? 당신을 열정적으로 만든 건 무엇이었는가?
- 당신의 삶에서 놀라운 일들이 일어나도록 당신을 이끌어준 경험은 무엇인가?
- 당신은 무엇에 계속 끌리는가? 끌리는 이유는 무엇인가?
- 당신이 앞으로 1년만 살 수 있다면, 무엇을 하며 시간을 보내고 싶은가?
- 건강하지만 한 달밖에 살 수 없다면, 당신은 무엇을 하고 싶은가?
- 당신이 120세가 되어서 그 길고 충만했던 삶을 만족하며 되돌아볼 수 있다면, 가장 기억에 남는 일은 무엇일까?
- 복권에 당첨되어 금전적인 문제가 모두 처리되었고, 사고 싶었던 물건을 사고 여행도 하며 즐거운 시간을 보내고 나

서도 지루하다면, 당신은 무엇을 하겠는가?
- 당신이 가지고 있는 자원을 단지 생존이 아니라 의미 있는 것에 쓸 수 있다면 당신은 무엇을 하겠는가?
- 당신의 모든 문제와 상처는 당신의 영혼이 당신을 성장시키고 단련하려고 의도적으로 선택한 것이라고 상상해보라. 그렇다면 그들이 당신에게 준 것은 무엇인가?

목적은 여정이다

많은 사람들이 목적은 어디선가 갑자기 나타날 거라고 기대한다. 미래의 어느 날, 한 단어로 혹은 직접적인 진술문의 형태로 우리에게 다가온다는 것이다. 우리가 미래에 일어날 이 하나의 사건을 과도하게 부풀려 받아들이면 목적이라는 개념은 압력이 되고 추구할 수 없는 존재가 된다. 우리는 목적이 여정이라는 사실을 알아야 한다. 사람들은 미래에 일어날 하나의 사건에만 연연하는데, 이런 행동은 그들이 목적을 발견하는 데 있어서 가장 큰 문제가 되는 요인 가운데 하나다.

달에 첫발을 내디디며 절정을 맞이했던 달 탐사를 생각해보라. 달에 착륙한 우주 비행사들은 지구로 귀환한 뒤에 자신들이 무엇을 해야 할지 몰랐다. 위대한 목적을 잃어버린 슬픔이 그들을 괴롭혔다.

이 지구에서 수행할 당신의 임무는 당신이 언젠가는 도달하길 바라는 그 하나의 사건만이 아니다. 우리는 우리 앞에 끊임없이 펼쳐지는 사건들의 연속적인 타임라인 안에 있다. 우리는 매 순간 타임라인 위에서 앞으로 나아가고 있다. 인생에 변화를 줄 순간들은 계속 나타나고, 가끔은 더 큰 퍼즐 조각들이 모습을 드러낼 것이다. 이 모든 순간을 계속 발견해나가는 것, 이것이 핵심이다. 시간이 지남에 따라 성장하는 당신의 비전을 따라가다 보면 당신은 크고 작은 방법으로 운명을 마주하게 될 것이다. 우주는 우연과 동시성을 통해 당신에게 말을 걸기 시작하고 당신의 목적은 분명해질 것이다. 이것은 당신이 여행하는 노정路程이지 도착지가 아니다.

당신의 여행을 어느 하나에 묶어두지 말라. 목적을 발견하는 과정이 끊김 없이, 유연하게 흘러가도록 허용하라. 단, 그 길에서 당신을 이 여정에서 벗어나게 할 수 있는 요소들을 조심해야 한다.

미루기

미루기는 우리가 사는 이 세상에 스며든 치명적인 질병이다. 정말 간단하게 말하자면, 당신이 어떤 일을 매일 미루는 이유는 그것이 당신에게 별 의미가 없기 때문이다. 그리고 당신이 살면서 마지못해 행동하는 까닭은 당신이 노력할 만한 가치가 있는 것을 목표로 삼지 않기 때문이다.

다시 말해, 무언가를 미루는 행동은 당신이 올바른 길로 가고 있지 않다는 신호다.

우리는 이런 문제를 복잡하게 생각하는 걸 좋아하지만 사실

원인은 아주 간단한 데 있다. 이 미루기 문제로 나를 찾아오는 사람들의 90퍼센트는 소셜 미디어나 온라인 중독에 빠져서 주의가 산만해져 있다. 그들은 매일 페이스북이나 인스타그램에 매일 네다섯 시간씩 접속하는데, 바로 그 행동이 그들을 자신들의 목적에서 벗어나게 했다.

만약에 당신이 자신의 목적을 소셜 미디어에서 찾을 수 있다고 진심으로 믿고 있다면 별문제가 아니다. 하지만 소셜 미디어에 접속하는 습관이 단지 미루는 습관을 유지하는 데 도움이 되고 있다면, 그것은 당신이 이 중독에서 벗어나 다시 자신의 길로 돌아가야 한다는 신호일 수 있다.

제한된 신념

"나는 목적을 이룰 수단이 없어서 목적을 이룰 수 없다." 모든 사람이 말하는 고전적인 대사다. 때로는 한 걸음 더 나아가 그저 "나는 충분하지 않다"고 말하기도 할 것이다. 물론 지금 당장은 목적을 이룰 수단이 없을 수 있겠지만 이런 신념을 붙들고 있으면 그것은 결국 자기충족적 예언이 된다. 목적을 이룰 수단이 없으니 당신은 소프트웨어 작업을 하거나 예술 작품을 만들 수 있을 시간에 네 시간 동안 앉아서 〈왕좌의 게임〉을 시청한다. 만일 당신이 과녁을 조준하지 않는다면 무작위로 널려 있는 표적들만 맞히게 될 것이다. 제한된 신념을 마음속에 담아두는 것만으로도 우리가 목적의 길을 따라가며 그 길을 확장하는 작업은 중단될 수 있다.

우리가 어렸을 때부터 만들어낸 신념은 나중에 우리가 목적을 어떻게 풀어나갈지를 규정한다. 그것이 적합하거나 충분히 좋은 것에 대한 신념이든, 어려운 환경에 뿌리를 둔 더 복잡한 신념이든 이런 신념들은 우리를 제한하고 있다.

비록 당신이 여전히 이 제한적인 신념들을 완전히 믿고 있다고 할지라도 일기 같은 공개 석상으로 이 믿음들을 끌어와서 인정해주는 작업은 그것을 당신 안에서 제거하는 데 도움이 될 수 있다. 그 신념들을 믿지 말고 며칠 동안 지내보라. 새 코트를 입는 느낌으로 한번 시도해보라. 자신을 제한하는 신념들을 기록해 집 밖에 있는 상자에 넣어두는 방법도 있다. 나중에 필요해지면 다시 가지고 와도 된다.

그렇게 하다 보면 당신은 이 신념들 없이 사는 게 훨씬 낫다는 걸 알게 될 것이다. 그러한 신념들은 당신이 목적을 찾지 못하게 방해한다. 왜냐면 당신이 가장 당신다워지는 일을 하려고 할 때 제한적인 신념은 당신에게 이렇게 말하기 때문이다. "너는 할 수 없어, 너는 하지 않을 거야, 너는 하지 말아야 해, 너는 절대로 하지 않을 거야…." 당신에게 의미를 부여하고 당신을 살아 있게 하는 것, 그것들을 놓아주라. 그러면 당신은 훨씬 더 쉬운 길을 발견하게 될 것이다.

개인들의 연합

당신의 존재는 결국 당신과 많은 시간을 함께 보내는 다섯 명의 사람들에 의해 정의된다. 그것은 행동 방식과 재정적인 부분에 대해서도 마찬가지다. 나는 당신의 수입이 당신 주변 사람들이 버는 수입의 평균 정도일 거라고 거의 확신할 수 있다. 이것은 단지 자신을 위로하려고 하는 말이 아니다. 우리는 실제로 우리와 평생을 함께하는 사람들과 유전적 유사성을 개발하기 시작한다. 노부부들이 닮아가는 이유도 여기에 있다.

우리 주변 사람들도 우리 머릿속의 작은 목소리가 되어 우리의 목적에 영향을 미친다. 나는 한편으로는 어떤 친구들이 나를 미쳤다고 생각할까 봐 팟캐스트를 시작하거나 책 쓰는 일을 하고 싶지 않았다. 당신은 누가 당신의 삶에 들어오는지에 대한 선택권을 가지고 있지는 않지만, 그 사람들을 놓아줄 수는 있다.

팀 페리스^{Tim Ferriss}는 《나는 4시간만 일한다》에서 연합(associations)에 대해 말한다. 우리가 어떤 사람을 가까운 친구와 멘토로서 받아들였는지에 대해 엄격해야 할 필요가 있다는 것이다. 만일 당신의 진정한 목적에 더 가까이 다가가지 않는 사람들이 있다면 그들과 약간 거리를 두라. 절교할 필요는 없지만, 그들을 '정중히 거절'하거나 당신의 인생과 목적에 영향을 미치는 이너 서클^{Inner circle}에서 그들을 제외할 수는 있다.

불안감

우리 주변에는 절대 밖으로 나가지 않는다거나 너무 수줍어해서 불안을 극복하지 못하는 친구가 한 명씩 있다. 그 친구는 자신을 너무 뚱뚱하다, 너무 못생겼다, 아니면 다른 많은 이유를 들어 불안감을 느끼고 있을지도 모른다.

이것은 확실히 말할 수 있다. 그들이 느끼는 불안감은 잘못됐다. 당신의 불안감도 마찬가지다.

나는 그 불안감이 무엇이든 신경 쓰지 않는다. 당신이 얼마나 못생겼는지, 얼마나 뚱뚱한지, 얼마나 인기가 없는지, 얼마나 성공하지 못했는지에도 상관하지 않는다. 그 어느 것도 중요하지 않다. 일단 당신에게 가능한 모든 길을 따라가기 시작하면 그런 사소한 세부사항들은 문제가 되지 않을 것이다. 당신은 훨씬 더 빛날 수 있다. 당신의 불안감이 당신을 당신의 목적에서 끌어내리지 못하게 하라.

책임감 부족

우리가 목적을 찾지 못하는 이유는 우리가 자기 혼자서만 책임을 지려고 하기 때문인 경우가 많다. 일주일에 여섯 번 운동하겠다고 선언하고 나서 실천하지 않았다고 하자. 그러면 우리 머릿속에는 '안 지켜도 돼. 별일 아니야'라고 말하는 작은 음성이 올라온다. 하지만 우리가 책임을 다하도록 도와줄 수 있는 친구나 코치가 있을 때 우리는 그 음성을 잠재울 수 있다. 우리에게는 "이봐요, 당신은 운동을 해야 했어요"라고 말해줄 다른 사람이 필요하다.

그런 사람이 없을 때는 그 빈자리를 채워줄 수 있는 수많은 어플이 있다. 당신은 어플에 운동한 횟수를 기록하거나 운동 목표를 기록할 수 있다. 하지만 내 경험에 비추어볼 때 관리해주는 사람을 두는 편이 더 낫다. 사람은 어플처럼 삭제하거나 무시할 수 없고, 곁에서 실제로 관리를 해주기 때문에 당신은 운동과 관련된 습관과 방법들을 더 섬세하게 바꿀 수 있다. 이것이 코칭이 효과가 있는 이유이다.

실패에 대한 두려움

두려움은 사람을 죽일 수도 있다. 특히 실패에 대한 두려움은 가장 강력한 두려움일 것이다. 내 생각에, 아무 일도 일어나지 않은 다른 타임라인에서는 실패에 대한 두려움이 내 삶을 지배했을 것이다.

우리는 보통 실패를 너무 두려워하는 나머지 전혀 행동을 취하지 못한다. 내 주변에는 천재적인 재능을 갖고 있지만, 실패가 두렵고 부끄러움이 많아서 책을 내지 못하거나 오디션에 나가지 못한 친구들이 있다. 우리는 조금이라도 실패할 가능성이 있으면 아예 시도하지 않으려고 한다. 당신도 아마 그럴 것이다. 그런데 중요한 건, 실패도 좋은 것이라는 사실이다. 성공한 사람들은 모두 실패를 산더미처럼 쌓아왔다. 실패는 성공으로 향하는 당신의 여정에서 멋진 한 부분이다.

실패에 대한 두려움이 당신의 목적이나 당신이 살아야 할 인생을 찾지 못하게 만든 이유가 되도록 내버려두지 말라.

당신이 꿈꾸는 삶을 디자인하라

당신이 목적에 다가가기 위해 쓸 수 있는 가장 강력한 방법은 아마 독서일 것이다. 책은 우리가 절대로 만날 수 없는 사람들과 여행하지 못할 시대와 장소 그리고 우리가 경험하지 못할 사상과 생각과 우리를 연결해준다. 소설과 논픽션, 자서전, 회고록을 읽으면서 우리는 말 그대로 모든 시간을 살아낼 수 있다. 우리는 책 속에서 다른 사람들이 어떻게 그들의 목적을 찾았는지, 어떻게 그들의 정보 경로를 따르는지 볼 수 있다.

만약 당신이 길을 잃었으며 당신의 목적이 무엇인지 모르겠다면 독서는 그 길을 찾는 좋은 방법이다. 당신이 지금 어떤 여정에 있는지 말해주는 책은 아주 많다. 그들의 타임라인을 붙잡으라. 책은 다양한 과거와 미래를 담고 있고, 언제든지 이용할 수 있는 거대한 보관소로서 당신을 기다리고 있다.

또 다른 방법으로, 당신 자신의 이야기를 글로 써볼 수도 있다. 이 장의 마지막 부분에는 당신의 이야기를 글로 쓸 수 있는 길라잡이 역할을 해줄 질문들이 수록되어 있다. 나는 글쓰기의 힘을 믿는다. 당신의 이야기를 쓰다 보면 자신이 겪은 일을 더 잘 이해할 수 있게 된다.

꼭 일기가 아니더라도 블로그를 하거나 시를 쓸 수도 있고 팟캐스트를 할 수도 있다. 단순히 자신의 이야기를 들려주는 과정을 거치는 것만으로도 당신은 자신에 대해 더 잘 이해할 수 있다. 당신은 전에 놓쳤을 수도 있는 것들을 보게 될 것이다.

무엇보다 중요한 것은 당신의 삶을 표현하는 과정을 통해 그 이야기의 소유권(삶의 선택권 — 옮긴이)을 당신이 되찾아올 수 있다는 데 있다. 자신의 목적을 찾기 위해 나에게 코칭을 받으러 온 사람들은 결정권을 가진 다른 사람들에게서 벗어나 자기 자신을 직접 이끎으로써 자기 이야기에 대한 통제권을 얻으려고 한다. 인터넷은 이런 목표들을 이전보다 훨씬 더 쉽게 성취하고 접근할 수 있게 만들어주는 도구다. 우리는 자신의 열정과 취미를 사업으로 확장해나갈 수도 있다.

비록 당신의 목적이 직업과 통합될 수 있다 하더라도 꿈꾸는 직업을 갖는 것이 당신의 목적은 아니라는 점을 명심하라. 우리 대부분은 끝없이 성취감을 느낄 수 있는 일과 연봉, 환경을 절대로 찾지 못할 것이다. 우리를 방해하는 요인을 제거하고 우리가 원하는 미래로 나아가게 할 수 있는 것을 찾는 일, 그것이 우리가 할 일이다. 당신이 원하는 삶을 디자인하라. 당신의 목적과 열정에 일치하는 기회를 찾아라. 그리고 모든 것을 극대화하는 현실로 조종해 들어가기 시작하라.

당신의 이야기를 촉진하는 질문들

• 나는 무엇을 기꺼이 견뎌낼 것인가?

자신의 목적을 찾은 사람들은 보통 이상적이지 않은 상황을 기꺼이 견뎌내려는 사람들이었다. 설령 당신이 목적을 찾았다고 해도 장밋빛 인생이 펼쳐지거나 놀라울 정도로 멋지게 변하지는 않을 것이다. 열심히 일해야 할 때도 있고, 비용을 지불하거나 분쟁을 겪는 등 희생을 치러야 할 때도 있다. 당신은 이 상황들을 직면해야만 한다. 미리 이런 상황을 알아두면 당신의 목적을 좁혀 나가는 데 도움이 될 수 있다. 예를 들어 당신이 기술 분야의 기업가가 되고 싶다고 해도 실패를 감당할 수 없다면 당신은 그리 멀리 가지 못할 것이다. 하지만 만약 당신이 책을 쓰거나 소프트웨어를 완성하기 위해 몇 개월 동안 하루 열여덟 시간을 일할 용의가 있다면, 그리고 그런 희생이 당신에게 가치 있게 여겨진다면 당신은 당신의 목적에 더 가까이 다가가기 시작할 것이다.

· 어렸을 때의 나는 지금의 나를 어떻게 생각할까?

우리의 가장 현명한 버전은 일곱 살일 때의 나일 것이다. 그 아이에게 지금의 나를 어떻게 생각하는지 물어보라. 지금의 삶은 결국 당신의 어린 자아가 살게 될 삶이니 말이다. 아이는 뭐라고 답할까? 이런 관점을 취하면 당신이 누구이며 어디로 가고 있는지에 대한 좋은 답을 얻을 수 있다(공상과학 소설 작가인 스티븐 반스Steven Barnes는 매일 아침, 잠에서 깨어나자마자 이 기술을 사용한다).[41]

· 세상에 기여하기 위해 당신은 무엇을 할 수 있는가?

새로 나온 람보르기니나 멋진 저택은 충분히 이해할 수 있는 좋은 목적이지만, 이렇게 외적인 부분만 생각하다 보면 정작 당신이 원하던 것은 절대로 이룰 수 없는 방식으로 바뀌게 된다. 당신이 진정한 목적을 찾을 때, 즉 모든 것이 이치에 맞아떨어지기 시작할 때는 당신의 재능과 기술로 다른 사람들을 어떻게 도울 수 있는지를 생각할 때다. 당신의 가슴은 여러 방면에서 당신의 마음과 영혼에 일치될 것이다.

- **만약 당신이 내일 죽는다면 당신은 어떤 사람으로 기억되고 싶은가?**

당신이 어떤 사람으로 기억되고 싶은지에 대한 답을 찾아봄으로써 당신의 목적을 생각해보는 것은 좋은 방법이다. 곤란한 상황에 대해 아무런 걱정도 하지 않는 것이 모순처럼 들리겠지만, 그렇지 않다. 차이점은 우리가 자신의 목적을 찾으면 우리는 우리가 기억되는 방식을 통제한다는 것이다. 우리는 우리가 세상에서 어떻게 인식되는지를 결정한다. 그들이 내 목적을 좋아하든 싫어하든 그것은 그들의 몫이다. 중요한 건 당신이 좋아하는 일을 했다는 것이다.

3부 새로운 혁명이 밀려온다

8장

건강 혁명

"진정한 부는 금은보화가 아니라 건강이다."

— 마하트마 간디 Mahatma Gandhi

이 장을 집필하기 전 어느 날 아침, 갑자기 몸이 아팠다. 나는 극심한 통증을 느꼈고 피부가 차가워졌으며 얼굴에서는 땀이 흘렀다. 내가 배웠고, 다른 사람들에게도 가르쳤던 기술에 의지해보려고도 했지만, 듣지 않았다. 나는 내가 죽어가고 있다고 생각했다. 그 어떤 방법도 통하지 않았다. 병원에 갔더니 의사는 내게 신장결석이 있다고 말했다.

나는 병원 침대에서 전기담요를 끌어안고 누워서 호흡법과 시각화를 실행하기 시작했다. 아주 잠깐이지만, 고통을 완전히 없앨 수 있었다. 그 순간 나는 내가 현실에 대해 아는 만큼 내 건강에 대해서도 여전히 더 많이 배울 필요가 있다는 것을 깨달았다.

나는 만일 언젠가 미래에 우리가 영원히 살 수 있는 비밀을 발견하게 된다면 어떤 의미가 있을지 생각해봤다. 어떤 약물이나 시술을 통해서가 아니라 몸과 마음의 관계에 대한 이해를 통해서 말이다. 플라시보 효과라는 건 우리가 이미 건강한 몸으로 퀀텀 점프한 것일 뿐임이 밝혀졌다고 상상해보라. 과학이 고도로 발달해서 우리가 양자 수준에서 정기적으로 우리의 몸과 상호작용할 수 있는 방법을 배우는 장면을 상상해보라.

한 걸음 더 나아가보자. 만약에 앞서 상상한 일들은 지금도 실현될 수 있는 것들이지만, 우리가 이런 현실의 변화에 너무 저항적이라 마음이 미심쩍어하며 우리를 다시 아픈 몸의 상태로 끌고 가는 것이라면?

많은 사람들은 멋진 직업이나 많은 돈을 끌어오고 싶어서 현실을 창조하는 방법을 이해하려고 한다. 하지만 우리가 늘 근본적으로 창조하고 있는 것은 우리 자신의 몸이다.

우리는 치유될 때마다 우리의 피부를 벗겨내고 지금의 무언가가 된다. 우리가 매번 숨을 내쉬는 건 우리가 소모하고 있는 우주 안으로 또 다른 소망을 불어넣는 것과 같다. 당신이 하는 모든 생각은 당신 몸의 각 부분을 재창조한다. 다시 말해서 우리의 몸은 끊임없이 움직이며 우리가 먹는 음식과 우리가 즐겨 하는 생각에 따라 끊임없이 창조되고 있다는 것이다. 건강을 당연하게 여기지 않고 우리의 의도 목록에 추가해보자. 우리를 둘러싼 우주를 더 나은 곳으로 만드는 데 도움이 될 것이다.

우리가 맞이할 미래의 모습은 공상 과학 소설에 나오는 그 어떤 미래도 넘어설 것이다. 인간의 몸을 이해하는 분야도 여기에 포함되는데, 최근 몇 년 동안 관련 기술이 폭발적으로 발전했기 때문이다. 이미 광합성과 조류의 이동에 후각이 미치는 영향, 그리고 생명의 기원에 이르는 생물학적 과정을 양자 과정으로 보는 관점이 점점 더 늘어나고 있다. 이는 우리가 현실 변환을 위해 연구하는 양자역학이 바로 우리의 DNA에 영향을 미친다는 사실을 의미한다. 우리는 홀로그래픽 메모리뿐만 아니라 고전적인 이중 슬릿 실험에서도 살펴봤던 파동-입자 이중성은 염색체를 지배한다는 사실을 여기서 발견할 수 있다.[42] 플라시보 반응은 과학적인 연구에 영향을 미칠 정도로 강력해졌고, 의학 저널들은 자연 치유와 기적적인 회복을 경험한 개인들의 사례를 계속 수집해서 분류하고 있다.

사실, 우리는 아직 영원히 사는 법을 모른다. 우리는 건강을 안정적으로 조작할 수 있는 세포와 기억력 그리고 양자 그 자체에 대해서도 충분히 알지 못한다. 그러나 건강과 현실 사이에는 근본적이고 강력한 무언가가 있고, 우리는 이를 탐구할 필요가 있다. 간단히 말해서, '현실 혁명'은 이미 일어나고 있다. 인간의 잠재력은 방대하고 미지의 영역으로 남아 있으며 세상에 영향을 미칠 수 있는 엄청난 능력을 품고서 바로, 여기에 있다.

세포 기억의 힘

당신은 확률적으로 해결이 불가능해 보이는 사건을 극복한 사람들을 본 적이 있을지도 모른다. 이런 일들은 많이 일어나고 있지만 우리는 그것을 알아차리지 못한다. 사회적으로 이런 사건들은 비정상적인 현상으로 너무 빨리 치부돼버리기 때문이다. 아무도 이 현상을 깊이 들여다보거나 다시 일어날 수 있는 일이라고 생각하지 않는다. 대신 우리는 그것을 기괴하거나 특이한 사건으로 취급하고 그냥 내버려둔다.[43]

나는 우리가 생물학을 좀더 불가사의한 힘을 뜻하는 용어로 재구성해서 이해해볼 필요가 있다고 믿는다. 아주 단순한 예로, 어린 시절 처음으로 무릎이 까졌을 때 엄마가 무릎에 입을 가까이 대고 "호~"하며 불어주던 때를 떠올려보라. 만일 이 기억이 우리가 처음으로 경험했던 진정한 현실 변환이었다면? 플라시보가 되었든 부모님이 건넨 위로가 되었든 우리가 그때 곧바로 고통을 잊어버렸던 건 우리가 그 순간 더 건강한 현실에 연결되었기 때문이라고 나는 믿는다. 나는 플라시보 효과, 면역 반응 그리고 기존의 느낌을 잊는 능력 같은 현상들이 모두 양자 수준에서 일어나고 있다고 믿는다.

더 직접적인 예로 마크 체노웨스^{Mark Chenoweth}의 사례가 떠오른다. 척추갈림증이라는 불치병을 가지고 태어난 그는 제대로 걸을 수가 없었다. 1998년에 그는 의사에게 스쿠버 다이빙 수업을 받고 싶다고 말했다. 의사는 말렸지만 마크는 굴하지 않고 메노르카^{Menorca}로 휴가를 떠났다. 그는 다이빙 센터에 가서 레슨을 받게 해달라고 부탁했고, 다이빙을 해서 깊이 약 16미터 깊이까지 내려갔다. 거기서 마크는 자신이 다시 걸을 수 있다는 사실을 발견하고 물 위로 올라왔다. 3일 뒤 다시 다리의 감각을 잃자, 그는 다이빙을 하려고 곧바로 바다로 갔다. 물에 들어간 뒤 그는 바닷속 깊이 들어갈수록 자신이 더 오래 걸을 수 있다는 것을 알아차렸다. 왜 이런 일이 일어났는지는 그 누구도 설명하지 못했다.[44]

단지 이론일 뿐이지만, 나는 마크의 무한한 자아가 그가 걸을 수 있는 다른 압력이 작용하는 평행 우주에 접근했고, 알맞은 환경을 재창조해서 마크의 몸이 그 현실을 기억해낼 수 있게 도움을 줬다고 믿는다. 마크는 그 기억을 떠올리기 위한 환경을 계속 만들어내야 했다.

이것이 마크의 경험에 대한 나의 해석이다. 나는 우리 잠재의식의 일부가 우리의 모든 삶, 즉 다른 현실들 속의 다른 삶들 전부를 기억하고 있다고 믿는다. 사람의 성격이 뇌세포뿐만 아니라 몸속 세포에도 존재한다는 증거가 있다. 이것을 '세포 기억(cellular memory)'이라고 부르는데, 심장이나 손 같은 신체 기관들이 기억을 갖고 있다는 것이다. 이 주장에 가능성을 실어주는 사례를 윌리엄 쉐리던William Sheridan의 이야기에서 찾아볼 수 있다. 그는 심장이식 수술을 받았는데 회복되는 동안 예술에 대한 엄청난 열정을 보였고, 아름다운 그림을 그리기 시작했다. 나중에 그는 자신에게 심장을 기증한 사람이 예술가였다는 것을 알게 되었다.[45]

마음과 몸은 강력하고 실제적으로 연결되어 있고, 의식은 이 연결에 관여하지 않는다. 생각은 뇌의 언어고, 감정은 몸의 언어다. 생각과 느낌을 관리한다는 것은 연결된 몸과 마음이 유기적으로 돌아가는 상태를 만들어내는 일이다. 만일 우리가 감정의 굴레를 벗어나는 법을 배운다면, 신체에 변화를 주기 위해서는 현실 혁명의 차원에서 제안하는 방법을 적용해볼 수 있다.

몸과 마음 다시 훈련하기

우리는 이미 마음은 공기와 물, 범죄와 사고 그리고 심지어 우리 아이들의 교육 수준을 향상시킬 수 있는 힘이 있다는 것을 받아들였다. 우리는 더 오래 살 수 있고 자신의 건강과 주변 사람들의 건강에도 영향을 미칠 수도 있다.

감정은 몸을 작동시키는 방식이다. 당신이 지속적으로 느끼는 감정들은 무의식적이고, 긴밀히 고정된 마음에 똑같이 기억될 것이다. 당신이 생각할 때마다 뇌는 신경 전달 물질을 만드는 것 말고도 신경펩티드라는 작은 단백질을 만들어 몸에 메시지를 전달하는데, 이 단백질은 우리가 감정을 느낄 때 반응한다. 한편 뇌는 몸이 감정을 느끼고 있음을 인식했을 때 그것에 부합하는 생각을 생성한다.

신경펩티드는 생각과 감정의 고리(loop)를 만드는데, 이 과정이 충분히 오래 지속되면 생각과 감정의 고리는 몸에서 기억으로 만들어지기 시작한다. 세포와 조직은 특정한 수용체에서 화학적 신호를 받아들이는데, 수용체는 마치 퍼즐 조각처럼 화학적 메신저와 꼭 들어맞는 선착장 구실을 한다. 수용체는 몸을 물리적으로 변화시켜 생각과 감정의 고리를 기억하도록 훈련한다. 고리를 끊으려는 시도는 결국 생각과 감정을 더 강하게 일으킬 뿐이다.

당신이 앉아서 그 고리와 연결된 생각을 할 때마다 당신은 똑같은 감정을 느낀다. 당신이 그 감정을 느낄 때 몸은 당신이 감정을 느끼고 있다는 사실을 알지 못한다. 그 고리가 당신의 일상으로 통합되면 당신은 이렇다 할 이유도 없이 어떤 감정이 올라오고 그것을 느끼기 시작한다. 결국 당신의 몸은 그 에너지로 무엇을 해야 할지 몰라서 몸의 다른 부분으로 전달하기 시작하는데, 이 과정이 당신을 아프게 만들 수 있다. 같은 유전자가 이런 정보와 감정의 순환에 의해 반복적으로 활성화되면서 그것은 자동차의 기어처럼 닳아 없어지기 시작한다. 몸이 만들어내는 단백질은 더 약해지고 질병이나 노화를 방지하는 기능도 저하된다.

시간이 지나면서 계속 똑같은 정보를 받아들이고 있는 세포막의 지능은 이러한 화학물질을 더 많이 수용하도록 수용체 위치를 조절함으로써 몸의 필요와 요구에 적응할 수 있다. 몸은 그 환경에 생물학적으로 조건화된 감정 고리에 중독된다. 물질 중독이 된 것처럼 폭격을 맞은 세포는 둔감해져서 다시 활성화되기 위해서는 더 많은 화학물질이 필요해질 것이다. 이것은 더 많은 감정적인 기억과 무의식적인 습관을 요구하고, 결국 당신의 몸과 마음을 규정할 정도로 몸에 배어들어 버린다.

종종 우리는 우리가 의식적으로 결정을 내리기도 전에 이러한 상태에 근거하여 결정을 내린다. 약 5퍼센트의 통제력을 가지고 있는 당신의 의식이 이 프로세스를 바꾸려고 한다면 그것은 95퍼센트의 무의식적인 통제력을 거슬러 상류로 헤엄쳐 올라가고 있는 것과 같다. 당신이 30, 40세의 성인이 될 때 즈음이면 당신은 그저 몸 안에 세팅된 하나의 프로그램이 되어 있을지도 모른다.

　진정한 변화에 영향을 미치는 유일한 방법은 적극적으로, 근본적으로 당신의 사고방식을 바꾸는 것이다.

명상 안내

시간을 돌려 당신이 정말 건강했던 시절로 돌아가보세요.
그때는 언제인가요? 당신이 어렸을 때인가요? 대학에 다닐 때인가요? 아니면 규칙적으로 운동을 할 때인가요?
그때 당신의 몸은 무엇을 느끼나요? 기분이 좋고, 즐겁고, 행복하고, 에너지가 넘쳤던 때를 떠올려보세요.
그리고 그 감정을 붙들어서 지금 당신이 있는 곳으로 가지고 오세요.

나의 팟캐스트에 있는 '축복-몸 명상'과 '축복-몸 수면 명상'을 해보라. [46, 47]

한계 극복하기

　건강한 사람도 늘 병이 든다. 당신은 매일 운동을 하고 밥도 잘 먹을 수 있지만, 생각이 건강에 최적화되어 있지 않으면 언제라도 병에 걸릴 수 있다. 예를 들어 만일 당신이 구체적인 목표나 욕구가 없다면, 나는 당신의 생명력이 약해져서 정신이 고정관념의 상자 속에 갇히게 된다고 믿는다.

인생에서 희망을 잃은 사람들을 바라보는 건 가장 힘든 일 중 하나다. 그들이 비극적인 일을 겪었거나 나이가 많이 들어서일 수도 있지만, 아무튼 포기하는 태도는 건강에 치명적일 수 있다. 우리가 7장에서 살펴봤던 홀로코스트 희생자들처럼 당신이 원한다면 당신의 몸은 당신을 위해 그냥 죽어버릴 것이다. 그러므로 장수의 첫걸음은 희망과 목적을 찾는 것이다.

현재 생물학자들은 DNA를 삭제하고, 교체하고, 편집하는 도구를 연마하고 있다. 크리스퍼^{CRISPR} 기술(유전자 편집 기술. ─ 옮긴이)처럼 말이다. 변형된 박테리아 단백질과 RNA를 사용하면 유기체가 살아 있는 동안 DNA를 바꿀 수 있다.[48] 만일 우리가 충분히 오래 산다면 이런 기술은 우리가 영원히 살 수 있는 수준으로 발전할 것이다. 2015년까지 크리스퍼 기술을 언급한 연구논문이 1,000여 편 정도 발표됐다. 특이점(singularity)이 다가오고 있다. 그렇게 되면 에너지와 잠재의식은 건강의 필수요소가 될 것이다.

다가오는 세기에는 우리 머릿속에 있는 삶에 관한 개념들이 대부분 바뀔 것이다. 죽음은 필연이라는 신념도 바뀔 것이다. 어떤 기술이나 메커니즘을 통해서, 혹은 양자 컴퓨팅이나 단순히 퀀텀 점프를 통해서 거대하고 빠른 변화를 만들어낼 수 있는 능력이 바로 눈앞에 다가왔다.

많은 전문가들은 10년 안으로 인간의 기대수명이 해마다 1

년 이상 늘어나기 시작할 거라고 믿고 있다. 케임브리지 대학교 노화 연구소의 오브리 드 그레이Aubrey de Gray는 앞으로 10년 안에 쥐의 노화를 막는 실험에 성공할 수 있을 것이며 그 후로 5년에서 10년이 지나면 인간의 노화를 멈추고 젊어지는 요법이 뒤따라 나올 것이라고 믿고 있다. 그때가 되면 인생의 종점은 해를 거듭할수록 점점 더 미래로 옮겨갈 것이다.

나는 60대에 삶을 포기한 사람들을 만나곤 한다. 그들은 살아갈 날이 얼마 남지 않았다고 생각하지만, 그렇지 않다. 희망은 있다. 나는 영원히 사는 것을 진지하게 의도하고 있다. 우리가 몸에 대해 생각하는 방식을 바꾸지 못할 이유는 없고, 역사의 그 시점에 도달할 만큼 충분히 오래 살지 못할 이유도 없다. 그렇다, 감정이 우리를 아프게 하거나 신장결석이 걸리는 등 퇴보하기 쉬운 과정이 있지만 그렇다고 포기할 어떤 이유도 없는 것이다.

과거는 잊으라. 20세기의 100년은 지금부터 10년 후와 맞먹는다. 그리고 갈수록 그 시간이 단축되고 있다고 상상해보라. 머지않아 우리가 알고 있는 1년이 20년처럼 지나갈 것이다. 기술의 변화는 확장되고 복합적인 성격을 띨 것이고, 곧 우리는 노화 과정을 복구할 수 있는 나노 기술을 갖게 될 것이다. DNA 프린팅 기술은 우리에게 필요한 어떤 제품이라도 만들어낼 것이고 크리스퍼 같은 기술은 우리의 유전자 코드를 직접 편집하게 될 것이다. 우리가 암이나 파킨슨병, 알츠하이머병에 걸리는 불행한 운명을 맞을 거라는 생각은 현실로 일어나지 않을 것이다.

우리는 더 이상 우리의 DNA에 갇히지 않을 것이다. 그리고 뇌와 몸의 제한도 받지 않을 수 있다. 어쩌면 우리는 우리의 의식을 인터넷에 업로드할 수도 있을 것이다. 후마이^{Humai}라는 회사는 앞으로 30년 안에 인간의 의식을 로봇의 몸으로 옮겨서 인간을 부활시키려고 하고 있다.[49] 이런 시도를 하는 사람들은 그들이 처음은 아닐 것이다. 이 기술이 완전히 개발되면 죽은 사람의 의식을 인공 신체로 옮기거나 넷플릭스 시리즈 〈얼터드 카본^{Altered Carbon}〉에 나오는 것처럼 또 다른 건강한 몸으로 주입할 수도 있다.

이 모든 이야기가 이상하고 비이성적으로 들릴 수 있다. 하지만 이것은 확실히 고려할 가치가 있는 잠재적인 영역이다.

다시 의학을 생각하다

우리는 '현실 혁명'을 통해 의학을 바라보는 방식을 바꾸고 있는데, 특히 통합 의학을 부활시키는 데도 한몫을 하고 있다. 예를 들어 만일 당신이 팔에 발진이 생겨 주류 의사에게 찾아가면 그들은 "정말 안됐군요. 이 크림을 환부에 바르세요"라고 말하고는 그냥 집에 돌려보낼 것이다.

그들은 발진의 원인이나 내적으로 일어나는 현상에 대해 생각하지 않는다. 그들은 원인이 아니라 증상을 쫓는다. 반면에 통합 의학의 주목적은 자가 치유력을 높이는 것이다.

의학에서는 점점 더 몸과 마음을 통합하는 방향을 추구하고 있는데, 이는 유전자에 잠재적으로 영향을 미치기 위해 식이 요법, 운동, 명상, 스트레스 관리를 권장하는 방식으로 나타난다.

2009년 〈월스트리트 저널The Wall Street Journal〉에 실린 연구에서는 우리 몸은 이 방법들을 통해 스스로 치유를 시작하는 놀라운 능력을 보여준다고 발표했다. 이런 사실은 우리가 예전에 알던 것보다 훨씬 더 빨리 밝혀지고 있다.[50] 이러한 라이프 스타일은 당뇨, 심장병, 암 같은 만성 질환도 다룰 수 있는, 건강하고 행복한 삶으로 우리를 이끌어주는 방법으로 검증되었다.

통합 의학은 자가 치유에 대한 믿음을 넘어 몸과 마음의 연결이 중요하다고 강조한다. 비록 확실한 기적을 보장하지 않는다고 해도, 이것이 더 건강한 삶의 방식임은 분명하다.

정신적 플라시보

새로운 존재로 다시 태어나기 위해 스스로 긍정적인 변화에 영향을 주려고 했건 정해진 길을 따라 자동 조종 장치를 사용해서 달려왔건 당신의 존재는 언제나 당신 자신을 치유하는 플라시보였다. 뇌가 몸에 미치는 힘은 부정할 수 없다. 미국 국립 암 연구원에 따르면 항암치료를 받는 사람이 치료를 시작하기도 전에 치료할 때 나는 냄새를 맡기만 해도 병이 악화되는 경우도 있고, 치료를 하기 전에 극심한 아픔을 느끼며 구토까지 하는 사람들도 11퍼센트나 된다고 한다. 병원으로 가는 길에 차에서 메스꺼움을 느끼는 사람도 있고, 대기실에서 토하는 사람들도 있다. 이것을 '예기성 구역질(anticipatory nausea)'라고 부르는데, 심지어 우리는 화학 요법을 받지 않고도 이런 현상을 겪을 수 있다. 생각해보면 우리 대부분은 뭔가를 생각할 때 병에 걸리는 것 같다.

그렇다면 우리의 생각이 건강에 미치는 힘은 어떤 건지 상상해보자. 얼마나 많은 질병이 우리 마음에서 생겨나고 있는가? 사람이 받아들이는 생각 하나가 몸을 더 나아지게 하거나 더 나쁘게 할 수 있을까?

나의 아버지와 할머니, 할아버지는 모두 파킨슨병에 걸렸다. 그래서 나는 항상 그 병을 다루는 연구물을 살펴보고 있다. 밴쿠버Vancouver에 있는 브리티시컬럼비아British Columbia 대학에서 진행한 한 연구는 파킨슨병 환자 집단을 평가했다. 의사는 파킨슨병 환자들에게 그들의 신체 시스템을 큰 폭으로 개선할 수 있는 약을 주기로 했지만, 사실은 플라시보를 투약했다.

플라시보를 투여한 환자 중 절반은 운동 조절 능력이 훨씬 더 향상되었다. 외적인 변화 그 이상의 성과였다. 연구원들은 무슨 일이 일어났는지 더 자세히 알아보기 위해 환자의 뇌를 스캔했다. 긍정적인 반응을 보인 사람들의 경우 도파민 수치가 주사를 놓기 전보다 무려 200퍼센트 더 증가했다. 암페타민(주로 파킨슨병 치료에 쓰는 약물. ─옮긴이)이나 기분이 좋아지게 해주는 약물을 전량 투여해야 나올 수 있는 수치였다.[51]

그들의 뇌가 그들에게 필요한 안도감을 충족시켜주는 완벽한 약리학적 출처인 것이다.

긍정의 힘

우리는 많은 연구에서 치유와 연관되어 있는 단백질이 감정상태에 따라 억제되고 방출된다는 사실을 확인할 수 있다. 한 연구에서는 부부들이 결혼생활을 하면서 의견차가 있었던 일들에 대해 대화를 나누다가 그 이야기가 '중대한 갈등, 비꼬는 말, 비판, 비난'으로 확대되었을 때 억제 단백질 비율은 약 40퍼센트 증가했다.[52] 반대로 긍정적인 감정과 스트레스 감소는 건강이 좋아지는 후성유전학적 변화를 촉발시킨다.

보스턴Boston의 벤슨-헨리 심신의학 연구소(Benson-Henry Institute for Mind Body Medicine) 연구원들은 명상의 효과에 관해 조사했다. 이들에 따르면 명상은 평화롭고 행복한 유전자가 발현하는 상태를 이끌어낸다고 한다.[53] 2008년 이 연구소가 주관하는 연구에 자원한 참가자 20명은 8주 동안 명상과 요가, 생리적으로 깊은 휴식 상태로 유도해주는 반복 기도 같은 방법들로 구성된 이완 반응 훈련을 받았다. 또, 이완 반응을 매일 장기간 동안 훈련해온 19명도 추적 조사했다. 연구가 끝날 무렵 자원 참가자들의 유전자에서 1,561개가 변화를 보였는데, 건강과 관련된 유전자의 847개가 상향 조절(더 많이 발현)되었고, 스트레스와 연관된 유전자는 687개가 하향 조절(더 적게 발현)되었다. 혈압, 심박수, 호흡수도 낮아졌다. 그리고 장기간 훈련자들을 검사해본 결과 2,209개의 새로운 유전자 발현이 이루어졌는데, 대부분은 만성적인 심리적 스트레스와 관련된 세포 손상을 상쇄할 수 있는 변화들을 보였다.[54]

2013년에 이루어진 두 번째 연구에서 연구자들은 초보자와 숙련자 모두가 단 한 번의 명상만으로 유전자 발현에 변화를 일으킨다는 점을 발견했다.[55] 이번에도 장기 숙련자들의 유전자 발현이 초보자들보다 더 좋은 방향으로 일어났다. 이 세션에서 상향 조절된 유전자에는 면역 기능, 에너지, 신진대사가 포함되었고 하향 조절된 유전자에는 염증과 스트레스가 포함되었다.

이 연구에 앞서 2002년에 메이오 클리닉Mayo Clinic은 447명을 대상으로 30년 이상 진행한 연구 결과를 발표했는데, 낙관적인 사람들이 그렇지 않은 사람들보다 육체적으로나 정신적으로 더 건강했다는 것이다. 연구에 따르면 낙관주의는 '가장 좋은 것'을 의미하며 이는 더 건강한 사람들은 가장 좋은 미래 시나리오에 집중했다는 점을 시사한다. 낙관주의자들은 일상생활에서 건강이나 정서 상태로 인한 문제가 적었다. 그들은 그렇지 않은 사람들보다 더욱 에너지가 넘쳤고, 고통을 적게 경험했으며, 사회 활동을 더 쉽게 해냈다. 그들은 더 많은 시간 동안 더 행복했고, 더 차분했으며, 더 평화로움을 느꼈다.

메이오 클리닉의 또 다른 연구에서는 800명을 30년 동안 추적 조사한 결과 낙관주의자들이 비관주의자들보다 더 오래 사는 것으로 나타났다. 예일대 연구진은 50세 이상 연령자 660명을 23년 동안 조사한 결과, 노화를 긍정적으로 바라보는 사람이 부정적인 시각을 가진 사람보다 7년 이상 더 오래 산다는 것을 알아냈다. 이렇게 태도는 혈압, 콜레스테롤 수치, 흡연, 체중이나 운동량보다 수명에 더 많은 영향을 미친다.[56] 듀크Duke 대학에서는 심장질환자 866명을 대상으로 태도가 심장 건강에 미치는 영향을 좀더 구체적으로 알아봤다. 연구에 따르면 긍정적인 감정을 더 많이 느낀 사람들이 습관적으로 부정적인 감정을 경험한 사람들

보다 11년 뒤에 생존할 확률이 20퍼센트 더 높았다.[57]

조지아^{Georgia} 의과대학에서 수행한 연구가 보여준 결과는 가장 놀랍다. 연구원들은 조지아 의대생 255명을 25년간 추적 조사해본 결과, 적대감을 강하게 느끼는 사람들의 관상동맥 질환(협심증, 심근경색증) 발병률이 그렇지 않은 사람들보다 다섯 배가 더 높았다.[58] 존스 홉킨스 대학에서 2001년에 한 연구에 따르면 심장병 가족력이 있는 성인들에게 가장 강력한 예방책은 긍정적인 태도였다고 한다.[59]

이것은 생사가 달린 문제다. 긍정적인 태도는 당신의 유전적 역사를 극복하고 당신의 수명을 늘릴 수 있으며 당신에게 더 건강한 날들을 제공해줄 수 있다. 올바른 태도로 사는 것만으로도 올바른 식단을 실천하고 적절한 양의 운동을 하고 이상적인 체중을 유지하는 것만큼의 효과가 있거나 오히려 더 건강하게 살 수 있다. 더 우주적인 관점으로 말하자면, 어쩌면 낙관적이고 긍정적인 사람들은 끊임없이 더욱 건강한 현실로 이동하고 있을지도 모른다.

몸과 마음의 연결을 활용하기

나는 신장결석 치료를 끝내고 나서 다시 연구 모드로 들어갔다. 나는 루이스 헤이$^{Louise Hay}$의 《힐 유어 바디》, 줄리아 캐논$^{Julia Cannon}$의 《영혼이 말하다: 몸의 언어》(Soul Speak: The Language of Your Body), 로버트 브래들리 넬슨 박사의 《감정 코드》(The Emotion Code)를 읽었다. 이 책들은 우리가 감정과 감정을 몸에 저장하는 방식이 어떻게 우리 몸을 병들게 하는지에 대해 설명한다. 우리가 겁먹지 않았다고 생각하거나 화를 참아서 잘했다고 여길 때, 우리가 알아차리지 못하거나 드러나지 않은 감정을 억누를 때도 우리 몸은 그것을 알고 반응한다.

많은 치유 관련 실무자(practitioner)들은 자석을 사용하거나 잠재의식과 소통하는 방법을 통해 감정을 풀어낼 수 있다고 말한다. 하지만 나는 우리가 에너지를 방출하겠다는 의도를 내는 것만으로도 충분하다고 믿는다.

일단 묵은 감정이 풀리고 나면 우리는 올라오는 감정을 더 편하게 표현할 필요가 있다. 우리 대부분은 행복한 감정은 잘 표현할 수 있지만, 우리를 두렵게 하거나 화나게 하는 것을 표현하는 건 힘들어한다. 좌절감, 죄책감, 분노, 절망감의 감정을 풀어주라. (《힐 유어 바디》에는 신체 장기와 연관된 질병과 형이상학적 원인, 그리고 이를 해결하는 데 도움을 주는 확언이 수록되어 있다. 내 경우에는 신장에 두려움이 붙어 있었던 것 같다.) 만일 당신이 어떤 병을 앓고 있다면 당신이 무엇을 창조하고 있는지 자신에게 물어보라. 당신이 창조하고 있는 것이 평소에 일상적으로 하는 생각과 관계가 있는가? 당신이 만들어 낸 감정적인 고리인가? 이 피드백 고리를 벗어나는 유일한 방법은 감정을 살피고 표현하고 발산하는 것이다.

건강을 선택하기

아침에 일어났는데 목에서 약간 간지러움이 느껴진다면 당신은 어떻게 하는가? 모든 사람이 이렇게 말한다. "나 아플 거 같

아. 며칠 전, 할 일이 산더미처럼 쌓인 날 아침에도 이랬어."

나는 병에 걸렸다고 단정하는 대신에 "아니야"라고 말했다. 그러고는 발을 옆으로 디디며 마치 다른 몸으로 옮겨 들어가는 것처럼 움직이며 이렇게 말했다. "나는 괜찮아질 거야." 이렇게 증상을 무시한 채 서너 시간이 지나고 나서 나는 괜찮아졌다.

만일 우리가 스스로를 아프게 할 수 있다면 스스로를 낫게 할 수도 있다.

열한 살인가 열두 살 때일 것이다. 휴대전화가 없던 시절이었지만 그때는 부모님 없이도 여기저기 놀러 다녔다. 어려서 뭐든 잘 몰랐을 시절, 나는 자전거를 타고 집에서 멀리 떨어진 언덕으로 내달렸다. 그러다 그만 앞브레이크를 급하게 잡는 바람에 넘어져 버렸다. 데굴데굴 구르는 와중에도 나는 머리를 부딪치지 않게 하려다가 그만 발목을 심하게 다쳤다. 나는 뼈가 부러졌다고 확신한 채, 아무렇게나 널브러진 상태로 누워 있었다.

그러다 번뜩 저녁을 먹으러 집에 가야 한다고 생각했고, 일어나 "내 다리는 부러지지 않았다"고 말하면서 자전거 쪽으로 걸어갔다. 나는 자전거에 올라타서 집을 향해 페달을 밟기 시작했다. 오로지 어떻게든 집으로 돌아가야 한다는 생각만 했다. 집에 도착했을 때 내 발목은 이미 많이 나아 있었고, 이틀 뒤에는 통증이 모두 사라졌다.

내가 신장결석으로 투병하고 있을 때, 나는 생각에 집중하고 고통을 줄이기 위해서 계속 호흡하는 데 몰두했다. 대부분의 고통은 신체적인 감각으로 나타나기 전, 정신적인 창조로 시작되기 때문이다. 만약 우리가 고통을 느끼는 초기 단계거나 이 고통이 '환상'임을 알아차린다면 우리는 생각과 정신력으로 이 문제를 해결할 수 있다. 나는 오랫동안 확실하게 몰입하는 시간을 보내면서 고통을 완전히 없앨 수 있다고 믿는다.

가장 치료하기 쉬운 통증은 약물치료가 필요 없는 심인성^心_{因性} 통증이다. 심인성 통증은 보통 두려움, 스트레스 또는 고착된 감정과 함께 일어난다. 나는 우리가 사례에 따라서는 마취를 해야 할 상황을 줄일 수 있을 뿐만 아니라 통증도 완화할 수도 있다고 믿는다.

당연한 얘기지만 우리가 병에 걸린 것 같은 증상을 겪거나 부상을 입는다는 건 몸이 우리에게 무언가를 말하고 있는 경우일 수 있다. 요점은, 이런 신호를 무시하지 않아야 한다는 점이다. 병을 치료하고, 필요할 때는 언제든 병원에 가라. 만일 당신이 계속 질병이나 상처에만 초점을 두고 있으면 원하는 결과를 얻지 못할 수도 있다.

이렇게 즉각적으로 치유가 일어나는 순간에는 무슨 일이 벌어지고 있는 걸까? 우리는 이를 확실하게 알지 못한다. 그 순간으로 돌아가서 무슨 일이 있었는지 살펴보라. 이 접속 지점이 우리의 치유와 미래에 치유를 실현할 방법을 이해하는 열쇠가 될 수 있다.

의도를 가지고 먹기

우리가 몸속에 무언가를 받아들이기 전이 우리의 건강을 가장 잘 통제할 수 있는 시점이다. 우리 몸속에서 경고 신호를 보내는 신경종말은 외부에서 보내는 경고 신호만큼 많지는 않지만, 우리가 생각하고 존재하고 소화하는 것이 바로 우리가 된다. 우리가 몸을 관리하기 위해서는 직감에 의존해야만 한다.

음식을 먹고 물을 마실 때마다 당신의 본능을 믿으라. 의도를 전달하는 물의 힘을 기억하라. 당신이 물을 마실 때 당신의 생각이 그 물에 각인되고 있다. 만약 당신이 끔찍한 일에 엮여서 머물러 있다면 당신은 그 감정을 마시고 그대로 세상에 쏟아낼 것이다. 음식을 먹을 때도 마찬가지다. 대부분의 음식은 물을 함유하고 있기 때문이다. 말 그대로 음식을 한 입 먹기 전에 당신은 먹고 마시는 것의 구조를 바꾸고 있다.

식사를 하기 전, 잠시 시간을 내어 감사와 기쁨과 행복을 느껴보라. 당신의 의도를 음식에 넣고 삼키라. 이렇게 의식적으로 식사를 하면 우리는 매번 숨 쉬고 먹고 마시는 것만으로 더욱 건강해질 수 있는 능력을 얻는다. 이 방법은 실제로 강력할 뿐만 아니라 우리에게 건강에 대한 주인의식을 갖게 해준다.

DNA가 변한다

내가 "나는 나쁜 유전자를 가지고 있어" 또는 "나는 그것에 책임이 없어" 같은 말을 자주 들었다. 하지만 우리가 알아야 할 사실이 있다. 크리스퍼 기술이 우리의 DNA를 손에 넣기도 전에,

후성유전학은 환경과 행동하는 방식이 우리의 유전자 발현에 영향을 미친다는 점을 알려주었다. 우리에게는 이미 가지고 있는 유전자나 건강에 대한 제한된 신념을 극복할 수 있는 능력이 확실하게 있다는 것이다.

브루스 립턴[Bruce Lipton]이 쓴 《당신의 주인은 DNA가 아니다》는 우리가 사회적으로 겪고 있는 후성유전적 혁명을 이야기하고 있다. 브루스 립턴은 후성유전학을 DNA의 영화 시나리오로 설명하며, 우리는 시나리오를 조정할 수 있다고 설명한다. DNA는 독립적이고 고정된 것이 아니라 끊임없이 변화하고 활성화하여 삶을 통해 다르게 표현된다. 당신이 바로 그 시나리오의 감독이다.

당신의 몸은 7년마다 세포를 교체하지만, 일부는 그보다 더 빨리 바뀐다. 적혈구는 4개월밖에 살지 못하고, 백혈구는 1년 좀 넘게 산다. 피부세포는 2~3주를 사는 반면 대장 세포는 4일, 정자 세포는 3일 동안 생존한다. 몸은 우리가 생각하는 것보다 훨씬 더 빨리 바뀌고 있다. DNA에는 몸을 교체하는 데 필요한 원시 정보가 들어 있다. 각각의 세포는 우리의 생리 기능을 구성하는 구조와 기능 그리고 복합적인 상호작용을 구성하는 단백질(protein, 어원은 그리스어 '프로테이오스[proteios]'로, '최고로 중요한 것'을 뜻한다)을 만든다.

이 깨달음에서 한 걸음 더 나아가 보자. 피터 게리[Peter Gary] 박사는 우리가 1, 2부에서 주로 이야기한 근원(source)이 실제로 DNA를 통해 작동한다는 강력한 증거를 발견했다. 그는 조그만 수정 용기에 DNA 샘플을 넣은 다음 레이저를 쏘았다. 그다음 빛

의 광자까지 탐지할 수 있는 민감한 장비를 사용해 관찰한 결과,
그는 DNA가 가벼운 스펀지나 미니 블랙홀처럼 활동한다는 사
실을 발견했다. 어찌 된 일인지 DNA 분자는 빛의 모든 광자를
그 자체로 끌어당겨 나선형으로 저장했다. DNA를 제거했을 때
도 그것은 빛을 어떻게든 같은 장소와 구조에 고정해두고 있었
다. 피터 게리의 연구는 우리가 단지 청사진(blueprints, 또는 유전체)
이상의 것으로 구성되었을지도 모른다는 점을 시사한다. ─ 우리
는 가는 곳마다 빛의 흔적을 남기고 있다.

　　일본의 연구진들은 인체에서 희미하게 빛이 나오는 것을 발
견했는데, 그 빛의 세기는 시간대별로 달라진다.[60] 빛은 오후에
가장 밝게 빛나고 저녁에는 가장 어두웠다. 이 광원이 에너지이
고 우리는 하루 종일 그것을 방사하고 흡수하는 과정을 지속하는
걸까? 이 빛이 우리를 살아 있게 만드는 걸까?

　　상상해보자. 당신의 DNA는 블랙홀처럼 가시광선을 저장하
고 조절할 수 있을 만큼 강력한 힘을 가지고 있다. 그렇다면 에너
지 복제나 양자 얽힘처럼 DNA 분자와 짝을 이루는 에너지장이
있어야 한다는 게 합리적인 설명이다. 우리는 DNA만으로 상호
작용하는 것이 아니라 DNA가 가지고 있는 근원장과 상호작용
하고 있다.

　　반대로 독일의 이론 생물 물리학자이자 당대의 천재였던 프
리츠 알버트 포프Fritz-Albert Popp 교수는 발암물질이 빛을 흡수하고
나서 다른 주파수로 섞여 들어갈 거라는 사실을 발견했다. 그는
제자에게 빛의 단일 광자를 감지할 수 있는 장치를 만들게 했고,

다른 물질들도 연구하기 시작했다. 그는 결국 생명체 주위에 있는 정보-에너지장인 생체광자장(biophoton field)이 그 유기체에 유용한 정보를 지니고 있다는 결론을 내렸다. 우리 주위에는 우리에게 영향을 미치는 에너지장이 있다. 예를 들어 우리가 스트레스를 받으면 우리는 평소보다 더 많은 빛을 방사하는데, 그것은 우리가 원기를 회복할 필요가 있다는 신호다.

포프 교수는 이 빛을 진동이나 주파수와 같은 파동이라고 언급했다. 그래프로 보면 심장박동처럼 보일 것이다. 영국의 생화학자 루퍼트 셸드레이크 박사 Rupert Sheldrake 는 이 파동을 '형태장 (morphic field)'이라고 불렀다. 9년 동안 집중적으로 연구한 끝에 그는 생화학은 자신이 찾고 있는 해답을 제공할 수 없다고 결론 짓고 프랑스 철학자 앙리 베르그손 Henri Bergson 의 주장을 끌어오기 시작했다. 궁극적으로 그는 기억은 뇌에 전혀 저장되지 않고 형태장이나 생체광자장에 저장된다고 주장했다.[61]

따라서 우리의 생각(mind)은 발에 정보를 보낼 때 피를 통해서가 아니라 사실은 빛의 장으로 즉시 정보를 보내는 것일 수 있다. 당신의 '하드 드라이브'가 당신 주변의 생명장에 있는 동안 뇌는 단순히 그 정보를 수신하는 것일 수도 있다.

상상해보라. 만일 우리가 그러한 에너지장과 상호작용하는 법을 이해할 수 있다면 어떻게 될까? 그 에너지장이 정말로 끊임없이 연결된 흐름 안에 있는 다중 우주들 사이의 차원을 이동하는 지점이라면? 그렇다면 우리는 몸과 건강을 어떤 관점으로 바라보게 될까?

고요히 있으라. 건강하기 위해서 우리는 확실히 긴장을 풀어야 한다. 적어도 하루에 15분 동안은 어떤 식으로든 고요하게 머물 수 있는 방법을 찾으라. 휴식은 에너지와 안정감을 높이고 행복을 느끼는 감정을 유발한다. 또한 신체 전체에 잔잔한 파문을 일으키는 효과가 있어서 명상 수행에 있어서도 중요한 부분이다. 이렇게 고요함은 자기 자신과 연결될 수 있는 능력을 준다.

의도를 조율하라. 명상에 관해 연구한 린 맥태거트는 의도는 항상 구체적으로 설정해야 하며, 현재 시제를 써야 한다고 말했다.[62] 만약 당신이 허리 아랫부분에 통증이 있다면 이렇게 의도할 수 있을 것이다. "내 허리 아랫부분과 천골에 있는 모든 통증이 사라진다. 나는 지금 내 허리를 수월하고 유연하게 움직일 수 있다." 당신은 의도를 글로 적을 수도 있고 잡지에 나와 있는 사진으로 콜라주를 만들 수도 있다. 단, 구체적이어야 한다. 만일 그 의도가 신체 기관의 어느 한 부분에 관한 것이라면 말로 표현해보라. 의도를 더 구체적으로 설정할수록 더욱 효과적으로 사람들의 치유를 도울 수 있었다. 의도에 더하여 의도가 실현된 현실에 있는 자신을 시각화하라. 지금 이 순간에 건강한 당신을 상상하라. 통증이 없는 느낌을 느껴보라.

나는 신장결석으로 투병하면서, 만약 어딘가 아픈 상태라면 이 연습을 하기가 쉽지는 않다는 것을 배웠다. '축복의 몸'을 만든다는 생각은 자신이 온전히 건강했던 상태를 기억해내는 것이다. 행복하고 즐겁고 건강하다고 느끼는 그 순간에 앵커링을 하라. 팔의 한 부분을 꼬집거나 앵커링에 사용하는 상징물을 바라보라. 나중에 혹여 당신이 병을 앓는다면 앵커링은 당신이 행복한 감정을 되살릴 수 있게 도와줄 줄 것이다. 늘 곧바로 효과를 볼 수 있는 건 아니지만, 당신이 앵커링을 더 많이 만들어낼수록 새로운 고리를 만들어낼 가능성은 더욱 커진다.

단식. 우리가 음식을 먹거나 운동을 하는 등 우리의 몸을 위해 어떤 행동을 할 때, 거기에는 이런 메시지가 들어 있다. "나는 스스로 치유할 수 있다는 걸 믿지 않아. 그래서 나는 너를 위해 이런 행동을 할 거야." 만일 당신이 직감이 옳다고 한 행동을 따르고 있다면 괜찮지만, 당신이 상상하는 것 이상으로 우리 몸은 놀라운 치유 기술을 가지고 있다는 사실을 잊지 말라. 당신의 몸을 믿어보라. 당신이 몸에게 신뢰를 표현하는 한 가지 방법은 단식을 해보는 것이다. 단식은 몸을 치유하고 제 기능을 할 수 있는 시간을 준다.

단식은 자가포식(autophagy, 필요 없는 세포 내 물질을 분해하여 새로운 물질을 만드는 신체 정화 현상. — 옮긴이)을 촉진하는 효과가 있다. 단식은 세포를 회복하고 소화 과정을 안정시키며 모든 것이 전반적으로 잘 기능하도록 돕는다. 매주 주말마다 물만 마시는 트위터 CEO 잭 도시^{Jack Dorsey}처럼 처음부터 극단적인 단식을 할 필요는 없다. 매일 열두 시간 동안 음식을 먹지 않는 것으로 간단하게 시작하라. 간헐적 단식을 한다면 금식 시간을 열여덟 시간까지 연장하고 음식은 여섯 시간 동안만 섭취하라.

운동. 나는 일주일에 대여섯 번 운동을 하고 있다. 운동은 내 삶을 완전히 바꿔놓았다. 약 13년 전, 나는 내 몸에 관해서는 손을 놓아버렸다. 당시 내 몸무게는 145킬로그램 정도였고, 무엇을 먹고 어떻게 움직이든 아무 신경도 쓰지 않았다. 살을 빼야겠다고 결심했을 때 나는 식단을 바꾸고 P90X(미국의 유명한 다이어트 프로그램. ─옮긴이) 운동을 시작했다. 사람은 모두 다르기 때문에 저마다 필요한 운동도 다르다. 나는 인간의 몸은 끊임없이 적응할 수 있는 능력이 있고, 모든 사람에게 도움이 되는 프로그램은 하나도 없다는 점을 배웠다. 사실은 이제야 많은 사람이 몸의 적응 능력과 몸은 당신이 성취하는 것에 익숙해진다는 사실을 이해하고서 이 개념을 운동 프로그램에 구축하고 있다.

정기적으로 운동의 종류를 바꿔주는 것도 몸에 새로운 자극을 줄 수 있다. 이건 전혀 어려운 일이 아니다. 운동이라고 해서 꼭 펌핑 아이언pumping iron이나 스피닝 수업spin class을 떠올릴 필요가 없다. 단순한 움직임도 운동에 포함될 수 있다. 세계보건기구(WHO)에서 조사한 바에 따르면, 여성의 50퍼센트와 남성의 40퍼센트는 신체 활동량이 충분하지 않다고 한다. 세계보건기구의 다른 연구에서는 신체 활동 부족으로 사망한 인구가 전체 사망자의 약 5퍼센트를 차지한다고 한다. 당신이 만나는 사람 100명 중에서 다섯 명은 충분히 움직이지 않았기 때문에 죽는다는 것이다.[63]

스마트폰이나 텔레비전, 컴퓨터를 가까이하며 몸을 움직이지 않는 생활방식은 말 그대로 우리를 죽이고 있다. 이런 환경에 맞서서 걷기를 당신의 일상으로 들여보라. 걷기를 꼭 운동이라고 생각하게끔 당신의 마음을 속일 필요는 없다. 그저 의자에서 일어나 이리저리 움직여보라. 당신은 이런 운동, 즉 고통과 저항이 더 큰 이득과 성장으로 이어지는 방식에서 영적인 유익을 얻을 수도 있을 것이다. 운동을 할 때 겪는 찰나의 순간적인 고통은 우리가 더 잘 호흡할 수 있게 해주고, 운동을 한 뒤에는 더 많은 활력을 불어넣어 준다. 이렇게 우리는 운동을 할 때마다 놀라운 영적 교훈을 받아들인다.

또, 운동은 우리가 긍정적인 의도를 더 많이 낼 수 있게 돕는다. 침체되고, 우울하고, 생기가 없는 사람들은 대체로 규칙적인 운동을 하지 않는다. 운동을 하면 자기 자신을 더 좋게 느끼고 더 나은 생각을 하게 되어, 결국 더 나은 현실을 창조할 수 있게 된다. 그러니 산책을 하고, 수영을 하고, 체육관에 가고, 요가를 하고, 무술이나 태극권을 배워보라. 당신에게 필요한 운동은 무엇이든 해보라. 운동 프로그램을 계획하고, 실천해보라.

수면. 90분 주기는 우리 신체 리듬에 지속적으로 나타나는데 수면에서도 예외는 아니다.

우리가 90분마다 양자 파동을 받고 있어서 이런 패턴으로 에너지가 흘러가는 걸까? 나도 모르겠다. 내가 아는 것은 우리가 일어났을 때 상쾌해지는 원인이 수면 시간은 아니라는 사실이다. 진짜 핵심은 수면 주기의 횟수다.

수면 주기에는 뚜렷한 다섯 가지 단계가 있다. 우리의 목적을 위해서는 한 수면 주기가 평균 90분 동안 지속된다는 것을 아는 것만으로 충분하다. 수면 주기는 보통 비렘수면에서 65분, 렘수면에서 20분, 그리고 다시 비렘수면에서 5분 정도 지속된다. 렘수면 시간은 초반 주기에서는 더 짧고 후반 주기로 갈수록 조금 더 길어진다. 만일 우리가 알람시계나 어떠한 방해 없이 자연스럽게 완전히 잠에 들었다면 우리는 보통 90분 배수의 시간에 잠에서 깨어났을 수 있다. 즉, 네 시간 반, 여섯 시간, 아홉 시간 후에 일어날 수 있지만 일반적으로 여덟 시간 후에 깨어나진 않았을 것이다.

수면 주기와 수면 주기 사이의 시간 동안에 우리는 실제로는 잠을 자고 있지 않다. 아무 방해도 받지 않는 비밀스러운 중간 지대에 가깝다고 보면 된다. 수면 주기가 한 번 도는 동안만 잠을 자더라도 방해받지 않고 자는 사람이 여덟 시간이나 열 시간을 자도 수면 주기를 마치지 못한 사람보다 훨씬 더 깊은 휴식을 취할 수 있다.

수면의 양에 집중하여 계산해보면 당신의 에너지와 수면 상태를 더 잘 이해할 수 있다. 수면 주기를 잘 맞추면 더 활기차고 더 오래 집중할 수 있으며 스트레스도 줄어든다. 수면은 건강한 생활 습관의 일부분이다.

필요하다면 낮잠을 자는 것도 좋다. 하버드 대학교의 연구원들은 실험 참가자들에게 컴퓨터 화면에서 빠르게 깜박이는 특정 패턴을 인식하는 시각적 과제를 수행하게 했다. 열 시간 뒤,

90분 동안 낮잠을 잔 피험자들이 낮잠을 자지 않은 피험자들보다 훨씬 더 뛰어난 결과를 보였다. 그들은 이전의 연구에서 간밤에 푹 잔 피험자들만큼이나 과제를 잘 수행했다.[64]

장수 프로젝트(The Longevity Project). 장수했던 사람들을 연구한 장수 프로젝트가 주목한 최고의 장수 비결은 유전적 형질도 아니고 식습관이나 행동 방식도 아니었다. 병마와 싸워서 이긴 것도 아니었다. 오히려 대부분의 사람들은 심각한 질병을 겪지 않고 모두 피해왔다. 장수 여부를 예측하는 데 가장 최고의 변수는 성실함이었다.

장수하는 사람들은 신중하고, 끈기 있고, 체계적인 성격이었다. 오래 살기 위해서는 자신의 삶을 잘 돌보고 주변에서 일어나는 일에 대해서도 관심을 가져야 한다.

'장수 프로젝트'는 1921년부터 밝고 명랑한 아이들 1,500명을 80년 동안 추적 조사해서 얻은 결과를 연대순으로 기록했다. 연구원들은 그들의 개인사, 활동, 신념, 태도, 가족들의 개인 정보를 수집했다. 후학들은 이 프로젝트를 이어받아 연구를 지속했고, 대상자들의 인생에 관한 모든 세부사항들을 철저하게 계속 추적 조사했다. 참가자들로부터 얻은 정보의 수준은 이 연구가 과학적으로 타당한 결론에 이르게 해주었다. 연구 결과, 장수의 요인은 명랑한 성격이나 사교 능력이 아니었다. 신중하고 믿음직한 아이들이 가장 오래 살았다는 것이다.

만트라 명상. 15분에서 30분 동안 어떤 구절이나 만트라를 반복하는 초월 명상은 강력한 힘이 있다.[65] 한 연구에 따르면 만트라 명상은 관상동맥 심장질환이 있는 남녀의 사망률과 뇌졸중에 걸릴 위험을 줄이는 효과가 있었다. 명상을 했던 사람들의 혈압이 낮아지고 심리적 고통이 줄어들었다는 임상 반응이 이 연구 결과를 뒷받침하고 있다.

색채 치유. 이것은 당신이 언제 어디서든 적용할 수 있는 훌륭한 기술이다. 명상을 할 때 당신은 어떤 건강적 특성과 관련 있는 색에 집중해볼 수도 있다. 만약 당신이 파란 구체와 반대되는 색깔인 빨간 구체를 상상하면 몸은 다르게 반응할 것이다. 예를 들어 사람들은 염증을 줄이기 위해 파란색을 사용해왔다. 많은 병원에서는 색이 주파수를 가지고 있고 감정을 만들어낼 수 있다는 사실을 배우고 있으며, 더욱 의도적으로 색을 치료에 활용하고 있다.

어떤 사람들은 다른 사람들보다 색에 더 민감하다. 만일 당신이 아프다면, 아마 그 원인은 당신의 환경을 이루고 있는 색깔인지도 모른다.

몸을 바라보는 관점을 전환하라. 몸을 단지 하나의 기관이 아니라 시스템으로 바라보라. 만일 몸에 이상이 생기면, 신경계나 내분비계와 관련이 있을 수 있고, 다른 시스템들의 조합과도 연관이 있다는 점을 이해하길 바란다. 의사 없이 병을 극복할 수 있다는 말이 아니다. 하지만 당신의 마음은 당신을 도울 수 있는 의사에게 당신을 이끌어줄 것이다.

건강에 전념하라. 건강은 당신의 전체 현실 창조물 중 하나여야 한다. 감정을 묻어두지 말고 느껴보라. 때로는 우리가 가지고 있는 정서와 감정이 불편할 때도 있다. 괜찮다. 느껴보라. 경험하고, 그냥 내버려두라. 당신의 건강은 그것에 달려 있다.

호흡하라. 우리가 몸을 바로잡는 측면에서 호흡은 가장 중요하게 붙들어야 할 부분일 수 있다. 당신의 몸은 숨을 들이마시고 내쉬는 것만으로도 완전히 바뀔 수 있다. 호흡은 당신과 주변 환경의 지속적인 상호작용이기 때문에 당신은 그것에 의식적으로 집중해야 한다. 당신은 호흡을 다만 알아차리되 통제하지 않음으로써 몸이 치유되는 방식을 바꿀 수 있다. 당신의 호흡을 들여다보는 중립적인 관찰자가 되라. 호흡이 당신이 되게 하라. 당신이 호흡과 연결되면 호흡은 당신 없이 자연스럽게 일어난다. 그러면 당신의 잠재의식과도 더 잘 연결된다. 만일 당신의 호흡이 제로 포인트에 이를 수 있다면, 당신은 치유를 시작할 수 있다.

요가의 프라나야마 ^pranayama 는 에너지를 공급하고 치유하기 위해 호흡을 사용한다. 마찬가지로 항문에서부터 송과체 주위에 있는 복잡한 신경 복합체에 이르는 경로에 집중하는 척추 프라나야마도 숨을 들이마시고 내쉬면서 그 통로에 집중한다. 빔 호프

Wim Hof 호흡법은 과호흡을 조절하며 호흡하는 방법이다. 조 디스펜자 박사의 쿤달리니Kundalini 호흡법은 몸의 근육을 쥐어짜서 머리로 에너지를 전달한다.

4×4 호흡법. 이것은 4초간 숨을 들이마시고 4초간 숨을 멈추고, 4초간 숨을 내쉬고 4초간 숨을 멈추는 방법이다. 아주 오래전에 미스터리 학교와 마법 학교에서는 어떤 비밀을 공유하기 전에 4×4 호흡법으로 견습생들을 훈련시켰다. 또, 아침에 마시는 모닝커피보다 더 많은 에너지를 만들어내려면 코로 불을 내뿜듯이 빠르게 숨을 쉬는 호흡법을 해볼 수도 있다.

내가 도슨 처치 박사를 인터뷰했을 때, 그는 나에게 가슴의 뉴런과 마음의 뉴런이 일치를 이루는 가장 좋은 방법은 6초 동안 천천히 숨을 들이마신 다음 6초 동안 숨을 내쉬는 것이라고 설명했다.

이러한 호흡법들은 뇌를 차분하게 만들어 집중력을 높인다. 이 모든 방법을 실험해보라. 그러면 호흡을 삶을 이해하는 하나의 방식으로서 더 잘 이해하게 될 것이다.

나는 죽어가는 사람들과 함께 앉아 있었던 적이 있다. 그때 나는 남아 있는 게 더 이상 아무것도 없는 그들이 내쉬는 숨소리를 들을 수 있었다. 이 죽음이 엄습해오는 소리는 결국 자신이 호흡을 멈추기로 선택했거나 호흡이 스스로 호흡을 멈추기로 선택했다는 것을 나타낸다.

호흡은 우리의 생각과 상호작용을 한다. 우리는 호흡에 집중함으로써 우리의 사고 패턴을 바꿀 수 있다. 그리고 마침내 우리 모두가 경험하는 정서적인 고리를 깨뜨리기 시작한다.

당신의 몸에 귀 기울이라. 당신의 에너지 사이클은 어떠한가? 당신은 언제 가장 컨디션이 좋은가? 당신의 삶을 더욱 생산적으로 만들기 위해서는 무엇이 필요한가? 당신의 몸은 스트레스, 긴장, 그리고 두려움에 어떻게 반응하는가? 당신의 몸에 대해 더 잘 이해하기 위해 중립적인 관찰자로서 이런 반응들에 주목하라. 당신의 몸에 특별히 집중하기 위해서 스트레칭이나 호흡 또는 명상을 하는 것을 두려워하지 말라.

당신 자신을 사랑하라. 명상을 할 때 뼈와 세포 그리고 몸의 모든 부분을 의식하면서 사랑한다고 말해주라. 발가락에게 사랑한다고 말하라. 대장에게 사랑한다고 말하라. 벌거벗은 채로 거울 앞에 서서 사랑한다고 스스로에게 말하라. 나이가 들수록 우리는 더 몸을 부끄러워하며 감추려고 한다. 당신이 부끄러워하는 몸을 어떻게 건강하게 개선할 수 있겠는가? 당신이 어떤 상황에 처해 있든 당신 자신을 사랑하라. 그러면 그 사랑이 당신을 치유할 것이다.

기공. 기공은 앞에서도 몇 번 언급했지만, 여기서도 또 이야기해야겠다.

기공 수련은 신체적 차원에서나 건강적 차원에서 많은 이

점을 가지고 있다. 기공 마스터인 로버트 펭^{Robert Peng}은 전투를 목적으로 하는 기술과 치유를 목적으로 하는 기술 가운데 무엇을 개발할 것인지 선택의 기로에 서 있었다. 그는 치유 쪽을 선택했지만, 손가락에 에너지를 집중시켜 전류를 생성하거나, 질병이나 에너지에 대한 신체의 저항력을 높이기 위해 에너지 보호막(quardian qi)을 사용하는 등 신체를 강화하기 위한 여러 가지 기술도 훈련했다.

로버트 펭은 우리가 노래를 부를 때 면역력이 강화된다는 사실에서 아이디어를 얻은 면역 호흡법을 포함한 다양한 호흡법을 가르친다. 또 그는 오래 걷기와 호흡법을 결합한 '장수 걷기'라는 운동을 한다. 모두 간단한 방법으로 에너지를 올리고 몸과 마음의 연결을 강화할 수 있는 운동이다.

웃음. 건강하게 살기 위해 할 수 있는 가장 위대한 일 중 하나는 웃는 것이다. 웃는 사람은 오래 살고 더 행복하고 더 낙관적이다. 오랫동안 사람들은 웃을 만한 이유가 있어야만 웃을 수 있다고 믿었다. 그러나 웃음이 주는 이점이 너무나 커서 웃음 그 자체를 위한 활동이 점점 인기를 끌고 있다. 사람들은 웃음 클럽(치료 목적으로 정기적으로 만나 웃는 모임. — 옮긴이)에 가입하고 웃음 요가를 하고 웃음 운동을 배운다. 가짜 웃음조차도 우리가 아름답고 창의적이고 행복한 순간을 통해 치유되던 그 시절로 우리를 되돌릴 수 있다.

창의성. 창의성을 통해 우리는 건강을 위한 올바른 마음가짐을 가질 수 있다. 사람들이 창의적인 프로젝트를 진행할 때 그들은 스스로를 병에 걸리게 놔두지 않는다. 실제로 당신이 창조를 하지 않으면 배출구가 없어서 병에 걸릴 수 있다. 아마 당신도 표현하고 싶은 무언가가 있을 것이다. 어떤 고착된 감정은 이야기를 하거나 이미지를 보여주고 싶은 욕구일지도 모른다. 그 창조적인 에너지를 위한 배출구가 없다면 당신은 아플 수도 있다.

우리가 살면서 완전히 통제할 수 있는 건 우리 몸이다. 모든 생각, 모든 움직임, 모든 행동은 끊임없는 창조의 과정이다. 그것을 무시해버리는 건 죽는 것과 다름없다.

나의 아버지는 누구도 경험해서는 안 되는 루이소체 치매로 돌아가셨다. 나는 어머니가 돌아가신 뒤 아버지가 이 병을 선택하신 건 아닌지 궁금했다. 아버지는 처음에는 기억력을 잃지 않았다. 하지만 신체 활동을 할 수 있는 기능을 상실하고 나서, 그는 포기했다. 그리고 포기한 상태는 자연스럽게 이 이상한 치매로 표현되었다. 아버지는 평소 운동을 좋아했지만 이제 죽을 거라고 생각하자, 더는 운동을 할 필요가 없다고 생각했다. 포기해버린 것이다.

제발 포기하지 말라.

당신이 포기하고 싶고 희망도 없고 삶이라는 사치를 붙들 이유도 없다고 느끼는 순간에 서 있다면, 오래지 않아 모든 것이 바뀔 것이라는 사실을 알기 바란다.

우리는 곧 경험하게 될 놀랍고도 새로운 세계를 보기 위해서라도 충분히 오래 살 가치가 있다. 다가오는 현실 혁명을 붙잡으라. 모든 것이 변할 것이다.

9장

번영 혁명

"재물을 바라는 욕망은 더 부유하고, 더 풍성하고, 더 풍족한 삶을 바라는 욕망이다.

이 욕망은 좋은 것이다. 더 풍족하게 살려는 욕망이 없는 사람은 비정상이다.

그러므로 원하는 것을 모두 살 만큼 충분한 돈을 원하지 않는 사람은 비정상이다."

— 윌러스 워틀스 Wallace Wattles

내가 예상하기론, 여러분 중 몇몇 — 아마도 대부분 — 은 다른 장을 읽기 전에 이 장으로 눈을 돌릴 것이다. 인정하고 싶지 않겠지만 사람들은 대부분 돈과 부를 창출하고 싶은 마음에 현실 해킹에 끌린다. 사람들에게 번영 코칭을 하면서 나는 흥미로운 점을 하나 발견했다. 우리들 대부분은 우리 자신에 관해서 거의 알지 못한다는 사실이다. 당신이 돈을 생각하는 방식은 돈을 얻는 방식에 영향을 미친다. 그러니 만일 당신이 현실 조종이나 현실 해킹의 장애물을 다루고 있는 다른 장을 읽지 않았다면, 그 부분을 읽고 다시 여기로 돌아오길 바란다.

돈은 복잡하다. 그것은 좋든 싫든 우리가 지속적으로 인식해야 하는 살아 있는 에너지다. 이러한 인식이 번영 의식인데, 이것은 거래보다는 관계에 더 가깝다. 만일 아무것도 하지 않고 내버려둔다면 그 관계는 폭력적으로 변한다.

일어날 수 있는 수조 개의 현실 중에서 상상할 수 없을 정도로 부유한 현실들이 있다. 당신은 오라 테크닉을 사용하고 부의 타임라인을 활성화하여 그 현실들 중 하나를 조정할 수 있다. 그리고 애쓰지 않고 그 현실을 물리적 현실로 가져올 수 있다.

번영 혁명으로 나아가기 전에 먼저 스스로에게 물어봐야 할 질문이 있다.

"나는 정말로 부자가 되려는 마음이 있는가?"

이 질문을 하고 나서 당신의 몸과 마음에서 느껴지는 반응을 분석해보라. 몸에서 어떤 고통이나 열, 에너지가 느껴지는가? 몸이 근질근질 가려운가? 불편함이 느껴져서 이리저리 서성거리게 되는가? 당신의 답변은 무엇인가?

다음으로 우리가 자문해봐야 할 것은 "부는 나에게 무엇을 의미하는가?"이다. 당신은 부자가 되기 위해 얼마가 필요한가?

어떤 사람들은 5,000달러만 있어도 부유하다고 느낀다. 다른 사람들은 10만 달러, 100만 달러 또는 10억 달러가 필요하다. 구체적인 액수를 찾으라. 만일 잘 모르겠다면 당신은 아직 번영에 대해 충분히 생각하지 않은 것이다. 다음 단계로 가기 전에 당신은 앞서 이야기한 질문들에 대해 신중히 생각할 시간을 충분히 가져야 한다. 사실, 이것은 순전히 생존의 문제다. 돈과의 관계를 이해하는 것은 당신의 의무다. 자신에게 구체적이고 솔직하다면 틀린 답은 없다.

만일 당신이 금액의 차이를 이해하지 못한다면 이 수치들은 정확하거나 현실적이지 않을 것이다. 당신이 100만 달러를 원한다고 말로 하는 건 쉽다. 하지만 나는 사람들이 그 액수가 어느 정도인지 감을 잡지 못할 수도 있다는 점을 깨달았다. 10만 달러 이상의 금액부터는 재정 수준이 상당히 복잡해진다. 당신은 그것을 5달러짜리 지폐처럼 다룰 수 없다.

만일 당신에게 이런 질문들이 어렵게 느껴진다면 이런 관점에서 생각해보라. 지금 당장 내가 당신에게 1,000달러를 주면서 당신의 행복을 위해 전부 사용하라고 한다면 당신은 어디에 돈을 쓰고 싶은가? 당신은 그 돈을 저축할 수 없고 자기 자신을 위해서만 써야 하며 하루 만에 다 써야 한다. 만일 당신이 번영 혁명을 위한 준비가 되어 있다면 당신은 바로 어떻게 돈을 쓸 건지 대답할 수 있을 것이다. 그러나 대부분의 사람들은 뭘 해야 할지 모르거나 결정하기를 어려워하거나 아니면 막연한 느낌만 갖는다.

만일 당신이 대답할 수 있다면 내가 그 돈을 준다고 할 때 당신의 몸에선 어떤 반응이 있는가? 일주일 동안 매일 똑같은 금액을 주는데 매일 계속 써야 한다면 기분이 어떨 것 같은가? 그 기간이 한 달이라면?

이런 맥락에서 볼 때 총지출 액수가 100만 달러가 되려면 2

년 9개월이 걸리고, 10억 달러에 이르는 데는 2,739년이 걸릴 것이다.

많은 사람에게 이 연습은 도전이 된다. 그들은 그렇게 많은 돈을 쓰는 것이 옳지 않다고 생각하며 죄책감을 느낀다. 또 어떤 이들은 이런 일이 일어날 수 있다고 상상조차 할 수 없다. 그들은 이런 일이 자신에게 절대로 일어나지 않을 거라고 확신하기 때문에 대답도 하지 않을 것이다.

당신의 답변은 당신이 돈과 맺고 있는 관계에 대해 많은 것을 말해준다. 당신은 부자가 될 수 있는 가능성을 허용하고 있는가? 당신은 부에 대한 당신의 생각이 그것을 받거나 거절하는 데 어떤 영향을 미치는지를 볼 수 있는가?

물론 돈과 재정은 전혀 다르지만 같은 수준의 열린 마음과 현실적인 기대가 요구된다. 당신이 길에서 1달러를 발견하고 싶다면 이전에 똑같은 일을 겪어본 적이 있을 거고, 그 느낌을 이해할 수 있기 때문에 현실로 끌어올 수 있을지 모른다. 하지만 금액이 더 커지면 우리는 보통 그 느낌이 어떤 건지 모르기 때문에 더 많은 금액을 끌어당기는 우리의 능력은 차단된다.

웨인 다이어는 그가 쓴 책에서 매일 조깅이나 산책을 할 때 어떻게 매일 돈을 주울 수 있었는지에 관해 말했다. 마법 같은 일이 벌어졌기 때문일까? 아니면 단순히 주위에는 항상 돈이 있다는 사실과 그것을 찾으려고 하면 언제든 찾을 수 있다는 사실에 마음이 열려 있기 때문일까?

만일 당신이 땅에서 1페니를 발견하고서 마치 10억 달러를 발견한 것처럼 흥분한다면 어떨까? 만일 어떤 힘이 당신에게 수천 달러를 계속 당신 손에 전해주려고 한다는 생각에 당신의 마음이 열린다면? 그런데 당신이 번영 의식을 가지고 있지 않았기 때문에 그것을 보지 못했다면?

기꺼이 돈을 받아들이라. 돈이 일으키는 감정을 파악하고 긍정적인 상태로 전환하라. 이것이 우리가 돈과의 관계를 치유해서 번영 혁명을 이루는 방법이다.

우리가 말하는 돈 이야기

돈에 관한 나의 이야기는 많은 사람들이 겪었던 것과 다르지 않다. 나는 다방면에서 어려움을 겪었다. 나는 엄청난 빚을 지고서는 온갖 엉뚱한 짓을 하는 데 돈을 경솔하게 써버렸다. 당신은 내가 사들인 옛날 만화책들을 봤어야 한다. 돌이켜보면 내가 모아온 것들은 나의 의식, 이해, 신념의 수준만큼 중요한 게 아니었다. 하지만 그 당시 나의 최고 애장품이었던 〈아이언맨$^{\text{Iron man}}$〉, 잡지 〈매드^{Mad}〉, 만화책 〈워킹 데드$^{\text{Walking Dead}}$〉를 팔아야 했을 때 나는 망연자실했다.

나는 보수가 좋은 직장에 다녔다. 하지만 나는 좋지 않은 대출 상품을 파는 대부업 회사에 다녔고, 장시간 일을 해야 했다. 사람들은 상환금이 증가하고 선이자가 부과되면서 부채에 묶여 있었다. 내 가슴은 내가 돈을 버는 방식을 옳지 않다고 느꼈다. 어느 순간 나는 나 자신을 뒤로하고 내가 하고 있는 일에 대해 좀더 솔직해지기 시작했는데 그것이 나의 풍요로움에 영향을 주었다.

나는 《번영 의식》(Prosperity Consciousness)의 저자 프레드릭 러먼Fredric Lehrman의 돈 세미나를 듣고 나서 내면 작업을 시작했다. 그러자 내 수입은 분기마다 두 배씩 늘어났다. 나는 더욱 효율적이고 창의적으로 일하고 있었다. 나는 돈을 버는 법에 관한 책을 읽을 수 있는 만큼 모두 읽고 있었는데, 거기에는 부유한 사람들의 자서전도 포함되어 있었다. 나는 그들의 이야기를 보면서 그들의 진동과 에너지에 빠져들었다. 나는 그들이 말하는 것을 들었다. 내가 세상에 대해 생각하는 방식을 새롭게 할수록 그 에너지는 더욱 축적됐고 부가 뒤따라왔다.

읽을 만한 좋은 책은 토니 로빈스Tony Robbins의 《머니MONEY》인데, 이 책에서 그는 독자들에게 그들이 이미 부자인 것처럼 말하고 있다. 그는 어떻게 부를 축적할 것인가를 넘어서 당신이 이미 부유하다는 가정에서 투자 조언을 한다. 그렇다면 이제 당신은 무엇을 할 것인가? 이것이 번영의 정신이고, 우리 모두가 할 수 있는 게임이다. 나는 번영 의식이 세상을 혁신할 것이고 학창 시절에 이것을 일찍 가르쳐야 한다고 믿는다.

당신의 과거를 돌아보고 미래를 향해 나아가라. 우리는 모두 돈에 관련된 우리만의 이야기를 가지고 있다. 당신은 지금 당장 돈을 벌고 있을지도 모른다. 그런데 당신의 가슴은 당신에게 무슨 이야기를 하는가? 돈이라는 건 당신의 가슴이 동의하기만 하면 언제나 쉽게 다가오고 더 많아진다. 균형력이 작동하면 당신 내부에서 일어나고 있는 일이 당신에게 현실로 다가올 것이다. 당신의 가슴은 달러 숫자는 모르지만 감정은 알아본다. 우리는 감정을 조율해야 한다.

시작을 위한 핵심 열쇠

번영 의식을 위한 첫 번째 열쇠는 자신을 사랑하는 것이다. 우리는 저마다 자신의 정체성을 가지고 있다. 그 정체성이 사랑으로 포장되지 않으면 부는 위태로워질 것이다. 세상에서 말하는 좋은 것을 좇아 필사적이고 열광적으로 분투하는 굴레를 멈추라. 그 대신 자신을 존중하고 배려하고 존경하고 허용하는 데 집중하라. 당신이 에너지 좇는 것을 멈추면 에너지가 당신을 좇기 시작한다.

번영 의식을 위한 두 번째 열쇠는 타인을 사랑하는 것이다. 일단 당신이 다른 사람들을 사랑한다면, 당신은 당신이 받을 수 있는 것보다 더 많은 선물, 돈, 관심을 받을 것이다. 부자가 될 수 있는 많은 열쇠 가운데 이 두 가지는 당신에게 더 빨리 번영을 가져다줄 것이다.

번영 의식의 신조들

누군가 문을 두드렸다. 당신이 문을 열어보니 계단에 커다란 상자 하나가 있다고 상상해보라. 누군가의 도움을 받아야 할 정도로 무거운 이 상자를 일단 안으로 끌고 들어가서 보니 상자

윗부분에는 '이것은 당신 것입니다'라고 적혀 있는 쪽지가 붙어 있다. 상자를 열어보니 100달러 지폐 묶음이 가득 들어 있다.

처음에 당신은 어떤 기분이 들겠는가? 두려울까? 아니면 의심이 들까? 그 느낌을 잘 살펴보라. 당신이 의식을 바꾸기 전에 이해해야 할 부분이 있다. 바로 돈과, 돈을 갖는다는 것의 의미에 대해서 당신이 가지고 있는 깊은 감정과 선입견이다.

텔레비전과 영화에서 부자들은 나쁜 사람들로 묘사된다. 교리에서도 부자가 되면 천국에 들어갈 수 없다고 나와 있다.

돈이 왜 나쁜지에 관해서 우리가 할 수 있는 변명은 수도 없이 많다. 나는 사람들이 복권은 위험하고 또 그걸로 뭘 해야 할지도 몰라서 복권에 당첨되고 싶지 않다는 이야기를 들었다. 다른 사람들은 얼마나 많은 세금을 내야 하는지를 이야기한다. 현실적으로 이런 반론들은 극복하기 쉽다. 역사적으로 더 많은 돈을 버는 사람들은 세금을 덜 낸다. 사회 시스템이 그들에게 더 유리하게 작동하기 때문이다. 당신은 돈을 쓰고 안전하게 지킬 수 있게 도와줄 사람을 고용할 수 있다.

사실 돈은 만악의 근원이 아니다. 돈은 당신이 어떤 문제를 가지고 있더라도 항상 해결책을 제시해줄 수 있고 또 제공해준다. 이것이 진실이다. 하지만 당신이 직간접적으로 들어온 말들을 돌이켜보면 이 진실을 믿기 어려울 수도 있다.

돈은 어떤 문제도 해결할 수 있을 뿐만 아니라 나는 돈이 풍요로운 미래를 가져올 것이라고 믿는다.[66] 우리가 양자 컴퓨팅, 물리학, 테크놀로지 분야에서 하고 있는 발견들은 우리가 자원을 더 나은 방식으로 사용하고 모두가 부자가 될 미래를 향해 아주 빠른 속도로 우리를 이끌고 있다.

만일 그런 미래가 당신에게 불가능해 보인다면 당신의 신념이 가난에 관해 어떤 말을 하는지 들어보라. 당신은 대부분의 사람들이 생각하듯이 누군가는 항상 가난하거나 고생할 거라고 생각하는가? 이것은 두려움, 증오, 분노와 연관된 피드백 고리의 일부분으로, 우리는 그것을 바꿀 수 있는 능력이 있다. 그러한 생각 안에서 우리는 결코 자유로 가는 길을 얻을 수 없을 것이다. 우리는 수동적으로 돈을 버는 구조와 그 구조를 그저 받아들이는 것에서 벗어나야 한다. 일단 우리가 번영을 받아들이면 번영은 온 세상을 뒤덮을 정도로 큰 파도로 우리 안에 있던 소극적인 에너지를 쓸어가버릴 것이다. 우리의 신념은 다른 모든 사람에 대한 신념도 더 쉽게 만들어준다. 생각을 바꾸는 것은 온 세상을 도울 수 있는 스위치를 켜는 것과 같다.

의식을 확장하는 글쓰기를 위한 질문들

- 만일 당신이 거액의 돈을 갖는 것을 부정적으로 생각하고 있다면 당신이 지금 가지고 있는 돈에 대해서는 어떤 감정을 느끼고 있는가? 은행 계좌에 찍힌 액수를 보면 걱정이 되는가? 돈을 버는 대신 쓰는 것에 초점을 두는가?

- 돈을 쓸 때는 기분이 어떤가? 행복해지려고 노력하거나 생존하기 위해 애쓰고 있는가? "이 일을 했으니까 괜찮아"라는 말로 돈을 쓰기 위한 변명을 하는가?

- 만일 당신의 모든 생각이 돈을 창조하는 게 아니라 소비하는 데 관한 것이라면, 그리고 그 뒤에 부정적인 감정이 줄줄이 붙어 있다면 당신이 돈을 벌 가능성은 얼마나 될까?

- 당신이 받아야 할 돈을 요청할 때 어떤 기분이 드는가? 더 요청하기가 망설여지는가? 요청하기조차 어려운가?

돈이 지닌 에너지

우리가 의식 자체를 인정하지 않으면 번영 의식을 이해할 수 없다. 돈 자체와 돈을 사용하는 방식에는 온갖 종류의 감정과 에너지가 있다. 당신의 부모님은 돈을 어떻게 썼는지 생각해보라. 그들은 돈을 쓸 때 어떤 메시지를 내보내고 있었는가? 두려움이었나? 아니면 희망이나 번영이었나? 부모님이 돈과 맺고 있던 관계는 당신이 자궁 속에 있을 때부터 당신에게 각인되었다. 그래서 우리는 부모님에게서 받은 에너지의 방향에 따라 돈을 긍정적이나 부정적으로 느끼는데, 우리 가운데 많은 사람은 '부자가 되는 것은 좋지 않다'고 느낀다.

만일 내가 여러 해 동안 부자가 되는 건 나쁘다는 신념을 가지고 있지 않았다면 나는 내 인생에서 훨씬 더 많은 것을 가질 수 있었을 것이다. 우리 모두 그럴 것이다. 코칭을 하면서 가족의 재산을 탕진하거나 투자에 실패한 사람들을 만나본 결과, 그들은 모두 자신이 돈을 받을 자격이 없다거나 부자가 될 자격이 없다는 믿음이 있었다.

월러스 워틀스는《부의 비밀》에서 나의 관점을 완전히 바꾸어놓았다. 특히 이 구절들은 우리가 가지고 있는 번영에 관한 죄책감과 수치심을 올바른 방향으로 되돌리려면 무엇이 필요한지 설명한다.

우리가 살아가는 데는 세 가지 동기가 있다. 우리는 몸을 위해 살고 마음을 위해 살고 영혼을 위해 산다…. 우리는 알고 있다. 우리가 몸과 마음과 영혼에게 해줄 수 있는 모든 것을 완전히 표현하는 삶이 진짜 삶이라는 걸 말이다. 우리가 무슨 말을 하든지 우리 몸이 그 모든 기능을 충분히 수행하지 못하고 마음과 영혼도 완전히 기능하지 못한다면 누구도 진정으로 행복하거나 만족할 수 없다…. 사람은 좋은 음식, 편안한 옷, 따뜻한 쉼터, 그리고 과도한 노동에서 벗어나는 자유가 없이는 몸 안에서 온전히 살 수가 없다. 휴식과 취미 생활은 육체적인 삶에 꼭 필요한 것이다….

영혼 안에서 온전히 살기 위해서 우리는 사랑을 가져야만 하는데 가난은 사랑이 완전히 표현되는 것을 가로막는다. 사람의 가장 큰 행복은 사랑하는 사람들에게 이익을 가져다주는 데 있다. 사랑은 주는 행위를 통해 가장 자연스럽고 자발적으로 표현된다. 줄 것이 없는 사람은 배우자, 부모, 시민, 인간으로서의 자리를 채울 수 없다…. 그러므로 부자가 되는 것은 중요하다. 부자가 되려는 생각은 전적으로 옳다. 정상적인 남자나 여자라면 그렇게 하지 않을 수 없다. 그것은 전적으로 옳다. 부자가 되는 과학은 모든 학문 가운데 가장 필요한 것이기 때문에 당신은 이 공부를 하는 데 주의를 면밀하게 기울여야 한다. 만일 당신이 이 공부를 소홀히 한다면 당신은 당신 자신과 당신의 세계에 대한 의무를 내동댕이치는 것이다. 당신이 세상에 기여하는 정도는 당신이 만드는 당신의 존재를 넘어설 수 없다.[67]

당신이 지갑이나 체크북^{checkbook}(미국에서 쓰는 수표장. — 옮긴이)을 꺼낼 때 어떤 기분이 드는지 주목해보라. 만일 당신이 전체 미국인의 77퍼센트와 같다면 아마도 걱정과 어려움을 느낄 것이다. 이 모든 감정은 내적인 것이지만 끊임없이 외부로 투사된다. 당신의 잠재의식은 감정들을 밖으로 내보내고 그 주파수는 비슷한 사람들을 끌어온다. "난 아직 준비가 안 됐어"라고 무의식적으로 말하면, 그 에너지가 투사되어 당신이 원하는 돈을 받는 것을 가로막을 수 있다.

우주는 풍요롭다. 우주에는 수조 개의 행성이 있는 수조 개의 은하계가 존재하는데 각 행성과 우주는 끊임없이 성장하고 번성하고 있다. 식물은 자라고 동물도 번식한다. 모든 존재는 확장을 추구한다. 그것은 항상 증가하며 성장하고 있으니 말이다. 당신은 이 우주의 일부다. 이것이 인생이다. 더 많이 하고, 더 많이 되고, 더 많이 갖는 것이다. 다른 말로 하자면, 신은 최고의 보물상자다. 모든 블랙홀은 우리의 현실과 평행한 현실들이 있는 또다른 우주를 가지고 있다. 낭비되는 것은 없다.

발전하려면 '증가'가 있어야 한다. 만일 당신이 행복을 얻는 것에 관심이 있다면 행복을 계속, 더 많이 추구하라. 직선으로 쭉 증가하는 패턴이 아니라 오르락내리락하지만 점점 꾸준히 증가하는 패턴으로 새롭고 더 나은 수준을 지향하라. 이것이 번영 의식이다. 돈이 없어도 괜찮다는 주장은 증가와 함께 오는 성장과 기쁨보다는 결핍과 함께 오는 스트레스와 불행에 찬성하는 것이다. 우리는 사고방식을 이런 방식으로 완전히 바꿔야 한다. 풍족해도 괜찮다. 우리는 부자가 된다. 그리고 진정한 부를 이해하는 곳이 '무한'이기 때문에, 우리는 무한을 탐구한다.

《번영의 바이블》(The Prosperity Bible)에서는 이렇게 말한다. "자연에는 모두를 위한 풍요로움이 있다. 빈곤은 자연의 계획이 아니다. 사실은 그 반대다. 자연은 모두를 위한 풍요를 설계했다. 사람의 욕구를 채우는 공급은 그 필요를 채울 뿐만 아니라, 풍요로 넘쳐나게 하는데 이것은 자연이 주는 은혜의 법칙이다."

세상은 우리 모두를 위한 자원을 충분히 가지고 있다. 자원은 우리가 생각하고 집중하는 것이 무엇이든 그것과 일치하는 흐름으로 끝없이 흐른다. 번영 의식을 계발하면서 끊임없이 이 말을 상기시키라. ― 당신은 믿을 수 없을 만큼 풍요로운 현실에서 부자로 살아갈 자격이 있으며, 부와 풍요 또는 빚과 가난을 끌어들이는 힘을 사용할 수 있다.

상호성과 진공 상태

당신은 이 우주에서 아주 특별한 사람이다. 그 누구도 당신과 똑같은 유전자를 가지고 있지 않고 똑같은 인생을 체험하지 않는다. 당신은 힘이 있으며 그것에 대한 보상을 받을 자격이 있다. 당신은 부자가 될 자격이 있다.

만일 이런 말을 하기가 불편하다면 이것을 기억하라. 당신이 돈을 가지고 있지 않으면 다른 사람에게 줄 수가 없다. 우리가 다른 사람의 필요를 파악하고 그들과 함께 나눌 때, 모두가 풍요로워질 수 있다. 이것이 상호성의 법칙이다.

상호성과 연관된 진공(vacuums)이라는 개념이 있다. 우리는 스스로가 부를 얻으려고는 하지 않으면서 사람들을 돕고 싶어하는 것처럼 낡은 소파에 앉아서 새로운 가구를 떠올리며 명상하는 경향이 있다. 열린 공간을 만들면 진공으로 채워질 공간이 생긴다.

만일 당신이 새 옷을 갖고 싶다면 옷장에 있는 옷을 나눠주고 그것이 어떻게 다시 채워지는지를 지켜보라. 당신이 새 가구를 원한다면 가지고 있는 가구를 없애고 나서 그 열린 공간에 무슨 일이 일어나는지 지켜보라. 부가 작동하려면 순환해야 한다. 당신이 가지고 있는 돈과 물건들을 사용하고 주는 것은 그 순환이 지속될 수 있는 공백을 만든다.

당신이 무언가를 줄 때마다 그것이 세 배로 다시 돌아온다는 사실을 확실히 알고 있다고 상상해보라. 이것이 행동에서의 상호성과 진공 상태이며 번영 의식의 핵심 구성요소다.

번영의 참된 의미

디팩 초프라는 "인생은 무한한 가능성의 장"이라고 말했다. 우리가 번영 혁명에 참여하려면 그러한 사실에 열려 있어야 한다. 우리가 무한한 가능성을 인식하면, 그것을 인식하지 않았을 때보다 더 많은 것들에 관심과 호기심을 가지게 된다. 길거리에서 20달러짜리 지폐를 찾길 바라는 마음이 그것을 발견하는 데 도움이 되는 것처럼 우리는 무한성을 발견하기 위해 그것을 찾아야 한다.

우리는 금전적인 부의 측면에서 번영을 논하고 있지만, 더 깊이 들어가 말하자면 그것은 의식의 상태라고 할 수 있다. 부를 창출하는 단계는 인기를 얻고 있다. 소셜 미디어 게시물을 내려보면 매번 여섯 번째나 일곱 번째로 나오는 게시물은 수익을 목적으로 하는 글이다. 그러나 "이렇게 하면 백만장자가 될 것"이라는 말은 거꾸로 생각하는 것이다. 결과가 시간에 따라 행해진 특정 행동의 산물이라는 생각은 절반만 진실이다. 진정한 성공은 한 걸음 뒤로 물러나서 그 행동들이 최초에 어디에서 비롯된 것인지를 묻는다.

당신은 왜 살을 빼지 않았고 사업을 시작하지 않았으며 세계 여행을 하지 않았고 그토록 오랫동안 원하던 집을 사지 않았는가? 당신이 어떤 행동을 해야 할지를 몰라서가 아니다. 당신의 의식 상태 때문이다. 당신의 의식이 가난이 아닌 번영의 의식일 때라야 합당한 행동이 자연스럽게 나오는 것이다.

스스로 만든 한계는 우리에게 가장 이득이 되는 것을 하지 못하게 막는다. 한계는 변명이다. 번영하는 마음은 변명을 하지 않는다.

꼭 금전적인 맥락이 아닌 경우에도 마찬가지다. 만일 당신이 체중을 20킬로그램 정도 감량하고 싶어해도 여전히 자신을 정상 체중에서 20킬로그램이 더 나가는 과체중 상태로 여긴다면, 그 모습이 당신이 될 것이다. 이 책의 다른 개념들과 마찬가지로 당신이 원하는 것을 실현하려면 당신은 그 결과를 느끼고 보아야 한다. 미래에 대한 비전이 아니라 지금 당장 그 결과가 실제로 일어나고 있다는 걸 느껴야 하는 것이다.

이것이 우리가 결핍이 아닌 풍요의 의식 상태에서 번영을 운영하는 방법이며, 무한한 재정적 성공의 열쇠다. 어떤 일이 일어난다는 것을 당신이 가슴으로 알게 되는 최적의 영역에 도달하면 믿음이 생겨나기 시작한다. 인류의 모든 창조물은 그것이 현실이 될 수 있다고 믿었던 한 개인의 마음속에서 시작되었다. 명확함이 믿음으로 바뀌어야 행동을 취할 수 있다.

돈은 우리가 1장에서 설명한 입자 파동 이중성의 궁극적인 예이다. 우리가 벌고 싶어하는 돈, 돈을 벌기 위해 무엇을 해야 하는지, 그리고 돈을 어떻게 쓸 것인지에 대해서 생각할 때 그 돈은 파동 형태로 존재한다. 그리고 우리가 실제로 돈을 벌면 파동은 입자로 붕괴된다. 이 과정은 보통 다음의 4단계로 ─ 무의식적 무능력, 의식적 무능력, 의식적 능력, 무의식적 능력 ─ 일어난다.

1단계. 우리는 우리가 모른다는 것을 모른다. (무의식적 무능력)

2단계. 우리는 우리가 존재하는지 몰랐던 새로운 것을 발견했다. 이제 우리는 무엇을 해야 하는지는 모르지만 그 잠재력을 알고 있다. (의식적 무능력)

3단계. 우리는 어떤 전문 지식으로도 그것을 찾는 방법을 모르지만 유능해지려고 시도함으로써 그 연습을 시작할 수 있다. (의식적 능력)

4단계. 숙달. 정기적으로 차를 몰다 보면 어떻게 운전해야 할지 더 이상 생각할 필요가 없다. 운전을 하면서도 목적지에 도착할 때 즈음에는 그 여정을 거의 기억하지 못한다. 당신은 무의식적으로 유능하다. (무의식적 능력)

어떤 수준에서든 번영은 보통 무의식적인 능력을 통해 일어난다. 그것은 신념과 오랫동안 철저히 반복된 행동의 결과로서 무의식이 된 것이다. 행복은 행복을 실천함으로써 얻는 것이지 행운의 한 방을 노리는 것이 아니다. 만일 당신이 행복하지 않다면 당신은 당신을 그렇게 만드는 생각 습관, 감정 습관, 행동 습관으로 살아가고 있을 것이다. 번영도 마찬가지다. 만일 당신이 원하는 인생을 살고 있지 않다면 그것은 당신의 습관 때문이다. 우리는 더 나은 습관과 신념을 만들어 매일 삶에 적용해야 한다. 그 신념이 우리 무의식의 일부가 될 때까지 의식적으로 노력해야 한다.

결핍이 아닌 만족

부자가 되기를 원하는 것과 돈에 크게 의존하는 것 사이에는 균형점이 있다. 강한 욕망은 결핍의 수준에서 나오는데 이것은 역효과를 낳는다. 당신이 이미 가지고 있는 것을 받아들이고 상황이 언제든지 더 나빠질 수도 있다는 사실을 깨닫는 건 좋은 시작점이다. 돈을 향한 욕망을 완전히 멈춰야 하는 것은 아니지만 당신은 지금 당장 온천수처럼 돈이 쏟아지지 않는다는 사실을 긴장을 풀고 받아들여야 한다. 손쉽게 대박이 나거나 모든 것을 잃을 수도 있지만, 이 순간에는 모든 게 다 괜찮은 도박꾼처럼 행동하라.

당신이 원하는 모든 것을 얻게 될 미래에 대한 긍정적인 감정을 나중으로 미루지 말라. 당신은 당신의 욕망을 실현함으로써 행복을 얻는 것이 아니다. 행복을 얻음으로써 당신의 욕망을 실현하는 것이다. 내적인 상태가 외적인 결과를 좌우한다. 미래의 어떤 시간을 기다릴 이유가 없다. 만일 당신이 하는 모든 것이 미래를 기다리는 거라면 그 미래는 절대로 오지 않는다. 지금 번영을 느끼라. 지금 자신감을 느끼라. 지금 행복을 느끼라. 이날을 당신의 필연적인 성공을 축하하는 즐거운 날로 만들어라.

질투는 우리를 그러한 순간에서 멀어지게 할 수 있다. 질투는 당신이 맞이할 수 있는 최악의 감정 중 하나다. 만일 누군가가 당신보다 더 많은 돈을 가지고 있거나 비슷한 직업을 가졌는데도 돈을 더 많이 벌고 있다면 이 규칙을 기억하라. 만일 당신이 누군가의 부를 부러워한다면 당신은 결코 그들이 가진 것을 얻을 수 없다. 그들이 가진 것이 나쁘다고 말하는 순간 당신의 잠재의식은 그 말을 듣고서 그것을 절대 얻지 못하게끔 작동할 것이다. 만약 당신이 부러움을 느끼거나 질투심을 유발하는 자신을 발견한다면 되도록 빨리 그 감정을 뒤집으라.

풍요로운 세상에서는 경쟁이 필요치 않다. 당신은 창조하기 위해 여기 있는 것이지 이미 창조된 것을 경쟁하기 위해 있는 것이 아니다. 당신은 원하는 바를 얻을 것이고, 그것은 다른 모든 사람에게도 도움을 주는 방식이 된다. 다른 사람에게서 아무것도 빼앗을 필요가 없고 그들도 당신에게서 그 무엇도 빼앗지 않는다. 흥정하거나 남을 속이거나 사람을 이용하지 않아도 된다. 누구도 자신의 가치보다 더 낮은 일을 해서는 안 된다. 누구도 당신이 가질 수 없는 것을 가지고 있는 사람은 없다.

이런 급진적인 만족은 받아들이기 어려운 감정이다. 돈을 사랑하면서도 더 원하지 않기란 어렵고 돈에 대한 의존적인 관계를 피하기도 거의 불가능하다. 바딤 젤란드는 말한다. "단지 그런 관계를 최소화하려고 노력할 수 있을 뿐이다. 돈이 들어온다면 행복해하라. 그러나 단지 돈이 부족하다고 해서, 혹은 돈을 잃었다고 해서 괴로워하지는 말라. 괴로워할수록 들어오는 돈은 점점 줄어들 것이다."[68]

만일 누군가가 충분히 많은 돈을 벌지 못한다면 그들은 자신이 결코 충분히 가질 수 없을 거라고 불평하는 실수를 저지를 것이다. 이러한 유형의 생각 에너지의 매개변수는 보통 부가 없는 현실과 일치한다. 그것은 당신의 신념과 일치하는 현실로 당신을 끌어들인다.

소득이 점점 감소하는 것에 대한 두려움과 불안 속에서 생활하는 것은 특히 위험하다. 돈을 잃거나 충분히 벌지 못할 것을 두려워하면 현실을 변환하는 가장 효과적인 방법이 활성화되지만, 그것은 부정적인 방식으로 작동한다. 그래서 실제로 사람들이 갖는 돈은 점점 더 줄어들기 시작한다. 당신이 두려움에 주의를 기울이며 집중하면 그것은 당신을 두려움과 일치하는 현실로 이끈다.

펜듈럼의 힘

지금까지 내가 이야기한 이 모든 생각에 반대되는 방식으로 돈을 버는 사람들이 있다. 그들은 사람들을 속이고 경쟁하며 해를 입히고 있다. 만일 당신이 펜듈럼의 힘을 기억한다면 펜듈럼이 보상의 수단으로 돈을 사용한다는 사실을 기억하길 바란다. 물질세계에서는 거의 모든 것을 사고팔 수 있다. 펜듈럼은 돈이 있는 현실로 우리를 끌어들이면서도 우리의 목적이나 진정한 행복과는 아무런 관계도 없는 삶을 살게 하는, 화려하게 포장된 미끼를 던진다.

당신이 돈에 지나치게 의존하거나 기대하고 있는데 어떻게 해서 돈이 들어오게 되면, 그 돈이 펜듈럼에게서 온 것은 아닌지, 돈 자체를 우상화하고 있는 건 아닌지 살펴보라. 돈이 당신의 진짜 목표를 인위적으로 대체하도록 내버려두지 말라. 펜듈럼은 이러한 역동을 통해 에너지를 얻지만, 개인은 종종 길을 잃는다.

당신이 그러한 현실로 빨려 들어가면 당신은 자신의 인생 여정이나 이뤘던 성취 그리고 당신이 사람들을 어떻게 돕고 싶어 했는지에 관해서는 잊어버리기 쉽다. 그리고 인생에서 진짜로 무엇을 원하는지에 대한 감각을 잃어버리고 대신 돈을 찾는 데만 집중하게 된다. 부는 결코 그 자체가 목표가 되어서는 안 된다. 당신은 무엇을 가져오려고 하는가? 당신은 어떤 경험을 하고 싶은가? 당신은 어떤 즐거운 사건을 경험하고 싶은가?

당신 자신의 이상적인 삶의 현실을 따라 살게 되면 다른 사람의 펜듈럼은 당신에게 접근하지 못한다. 펜듈럼에 사로잡힌 그들은 참된 목적을 벗어나서 일한다. 그들은 자기 자신이 아니라 타인의 목표를 위해 헌신한다. 당신은 돈이 어디에서 온 것인지, 누구의 목표를 위해 일하고 있는지를 자문해봐야 한다. 진정한 번영 혁명은 돈을 부수적인 것으로 대한다. 우리가 삶에서 원하는 바를 중심으로 삼는 것, 그것이 진정한 보상이다. 이를테면 집을 사거나 세계 여행을 하거나 알래스카로 캠핑을 가거나 알프

스에서 스키 여행을 하거나 자신의 농장에서 말을 기르는 것처럼 말이다. 돈 자체가 목표가 아니라 돈이 당신에게 해줄 수 있는 것을 목표로 삼으라.

빈곤 의식에서 벗어나기

빈곤의 마음 상태로 빠져들지는 말되, 그 마음이 실제로 무엇을 가져오는지에 대해 생각해보자. 가난한 사람은 호화로운 집, 비싼 차, 다이아몬드처럼 부의 외적인 면만 본다. 그런 환경 속에서 가난한 사람은 계속 불편함을 느낄 것이다. 만약 당신이 그들에게 돈이 가득 든 여행 가방을 주면 그들은 그 돈을 전부 쓰기 위해 온갖 어리석은 짓을 할 것이다.

이런 의식 수준은 부유한 삶에 대해 심한 불협화음을 일으키는 에너지 주파수를 전달한다. 어떤 사람이 부의 속성을 그들의 안락지대에 들여보내고 값비싼 물건의 주인이 된다는 것이 어떤 느낌인지를 배울 때까지는 땅에 묻혀 있는 보물조차도 그들이 가난해지는 것을 막을 수 없다.

빈곤 의식을 갖게 되면 무시무시한 가능태로 빨려 들어가는 극적인 사건들이 펼쳐질 수 있다. 빈곤으로 이끄는 이 유도전이(펜듈럼의 자극에 반응하고 에너지를 줘서 결국 파괴적인 펜듈럼의 진동수에 가까운 인생트랙으로 유도되는 현상을 일컫는 트랜서핑 용어. ― 옮긴이)는 교활하게도 그 소용돌이가 천천히 움직이다가 어느 순간 갑자기 속도가 빨라진다. 이 현상은 성공한 사람이 재정적으로 어려워지기 시작해서 갑자기 모든 것을 잃고 결국 길거리로 나앉게 되는 모습에서 볼 수 있다.

유도전이에 휘말리면 좌절이 올라올 것이다. 그 상태는 당신에게 부정적인 방식으로 영향을 미칠 것이다. 만약 당신이 화가 나거나 우울하거나 지나치게 불안하거나 분개하거나 주지 않으려고 하는 마음에 먹이를 주지 않는다면 당신은 그 유도전이의 소용돌이가 속도를 내는 데 필요한 에너지를 주지 않게 된다. 그럴 때 당신에게 영향을 미치는 펜듈럼 혹은 당신을 들어올린 파도는 잠잠해질 것이다. 빈곤 의식으로 유도된 변화는 두려움에 사로잡혀 있을 때만 일어날 수 있다. 당신이 그 순간 파괴적인 에너지에 반응하면 유도전이가 일어나기 시작한다.

당신 자신을 점검해보기 위해서는 당신이 거액의 돈을 받았을 때 어떻게 행동하는지 생각해보면 된다. 평소와 다르게 행동하는가? 자존심이 더 높아지는가? 무모해지는가?
이런 반응들은 모두 돈과의 관계가 균형을 잃었다는 신호들이다.

확언 활용하기

확언을 만드는 것은 생각을 만드는 것이다. 특별할 것 없는 일상 속에서도 확언을 사용하여 당신의 초점을 아름다움에 맞추

라. 확언으로 당신의 번영 의식을 형성하고 당신이 창조하고 싶은 현실을 방사하라. 자기 목소리로 확언을 녹음해서 들으면 많은 힘을 끌어올 수 있다.[69]

당신이 경제적 자유에 대한 깊은 의식을 원한다는 걸 인정하라. 당신은 번영의 흐름이 고르게 흐르기를 바라며, 돈을 끌어들이고 무엇을 하든지 성공하는 더 큰 능력을 원한다.

당신은 행복하기 위해 돈을 쓸 여유가 있다. 당신은 옷, 음식, 책, 오락을 위해 주저 없이 돈을 쓴다. 당신은 건강, 행복, 우정, 봉사를 추구하는 데 필요한 것을 가지고 있다. 당신은 나중에 특별해질 수 있도록 지금은 기꺼이 불편을 감수할 것이다. 당신은 돈을 좇는 것이 아니라 돈을 갖도록 허락하고 있다.

확언을 할 때는 구체적이고 현실적인 문장을 쓰도록 하라. 만일 그 말이 현실적으로 느껴지지 않으면 당신은 그 확언과 반대되는 에너지를 방사하게 될 것이다. 그러므로 당신은 확언을 하면서 그 표현에 대한 당신의 감정을 살펴야 한다. 예를 들어 "나는 백만장자다"라는 확언을 만들었다면 "내 연봉은 두 배로 오른다"로 바꾸라. 당신에게 불리하게 작용할 수 있는 것은 무엇이든지 그것을 극복할 수 있도록 더욱 구체적으로 말하라. 예를 들어 확언이 "나에게 정기적으로 돈이 들어온다"라면, 그 돈은 크고 작은 빚의 형태로 올 수도 있다.

나는 부와 관련된 확언을 300개 만들어서 내 목소리로 녹음했다(이 장의 '번영을 위한 확언'에 내가 좋아하는 확언들을 수록해두었다). 만일 당신이 준비가 되지 않았다면 내 유튜브에 올려둔 무료 편집

본 영상을 봐도 좋다. 나는 운동할 때 그 녹음본을 3배속으로 듣는다. 내가 확언을 규칙적으로 들으면 그 확언들은 내 생각을 형성하는 방식으로 내 기억 속에 들어온다. 시간이 흐르다 보면 당신은 돈이 좋은 것이고 돈은 당신을 행복하게 하며 당신은 그것을 받을 자격이 있고 감당할 수도 있으며 당신이 원하는 것은 무엇이든 가질 수 있다고 믿기 시작할 것이다.

번영 혁명을 위한 도구

풍요를 선택하기. 생각은 물질이다. 그런 점에서 생각은 강력하다. 특히 번영 의식을 키우는 데 실패하는 가장 흔한 원인 가운데 하나는 당신이 일시적인 패배로 추월당했을 때 하던 것을 그만두는 습관이다.

그러한 순간들이 당신을 패배의 소용돌이로 끌어들일 때, 주위에 있는 풍요로움을 인식하기 시작하라. 차에 타면 주변의 아름다운 풍경을 바라보라. 태양과 물과 풀이 풍부하게 존재하고 있음을 알아차리라. 무한함에 대해 깊이 생각해보라. 이런 인식은 모든 것을 바꾼다.

우주에 편지 쓰기. 부끄러워하지 말고 당신이 원하는 것을 모두 적어서 우주에 편지를 보내보라. 당신이 원하는 세상을 창조하고 그것을 구체화해보라. 쓴 편지는 손이 잘 닿지 않는 곳에 보관했다가 3개월에서 6개월 후에 다시 열어보라. 우주와의 소통으로 무엇을 성취할 수 있는지를 보면 당신은 깜짝 놀랄 것이다.

흐름의 법칙 존중하기. 당신이 돈을 움켜쥐고 있으면 그 돈은 결코 당신에게 돌아오지 않을 것이다. 죄책감을 느끼지 않고 지출하는 것은 괜찮다. 나는 그룹 활동이나 세미나를 할 때 10달러짜리 지폐를 꺼내서 누군가에게 주고 그 돈을 받은 사람이 서비스를 제공하게 하는 활동을 하길 좋아한다. 그 자리에 있는 사람들이 똑같은 행동을 반복하는 동안, 나는 그 지폐가 흘러가는 모습을 지켜본다. 당신이 사용한 돈이 어떻게 흘러가는지 볼 수 있다면 당신은 그 흐름이 어떤 추진력이 있는지 볼 수 있고, 결국 그 돈은 당신에게 돌아올 거라는 믿음이 생길 것이다.

그러니 하고 싶은 것이 무엇이든 죄책감이나 주저함을 갖지 말고 그냥 하라. 당신이 살고 싶은 인생을 살 수 있는 부를 창조하라. 결국은 당신에게 다가올 새로운 생각에 가슴을 열어둔 채로 돈을 벌라. 당신이 가진 것보다 더 많은 돈을 벌 수 있고, 더 많은 돈이 오고 있다는 생각에 자신을 열어놓을 때, 당신을 내려두고 번영의 흐름을 즐기기 시작할 수 있다.

불편해지기. 내가 아는 부자가 된 사람들에게서 볼 수 있는 공통적인 특성은 불편함이 느껴지는 행동들도 한다는 것이다. 잠시라도 어려운 일을 긍정적으로 받아들여보라.

당장 만족스럽지 않은 상황을 받아들이기. 이런 제안을 한번 해보겠다. 당신은 나에게서 지금 당장 5달러를 받아갈 수도 있고, 3개월을 기다린 다음 15달러를 받아갈 수도 있다. 당신은 어떤 선택을 할 것인가. 연구자들은 많은 사람이 곧바로 만족을 느끼는 선택을 한다는 걸 발견했다. 번영 의식은 기꺼이 기다리는 것이다. 당신이 지금 당장 필요하다고 생각하면 결핍의 에너지를 전달하게 된다. 시간이 조금 걸린다 하더라도 당신 자신이 부유해지는 것을 허락하라.

받는 법 배우기. 당신이 누군가와 함께 저녁을 먹으러 식당에 갔는데 상대방이 밥값을 내겠다고 한다면 당신은 보통 어떻게 반응하는가? 누군가가 당신에게 선물을 줄 때, 당신은 뭐라고 말하는가? 많은 경우 우리는 인생에서 원하는 것을 차단한다. 왜냐면 받을 마음이 없기 때문이다. 누군가가 당신에게 무언가를 제공한다면 그것을 고맙게 여기며 정중하게 받으라. 불편해하지 말라. 당신은 그것을 받을 자격이 있다. 수용적인 자세로 살기 위해 마음을 열라.

눈을 뜨기. 이미 있는 돈을 찾기 시작하라. 당신은 매일 수십억 달러의 아이디어를 받고 있다. 아마도 당신은 이미 다른 사람들의 사례를 통해 그 아이디어가 열매를 맺는 과정을 지켜봤을 것이다. 아이디어를 수행하는 사람이 될 준비를 하라.

우리 중 99퍼센트가 부유하지 않은 한 가지 이유는 구체적인 것에 충분한 주의를 기울이지 않기 때문이다. 빈곤 의식은 구체적인 것에 대한 에너지를 가지고 있지 않다. 이 말은 계약서를 전부 읽어야 한다거나 돈이 어디로 흐르는지 연구하는 것처럼 복잡한 행동들을 뜻하는 게 아니다. 당신에게 어떤 청구서들이 들어오는지 알고 있는가? 당신이 매달 지출하는 금액이 얼마인지 아는가? 지금 당신이 무엇을 만들고 있는지 정확히 알고 있는가?

당신이 눈을 뜨고 기회를 따라간다면 우주의 모든 수단이 당신을 위해 모여들 것이다. 실패를 두려워하지 않고 번영의 물결에 집중하면 당신은 나날이 점점 더 나아질 것이다. 부자가 되는 것은 당신의 의무다. 눈과 가슴을 닫은 채 기회를 놓치지 않도록 하라.

'다섯 개의 계좌' 개설하기.[70] 당신의 수입을 모두 하나의 은행 계좌에 입금하라. 그런 다음 생활비와 일상적 부채 상환을 관리하는 계좌를 만들고, 또 다른 하나는 큰돈을 써야 할 때를 위해, 또 다른 하나는 투자를 위해, 그리고 마지막 하나는 적금처럼 절대 지출하지 않는 계좌를 만들라. 이 마지막 계좌는 당신의 아이들과 당신의 유산을 위해 남겨두라. 각각의 계좌에 1페니밖에 넣을 수 없더라도 이렇게 미리 준비해두라. 그런 다음 소득의 10퍼센트를 나머지 세 계좌에 분산해서 저축할 수 있는 지점에 이르도록 하라.

큰돈을 지출할 때 쓰는 계좌에 돈이 점점 더 많이 쌓이기 시작하면 당신은 자신이 그 돈을 어떻게 사용하고 싶어하는지 숙고해보게 될 것이다. 이처럼 이 계좌들은 당신이 당장 만족하는 삶을 선택하지 않고 더 큰 관점에서 생각하고 계획할 수 있게 해준다.

대화에서 빚을 없애기. 사람들과 돈에 관하여 대화를 나누다 보면 그 끝은 언제나 빚 이야기로 돌아가는 것 같다. 누구나 빚에 어떻게 대처해야 할지 알고 싶어한다. 하지만 당신이 빚 그 자체에 집중하면 오히려 빚은 늘어나게 될 것이다. 빚 이야기 대신 수입을 늘리는 것에 관한 대화를 나누라. 부채 상환을 자동화하는 방법을 찾아보라. "빚 갚아야지"라는 메시지를 빈번히 내보내지 말고 다시 그 주제로 돌아가지도 말라. 빚 그 자체보다는 청구서 요금을 냈을 때 얼마나 신이 났는지에 초점을 맞추라.

돈과의 채널링. 나는 돈이 그저 단순한 에너지일 뿐만 아니라 의식적인 에너지, 즉 에스더 힉스^{Esther Hicks}가 아브라함을 채널링하듯이 영적으로 소통할 수 있는 살아 있는 영적 존재라고 믿는다.

이것은 내가 가장 좋아하는 활동 가운데 하나다. 맑은 정신으로 앉아 노트를 펼쳐 상단에 "나는 돈과 의논하고 싶다"라고 적는다.

그런 다음 펜을 종이 위에 두라.

5분 동안 침묵 명상을 하고 나서 돈이 당신에게 말하고 싶은 것이 무엇인지에 대해 떠오르는 것을 모두 적기 시작한다. 무슨 말이 나오는지 신경 쓰지 말고 그냥 대화에 참여하도록 하라. 돈은 아주 오래된 에너지다. 돈은 당신을 사랑하길 바라지만 당신이 너무나도 간절히 그것을 원한다면 당신에게 반응하지 않을 것이다. 돈은 당신과 즐겁게 놀고 싶어하는 연인이다. 간절히 원하면 가질 수 없지만, 마음을 열고 의도를 만들면 돈은 그 자리에 있을 것이다.

비록 당신이 돈이 의식이 있다는 걸 믿지 않더라도 이 활동을 해보라. 마치 돈이 대답할 수 있는 존재인 것처럼 돈에게 질문을 하라. 당신이 돈은 악이라고 말하면, 돈은 당신 주위에서 서성거리고 싶지 않을 것이다. 다른 사람에게 사랑한다고 말하듯이 돈에게도 사랑한다고 말하라. 돈을 남용하거나 이용하지 말고 그것에 감사하라.

성적인 변환. 《생각하라 그리고 부자가 되어라》에서는 성 에너지가 번영의 일부라고 설명한다. 이 책에서는 다른 사람들을 번영으로 이끌었던 마음을 불러일으키는 항목 열 가지를 소개하고 있는데, 그 첫 번째가 성적인 표현에 대한 욕구다. 그다음 항목에는 사랑, 동성이나 이성 간의 우정, 그리고 마스터 마인드 ^{mastermind} 그룹(목표 달성을 위해 두 명 이상의 사람들이 모여 지식과 노력을 공유하는 모임. ─ 옮긴이)이 있다. 이 책은 성적인 에너지가 높은 사람들이 더 높은 매출을 올렸다는 여러 사례를 통해 성 에너지와 번영에는 연관성이 있다는 점을 보여준다.

거액의 돈을 받을 때의 느낌은 우리가 성관계에서 느끼는 열려 있고 행복으로 가득 찬 기쁨과 비슷하다. 이 에너지를 번영 의도로 끌어오기 위해 섹스를 해야만 하는 건 아니다. 당신이 성관계를 하며 즐겨 듣는 음악을 재생목록으로 만들어 당신이 돈에 관해서 뭔가를 결정해야 할 때 그 음악을 들어보는 것도 방법이다. 그 에너지의 일부를 앵커링해서 그것을 번영으로 끌어오라.

영감 찾기. 매일 샤워하고 양치질을 하듯이, 매일 15분 동안 당신에게 영감을 주는 활동을 해보라. 당신의 마음을 정화할 수 있고 영감을 주는 다양한 요소들을 가까이 두라. 재정 건전성에 관해 영감을 주는 책을 읽고 라디오 프로그램을 청취하라. 뉴스는 그만 듣고 성공과 교육을 주제로 다루는 프로그램을 들어보라. 우리는 보통 돈을 버는 것과 빚에서 벗어나는 게 얼마나 어려운지에 관한 이야기들에 노출되어 있다. 이 모든 것에 대응할 수 있는 에너지를 계속 듣고 보고 쌓아가라. 책, 메시지, 확언으로 끊임없이 자신을 번영에 노출되도록 해야 한다.

상상하기. 우리는 부정적인 시각화와 끔찍한 생각들을 떠올리는 데 익숙하다. 하지만 이런 행동 패턴 때문에 우리 중 95퍼센트는 지금의 상황에 진심으로 만족하지 못하고 있을 것이다. 그 에너지를 자신의 재정 건전성에 대해 상상하는 데 사용하라. 이 것은 유치한 행동이 아니라 사실 지능적인 과정이다. 다른 사람이 하는 말을 듣지 말라. 상상은 연료다. 무엇이든지 상상하라. 당신이 더 많이 느끼고 그 느낌이 더 강해질수록 당신이 상상한 것들은 당신의 삶에 더 많이 실현될 것이다. 당신이 성취하고 싶은 결과를 상상하는 데 되도록 많은 시간을 보내보라.

만일 당신이 바라는 것을 상상하고 있지 않다면 그와 반대되는 것을 성취하고 있을지도 모른다. 당신이 완벽하다고 느끼는 삶을 계획해보라. 그 삶의 모습이 이미 현실로 이루어진 것처럼 종이에 현재 시제로 적어보라. 상상한 장면을 포착해서 세부항목으로 자세히 기록하는 것도 잊지 말라.

돈에 관한 말 습관 점검하기. 돈에 관해서 자신이나 다른 사람들에게 어떻게 말하는지 모두 적어보라. 그리고 부정적인 말을 했다면 이를 뒤집어보라. 만일 당신이 "나는 그 물건을 살 만큼 여유롭지 않다"고 말했다면 그 말 뒤에 숨겨진 부정적인 힘을 알아차리고 좀 더 긍정적인 말로 바꿔보라. 돈은 당신이 하는 말을 듣고 있다. "나는 할 수 없어"라는 말이나 지출하거나 잃어서는 안 되는 돈에 관해 당신이 말하는 것을 듣고서 거기에 응답한다.

여정을 즐기기. 때때로 우리는 목표를 만드는 것으로 삶의 여정을 대신한다. 하지만 여정은 성취가 아니라 경험에 관한 것이다. 우리가 이 사실을 알기 전까지 그 목표는 점점 더 커진다. 목표를 달성하는 것이 번영 의식의 전부는 아니다. 우리가 이런 관점을 놓친다면 우리는 우리에게 필요한 의식을 잃게 된다.

부를 재정의하기. 내가 20대 때 만난 엄청난 부자는 자기는 온종일 돈에 대해 생각하느라 돈을 더 벌지 못했다고 말했다. 아이러니하게도 돈을 가로막는 유일한 장애물은 돈을 원하는 것이었다. 돈에 대해 생각할 시간에 자신에게 중요한 것들이 무엇인지에 관해 생각해보라.

부자가 된다는 것은 당신이 다른 사람들에게 이익을 줄 수 있는 일을 많이 할 수 있음을 의미한다. 다니구치 마사하루(일본 신흥종교 '생장의 집' 교주. ― 옮긴이)는 "사랑은 다른 이들에게 이익을 주는 것이다. 우리가 사랑을 실천하면 그것이 곧 부가 된다"고 말했다. 많은 돈을 바라는 마음을 내려놓고 진정한 부를 추구하면 당신은 그 부를 찾게 될 것이다.

이미 가졌다는 느낌에 집중하기. '외부 세계'에서 어떤 일이 일어나기 전에, 먼저 당신의 내면에서 그 일이 현실로 받아들여져야 한다. 당신이 평행 현실로 이동하기 전에 당신의 믿음은 지피에스^{GPS}처럼 당신을 이미 그것을 가지고 있다는 믿음으로 인도해야 한다. 만일 당신이 이미 무언가를 가지고 있다는 느낌이 어떤 것인지 알고 싶다면 이렇게 해보라.

가만히 앉아서 눈을 감고, 당신이 이미 가지고 있는 것들에 천천히 집중해보라. 그런 다음 당신이 좋아하는 것, 고대하는 것, 사랑하는 것을 떠올려보라. 당신은 무엇을 고대하는가? 당신은 무엇에 빠져 있는가? 그 대상 자체와 그것을 향한 욕망을 구분해서 인식하라. 무엇이 떠오르든 간에, 자신이 이미 그것을 가졌다고 느끼도록 허용하라. 그 소유의 느낌과 감사함 속에서 이완하라.

돈을 중립적으로 바라보기. 우리는 돈에 어떤 이름도 붙이지 않고 저항하는 마음 없이 중립적으로 바라보게 해주는 명상을 해볼 수 있다. 돈에 관해서 어떠한 이미지가 떠올라도 모두 다 허용하라. 단, 그 이미지에 대해 어떠한 판단도 하지 말라. 돈과 함께 떠오른 생각을 더 이상 부담이 느껴지지 않을 때까지 바라보라. 그만두고 싶은 충동이 더 이상 느껴지지 않을 때까지 계속 바라보라. 바꾸거나 벗어나고 싶은 욕망도 없어질 때까지 지속하라. 돈에 대한 관점이 중립에 이를 때까지 계속 유지하라. 그런 다음 누군가에게서 돈을 받았던 순간, 누군가에게 돈을 줬던 순간, 누군가가 다른 누군가에게 돈을 줬던 장면, 당신이 누군가에게서 돈을 돌려받지 못했던 일, 당신이 누군가에게 돈을 돌려주지 않았던 일, 누군가가 당신의 돈을 훔쳤거나 당신이 돈을 훔쳤던 때를 의도적으로 떠올려보라. 가난이 당신의 문제를 해결해줘서 편안했던 순간을 떠올려보라. 돈으로 문제를 해결하고 나서 편안함을 느꼈던 때를 떠올려보라. 당신에게는 없는 돈과 권력을 다른 사람들이 가지고 있는 것에 대해 생각해보라. 돈이 많고 권력이 있기 때문에 겪을 수 있는 문제들을 떠올려보라. 다른 사람들의 부와 가난을 있는 그대로 허용하는 것에 대해 생각해보라.

돈을 둘러싼 거짓말, 억압, 학대, 탐욕, 협박, 배신 등을 모두 중립적으로 볼 수 있을 때까지 계속 이 생각들을 바라보라. 이 연습은 돈이라는 주제를 둘러싼 감정과 고착된 믿음을 누그러뜨릴 것이다. 중립성은 당신이 번영하는 것에 집중할 수 있게 해준다.

부정적인 신념 패턴에서 벗어나기. 신념으로 똘똘 뭉친 생각을 인정하라. 다음 문장을 완성하고 소리 내어 말해보라.

"나는 A 때문에 B가 두렵다."

"내 인생은 완벽하지 않다. 왜냐면…."

"나는 부자가 아니다. 왜냐면…."

"돈은 나쁘다. 왜냐면…."

돈에 대한 혐오감을 모두 목록으로 작성해보라. 어떤 감정이나 생각이 떠올라도 환영하며 맞아들이라. 부정적인 생각을 관찰하고 그 기세를 꺾으라.

알아차린 모든 생각을 당신이 감사할 수 있는 것으로 재구성하라. 마음의 혼란을 다루라. 당신의 생각과 신념과 행동을 둘러싼 습관은 모두 잠재의식의 일부다. 우리가 그 수준에서 붙들고 있는 원칙에 따라 빈곤으로, 번영으로 이어질 것이다. 그러니 번영으로 나아갈 수 있도록 자신의 습관을 올바르게 바꾸라.

번영을 위한 확언

다음은 내가 강력한 힘이 있음을 확인한 확언들이다.

- 나의 직업은 나 자신의 개인적 욕구를 위해 세계 경제의 무한한 부를 활용하는 파이프라인이다.
- 나는 부자가 될 자격이 있다.
- 일을 하든, 잠을 자든, 놀고 있든 내 수입은 매일 증가한다.
- 내가 벌어들인 것 중 상당 부분은 나를 위해 남겨진다.
- 나의 수입은 나의 지출을 초과한다.
- 내가 쓰는 모든 돈은 몇 배로 다시 나에게 돌아온다.

- 나는 내 안에서 펼쳐지는 무한한 잠재력을 경험하기 위해 내 자아 이미지에서 벗어난다.
- 내가 사용하는 돈의 상당 부분은 영구적인 자본금, 투자금, 적립금으로 들어간다.
- 나는 나와 내 돈과 관련되어 발생하는 모든 일에 책임이 있다.
- 나는 재정적으로 자유롭다. 나는 재정적으로 자유로워지고 있다. 나는 내가 재정적으로 자유로워지도록 나 자신을 허락한다.
- 나는 영적으로나 물질적으로나 부유하다.
- 내 내면의 나침반은 나를 부와 풍요로 인도한다.
- 내 재산은 풍족하며 돈은 내가 필요로 할 때마다 나를 찾아온다.
- 내 마음은 신성한 움직임의 중심이며, 나는 내가 원하는 돈을 말만 하면 모두 받는다.
- 모든 풍요와 부의 문이 지금 나를 위해 열리고 있다.
- 기적은 절대로 멈추지 않는다.
- 내 삶은 풍요와 번영, 그리고 돈으로 넘쳐난다.
- 내가 하는 말은 신성한 권리로서 나의 풍요를 열어준다.
- 생각지도 못한 문이 나에게 열리고 내가 필요로 하는 모든 돈과 기회가 찾아온다.
- 신은 나에게 끝없이 베풀어준다.
- 많은 돈이 내게 쉽고 빠르게, 점점 더 많이, 여러 곳에서,

계속, 모두에게 최상의 이익이 되는 방식으로, 그리고 내가 유지할 수 있는 방식으로 나에게 들어온다.

- 나의 확언은 내가 믿든 안 믿든 효과가 있다.

번영을 선택하기

당신의 사고방식은 당신의 인생을 번영으로 이끌어주는 열쇠다. 당신은 번영하는 생각을 맞이하고 그 생각대로 행동함으로써 모든 것을 바꿀 수 있다.

하지만 나는 천막 도시(정부가 난민, 피난민을 수용하기 위해 텐트나 임시 구조물로 만든 임시 주택 시설이나 단지. ─ 옮긴이)와 여러 가난한 나라에서 볼 수 있는 뿌리 깊은 빈곤 문제가 존재한다는 것을 인정하지 않고서는 이 장을 끝낼 수 없다. 그들이 돈을 버는 방법을 생각할 수 있을까? 가난에 둘러싸인 사람에게는 그런 생각을 하기가 훨씬 더 힘들 것이다. 잠에서 깨어나 잠드는 시간까지 가난을 들이마신다면 가난은 극복하기 어려울 수 있다.

나는 당신이 처한 상황에서 벗어날 방법을 찾았으면 좋겠다는 마음으로 이 책을 쓰고 있다. 어떤 사람들은 다른 사람들보다 더 번영을 선택하기를 힘들어할 것이다. 하지만 이 선택은 충분히 가치가 있다. 당신이 부자라는 믿음을 갖는 것은 당신을 속이는 일이 아니다. 단지 당신이 겪고 있는 과정일 뿐이다. 이 과정이 아름다운 이유는 당신의 에너지가 바이러스처럼 당신 주변의 다른 사람들에게 영향을 미치기 때문이다. 당신은 가난이나 투쟁에 초점을 맞춰 삶을 바라볼 필요가 없다. 당신은 당신의 생각을 바꿀 수 있고 결국 당신의 현실도 풍요롭게 변할 것이다.

포기하지 말라. 갇혀 있다고 느끼지 말라. 희망을 잃지 말라. 사랑과 번영을 선택하면 건강이 뒤따라올 것이다. 우리는 절망과 결핍의 관념에서 빠져나오도록 서로를 북돋워줘야 한다. 당신은 세상과 맞서 싸워야 하는 펜듈럼에 놀아나는 대신 현실 혁명을 만들어낼 수 있다.

당신이 삶을 있는 그대로 더 사랑할수록, 당신이 하는 일을 더 사랑할수록 영적으로도 더 성장할 수 있다. 돈을 번다는 평범한 과정에서 아름다움을 추구하라. 일상 속에서 경이로움, 지식, 지혜를 찾으라. 오랜 시간 일하거나 평범한 삶을 살면서 작은 일에도 기뻐하는 마음가짐을 가지라. 지극히 평범한 장소도 무한성의 한 부분이다.

모든 것이 기적이다. 돈을 좋아하라. 돈을 향해 미소를 짓고, 모으라. 즐기라. 그 힘을 느껴보라. 돈을 사용하라. 투자하라. 멀리 던지고, 다시 받으라. 돈은 에너지이며 강력하고 아름답다. 그리고 현실이라는 이 복잡한 그물망과 연결되어 있다.

다른 사람들과 나눠야 할 것이 너무 많다는 생각은 하지 말라. 현실 혁명이 지구 전체로 확산되고, 의식이 확장되면 우리의 번영 의식도 퍼져나갈 것이다. 행성 전체가 무한함 그 자체의 풍요임을 깨닫기 때문에 결핍이 아닌 풍요로 나아가기 시작할 것이다. 모든 사람이 무한한 현실을 이용할 수 있다. 이제 모두가 번영할 것이다. 터무니없는 상상을 초월한, 모든 이가 부유한 현실에서 존재하고, 또 존재할 것이다.

이 책의 에너지는 당신을 그러한 현실로 끌어들이기 위해 고안되었다. 책에 나와 있는 말들과 그 느낌에 당신을 조율하라. 그리고 그 에너지가 당신을 통해 흐르게 하라. 여기서 말하는 모든 내용은 당신이 이미 마음속 깊이 알고 있는 진실들이다.

번영 혁명에 온 걸 환영한다.

10장
사랑 혁명

만약 당신이 진정한 사랑을 찾을 수 있다면, 그것은 세상에서 가장 부유한 사람이 되는 것 이상으로 더 가치 있는 일일 것이다. 사랑보다 더 강력한 것, 더 놀라운 것, 더 무언가를 바꿀 수 있는 것은 없다. 사랑은 느낌이다. 창조적인 힘이다. 에너지다. 그리고 우리가 상상할 수 있는 것보다 더 강하고 미묘하다. 나는 사랑이 근원 그 자체라고 믿는다.

사랑의 생물학적·심리적·정서적·영적인 힘은 다른 어떤 경험으로도 대체할 수 없는, 들뜨게도 하고 지치게도 하는 파동으로 당신을 사로잡을 수 있다. 당신은 사랑하는 사람의 몸과 영혼에 계속해서 뒤엉키는 것 말고는 아무것도 생각할 수가 없다. 사랑보다 더 좋은 것은 없다. 그래서 많은 사람이 사랑을 찾기 위해 애쓰며 일생을 보내는지도 모른다.

평행 우주는 당신이 가장 크고 깊은 사랑을 경험할 수 있는 공간이다. 우리는 오라 테크닉을 사용하여 이미 존재하는 현실을 활성화하고 현실화할 수 있다. 그곳에서 당신은 당신이 갈망하는 완벽한 사랑을 발견한다.

흥미롭게도 〈리얼리티 레볼루션〉 커뮤니티에 들어오는 사람 중에서 끌어당김의 법칙과 현실 창조에 관한 글을 올리는 사람들의 90퍼센트는 의미 있는 상대를 찾고 있었다. 심지어 그들만의 용어를 써서 말한다. "나는 나의 SP를 창조하려고 합니다." SP는 그들이 바라는 특정한 사람(Specific Person)이라는 뜻이다.

이것은 우리가 이 장에서 살펴볼 흥미로운 문제를 제기한다. 특정한 사람을 끌어당기는 게 가능한가? 이런 바람은 적절한 것인가?

이 질문들에 어떤 해답이 있는지와 상관없이 우리에게는 여전히 욕망이 남아 있다. 우리가 생각으로 현실을 창조하는 엄청난 힘을 가졌음을 이해하는 순간, 우리가 가장 먼저 찾고 싶어하는 것 가운데 하나는 사랑이다.

우리는 사랑을 찾기에 가장 좋은 시대에 살고 있다. 인류 역사상 세계 어느 곳에서든 우리가 진정으로 원하는 것을 찾기가 오늘날처럼 쉬운 적은 없었다. 시장은 모든 사람들과 아이디어에 전 세계적으로 열려 있고, 사람들을 서로 연결해주는 앱은 폭발적으로 증가했다. 그리고 심리학 지식이 대중화되면서 우리는 서로 더 잘 소통할 수 있게 되었다. 자신에게 완벽한 사람을 찾는 일이 이전보다 훨씬 더 쉬워졌다.

또 싱글이 되기에도 이보다 더 좋은 시기는 없었다. 여러 가지 면에서 싱글로 사는 건 연애하는 것만큼이나 멋진 일일 수 있다. 사랑을 얻기 위해 반드시 파트너와 함께해야 한다는 생각이 반드시 옳은 건 아니다. 사랑은 연애 그 이상이다.

사랑 그 자체는 인생의 영적인 교훈이다. 전 세계 서점 진열대에서 우리는 수백만 권의 로맨스 소설을 찾아볼 수 있다. 그 이야기들은 모두 사랑에 관한 것이고, 우리가 이 장에서 다룰 주제도 사랑이다. 사람들이 그토록 떠들어대는 사랑 말이다.

나는 개인적으로 우리는 많은 소울메이트와 함께 다차원적이고 무한하게 존재하고 있다고 믿는다. 나는 이것에 관해서 프레더릭 도슨에게 물어본 적이 있는데, 그는 이렇게 대답했다. "우리에게는 무수한 영혼의 친구들이 있고 아마 소울메이트도 한 명 있을 겁니다. 이렇게 생각하면 기분이 좋아져요." 나는 우리가 사랑에 대해 생각할 때 결핍된 사고방식을 가져서는 안 된다고 진심으로 믿는다. 결핍된 사고방식이란 마치 우리가 다가가야 할 사람이 저 바깥에 딱 한 사람밖에 없는 것처럼 생각하는 것이다. 이런 생각은 진실일 수가 없다. 일단 당신이 하나됨과 무한함을 이해할 수 있을 정도로 진동을 높이면 당신은 모든 사람과 모든 것들이 사랑받을 수 있음을 깨닫게 된다. 그곳이 진정한 소울메이트가 있는 곳이다. 아마도 우리 모두가 소울메이트일지도 모른다.

새로운 세상에서 데이트하기

틴더^{Tinder}나 플랜티 오브 피시^{Plenty of Fish} 또는 매치닷컴^{Match.com} 같은 데이트 앱은 놀라운 기술의 위업이다. 긴 연애가 끝나고 다시 연애의 세계에 발을 들여놓았을 때 나는 몇 년 전과 다름없이 술집, 클럽, 식료품점에서 사람들을 직접 만나야겠다고 생각했다. 예전에 우리는 친구나 인맥을 통해 사람들을 만나야 했다. 그때는 스마트폰 앱과 필터링 기능이 없었고 자신에게 맞는 사람을 만나기 위해 많은 사람을 걸러내야 했다. 하지만 지금은 조금만 의도를 내도 자신이 원하는 상대를 쉽게 찾을 수 있으니, 정말 놀라운 일이다.

나는 이 새롭고 낯선 세상에서 데이트할 방법을 다시 찾아야 했다. 나는 내가 알고 있었던 유일한 방법으로 그 길을 찾아갔다. 사업가처럼 말이다. 각 앱을 사용하는 데 걸리는 시간을 보면서 나는 앱으로 사람을 만나는 방식이 내가 했던 다른 방식들과 똑같다는 걸 깨달았다. 당신은 상대방과 되도록 많이 만나고 가벼운 농담도 하면서 초기의 데이트 관문을 통과한 다음에 만남을 시도해야 한다. 이런 방식은 지루하고 조금 성가시고 진이 빠지는 일이지만, 당신을 다른 버전의 당신으로 데려갈 수 있다. 그래서 나는 데이트를 마치 내 회사를 위해 무언가를 구현하는 것과 똑같은 방식으로 다루기 시작했다.

그렇게 우리는 사랑을 복잡하게 만든다. 데이트를 계획적이고 기술적인 차원으로만 생각하면 그 관계는 연결보다는 얼마나 많은 사람을 만났는가에 더 집중하게 된다. 우리는 다른 사람을 대상으로 게임을 하고 있는 것이다. 나만 그런 것이 아니다. 닐 스트라우스Neil Strauss는《더 게임》이라는 책을 썼는데 나는 이 책을 모든 사람이 읽어야 한다고 생각한다. 이 책은 남자들이 데이트에 접근하는 방식을 파헤치며 과학적으로 분석한다.

1985년 이후 이혼으로 끝난 결혼이 67퍼센트라는 통계를 보면 알 수 있듯이, 나는 우리가 사랑할 수 있는 능력을 간과하고 있다고 믿는다. 당신이 참석했던 지난 세 번의 결혼식 중에서 두 번의 결혼은 이혼으로 끝날 것이다. 이혼은 특히 남성에게 손실이 크다. 결혼은 위험하고, 그와 연관된 사랑도 위험하다.

로렌 올리버Lauren Oliver의 청소년 문학 소설인 《딜러리엄》은 우리가 사랑에 관해 느끼는 두려움을 극대화했다. 소설 속 세상은 특정한 나이가 되면 사람에게서 사랑을 수술로 제거한다. 그들은 사랑이 살인, 전쟁, 기근 등 세상의 모든 문제의 원인이기에 그것을 없애버리는 것이 모든 문제를 해결하는 방법이라고 결정한다. 이건 내가 살고 싶은 세상이 아니다.

사랑은 넘치는 기회와 완벽한 연결 그 이상을 의미한다. 당신이 품고 있는 사랑의 감정은 시금털털해지고, 뻔하고 평범한 일상 속에서 익숙해질 것이다. 시간이 지나면서 자연스럽게 갈등과 원망이 쌓이고 새로운 사랑과 함께 우리가 느끼던 힘도 사라지기 시작한다. 이렇게 지쳐가는 것이 사랑의 종착지라고 생각하지는 말라.

사람 몸이 가진 에너지를 순수하게 계산해보면 수소 폭탄의 에너지보다 열 배나 더 많다고 한다. 이 결과는 물리학자들이 계산한 것으로, 아인슈타인의 유명한 $E=mc^2$ 공식에 인체의 평균 질량을 적용한 것이다. 이 에너지를 당신이 맺는 관계에 기꺼이 사용한다면 신혼 시절의 새로움을 능가하는 방식으로 우리 삶에 사랑의 힘을 가져오는 무한한 잠재력은 나날이 더 확장될 것이다.

우리는 사랑을 수술로 제거하거나 어플로 구매할 필요가 없다. 우리는 더 깊은 수준에서 사랑을 경험할 필요가 있다.

프레일링: 관계를 위한 기술

바딤 젤란드의 《리얼리티 트랜서핑》에서 제시한 가장 매혹적인 개념 가운데 하나는 '프레일링frailing'이다. 관계를 찾고 유지하는 데 매우 효과적인 기술로서, 언제든 쓸 수 있다. 프레일링은 신경 언어 프로그래밍(NLP)의 개념을 일부 반영하고 있지만, NLP보다 훨씬 더 간단하다. ─ 받겠다는 의도를 내려놓고 오히려 주겠다는 의도를 내라. 그러면 원래 받고자 했던 그것을 얻게 될 것이다.

사람들은 대부분 자기 자신만 생각하며 산다는 것을 알아야 한다. 그들의 관심사는 무엇인가? 당신은 어떻게 그들을 도울 수 있을까? 자존감은 내부의도(inner intention)의 핵심이다. 당신의 주의를 당신 자신에게서 다른 사람으로 돌리라. 다른 사람들의 자존감을 높여주는 일종의 게임을 만들라. 당신이 다른 사람들에게 관심을 보여줌으로써 당신은 다른 사람들의 관심을 받을 수 있다. 사람들은 대화할 때 당신이 얼마나 재미있는지를 판단하지 않는다. 그들은 당신이 그들 자신의 가치를 알아주는 역할에 얼마나 잘 부합하는지를 평가하고 있다. 진심으로 그들에게 관심을 가지라. 그들이 완전히 틀렸더라도 논쟁하지 말라. 이것은 궁극적으로 당신의 목표를 달성하기 위해 다른 사람들의 내부의도를 이용하는 것이다.

모든 사람에게는 각자 자기만의 특별한 고유의 주파수가 있다. 당신은 다른 사람과 연결되어 더 쉽게 진동하도록 그 주파수에 조율할 수 있고, 자신의 꿈과 자신의 가치를 이해함으로써 자신의 영혼의 주파수에 공명할 수 있다. 당신이 원하거나 필요로 하는 것이 무엇인지 생각하는 것만으로는 이 주파수에 동조할 수 없다. 대신 상대방의 내적 중요성을 높여주고 상대방의 내부의도가 충족되도록 도와주라. 그러면 당신이 맺고 있는 관계는 극적으로 변할 것이다. 그냥 한번 시도해보라. 당신 자신만 너무 생각하지 말고 당신이 관계를 맺고 싶은 사람들에 대해 생각하라. 자신에게 집중하는 만큼의 열정을 그들에게 집중하라. 처음에는 낯설게 여겨질 수도 있지만 한번 즉각적인 결과를 경험하기 시작하면 사람들과 관계를 맺는 당신의 패러다임은 완전히 바뀌기 시작할 것이다.[71]

우리의 사랑을 방해하는 것

너무나 많은 사람이 나에게 "저는 사랑을 찾을 수 없어요"라고 말한다. 그들은 그 이유를 자신이 너무 못생겼거나 뚱뚱하다며 자신에 대한 부정적인 특성을 계속 탓한다. 그들은 항상 핑계를 댄다. 우리는 모두 그런 사람을 적어도 한 명씩은 알고 있다. 한 친구는 왜 자신이 원하는 관계를 맺지 못하고 원하는 것을 갖지 못하는지를 설명하기 위해 스스로 자신의 이미지를 만들어내기도 했다.

물론, 이 변명들은 사실이 아니다. 언제나 "나는 못생기고 뚱뚱하다"고 말하는 아름다운 사람들이 있다.

만일 우리가 하는 변명이 사실이 아니라면, 우리는 그런 장애물들을 제거하기 위해 우리의 사랑을 방해하는 것이 무엇인지를 알아볼 필요가 있다.

사랑은 당신과 함께 시작된다

만일 당신이 사랑을 찾으려고 애쓰거나 관계를 맺고 싶어하지만 무엇을 해야 할지 모르겠다면, 먼저 당신 자신을 사랑하는 법을 찾아보라. 다른 사람의 모습 대신 멋진 자신의 모습을 시각화 기법으로 떠올리는 것도 좋은 방법이다. 자기 사랑은 당신이 사랑이 있는 현실로 이동하기 위한 가장 평범하지만 기본적인 요구 조건이다. 만약 당신이 자신을 사랑하지 않는다면 당신은 결코 다른 사람들로부터 사랑을 받을 가치가 있다고 느끼지 못할 것이다.

삶의 다른 측면과는 달리 사랑은 단순히 다른 사람을 흉내 낼 수 있는 영역이 아니다. 당신은 만남과 인간관계에 능숙한 롤 모델을 찾은 다음 그들이 하는 대로 따라 할지도 모르지만, 결코 그들과 같아지거나 그 방식을 온전히 당신의 것으로 만들지는 못할 것이다. 당신이 존경하는 사람과 똑같이 되려고 노력하기보다는 당신 자신이 되기 위해 노력하라. 당신이 만들어나가는 이 삶의 사치를 스스로 허락하라.

당신은 당신의 개성을 누릴 권리가 있다. 다른 사람의 경험을 그저 모방하는 삶은 당신의 삶이 아니다. 어떤 기술을 써서 완전히 다른 사람이 되려고 하는 사람들은 결코 거기에 만족하지 못할 것이다. 당신의 유일한 잣대는 당신의 영혼이지 다른 사람이나 다른 사람의 인생이 아니다. 다른 사람의 가면을 쓰고 살아가는 인생은 잘 해봐야 그 사람의 복사본이 되는 것이고 최악의 경우에는 흉내만 내고 끝날 뿐이다.

최고의 배우들은 다른 사람을 모방해서 위대해진 것이 아니다. 그들은 자기 자신을 찾았기 때문에 위대하다. 모든 훌륭한 배우들은 다른 여러 배역을 연기하면서도 그들 자신을 그 배역에 녹아들게 할 수 있다.

가면을 벗고 자신의 정체성을 지키는 삶보다 가면을 쓰는 삶이 더 쉽다. 일단 당신이 당신의 삶을 통제하는 시나리오에서 깨어나면 그다음 질문은 작동하는 '카메라'와 당신이 누구인지를 알려주는 시나리오가 없어도 당신 자신으로 존재할 수 있는가의 여부다. 다른 사람의 시나리오를 반복하려는 시도는 헛된 행동이다. 당신 자신의 개성이 탁월하다는 사실을 인정하라. 그러면 다른 사람들은 당신에게 동의할 수밖에 없을 것이다.

당신이 할 수 있는 만큼 자기 잘난 맛으로 살아보라. 이렇게 자신을 사랑하는 방식은 언제나 자기 허용을 가져온다. 아무도 당신 고유의 특성과 경쟁할 수 없다. 당신은 아름다움으로 가득 차 있고 사랑받을 가치가 있다. 스스로 그런 사람이 되도록 허락하라. 이 허용은 확언을 반복하거나 거울을 보면서 자신에 대한 사랑을 느끼는 순간을 만드는 시간을 가짐으로써 시작된다.

당신이 원하는 사랑을 선택하고 그것을 받아들이라. 진정한 사랑은 당신에게 기꺼이 주어진, 당신의 것이다. 하지만 먼저 당신 자신의 내면으로 들어가야만 얻을 수 있는 정신 상태이기도 하다.

단점 받아들이기

자신의 단점을 감추려는 행동은 우리가 온전한 사랑을 하지 못하게 가로막는다. 우리는 다른 사람들에게 보이는 모습이든 자신만 알고 있는 모습이든 상관없이 상처나 자신의 특징, 결점을 감추기 위해 노력한다. 그럴 때 우리는 더 이상 진짜가 아니고, 참된 내가 아니다.

2장에서 나는 부정교합이 나의 자아 이미지에 깊은 영향을 쳤다고 이야기했다. 나는 이 문제를 해결하기 위해 수술을 받기로 했다. 하지만 나는 이 부정교합 수술이 얼마나 큰 수술이었는지에 관해서는 말하지 않았다. 사진을 찍을 때 나는 절대로 웃지 않았고, 누구에게도 미소 짓지 않았다. 그때 나는 입을 다물면 윗니에서 입술 끝까지 손가락 세 개를 넣을 수 있었다. 그래서 나는 사람들 앞에서는 거의 입을 벌리지 않았다. 그 당시에 나는 만나는 사람이 있었지만 언제나 내가 가치 없는 인간이라고 생각하면서 머뭇거렸다.

효과적인 수술을 위해 나는 몸이 성장을 멈출 때까지 기다려야 했다. 그때까지 나는 턱 상태를 더 악화시키는 교정기를 착용하고 있었다. 마침내 수술할 때가 왔고, 의사들은 내 턱을 부러뜨린 다음 엉덩이뼈를 떼서 이식했다. 그런 다음 와이어를 감아서 고정했다. 나는 그 상태로 3개월을 보냈다.

치아를 교정하고 나서 내가 처음 미소를 지었을 때 내가 느긴 자신감은 나에게 강력한 메시지를 주었다. 그 수술은 나에게 아무것도 주지 않았다. 나의 타고난 에너지와 자신감은 내가 어떻게 생겼는지, 내 얼굴을 내가 어떻게 느끼는지와는 애초부터 아무 상관도 없는 것이었다. 돌이켜보면 내가 좋아했던 여자애들은 분명히 나에게 관심이 있었지만, 나는 나 스스로에 대한 감정 때문에 그들에게 다가가지 않아서 너무나 많은 순간을 놓쳤다.

당신의 결점이 무엇이든 간에 당신이 그 결점을 아름답게 여긴다면 다른 사람도 그 모습을 아름답게 바라볼 것이다. 우리가 스스로 붙잡고 있는 거짓 이미지는 우리가 사랑할 수 있는 능력에 영향을 미치는데, 결점을 감추기 위해 그 능력을 쓸 때 특히 더 그러하다. 당신은 자신에게 현실을 창조하는 힘을 가지고 있다고 믿을 만큼 이 책을 충분히 읽어왔다. 그런데 왜 당신은 어떤 것을 결점이라고 여기면서 그것이 우주의 힘을 제한하도록 그저 내버려두고 있는가?

관계 안에서 만족하기

만일 당신이 지금 연애를 하고 있다면 지금의 상태를 사랑할 방법을 찾는 것이 바람직하다. 당신은 파트너에게 어떤 행동을 하거나 뭔가를 바꿀 필요도, 다른 방식으로 파트너를 대할 필요도 없다. 상대방도 당신이 사랑을 창조하고 있다는 것을 알 필요도 없고 이러한 개념들을 꼭 받아들일 필요도 없다. 하지만 당신이 변하면 당신의 파트너도 변할 것이다.

당신이 지닌 에너지의 힘을 참된 사랑을 창조할 때 의식적으로 사용한다면 당신은 관계에서 찾고 있는 것을 모두 얻게 된다. 당신은 당신의 삶에서 사랑을 발견한다. 당신은 당신의 더욱 진화된 버전을 열게 된다. 다시 말해 당신은 힘과 자비심으로 모든 장애물을 다룰 수 있고, 참되고 자유롭게 살며, 조건 없는 사랑을 열정적으로 주고받는 사람이 되는 것이다.

만일 당신이 지금의 관계에서 사랑을 찾을 수만 있다면 당신은 다른 사람들의 사랑도 끌어들이기 시작할 것이다. 사랑에 빠지라. 그 과정을 거치라. 두려움은 사랑을 밀어낼 뿐이라는 사실을 알고 당신에게 다가오는 사랑에 마음을 열라.

관계의 해소

닐 도널드 월시[Neal Donald Walsch]는 《신과 나눈 이야기》에서 톰[Tom]과 메리[Mary]라는 두 사람에 관련된 이야기를 다뤘다. 그들은 방의 양쪽 구석에 떨어져서 서로를 보고 있었다. 이 상태에서 그들이 개인의 에너지를 방사했을 때 그 에너지장은 방 한가운데에서 만나 결합된 진동 주파수, 즉 관계 에너지를 형성하기 시작했다. 그 새로운 관계장은 그 자체로 고유의 목적을 공유하고 목소리를 내기 시작한다. 얽힘이 일어난 것이다. 그는 이것을 토메리[Tom-Mary]라고 불렀다.

두 사람이 모두 토메리에 에너지를 공급할 때 그 에너지는 양자장을 통해 다시 그들 각자에게 돌아갔다. 그들이 서로를 더 가까이 끌어당길수록 그들 사이의 에너지 코드는 짧고 강해졌다. 서로를 향해 발걸음을 옮길 때마다 더 넓고 밝고 깊게 타오르는 진동이 만들어졌다. 두 사람이 지닌 고유한 진동이 토메리를 증폭시켰다.

이렇게 강렬해지는 누군가와 주파수가 일치하면 우리는 그 에너지장으로 빨려 들어간다. 만일 나중에 톰이나 메리의 주파수가 바뀌면 그 에너지장은 똑같지 않을 수도 있다. 하지만 그들은 이미 빨려 들어갔고, 이제 어떻게 탈출해야 할지를 모른다. 그리고 사실, 그냥 떠날 수 있는 방법은 없다. 당신은 의도적으로 에너지를 끊어낼 방법을 찾아야 한다.[72]

우리가 다른 어떤 사람과 관계를 정리할 때도 에너지는 서로 얽힌다. 심지어 우리가 누군가와 정말로 함께 있고 싶어하지 않는다는 걸 알아차리기만 해도 우리는 그 에너지에 갇혀버린다. 이런 방식으로 에너지를 공유하면 앞으로 나아가기가 어려워진다. 이런 얽힘은 이별 후에도 몇 년 동안이나 지속될 수 있다. 때때로 나는 사람들이 사랑을 찾으려고 하지만 과거에 관계를 맺었던 누군가와 여전히 연결되어 있어서 그러지 못한다는 것을 발견한다. 그들이 다시 마음을 회복하려면 만났던 기간의 절반이 지나야 한다는 이야기가 있다. 나는 그것이 사실이 아니길 바란다. 우리가 더 나은 방향으로 나아가고 있음을 안다면 우리는 더 빠르게 회복될 수 있다.

끔찍할 정도로 불행한 관계에서 벗어나는 것은 좋은 일이다. 이별의 아픔에 대한 두려움과 다시 사랑할 수 없을지도 모른다는 두려움은 앞으로 나아가려고 하는 우리의 발목을 잡는다. 만약 어떤 목소리가 당신에게 진정한 사랑이 다른 곳에 있다고 말한다면 그 말을 들어도 괜찮다. 당신과 함께하고 있는 사람에게 진정한 사랑을 찾아 떠난다고 말하는 일은 처음에는 고통스럽다. 하지만 나의 경우에는 내 여자친구의 운명적 사랑이 다른 어딘가에 있고, 그녀는 그를 알아볼 것이며, 그녀 자신을 위해 그를 선택할 거라는 생각을 받아들이니 그 상황을 훨씬 더 쉽게 다룰 수 있었다. 만약 관계가 잘 풀리지 않는다면 그 이유를 자기 탓으로만 돌리지 말라. 다른 누군가의 사랑이 당신을 모욕하기 위한 것은 아니니 말이다.

자기 자신을 사랑하도록 허용하라. 다른 사람들을 사랑하라. 우리는 저마다 최고의 현실을 창조할 자격이 있고 그 현실을 받을 자격이 있다.

의식을 확장하는 글쓰기를 위한 질문들

당신의 사랑 이야기를 다른 관점에서 되돌아보라.

당신은 사랑이 무엇이라고 생각하는가? 어떤 사랑을 경험했는가? 당신의 부모님은 사랑을 어떻게 생각하고, 어떤 사랑을 했는가?

당신의 삶에서 당신이 원하는 사랑을 하지 못하게 만드는 것은 무엇인가? 당신의 사랑 이야기가 당신에게 전하는 의미는 무엇인가?

우리는 2장에서 중요성에 대해 다뤘다. 중요성은 특히 사랑을 주제로 삼을 때 잘 들어맞는다. 만일 당신이 특정한 사람을 지나치게 중요한 사람으로 여기거나 그를 사랑하는 것에 중요도를 높이면 당신은 대체로 당신의 바람과는 반대되는 결과를 맞이한다. 이미 당신은 살면서 누군가를 혹은 무언가를 정말로 간절히 원하면 오히려 그것을 얻지 못했던 경험을 해봤을 것이다.

우주는 균형력을 유지하려는 속성이 있다. 당신이 파트너나 파트너에 대한 당신의 욕구를 지나치게 중요하게 여기면 오히려 그와 반대되는 힘인 잉여 포텐셜이 만들어질 수 있다. 마찬가지로 의존적인 관계도 잉여 포텐셜을 만들어낸다. 만일 당신이 당신의 파트너에게 의존적이라면 균형력을 복원하려는 과정에서 여러 문제들이 벌어질 것이다. 어떤 형태로든 사람을 소유하려고 하는 사랑은 균형력을 깨뜨린다. 만일 당신이 인생에서 다른 사람을 무시하거나 자만심을 표현한다면 그 에너지는 당신에게 되돌아와 당신이 사랑을 찾을 때 부정적인 영향을 미칠 것이다. 당신이 우월감을 느낄 때 그와 반대되는 잉여 포텐셜이 발생하고 우주는 당신이 우월하지 않음을 보여주는 현실을 가져올 것이다.

간단히 말해서, 자신과 타인에 대한 이상화와 과대평가는 언제나 그 환상을 깨뜨리는 현실을 불러온다. 균형력은 당신 안에서 잉여 포텐셜을 일으키는 것들을 감지해서 밀어내려고 한다. 그렇지 않으면 당신은 환상이 깨지는 환경을 맞이하고는 균형력을 잃고 흔들리게 될 것이다.

감정은 우리를 둘러싼 세계에 대한 자연스러운 반응이다. 하지만 사랑스럽고 즐거운 삶을 사는 우리의 능력을 감정에 빼앗기도록 놔둘 수는 없다. 예를 들어 슬픔은 인간의 보편적인 감정으로, 엄청나게 강력해질 수 있다. 하지만 우리가 이 감정을 내버려두기만 한다면 슬픔은 점점 깊어져 악화되는 현실로 우리를 계속 끌어들일 수 있다. 그렇다고 피하는 게 능사는 아니다. 이 땅에서 아주 짧게 살고 말 것이 아니라면, 당신은 어떻게든 슬픔을 경험하게 될 것이다. 우리는 이 감정이 우리를 소진하도록 내버려두지 않으면서 그것을 경험하는 법을 배워야 한다.

우리 모두가 극복해야 할 또 하나의 장애물은 두려움이다. 나는 남성들과 더 이상 관계를 맺을 수 없을 정도로 끔찍한 경험을 한 여성들을 만났다. 남자들 중에서도 모든 만남을 피할 정도로 두려움으로 똘똘 뭉친 사람들이 있다. 센 척하는 남자들도 겉만 그렇지 사실은 겁쟁이들이다. 두려움이 사랑하는 사람이나 사랑에 대한 당신의 믿음과 어떻게 상호작용하는지를 이해하는 것이 중요하다.

"나는 절대로 사랑할 수 없을 거야", "여자/남자는 늘 그런 식이지", "내가 방어하지 않으면 나는 상처받을 거야", "결국 또 헤어지겠지" 등은 내가 흔히 들어온 그릇된 신념들이다. 우리는 너무 좋은 사람들을 유령처럼 만들어놓고는 사랑하면서 느낄 수 있는 진정한 기쁨에 관해서는 깊은 불신에 빠져 있다. 우리의 신념이 곧 우리 자신이 된다. 과거의 인간관계에서 받은 상처에 계속 머물러 있는 한 우리는 새로운 관계에서 소울메이트를 찾지 못한다.

이런 두려움과 염려스러운 감정에 자신을 열어두라. 당신의 행동 이면의 원인이 되는 자신의 감정에 솔직해지라.

심리학자인 데이비드 버스David Buss와 신디 메스턴Cindy Meston 박사는 남성 203명과 여성 241명을 대상으로 성관계를 하는 이유를 물어봤다. 첫 번째 이유는 상대방이 매력적이어서였다. 하지만 그다음 순서는 다음과 같았다. 육체적 쾌락을 경험하기 위해, 상대방에게 애정을 보여주려고, 파트너를 즐겁게 하려고, 질투심을 유발하여 다른 사람을 괴롭히려고, 사회적 지위를 높이기 위해, 사랑을 표현하려고, 호의를 베풀기 위해, 서로의 몸이 연결되어 있다는 느낌을 받아서, 압력을 받았거나 의무라고 생각해서.[73]

당신과 당신의 파트너가 이성理性 뒤에 숨어 있는 감정에 열려 있으려면 그 감정들을 밖으로 드러내야 한다. 우리가 감정을 세상으로 내보낼 때 우리는 똑같은 감정에 열려 있는 사람을 만날 가능성이 더 크다. 해를 입히는 행위는 명백히 분노에서 비롯된다. 의무감은 죄책감에서 올 수 있다. 진정한 사랑을 찾으려면 그러한 주파수를 끌어들이는 더 높은 감정에 발을 들여놓아야 한다.

자메이카의 싱어송라이터 밥 말리Bob Marley는 이렇게 말했다. "언젠가는 깨지거나 마음이 열릴 가능성이 있음을 알고 가슴을 열면 당신은 결코 꿈도 꾸지 못했던 사랑과 기쁨을 경험하게 된다."

사랑을 두려워하지 말라. 누군가에게 다가가기를 두려워하지 말라. 타깃^{Tatget}(미국의 주요 대형마트 중 하나. — 옮긴이)에서 대화를 시작하라. 마음에 드는 사람에게 다가가 전화번호를 받아보라. 지금 누군가와 관계를 맺고 있더라도 연습 삼아 그렇게 해보라. 당신이 왜 이런 행동을 하는지 그들에게 설명해도 된다. 다른 사람을 바라보며 즐거움의 가능성에 마음을 열면 당신의 소통 방식에도 변화가 생긴다. 우연한 만남은 때로는 가장 강력하고 낭만적이며 멋진 일이다. 우리가 그들을 찾는 유일한 방법은 오직 다른 감정들을 뒤로 한 채 마음을 여는 것이다.

사랑을 창조한다는 것

모두가 관심을 가질 만한 질문이 있다. 어떤 특정한 사람이 나를 사랑하게 만들 수 있을까? 거기에 엄청난 에너지를 쓴다면 아마 가능하겠지만, 그건 우리가 진짜 원하는 바가 아니다. 특정한 사람에 대한 당신의 욕망은 에고에서 비롯된다. 우주가 당신에게 최고로 잘 어울리는 파트너를 찾아주는 걸 허락하지 않는 것이다. 나는 개인적으로는 특정한 사람들과의 만남을 창조해왔다. 하지만 그렇다고 해서 그들이 당신을 사랑하게 된다거나 진정한 관계가 맺어진다는 뜻은 아니다. 어떤 것이든 필요 이상으로 기대하는 건 잘못이다. 그리고 이런 기대감은 보통 우리가 상상하는 것만큼 힘이 세지 않다.

우리는 누구나 고유한 자유의지를 가지고 있고, 그것으로 자기만의 현실을 창조한다. 비록 당신이 누군가를 만나고 관계를 맺기 위해 현실을 조종할 수 있을 만큼 충분히 강력한 힘이 있다 할지라도 그들을 소울메이트나 특별한 사랑 또는 노력할 가치가 있는 사람으로 만들 수는 없다.

현실 창조의 다른 많은 측면에서 보면, 구체화하는 건 중요하다. 하지만 사랑을 창조할 때는 상대가 어떻게 생겼는지, 어떤 사람인지를 정확히 상상하지 못할 때 오히려 힘과 효과가 유지된다. 사랑을 현실로 창조하는 것은 감정이다. 우리에게 필요한 것은 사람이 아니라 그보다 훨씬 더 깊은 무엇이다.

만일 우리가 사랑을 찾기 원한다면 우리는 어떤 형태로든 서로를 통제할 수 없다.

나는 사랑으로 채워질 수 있는 인간의 욕구 여섯 가지를 발견했다. 누군가가 항상 나를 사랑할 거라고 확신하는 것, 매일매일 다채로운 하루를 보내는 것, 의미를 발견하고 나를 사랑하는 사람이 나를 소중하게 바라보고 있음을 느끼는 것, 서로가 서로에게 연결되는 것, 점점 더 성장하는 것, 그리고 마지막으로 서로에게 기여하는 것이 그것이다. 당신은 이런 욕구를 충족할 수 있는 방법을 시각화하거나, 지금의 관계에서 이 욕구를 더 잘 충족하기 위해 필요한 방법을 생각해볼 수 있다. 사랑의 본질을 이해하면 집착하는 대신 사랑의 편에 서게 되고, 그 방향에서 미래를 규정하게 된다.

우리의 잠재의식이 사랑을 대하는 방식대로 우리는 사랑을 받게 된다. 당신의 쌍둥이 불꽃, 즉 당신의 소울메이트가 어딘가에 있다는 믿음을 가지라. 언제든지 소울메이트를 찾을 수 있도록 마음을 열어두라. 두려움 속에서 살고 있는 에고로는 사랑을 할 수 없다. 그것을 허물라. 이 사랑의 본질에 관해 명상하라. 그리고 당신이 어떤 패턴에 빠져 있는지를 이해하라.

깊이 사랑하는 사람과 함께한다는 것이 어떤 건지 상상해보라. 함께 저녁을 먹고 소파에 앉아 영화를 보고 함께 드라이브를 즐기는 모습이 떠오를 수 있다. 비록 당신에게 파트너가 없더라도 식탁에 자리를 마련해두라. 당신의 파트너가 집에 머물 수 있도록 집을 미리 수리하라. 거기에 당신도 함께 있는 상황을 상상하라. 아름다운 사랑에 대한 느낌을 찾으라. 당신의 소울메이트를 위한 준비를 하라. 당신은 그/그녀가 오고 있다는 것을 알기 때문이다. 우주가 당신을 위해 그 관계를 형성하도록 허락하라.

첫눈에 반하는 사랑

첫눈에 반하는 사랑에 대해서 곧바로 쭉 써 내려가고 싶은 유혹이 있지만 일단 이것이 무엇을 함축하고 있는지 먼저 자세히 살펴보도록 하자. 두 사람 사이에서 일어나고 있지만 겉으로는 드러나지 않는 성적인 화학반응 — 페로몬^{pheromone}, 설명할 수 없는 연결감, 이유 없이 누군가를 좋아하는 느낌 — 에는 생물학적인 근원이 있다.

뇌는 주어진 순간에 4,000억 비트의 정보를 받아들이고 있지만, 그중에서 의식적으로 2,000비트만 처리한다는 점을 기억하라. 당신이 아무리 마음챙김 명상을 많이 하고 치유 세션에 참석하더라도 당신은 결코 당신의 뇌가 받아들이는 모든 정보를 의식하지는 못할 것이다. 그러나 의식하지 못하는 정보라고 해서 당신에게 영향을 미치지 못하는 건 아니다. 그 정보는 여전히 놀라운 속도로 처리되고 있다. 당신의 로맨틱한 성적 취향도 예외는 아니다.

　잠재의식적 판단은 수백만 년에 걸쳐 개발된 직관적 기술의 일부다. 이것은 당신이 관계에서 가장 원하는 모든 것을 담아낸 원형을 구축하는 것이다. 이러한 '사랑의 지도(love map)'는 개인의 특성에 따라 다양하다. 어떤 사람의 지도는 짧은 갈색 머리로 안내를 하고 다른 사람의 지도에는 빨간 머리가 포함되어 있을 수도 있다. 사랑의 지도는 신체적, 정서적 유형뿐만 아니라 성적 욕구 및 행동도 담고 있다. 이런 것들은 단지 의식적인 선호가 아니다. 사랑의 지도는 대부분 일곱 살이 될 때까지는 닫혀 있다고 한다. 당신의 뇌는 당신의 이상형인 파트너를 발탁하는 제안서를 이미 작성했고 보통 단 한 번의 짧은 오디션이 주어진다. 뇌는 일반적으로 만남을 시작하고 3분 이내에 상대가 나의 잠재적인 짝인지 아닌지를 판단한다.

　잠재의식은 우리가 의식적으로 이해할 수 없는 수준의 정보를 처리한 것이다. 2008년, 연구자들은 '말단신경(Cranial Nerve Zero)'이라고 부르는 거의 눈에 띄지 않을 정도로 작은 후각 수용체를 발견했는데, 이들은 이 물질이 페로몬을 처리한다고 믿었다. 이 섬유질은 코에서 시작해 후각피질을 완전히 우회하여 뇌 중심부로 곧장 이동한다. 이것은 상대방의 냄새가 엄청난 매력 요소가 되도록 만든다. 심지어 당신이 상대방의 냄새를 의식하지 못하더라도 말이다.

각 사람의 냄새에는 면역체계에서 근본적인 역할을 하는 유전적으로 고유한 주조직 적합 복합체(MHC, Major Histo-compatibility Complex)가 있다. 가족 구성원들은 유사한 유전자를 공유하기 때문에, 보통 유사한 면역체계를 공유한다. 우리는 가족 구성원들과 사랑에 빠지지 않기 위해 무의식적으로 다른 주조직 적합 복합체를 가진 짝을 찾고 있는 것일 수도 있고, 임신을 하면 성욕보다도 친숙한 부족의 안전을 더 우선시하기 때문에 임신부는 유사한 화학적 구성을 가진 사람들에게 끌리게 된다.

물론 인류 역사에서 시인들과 예술가들 모두 화학적 반응을 예찬하지는 않았다. 두 사람이 서로에게 끌리고 사랑에 빠지는 방식에는 신성한 무형의 아름다움이 있다. 에너지의 떨림, 즉각적인 알아차림, 끌리는 자극(magnetic pole), 전기적 흥분, 새로움, 발견. 이렇게 사랑은 영적인 것이다. 하지만 만일 당신이 '첫눈에' 연결될 수 있다는 믿음을 놓지 않으려고 애쓰고 있다면 이러한 생물학적 설명은 당신이 그 가능성에 가슴을 여는 데 도움을 줄 수 있다.

소울메이트 찾기

나는 당신과 가장 잘 소통하고 당신의 필요를 채워주며 당신의 성장을 돕는 사람이 있다고 믿는다. 각자 자신의 소울메이트가 정확히 어떤 얼굴을 하고 있는지 생각하는 바는 다르겠지만, 일반적으로 그가 당신을 위한 사람이라는 생각에는 이견이 없다.

　우리는 저마다 고유한 선호와 기준을 가지고 있다. 그래서 일방적으로 한 사람이 모든 것을 받아들이는 건 관계를 맺는 데 장애 요인이 될 수 있다. 상대방이 '소울메이트'라 할지라도 말이다. 만일 당신이 어떤 타협도 없이 당신이 기대하는 모든 것을 가질 수 있는 관계가 소울메이트 관계라고 생각한다면 당신은 결코 그런 사람을 만날 수 없을 것이다. 커플에게나 개인에게나 타협은 성장의 일부분이다. 그렇지만 특정한 사람과 함께 지내는 것이 당신이 소중히 여기는 가치 가운데 하나를 버리고 타협하는 일을 의미한다면 그 또한 당신에게 필요한 소울메이트 관계는 아닐 것이다.

　이러한 가치를 명확히 하는 한 가지 방법은 소울메이트 목록을 만드는 것이다. 사람을 만나기 전에 어떤 사람을 찾는지 명확히 할수록, 소울메이트가 당신의 삶에 들어왔을 때 그들을 더 쉽게 알아볼 수 있을 것이다.

　소울메이트 목록은 우리가 소울메이트를 찾는 과정에서 구체화 작업에 해당하는 지점이다. 먼저 당신이 찾는 것들을 구체적으로 충분히 나열한다. 그런 다음 어떤 특성이 결격사유인지를 정한다. 당신이 살면서 파트너와 나누고 싶고 함께 하고 싶은 것, 그리고 그들의 존재에서 느끼는 감정에 대해 생각해보라. 이른 아침, 파트너 옆에서 깨어날 때 어떤 기분을 느끼고 싶은지, 어떤 라이프스타일을 추구하고 싶은지, 자녀는 있는지 등을 자신에게 물어보라. 마치 구글 검색창에 키워드를 입력하는 것처럼 찾고자 하는 바가 구체적일수록 결과는 그대로 나타날 가능성이 크다.

만일 내가 열심히 노력해서 충분한 에너지를 확장할 수 있다면 나는 아마도 언젠가는 안젤리나 졸리를 만나는 현실을 선택할 수 있을 것이다. 만일 당신의 에너지가 충분히 강하고 창조적이라면 특정한 사람과 애정 어린 대화를 나누는 현실을 끌어올 수도 있다. 그러나 이것은 사랑을 끌어들이는 협소한 방식이다. 당신이 이상적으로 생각했던 사람은 천생연분이 아닐지도 모른다. 어쩌면 그 사람을 조종해서 그가 나아가려고 하는 현실에서 벗어나게 했을 뿐이라는 사실을 깨달을 수도 있다. 그렇다면 당신은 그의 삶에서 펜듈럼이 될 수도 있다.

소울메이트의 성격을 더욱 구체적으로 생각할수록 우주는 더 강력한 힘을 발휘한다. 당신이 바라는 파트너의 자질들을 기록할 페이지를 만들고 거기에 목록을 작성하라. 우리가 이 목록을 만들 때 우주에서 아찔한 흥분이 꿈틀댄다고 나는 믿는다.

만나고 싶은 사람의 유형과 그와 함께 만들고 싶은 특정한 삶을 염두에 두라. 하지만 우주가 그 틈을 메우도록 허용하는 걸 잊지 말라.

소울메이트 목록 예시

넉넉하다, 귀엽다, 다정하다, 명료하다, 아름답다, 명랑하다, 카리스마가 있다, 창의적이다, 사려 깊다, 감성적이다,

감정적이지 않다, 사랑스럽다, 특정한 취미를 즐긴다, 가정적이다, 융통성이 있다, 재미있다, 관대하다, 사용할 수 있는 돈/시간/애정이 있다, 원 가족이나 자녀나 전 배우자와 좋은 관계를 맺고 있다, 행복하다, 건강하다, 정직하다, 독립적이다, 지적이다, 사랑스럽다, 양육적이다, 장난기가 있다, 감각이 있다, 성적 매력이 있다, 똑똑하다, 영적이다, 성공했다, 지원을 아끼지 않는다.

요리를 좋아하고, 골프를 치고, 번지점프를 하고, 스카이다이빙을 하고, 양초를 수집하고, 야구를 좋아한다.

사랑과 신뢰가 생기다

양자물리학으로 우주를 이해하는 패러다임 안에서 우리는 입자들이 서로 얽혀 있다는 사실을 알고 있다. 누군가와 사랑에 빠지는 것보다 더 큰 얽힘이 있을까? 그 결합은 신뢰를 통해 형성된다. 그리고 신뢰는 누군가가 당신을 위해 신경을 써줄 때 깊어진다.

이 책의 시작부터 끝까지 공통된 주제는 '선택'이며, 이 주제는 앞으로도 계속될 것이다. 이것은 영적인 각성이 아니라 총체적인(holistic) 변화다.

현실을 창조하는 능력이 점점 더 강력해지면 우리는 두려움보다 사랑을 선택할 수 있게 된다. 이 순간 사랑을 찾는 것은 선택이다. 두려움을 찾는 것도 선택이다. 소울메이트를 찾지 못하더라도 당신은 이 세상에서 사랑과 기쁨과 아름다움을 선택할 책임이 있다. 그럴 때 우리는 우리가 상상할 수 있는 것 이상의 현실을 창조할 수 있다.

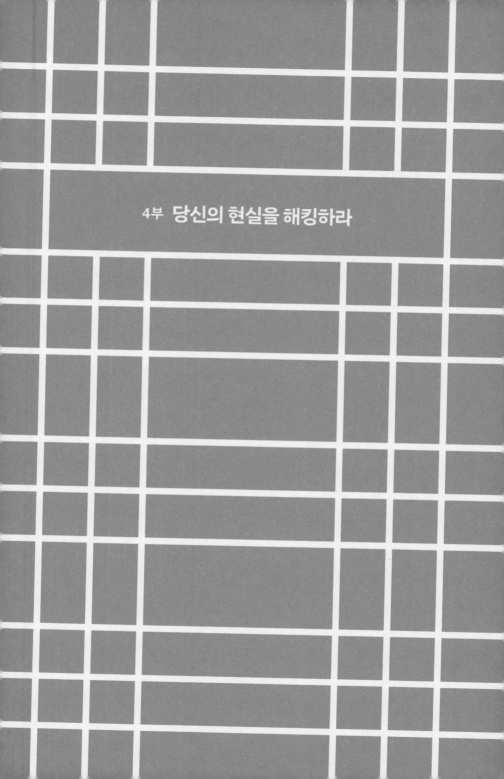

4부 **당신의 현실을 해킹하라**

11장

평행 현실을 서핑하라

나는 내 인생의 목적은 강도 침입 사건이 일어났던 밤에 내게 무슨 일이 일어났는지 명확하게 밝히는 거라고 꽤 오랫동안 믿어왔다. 무시해버리기에는 이전의 모습과 비교했을 때 의미심장한 일들이 현실에서 너무나 많이 일어났기 때문에 나는 내 정신 상태를 의심하기 시작했다. 나는 내가 단지 미쳐서 그런 건 아닌지 종종 궁금해하곤 했다.

내가 평행 현실을 계속 탐험할 수 있는 기술을 찾을 수 있을까? 나는 "성능이 향상된 들로리안^{Delorean}(〈백 투 더 퓨처〉에 나오는 타임 머신 자동차 모델. ─ 옮긴이)이라도 좋으니 내게 무엇이 필요한지를 말해달라!" 하며 답답해했다.

내 주변에서 기괴한 일들이 일어났을 때, 내 안에 살고 있는 과학자는 이렇게 말했다. "비록 그것이 외상 후 스트레스 장애나 어떤 종류의 망상을 의미한다 하더라도 내가 봤던 것들에 대한 과학적인 이유가 있어야 한다." 나의 온 존재는 내가 미치지 않았다고 절실히 믿고 싶어했다. 지금도 여전히 그렇다.

　나는 임상적 설명에서 벗어나 있는 자료라도 읽을 수 있는 모든 것을 읽었다. 내가 겪은 일은 변화를 가져오는 것이었고, 그 변화를 설명해주는 사람들이 있었다. 강도 사건이 있기 전에도 이미 나는 꽤 많은 연구를 했지만, 경험적 근거를 쌓기 전에는 이렇다 할 성취를 이룬 것들이 많지 않았다. 뭔가를 이해하기 위해서는 그렇게 살아봐야 할 필요가 있다. 나는 현실 변환을 경험한 것 같기만 하면 돌아가 더 많은 책을 읽었다. 평행 현실에 대한 이론을 어느 정도 이해하게 되면서 나는 그 이론의 이면에 있는 과학적 추론이 얼마나 깊고 복잡한지를 알 수 있었다.

　1부에서 우리는 나의 경험과 현실 창조 기술을 정의하는 몇 가지 이론에 관해 이야기했다. 2, 3부에서는 현실을 통제할 수 있는 실용적인 방법들을 살펴보았다. 이제는 현실을 해킹할 시간이다. 단지 다른 현실로 이동하는 게 아니라 당신의 삶을 더 좋은 방향으로 완전히 바꾸는 방식을 소개한다.

　당신이 언제든지 사용할 수 있는 다양한 도구들로 시작하자.

일반적인 감각 테크닉

이사하기. 이사는 특별한 것은 아니지만 강력한 방법이다. 다른 집이나 다른 마을로 이사를 가거나 장기 휴가를 떠났던 때를 떠올려보라. 당신은 말 그대로 다른 현실로 이동/이사한 것이다. 당신이 그 새로운 장소에서 함께 어울렸던 사람들, 먹었던 음식, 공기 등 모든 것이 완전히 바뀌었다.

솔직히 말해서 이사는 내가 두려워하는 것 중 하나다. 어떤 사람들은 불이나 뱀을 무서워하는데 나는 이사하는 것이 두렵다. 하지만 이사를 할 때마다, 나는 놀라운 변화들을 겪었다. 보통 두려움의 크기는 우리가 소유하고 있는 것을 얼마나 움켜쥐고 있는가에 달려 있다. 그래서 이사는 두려움에서 해방되는 길이기도 하다. 이사를 하면 당신은 애착을 느끼던 것들을 놓아주기 시작한다.

만일 당신이 지금 당장 현실을 바꾸고 싶다면 바로 할 수 있다. 단지 이사하기를 선택하라.

새로운 언어 배우기. 우리가 사용하는 구문과 언어는 우리의 현실을 다양한 방식으로 정의한다. 모든 단어를 성별로 구분해서 쓰는 등 언어마다 독특한 방식이 있는데, 이 방식은 그 언어를 사용하는 사람들이 세상을 생각하고 이해하는 방식을 규정한다. 따라서 새로운 언어를 배우면 익숙한 언어와는 전혀 다른 관점을 얻을 수 있다.

이름 바꾸기. 내가 쓰는 이름인 '브라이언 스콧'은 가명이다. 원래 성은 뱅슨Bengtson인데 사람들이 철자를 잘 틀리곤 한다. 그래서 나는 원래 이름을 알려줄 때마다 매번 철자를 어떻게 쓰는지 설명해야 했다!

이름을 바꾸기로 한 결정은 내가 생각했던 것보다 더 많은 힘을 가져왔다. 당신의 이름에는 많은 현실이 붙어 있다. 이름을 바꿀 수 있다면, 당신은 실제로 다른 사람이 될 수 있다.

물리학적인 방법

실질적으로 유용하지 않을 수도 있지만, 물리학자들이 이론 화한 몇 가지 방법들을 평행 현실로 이동하는 데 사용할 수 있다.

웜홀과 블랙홀. 이론적으로 웜홀^{Wormhole}은 다른 현실로 이동 하는 방법이 될 수 있다. 웜홀은 다른 우주와 연결되는 입구다. 많은 물리학자는 블랙홀이 다른 우주로도 이어진다는 이론을 제 시한다. 우리가 속해 있는 우주는 다른 우주에 있는 블랙홀의 반 대편일지도 모른다. 아마도 언젠가 우리는 이 입구들을 통해 우 주를 안전하게 여행하는 방법을 찾을 것이고, 이 여행이 우리가 원하는 현실을 찾아가는 방법이 될 것이다.

현재로서 우리는 아직 이런 여행 방식을 선택할 수 없다. 아 니 지금은 필요하지 않을 수도 있다. 하지만 우리가 의식의 힘을 이해할 때, 평행 현실은 우리가 생각하는 것보다 훨씬 더 가까이 있다.

양자 얽힘. 물리학에서 얽힘은 연결의 한 형태라고 말한다. 만약 우리가 우리의 현실을 벗어난 현실에 있는 외부의 입자들과 얽히게 된다면, 우리는 그렇지 않았다면 갖지 못했을 직감과 이 해력을 설명할 수 있을 것이다. 얽힘은 우리를 다른 현실로 이끌 수 있다.

공간 접기. 어떤 물리학자들은 우리가 언젠가는 우주 공간을 접어서 방향을 최소화하면 완전히 다른 현실의 영역으로 이동할 수 있을 거라고 믿는다.

워프 드라이브(알큐비에르 드라이브). 웃을 수도 있겠지만, 알큐비에르 드라이브^{Alcubierre Drive}에 대해 들어본 적이 있는가? 원래 물리학자 미겔 알큐비에르^{Miguel Alcubierre}가 1994년에 제시한 이 개념은 아인슈타인이 제시한, 어떤 것도 빛보다 빠를 수는 없다는 한계를 뛰어넘는다. 몇몇 물리학자들은 이것이 실제로 실현 가능할 것이라고 말하고 있다.[74]

이론적으로, 알큐비에르 드라이브는 시공간의 파동(이제는 친숙해지지 않았는가?) 구조를 늘려서 앞의 공간을 수축하고 뒤의 공간을 확장함으로써 빛보다 빠른 여행을 가능하게 한다. 이 파동 안에 있는 우주선은 시공간의 거품(warp bubble, 특수한 방법으로 우주선 주위에 만들어지는 거품으로, 시공간을 휘게 한다. — 옮긴이)을 타고 빛의 속도보다 빠르게 이동할 수 있다.

나의 이론은 우리가 근원에 접속해 해결책을 찾음으로써 이런 가능성을 창조했다는 것이다. 프레더릭 도슨과 나눈 인터뷰에서 그는 모든 공상과학 소설에서 나오는 이야기는 우주의 어느 곳에서는 현실이고, 모든 생각과 상상력은 실재한다는 흥미로운 생각을 설명해줬다.

물질 해킹하기

사이키델릭. 환각제 사용을 옹호하지는 않지만, 이것에 대해 언급할 필요는 있다. 우리가 알아야 할 가장 중요한 점은 환각제를 써서 평행 현실에 접근하는 것은 어떤 경우라도 일시적인 효과밖에 없으며, 보조 수단으로서도 금지되어 있다는 것이다. 아무튼 이 방법은 반세기가 넘도록 사용되어왔고, 사이키델릭 사이언스 psychedelic science 는 법률 연구를 수행하는 학회들의 학제적인 노력으로 다시 살아나고 있다.

실로시빈 psilocybin, 메스칼린 mescaline, LSD, 아야와스카 ayahuasca, 마리화나, 메틸렌디옥시메스암페타민(MDMA)처럼 중독성이 없는 환각성 물질의 마이크로도즈 microdose (사람에게 안전한 정도인 극소량의 의약품을 투여하는 최신 임상 시험 방법. ─ 옮긴이)를 위한 실험 프로토콜이 있다.《환각적인 탐험자를 위한 안내서》(Psychedelic Explorer's Guide)에서 제임스 패디먼 James Fadiman 은 이 실험을 통해 환각성 물질이 집중력을 높여주고 산만하게 만드는 모든 영향을 차단하여 사람들을 더 쉽게 몰입할 수 있게 이끌어준다고 설명한다. 200명 이상의 개인을 대상으로 한 어느 조사에서 참가자들의 집중력, 문제 해결력, 창의력 같은 범주를 6점 척도를 사용해서 평가했는데, 각 항목의 평균 응답 점수는 4.5~4.76이었다.

조 로건 Joe Rogan 의 팟캐스트는 디메틸트립타민(DMT)이나 아야와스카가 지금의 문화적 요소임을 시사한다. 사람들은 이 약물을 체험해보려고 코스타리카로 여행을 떠나고 거기서 놀라운 변화를 경험하고 있다. DMT가 송과체를 활성화할 수 있다는 론도 있다. 페요테^{peyote} 선인장을 바라보는 새로운 관점을 알고 싶다면 게리 스펜스^{Gerry Spence}의 책 《변호사 만들기》(Making of a Country Lawyer)를 읽어보라. 그리고 물론 카를로스 카스타네다도 그가 쓴 책에서 환각 경험을 폭넓게 다뤘다.

약물을 사용하여 근원에 접근하고, 근원에 접근한 상태에서 가능태 현실로 뛰어드는 것에 대해 말하자면 책 한 권이 나올 수도 있다. 이것은 인간이 평원으로 걸어나가서 버섯을 먹고 마음속으로 세상을 창조했던 시절로 거슬러 올라가는, 오래된 관습이기 때문이다. 우리가 '선택'과 그에 따른 '현실'에 대해 이해하며 쌓아온 바로 그 경험들이 우리를 완전히 바꿔놓을 수 있었다. 우리는 이 물질들 때문에 지금의 우리가 되었을지도 모른다.

누트로픽^{Nootropic}. 누트로픽은 신체에 미치는 부작용을 최소화하면서 정신적 능력을 높이기 위한 물질이다. 누트로픽은 흔히 인지능력 향상제, 기억력 증진제, 혹은 심지어 '똑똑한 약물(smart drug)'이라고 불린다. 누트로픽에 관해 잘 모르고 있었다면 적어도 집중력을 높이기 위해 커피나 차를 마신다는 얘기는 들어보았을 것이다. 이것이 누트로픽의 이면에 있는 아이디어다.

누트로픽 보조제는 인지기능을 극대화하는 천연 화합물로서, 불안을 가라앉히고 오랫동안 집중할 수 있게 해준다. 연구에 따르면 누트로픽 보조제를 복용한 사람들은 기억력이 좋아졌고, 더 많은 자신감과 동기부여를 얻었으며, 뇌 기능이 전반적으로 향상되었다. 이 기능들은 당신을 더 좋은 방향으로 사고할 수 있게 도와줌으로써 더 나은 평행 현실로 이끌어줄 수 있다.

일반적으로 사용하는 누트로픽은 징코 빌로바$^{ginkgo\ biloba}$(은행잎 추출물), 세인트 존 워트$^{St.\ John's\ wort}$(성요한초), 글루타민^{glutamine}, 아세틸카르니틴^{acetylcarnitine}, 디메틸아미노에탄올(DMAE), 빈포세틴^{vinpocetine} 등이며, 최근에는 러셀 브런슨$^{Russell\ Brunson}$(미국의 베스트셀러 작가이자 사업가. — 옮긴이)이 대규모 콘퍼런스에서 연설할 때 사용하는 키토 에테르$^{keto\ ether}$도 포함된다. 이러한 물질과 화합물은 우리가 바이오해킹^{biohacking}의 잠재력을 인식하면서 점점 더 많이 이용되고 있기에, 더 자세하게 들여다볼 가치가 있다(바이오해킹 기술은 12장에서 자세히 다루고 있다).

감각 조작 도구

간츠펠트 효과(The Ganzfeld effect). 인간은 수천 년 동안 간츠펠트 효과를 알고 있었다. 어떤 명상법은 푸르고 구름 한 점 없는 하늘을 하늘이 없어질 때까지 바라보거나 방에 켜둔 촛불 말고는 아무것도 존재하지 않을 때까지 촛불을 응시한다. 요가 명상 트라타쿰^{Tratakum}처럼 뭔가를 계속 응시하는 행위는 바위나 만다라^{mandala}같이 변하지 않는 외부 대상에 집중하는 것이다. 마이클 허친슨은 이미 입증된 명상의 이점, 즉 스트레스가 줄어들 뿐만 아니라 감각이 예민해지고 정신이 명료해지는 현상들의 핵심에는 이 공백 효과(blank out effect)가 있는 것 같다고 설명한다.[75]

로버트 온스타인$^{Robert\ Ornstein}$은 그의 연구에서 이런 공백 상태에서는 아무것도 보지 못할 뿐만 아니라 시각적인 감각 자체가 완전히 사라진다는 점을 발견했다. 예를 들어 공백 상태를 경험한 사람들은 눈이 떠져 있는지 감겨 있는지 알지 못했다. 여러 연구 기관은 이런 단조로운 자극을 받는 동안에는 거의 모든 영적 전통에서 채택하고 있는 명상법, 즉 한 단어나 문구를 반복하는 것처럼 지속적인 자극을 받는 상태와 전혀 자극을 받지 않는 상태 사이에 유사성을 보인다는 결론을 내렸다.

연구자들은 실험실에서 이런 상태를 유도해내려고 오랜 기간 시도해왔다. 기술도 고밀도 균일 안개에서부터 반투명 고글에 이르기까지 다양하게 발전했다. 간츠펠트 고글은 아마존에서 약 100달러에 살 수 있고, 직접 제작할 수도 있다. 간츠펠트 효과를 유도할 수 있는 간단한 방법 가운데 하나는 탁구공을 반으로 잘라서 눈 위에 얹은 다음, 눈을 뜬 채 탁구공에 직접 빛을 비추는 것이다. 빛이 고르게 분산되어 있지만 특징은 없는 시각적인 공간을 편안하고 부드러운 시선으로 바라보면 간츠펠트에 이르기가 훨씬 쉽다.

부유 탱크(Float tanks). 감각 박탈 수행은 수천 년 동안 자기 조절이라는 큰 기적을 불러왔다. 불 위를 걷는 힌두교인들부터 영하의 기온에서 얼음물에 적신 담요를 두른 채 눈 속에 앉아 있는 티베트 승려들, 밀폐된 상자 속에서 며칠 동안 몸을 파묻는 요기들, 뜨개질바늘로 자신을 찌르는 치료사들까지. 이런 사례를 보면 감각 박탈은 현실을 더욱 강하게 통제하려는 것과 연관이 있는 것 같다.

고글이 시각적 공간 안에서 완전한 공백 상태를 만들 수 있다면 부유 탱크(욕조 같은 공간에 따뜻한 소금물을 풀어 사람이 표면에 뜰 수 있는 환경을 조성하는 도구. — 옮긴이)는 완전한 공백 상태와 입력되는 감각을 차단함으로써 감각 박탈을 경험할 수 있다. 소리, 중력, 촉각 등 대부분의 외부 자극을 차단하거나 극적으로 줄여서 직접적인 공백 상태를 만들어내는 것이다.

부유 탱크는 당신의 마음과 접촉하고 현실의 본질을 이해하는 강력한 방법이다. 간츠펠트와 부유 탱크는 망상 활성계에 어떠한 자극도 주지 않음으로써 내면으로 집중할 수 있는 경험을 선사한다. 망상 활성계가 처리할 자극이 없으면 당신은 현실 자체를 정의하는 열린 에너지 파면(wave front)에 접근할 수 있다.

만일 당신이 부유 탱크 안에서 아주 미세한 내적 과정을 깊게 인식했다면, 부유 탱크에서 나온 뒤에도 당신의 인식 수준은 그만큼 깊어졌을 것이다. 부유 탱크를 경험한 사람들은 종종 세상이 변한 것 같다며 기뻐하는 경우가 많다. 그들은 세상을 신선하고, 빛나고, 밝고, 강렬하고, 생생하고, 화려한 것으로 묘사한다. 탱크에 들어가 감각의 입력을 줄이면 내면의 감각이 확장돼서 더 민감하게 반응하는 것 같다.

만일 우리가 마음과 몸을 하나의 시스템으로 본다면, 외부 자극은 끊임없이 시스템의 균형을 깨뜨리고 있음을 분명히 알 수 있다. 모든 소음, 최적 수준 이상 또는 이하의 모든 온도, 모든 사람 관계, 책임감, 죄책감, 욕망 등 우리가 보고 느끼는 모든 것들은 끊임없이 우리의 독립적인 시스템을 방해한다. 지금까지 살펴

본 모든 증거는 부유 탱크가 그 안에 떠 있는 사람 뇌의 화학적 분비뿐만 아니라 기분, 정서, 반응을 포함한 모든 행동에 영향을 미친다는 것을 보여준다.[76]

처음 몇 번은 부유 탱크의 소금물에 손을 담근 뒤 눈을 만지지 않도록 조심해야 한다. 고글이 있다면 쓰는 편이 좋다. 처음에는 많은 사람들이 손을 어디에 둬야 할지 몰라서 팔이 불편해질 때까지 머리 위에 올리고 있는데, 손은 아래로 내려두도록 한다.

일단 당신이 이완되고 나면 긴장되어 있던 근육이 중력 상태가 되어 평소보다 더 작은 감각들을 감지할 수 있게 해줄 것이다. 다시 말해, 당신이 놓치고 있던 감각을 더 잘 느낄 수 있게 된다.

욕조. 나는 유명한 사람들이 모두 멋진 욕조를 가지고 있다는 점이 우연의 일치라고 생각하지 않는다. 부유 탱크와는 달리 욕조는 그 나름의 방식으로 깊은 휴식을 제공한다. 유령들은 물을 무서워한다는 말이 있는 것처럼, 역사적으로 물은 정화하고 힘을 강화해주는 존재였다.

물 자체의 진동은 당신을 공백 상태로 이끌어 당신이 가진 의도들을 증폭시킬 수 있다. 소금과 입욕제는 당신을 더욱 편안한 상태로 들어갈 수 있게 도와줄 것이며 — 자신만의 성수(holy water)가 담긴 욕조에서 — 증폭 효과 또한 커질 것이다. 욕조에서 여유를 즐기면서 당신은 현실을 이동하고 무언가를 발견하며 기대했던 것 이상의 무언가를 끌어올 수 있다.

물과 온도 훈련. 트위터 최고경영자 잭 도시는 얼음 목욕으로 아침을 시작하고 물요법(hydrotherapy)인 사우나와 얼음 목욕으로 하루를 마무리한다. 잭의 저녁 물요법 순서는 섭씨 약 100도의 사우나실에서 15분, 약 3도의 얼음 욕조에서 3분 머문다고 했다. 그는 이 극한의 주기를 세 번 반복한 뒤, 1분 더 얼음 목욕을 하는 것으로 마무리한다. 그는 아침에 따뜻한 침대에서 일어나 곧바로 얼음처럼 차가운 욕조로 들어가는 것은 "내 마음을 열어주는 행위다. 별일 아닌 것처럼 보이지만 너무나 고통스러운 이 일을 해낼 수 있다면 말 그대로 나는 뭐든지 할 수 있다고 느낀다"라고 말했다. 토니 로빈스도 매일 아침 차가운 물에 뛰어든다.

내 경험상 온도 훈련은 효과가 강력하다. 나는 빔 호프 방법을 쓰고 있다. 빔 호프는 얼음을 맨몸으로 맞댄 채 추위를 견디는 것으로 세계 최장 기록을 세웠다. 그는 이 미션을 열여섯 번 해냈고, 30회 호흡을 기본으로 하여 과호흡 방법을 포함한 몇 가지 호흡 훈련법도 개발했다. 호흡 주기를 반복하면서 숨을 더 오래 참을수록 몸이 따뜻해져서 찬물에 더 쉽게 들어갈 수 있다.

엄청나게 차가운 호수나 욕조에 들어가는 방법은 정말로 혁신적인 변화를 가져온다. 당신은 자신의 몸과 마음을 더욱 잘 통제할 수 있게 된다. 극도의 추위에 노출되어 발생하는 스트레스는 건강 증진, 운동 지구력 향상, 근육 위축 방지, 신경 생성 증가, 학습 및 기억력 증진, 수명 연장에 좋다. 찬물 샤워는 우울증 치료에 사용될 수 있고, 뇌에서 노르에피네프린^{norepinephrine}을 방출하여 근면, 집중력, 주의력 그리고 감정에 영향을 줄 수 있다. 그리고 온도 반응은 투쟁-도피 반응을 일으키는 교감신경계를 자극하기 때문에 통증, 신진대사, 염증 등을 완화해준다. 좀더 구체적으로 말하자면 섭씨 0도에 가까운 차가운 물에 몸을 20초 동안 담그면 노르에피네프린은 200~300퍼센트 상승할 수 있다.

또 추위는 열 발생을 활성화하는데, 이는 신체가 열을 생성하는 방식이다. 또 지방을 태워서 열로 만드는 갈색 지방 조직도 더 활발하게 움직이도록 만든다. 갈색 지방은 미토콘드리아를 많이 가지고 있고, 미토콘드리아가 많을수록 유산소 능력이 좋아진다. 열 충격 단백질에서도 비슷한 효과가 관찰되었다. 온랭의 조합은 매우 강력하다.

온도 훈련을 할 때는 술을 피하고 물을 많이 마셔야 한다. 몸이 아프다면 하지 않는 게 좋다. 그리고 사우나에 너무 오래 머물지 말고, 무리하지 말고 열을 서서히 식혀라. 나는 온도 훈련을 하고 나서 신장결석이 생겼는데, 아마도 물을 충분히 마시지 않아서인지도 모른다.

빛 자극. 빛의 색은 우리의 마음 상태와 생각을 바꾸는 신경화학적 접근에 상당한 영향을 미친다. 실리 박사가 주도한 연구에 따르면, 주파수 7.8헤르츠로 보라색, 녹색 또는 빨간색 조명을 피험자들에게 20분 동안 비추기 전과 10분 뒤, 피험자들의 신경 전달 물질과 호르몬을 측정해봤다. 실리 박사는 조명에 노출되었을 때 주요 호르몬이 25퍼센트 이상 현저히 증가한다는 것을 발견했다. 여기에는 성장 호르몬, 황체 형성 호르몬, 옥시토신 등이 포함되어 있었는데, 모두 애착, 사랑, 성호르몬, 성장, 지방 대사 증진을 촉진하는 데 도움을 주는 성질이 있었다.[77]

최근에 개발된 라이트 컬러 테라피light-color therapy 중 하나는 존 다우닝John Downing이 발명한 루미트론Lumitron 치유법이다. 자연 태양광에 가까운 인공 빛인 풀 스펙트럼 라이트full-spectrum light를 만드는 제논Xenon 가스를 사용하여 열한 가지의 다른 색상 필터 중 하나를 통해 빛을 보낸다. 스펙트럼은 보라색, 남색, 파란색부터 빨간색, 주황색까지 다양한 색으로 이루어져 있다. 빛의 색깔은 작은 원형 렌즈를 통해 사용자의 눈에 전달된다. 다우닝은 적절한 색 자극이 생체 시계를 재설정하고 더욱 균형 잡힌 시상하부 분비율을 만들어낼 것이라고 말한다.

더 광범위하게 본다면 색과 빛에 대한 이해는 주어진 환경에서 색을 사용하는 것에 대한 의미를 변화시킨다. 예를 들어 예술 작품을 보거나 특정한 색을 사용하는 것은 뇌가 작동하는 방식을 바꾸고 현실을 바꿀 수 있다.

음향장 발생기(Acoustic field generator). 갈수록 인기를 끌고 있는 이 기계는 다양한 자극을 결합하여 몸 전체가 여러 가지 감각을 경험할 수 있게 해주는 '대체 마인드 머신'(alternate mind machine)이다. 음향장 발생기는 일반적으로 빛과 소리, 물리적인 진동을 일으키는데, 이름에서 알 수 있듯이 핵심적인 자극은 소리다. 하지만 귀로 듣는 것뿐만 아니라 몸 전체로 진동을 느끼는 것이다.

이런 장치들은 유쾌한 신경 전달 물질이 방출되도록 자극한다. 팔로 알토Palo Alto에 있는 중독 연구 센터 소장이자 스탠퍼드 대학교 약리학 교수인 아브라함 골드스타인Abram Goldstein 박사는 음악적 전율과 엔도르핀 생성 증가 사이의 연관성을 발견했다. 황홀경의 떨림은 감정적으로 감동적인 음악에 의해 만들어진다.[78] 사운드 테이블sound table 위에 누워 있을 때 음악적 진동을 통해 전달되는 강력한 정보와 감정이 뇌에서 처리되어 신경화학적 경험을 만들어내는 것이다.

음향장 발생기는 음악에 맞춰 깜빡이도록 개조된 밝은색 고글을 통합한 최첨단 컴퓨터 돔 내부의 정교한 음향 처리 시스템만큼이나 복잡하고, 비용도 최대 10만 달러까지 갈 수도 있다. 하지만 감동적인 음악과 다양한 색깔의 빛을 결합한 안마 의자도 이 시스템들 못지않게 강력한 영향을 줄 수 있다.

가상 현실. 가상 현실을 이용한 명상은 새로운 최첨단 감각 도구가 될지도 모른다. 우리는 아름다운 풍경이 360도로 펼쳐지는 영상을 보며 명상 가이드를 들을 수 있다. 나는 이 기술이 간츠펠트 효과를 만들어내고 명상을 훨씬 더 효과적으로 수행할 수 있게 도와줄 거라고 믿는다. 어드밴스드 성공 연구소(Advanced Success Institute)에서는 가상 현실을 사용한 몇 가지 혁신적인 명상 시스템을 개발했다.[79]

모션 시스템motion system. 침대형 안락의자(reclining chairs)와 기울어지고 회전하고 흔들리는 침대 등 모션 시스템을 활용한 상품은 시중에 많이 나와 있다. 모션 시스템은 뇌 손상, 학습 장애, 약물 중독을 치료하기 위해 임상적으로 사용되고 있어, 전 세계의 두뇌-마음 훈련 센터에서 인기가 있다. 뇌파 활동을 바꾸고 알파파와 세타파가 활발하게 활동하게 해주며 대뇌반구의 동기화가 향상된다는 증거들도 꾸준히 소개되고 있다.

몇 가지 새로운 모션 시스템 모델은 비교적 저렴한 가격에 살 수 있어서 가정에서 사용하기 좋다. 나는 포텐셜라이저Potentializer를 가지고 있는데, 마치 아기를 안고 좌우로 흔드는 것처럼 움직일 수 있다. 이런 움직임은 전정계(신체의 균형과 위치를 파악하여 평형감각을 관리하는 기관. — 옮긴이)와 내이 주변의 체액을 이동시켜 뇌에 전기자극으로 가득 찬 신호를 보내서 마치 뇌가 직접 운동하는 것 같은 효과를 준다.

만약 이런 시스템을 가지고 있지 않다면, 회전하는 동작이 신경 효율성 지수(neuro efficiency quotient)에 상당히 최적화되는 효과가 있음을 뇌파 검사 결과와 기타 증거들이 보여준다는 점에 주목할 필요가 있다. 신경 효율성 지수는 전기 신호가 뇌의 한 부분에서 다른 부분으로 얼마나 빠르게 전달되는지를 보여주는 척도다. 당신이 최고도의 집중력을 요하는 과제를 수행해야 하는 상황이라면 30분 정도마다 한 번씩 당신의 책상 주위를 몇 분 동안 돌면서 휴식을 취하라. 〈LA 타임스〉가 인용한 한 초기 연구는 이러한 움직임이 "사람들의 지능을 높이고 성인과 학습 장애 아동들의 뇌파에 영향을 줘서 C 학점을 받던 학생이 A 학점을 받고 자폐 아동의 인지기능에도 영향을 미쳤다"고 한다.[80] 이는 앞서 언급한 티베트 5식 요가 훈련의 첫 동작이기도 하다.

트랜서퍼를 위한 테크놀로지 도구들

브레인 시뮬레이터 헤드셋 Brain simulator headset. 이 장치는 뇌가 작동하는 방식을 매우 미세하게 조종한다. 나는 플래토 워크Plato Work를 사용하는데, 이것은 신경을 자극해주는 플러그 앤 플레이plug-and-play 장치다. 한 쌍의 헤드폰 같아 보이지만 머리 앞쪽과 뒤쪽에 머리띠 모양으로 한 줄씩 세팅되어 있다.

여기에는 과학이 숨어 있다. 뇌 속 수십억 개의 뉴런들은 다른 곳에서 들어오는 신호를 받아 활성화되었을 때 각각 다른 뉴런들에게 신호를 보내며 교신한다. 이 소통 과정은 뇌를 통해 맥박이 뛰는 전기적 변화를 일으킨다.

당신이 이 책을 읽으면 신경 자극이 뉴런으로 흘러들어와 뇌 전체의 소통을 촉진한다. 브레인 시뮬레이터 헤드셋, 즉 경두개 직류 자극(TCDCS, 머리에 약한 전기자극을 줘 뇌신경을 활성화해서 뇌 기능 향상을 돕는 비非 수술적 치료법. ─ 옮긴이) 장치는 뉴런이 더 수월하게 활성화되도록 돕는다. 연구에 따르면 더 많은 신경 자극이 전달되면 뇌 활동도 함께 활발해진다.

이 자극은 더 주의를 집중할 수 있도록 해준다. 뇌의 보상 추구 영역에서 오는 충동과 방황하는 마음을 최소화하여 뇌에 해를 입히지 않는 방식으로 집중력을 높여주는 것이다. 낮은 강도의 전류가 헤드셋에서 두피로 흐르는데 이는 뉴런의 활동을 조절하고 시냅스 가소성(시냅스의 활성 정도에 따라 정보 처리 과정이 강해지거나 약해지는 현상. ─ 옮긴이)을 높여주는 역할을 한다.

진동 중력. 우리가 온종일 걸어 다닐 때, 우리의 에너지는 끊임없이 지구 중력에 의해 아래로 당겨진다. 5장에서 우리는 머리 뒤쪽에 있는 빈두 차크라에 관해 살펴보면서 물구나무서기를 하거나 중력 부츠를 사용하면 에너지의 흐름을 역전시키고 특정 차크라를 활성화할 수 있다고 이야기했다.

이 연습을 더 확실하게 할 수 있는 방법이 한 가지 있다. 진동 머신 위에 1~2분 정도 가만히 서 있다가 중력 장치나 중력 부츠를 사용하면 방금 몸속으로 들어온 진동 에너지가 차크라를 따라 이동하여 근원으로 연결되는 빈두 차크라를 활성화한다. 내 경험상 이 방법은 매우 강력한 발현으로 이어질 수 있다.

단, 고혈압이 있다면 위험할 수 있으며 안구 부위에 압력이 가해질 수 있다는 점에 유의하라. 이 방법을 시도하기 전에는 의사와 상의해야 한다.

뉴로피드백. 뇌파가 작동하는 방식을 관찰하면 의식을 통해 당신의 능력을 확장할 수 있다. 이 기술을 이용하기도 점점 더 쉬워지고 있는데, '40년의 선'을 이용할 돈이 없다면 뮤즈^{Muse}나 뉴로웨이브 모바일 2^{NeouroWave Mobile 2} 같은 헤드셋을 구매할 수 있다. 이런 장치들은 뇌에서 반응을 수집하여 뇌파가 작동하는 방식을 보여줌으로써 현재 뇌파 상태에 접근할 수 있게 해준다. 현재 상태를 알면, 평행 현실 이동과 의식 확장을 위한 통제력을 더 많이 얻을 수 있다.

고급 현실 해킹

마법 해킹. 마법을 다루는 책들은 그리스도의 출생 전까지 거슬러 올라갈 정도로 역사가 깊으며, 다른 여러 문화에서 생겨났다. 우리는 수많은 마법 활동과 의식(rituals), 그리고 마법 행위를 현실을 해킹하는 데 쓸 수 있다. 보통 마법은 평행 현실을 통해 현실 조종의 정확한 특성을 탐구하기 때문이다. 마법은 진동을 만들어내며 우리가 지금 알고 있는 강력한 기술들을 활용하고 있다.

마법 의식을 더 많이 배울수록 우리는 정말로 마법이 효과가 있다는 걸 확실히 알게 된다. 상징물을 만드는 건 현실을 해킹하는 강력한 방법이다. 조 디스펜자 박사도 비슷한 방법을 쓴다. 당신이 바라는 것과 관련이 있는 상징물을 만들고 그것에 의도의 힘을 부여하는 것이다. 그 물건을 계속 가지고 있으면 힘은 유지된다.

상징물은 정교한 예술 작품으로 만들 수도 있고, 간단히 그림으로 표현해도 된다. 나는 이완 능력을 높여주는 상징적인 물건을 만들어서 명상하기 전에 30초 동안 바라본다. 그것은 나의 마음가짐을 바꿔주고 명상에 더 깊이 들어가게 한다. 나의 의도와 그 상징물 사이에 상호작용이 일어나는 것이다.

마법에서 인기 있는 또 다른 개념은 카오스 매직^{chaos magic}이다. 마법은 특별한 게 아니라 우리 주변에서 얼마든지 만들어질 수 있다는 것이다. 아마 이 말은 사실일 것이다. 비록 불가사의하고 미친 소리처럼 들린다 하더라도 모든 것에는 어느 정도의 진실이 담겨 있기에 탐구할 가치가 있다.

유도된 퀀텀 점프. 깊은 이완 상태에서만 당신은 진정으로 진공 상태로 들어갈 수 있다. 많은 사람들은 불행히도 너무나 편한 상태에서 뭘 해야 할지 몰랐다고 말하며 이완 상태에서 빠져나올 것이다. 돌로레스 캐논^{Dolores Cannon}은 이완 상태에서 의도적인 행동을 유도하기 위해 양자 치유 최면 기법(QHHT, Quantum Healing Hypnosis Technique)을 만들었다. 이 방법을 통해 그녀는 사람들의 전생 퇴행을 이끌어낼 수 있었다.

에너지 운동을 하고 나서 특별히 고안된 방법으로 명상을 하는 것이 가장 효과적일 수 있다.

만일 당신이 당신의 삶에서 변화와 관련된 특별한 의도가 있다면 진공 상태에 있는 시간은 퀀텀 점프로 이어질 수 있다. 당신을 인도할 수 있는 신뢰할 만한 사람을 찾거나 양자 변환 명상 유도문을 따르라. 내 유튜브 채널에는 당신이 실행할 수 있는 명상이 40개 이상 업로드되어 있다.

유체이탈. 유체이탈은 평행 현실을 여행하는 것과 똑같지는 않지만, 당신의 에너지 몸에 자신을 조율할 수 있게 도와준다. 유체이탈이란 몸 밖으로 영혼을 투영해내거나 몸을 벗어나는 경험을 말한다. 어떤 사람들은 침대에 누워 있는 자신의 몸을 내려다보는 것처럼 느낀다. 또 어떤 사람들은 자기가 머물던 방이 아니라 갑자기 다른 방에 있는 자신을 발견하기도 한다. 그들은 알지 말았어야 할 일이 일어나는 것을 보거나 듣는다. 많은 사람이 이런 경험을 '사실'이라고 생각하든 그렇지 않든, 여러 연구에서는 유체이탈을 사실로 인정하고 있다.

유체이탈은 실제로 사용할 수 있는 기술일 뿐만 아니라 자가 훈련도 할 수 있다. 유체이탈 훈련은 자신의 에너지 몸에 조율하는 법과 다른 몸으로 바꾸는 법도 배울 수 있다. 관심이 있다면 브루스Bruce와 머서Mercer가 쓴 《유체이탈 마스터하기》(Mastering Astral Projection)를 읽어보라. 대단한 책이다.

주파수 전환. 주파수와 진동은 다른 개념이지만, 영적이고 형이상학적인 이야기를 할 때 많이 사용된다. 어떨 때는 암호 문자로 쓰일 때도 있다. 사실 주파수는 진동(vibrations)의 '횟수'로, 일정 시간(보통은 1초 정도) 동안 측정된 진동(oscillation)이 반복되는 간격을 뜻한다. 예를 들어 심장 박동수는 분당 평균 60~100회다. 주파수는 단위 시간 안에 측정되는 파동의 반복 횟수이고, 진동(vibrations)은 그 주파수에 속한 에너지의 수축을, 진동(또는 발진, oscillation)은 에너지의 팽창을 의미한다.

우리는 현실을 문자 그대로 각각의 행동, 생각, 말로 정의 내린다. 우리는 개인의 에너지 특징 — 진동이나 더 높은 수준 — 에서 더 높은 주파수로 전환될 때, 그 주파수와 일치하는 더 긍정적인 감정과 나은 경험을 끌어올 수 있다고 이미 이야기했다. 큰 파티에 갔는데 어딘가 연결되어 있다고 느껴지는 사람들에게 자연스럽게 끌리는 장면을 상상해보라. 이것이 주파수가 작동하는 방식이다. 예를 들어 사랑은 고주파의 감정이다. 에고에 기반한 마음가짐의 주파수는 그보다 더 낮으며 스트레스, 불안, 우울증 등 부정적인 감정을 끌어당긴다. 이런 인식은 우리가 집을 꾸미는 방식에서부터 우리가 무엇을 먹고 누구와 어울리는가에 이르기까지 우리가 삶에 대해 생각하는 방식을 바꿔준다. 주파수를 이해하면 우리가 현실을 조종하는 방식도 바뀔 것이다.

프랙털 애니메이션 명상. 당신이 모든 가능성을 포함하는 에너지의 패턴 — 양전자 파면 — 을 눈으로 볼 수 있다면 나는 그 패턴이 끊임없이 움직이고 살아 있는 프랙털^{fractal}(작은 구조가 전체 구조와 비슷한 형태로 끊임없이 되풀이되는 것. — 옮긴이) 패턴 같을 거라고 믿는다. 조 디스펜자 박사는 이 패턴을 만화경으로 본 뒤 이렇게 말했다.

나는 신비로운 체험을 할 때면 그것이 내가 지금까지 살면서 알고 있던 그 어떤 것보다도 더 현실처럼 느껴지면서 시간과 공간을 잃어버린다. 그 안으로 빠져들기 직전에 나는 종종 내 마음 안에서, 때로는 외부 세계에서 빛과 에너지로 만들어진 원형의 기하학적 패턴을 본다. 그것은 만다라처럼 보이기도 하는데, 이 패턴은 고정되어 있지 않다. 이것은 프랙털 패턴으로 나타나는 간섭 주파수의 파동이다. 내가 이 패턴에 관해 유일하게 설명할 수 있는 것은 그것은 살아 있고, 움직이고, 변화하며, 더 복잡한 패턴으로 진화한다는 것이다.

나도 이런 패턴들을 본 적이 있다. 이 이미지 속에는 이완을 넘어 이상적인 뇌파 상태로 들어가는 무언가가 있다. 디스펜자 박사는 만화경을 사용했지만, 유튜브에는 움직이는 프랙털 애니메이션을 활용한 명상 영상이 많이 있다.

만화경보다 프랙털 줌 fractal zoom이 훨씬 더 효과가 좋은데, 이 패턴의 무한한 특성은 강력한 변화를 이끌어준다고 알려져 있다.[81]

프랙털 패턴은 예술과 과학이 되었다. 이런 이미지를 보고 있으면 당신의 마음은 파면에 접근할 수 있는 상태에 도달한다. 그리고 뇌파 상태를 알파파와 세타파로 만들어 당신의 가능성을 열어준다. 만일 당신이 마인드 무비 mind movie (원하는 미래의 모습을 영상과 사진, 확언 그리고 음악으로 조합해 짧은 영화로 만들 수 있는 소프트웨어 프로그램. ─옮긴이)와 함께 이 명상을 해본다면 나는 당신의 삶에서 아주 놀라운 변화를 보게 될 거라고 믿는다.

마치 ~인 것처럼. 만일 우리가 평행 현실을 이해하고, 이루고 싶은 미래의 현실들에 접근한다면, 우리는 사물을 어떻게 생각하는지에 따라서 원하는 미래로 나아갈 수 있음을 알 수 있다. 마치 무엇이 이미 이루어진 '것처럼' 행동하면 그 현실을 창조할 수 있는 것이다.

1884년 윌리엄 제임스^{William James}는 감정을 일으키는 행동에 대해 사람들이 마치 어떤 감정을 경험하고 있는 것처럼 행동함으로써 그들이 원하는 어떤 감정도 만들어낼 수 있다고 말한다. 그는 "자신이 고급스러운 물건을 갖고 싶다면 이미 그 물건을 가지고 있는 것처럼 행동하라"고 말했다.

몇 년 전 과학자들은 이 개념을 실험하기 위해 뇌 스캐너를 장착한 실험 참가자들에게 무서워하는 표정을 지어달라고 지시했다. 과거의 심리학 연구와는 달리 이 참가자들은 연구자들에게 그들의 감정 상태를 보고할 필요가 없었다. 뇌 스캔 결과가 그 상태를 말해줬기 때문이다. 그들은 단지 거짓으로 얼굴을 일그러뜨리고 있을 뿐인데 실제로 두려움을 느꼈다는 징후들이 매우 뚜렷한 결과로 나타났다.

만일 당신이 미소를 짓고 나서 더 행복해지기 시작했다면 당신은 이 현상을 체험한 것이다. 행복한 표정으로 몸에서 행복한 반응을 만들어낼 수 있듯이 당신의 행동은 당신이 기분에 영향을 미친다. 자신감 있는 자세로 똑바로 앉아 있으면 자신감이 생기기 시작한다. 촬영장에서 배우들이 마치 서로 사랑하는 사이를 연기하면 촬영이 끝났음에도 종종 관계를 맺는 경우가 많다. 말하는 데 있어서 어려움을 겪고 있다면 마치 말을 잘하는 사람처럼 행동해보라. 뇌가 바뀔 것이다.

어쩌면 당신은 행복하고 사랑을 하며 말을 잘하는 사람이 있는 다른 현실에 접근하고 있는지도 모른다. 무슨 일이 일어나든지 '마치~인 것처럼' 행동하기는 우리가 거의 생각하지 못했지만, 간단한 방법이다.[82]

정체성의 변화. 나는 정체성의 개념을 이해하는 것이 코칭에 도움이 된다는 사실을 알았다. 정체성은 우리가 누구인가에 관련된 모든 것을 정의한다. 새로운 정체성을 창조하는 재밌는 활동을 하면서 우리는 새로운 현실을 창조할 수 있다. 정체성의 변화가 현실의 변화를 일으킨다는 많은 자연과학의 지표들이 있지만, 더 극단적인 예시 중 하나는 프레더릭 도슨의 《자아의 평행 우주》(Parallel Universes of Self)에 등장한다.

다중 인격 장애에 관한 연구에 따르면 누군가가 정체성을 바꿀 때 극단적인 변화가 일어날 수 있다는 사실이 거듭 입증되었다. 사람들은 며칠 만에 약 9킬로그램을 감량했고 얼굴에 있던 흉터가 완전히 사라졌으며 몇 분 만에 목소리, 기억력, 외모가 바뀌었다. 물론 정체성의 변화가 신체 변화에만 영향을 주는 건 아니다. 나는 이것이 경험 전체를 변화시킨다는 그 사실을 과학이 언젠가는 인정할 것이라고 믿는다.

외부 세계는 의식과 분리되어 있지 않다. 정체성에 변화를 주는 방법은 '마치~인 것처럼' 방법과 비슷해 보이지만 그보다 더 광범위하다. 이것은 당신의 정체성에 관한 것이다. 만일 당신의 정체성을 작가라고 한다면 당신은 한동안 작가가 되는 일에 대해 생각할 것이고, 당신은 실제로 글을 쓰게 될 것이다. 그리고 결국에는 작가가 아니었던 과거의 정체성을 내려놓게 될 것이다.

실제적인 현실 변환을 이루려면 과거의 정체성으로 돌아가서 그때의 내가 갔을 만한 장소를 찾아가라. 그리고 이제 새로운 사람으로서 그곳에서부터 차별화를 시작하라. 당신의 이름, 직업, 활동, 가족, 친구, 적, 가정, 소유물, 신원을 증명하는 문서들, 당신의 과거를 증명하는 것들, 사진과 각종 수료증, 언어, 방언, 말투, 의도, 은어, 외모를 단장하는 스타일, 몸짓 등 이제 당신의 정체성을 선택할 수 있는 권리를 자신에게 부여하라.

많은 경우 어떤 환경에 있느냐에 따라 그 사람의 정체성을 규정한다. 환경에 그 힘을 허락하지 말라. 그 대신 당신이 머무는 공간이 참여 여부를 선택할 수 있는 영화 세트라고 생각하라. 주변 환경에 유연해지라. 자신이 원하는 정체성에 맞는 세트를 선택하라.

만일 당신이 권투 선수가 되기를 원한다면 체육관으로 가서 권투를 시작하라. 권투 시합 영상을 보라. 당신의 몸에서 느껴지는 감각이 달라지면서 당신이 원하는 사람이 되어가고 있음을 알아차리라. 새로운 정체성이 당신을 정의하고 당신의 생각을 프로그래밍하여 바라는 현실을 형성하도록 허락하라.

행운 훈련. 리처드 와이즈먼은 행운에 관한 모든 것이 담긴 책을 썼다. 그는 우리를 새로운 현실로 이끌어주는 행운 훈련의 네 가지 범주를 정의했다.[83] 첫 번째 범주는 기회를 불러오도록 최대한 기회를 만드는 것이다. 운이 좋은 사람들에게는 특정한 습관이 있다. 만일 우리가 이용할 수 있는 무한대의 현실이 있다면 특정한 행동들이 그 가능성을 열어줄 것이다. 기회를 부르는 행동에는 네트워크 형성하기, 대화하기, 연결되기, 새로운 기회에 열려 있기, 자세 이완하기 등이 포함된다.

행운 훈련의 두 번째 범주는 행운의 예감을 듣는 것이다. 운이 좋은 사람들은 그들의 직감에 귀를 기울이고 그 직감을 따른다. 세 번째 범주는 행운을 기대하는 것이다. 그렇다, 운이 좋은 사람들에게도 나쁜 일들이 생긴다. 하지만 그들은 예측할 수 없는 사건들은 마음속으로 해결해버린다. 그들은 행운이 일어나기를 기대하면서, 그 기대와 일치하는 행동과 활동을 한다.

마지막으로, 운이 좋은 사람들은 불운을 좋은 일로 바꾼다. 그들은 불운에서 긍정적인 면을 본다. 이것은 사실에 반하는 사고다. 세상이 당신에게 하는 말과 달리 당신은 항상 옳을 필요가 없다. 이 점을 인식하며 받아들이는 것만으로도 당신의 삶에 행운을 가져올 수 있다. 행운 일기를 써보라. 당신이 행운이라고 느꼈을 때를 기록하라. 그리고 당신의 삶에서 이런 훈련들이 어느 범주에 있는지 확인하고 당신에게 행운이 작동하는 방식에 대한 정보를 수집하라.

당신의 현실을 기록하라. 만일 당신이 특정한 현실을 원한다면 정확하게 적어보라. 많은 전업 작가들은 그들이 쓰는 이야기가 말도 안 되는 우연의 일치로 그들의 삶에 나타난다고 말할 것이다. 독서와 마찬가지로 글쓰기에도 강력한 무언가가 있다. 모든 책은 또 다른 현실을 탐구하는 도구가 될 수 있다. 당신은 소설이나 논픽션을 읽으며 어떤 사람의 일생을 몇 시간 만에 볼 수 있다. 책을 읽고 오디오북을 들으라. 다른 삶, 다른 습관, 다른 행동에 뛰어들라.

글쓰기 연습을 하면서 쓴 글은 그 누구도 읽을 필요가 없다. 그러니 책으로 낼 정도로 잘 써야 한다는 걱정은 하지 말라. 구체적으로 적으라. 아침에 어떻게 일어나고 아침 식사로 무엇을 먹으며 어떤 차를 모는가? 당신이 원하는 모든 것을 적으라. 그러면 생각하지 못했던 것들이 바뀌기 시작할 것이다.

나를 해킹하다

멀티미디어 비전 보드^{Multimedia vision board}. 전통적인 비전 보드는 우리가 다른 생각을 하고 있을 때도 우리의 목표를 계속 상기시켜주는 강력한 힘이 있다. 《시크릿》과 수많은 사람들의 사례를 볼 때 우리가 창조하고 싶은 것들의 사진이나 그림을 보는 비전 보드는 놀라운 경험으로 이어졌다.

새로운 미디어의 발견으로 우리는 새로운 단계로 나아가기 시작했다. 고정된 이미지가 아닌 당신의 비전과 연관된 움직임과 행동을 보는 것은 기존의 비전 보드와는 비교할 수 없는 강력한 효과가 있다.

한 회사는 요트를 타는 모습과 같은 비전들을 글로 쓰거나 사진을 찾아 붙이는 기존의 방식이 아닌 가상 현실을 비전으로 만드는 작업을 하고 있다.[84] 조 디스펜자 박사는《당신도 초자연적이 될 수 있다》에서 '마인드 무비'를 만드는 방법을 알려준다. 마인드 무비 앱을 이용하면 비전에 더 몰입할 수 있는 영상 재생목록을 만들거나 영상물을 조합할 수 있다. 다른 사람들이 만든 마인드 무비도 유튜브에서 찾아보라.

시간생물학. 처음 나만의 신체 주기를 조사하기 시작했을 때, 나는 내가 생물학과 시간의 상호작용을 연구하는 시간생물학 분야에 발을 들여놓고 있다는 사실을 깨닫지 못했다. 과학자들은 인간이 연간 주기, 월간 주기, 매일의 수면과 기상 주기, 그리고 배고픔과 각성과 같은 하루 동안의 주기 변화와 순환 등 다양한 생물학적 주기에 의해 어떤 영향을 받는지를 오랫동안 관찰해왔다. 우리는 24시간 주기 리듬에 익숙하지만, 최근에는 울트라디언ultradian이라고 부르는 90분 주기의 일상 패턴이 소개되었다. 이것은 '매일을 넘어서/하루에 여러 번'이라는 뜻을 지닌 그리스어 '울트라다이즈ultradize'에서 온 개념이다.

지난 몇 년 동안, 시간을 연구하는 생물학자들은 울트라디언 리듬과 이것이 우리의 몸과 마음에 미치는 영향에 관해 놀라운 발견을 했다. 예를 들어 우리 몸은 유전적으로 90분에서 120분의 휴식/활동 주기로 작동하도록 프로그램되어 있다. 만일 당신이 몇 시간 동안 무언가를 열심히 하다가 힘들다고 느낀다면, 당신은 휴식이라는 필요를 채우기 위해 쉬는 시간을 가져야 할지도 모른다. 오늘날의 이러한 리듬 패턴은 우리를 우리가 처한 현실로 다시 되돌려놓는다. 이것은 우리가 놀라운 목표에 이르려고 할 때는 우리가 다시 그것에 몰입해 들어갈 수 있다는 것을 의미한다. 이러한 리듬에 대한 인식은 우리가 잠재의식의 패턴에 빠져들지 않도록 도움을 준다.

파동으로 나타나는 것은 단지 외적인 활동만이 아니다. 우리는 하루 종일 좌뇌와 우뇌의 힘 사이에서도 흔들리고 있다. 생물학연구소(the Soft Institute for Biological Sciences)의 신경과학자 데이비드 섀너핸 켈사David Shanahan Kelsa는 우뇌 활동과 좌뇌 활동에 대한 뇌파를 동시에 연구했는데, 그는 우세한 뇌의 파형이 리듬처럼 앞뒤로 움직인다는 것을 발견했다. 이 주기의 평균 시간은 기본적인 휴식/활동 주기처럼 120분이었다.

하루 중 우리의 언어 능력과 공간 능력이 강화되는 특정한 시간이 있다. 어떻게 최고의 성과를 내는지에 관한 연구에서 최상의 성과는 90분마다 일어난다고 한다. 정신적 각성, 복잡한 과제, 창의성, 피암시성, 수용력, 낙관성, 비관성, 휴식, 치유력을 테스트했을 때 이 능력들은 모두 이 주기에서 수행되었다.

만일 당신이 이 주기 때문에 타임라인에 갇힌 기분이 든다면 시간을 확인해보라. 진행되는 주기에 맞춰서 행동하는 속도를 높이거나 늦추라. 당신의 하루를 좀더 의도적으로 보내고 이 리듬을 사용하여 당신이 원하는 것을 지배하거나 변화시키라.

두 개의 컵. 이 방법은 간단하지만 강력하다. 먼저 컵 두 개, 펜, 접착 메모지 두 장을 준비한다. 가령 만일 당신의 예금 계좌에 있는 돈을 늘리고 싶다면, 접착 메모지에 계좌에 실제로 들어 있는 금액을 적어서 첫 번째 컵에 붙이고, 다른 메모지에는 갖고 싶은 것을 적어 두 번째 컵에 붙인다.

이제 첫 번째 컵에 물을 붓고 손에 쥔 채 두 번째 컵에 적은 내용을 마음속으로 그려본다. 어떤 느낌일지를 떠올리고 나서 첫 번째 컵에 있던 물을 두 번째 컵에 붓고 그것을 모두 마시라.

레딧^{Reddit} 포럼에서 이 방법을 두고 토론을 한 적이 있었는데 사람들은 목표가 실현되었다는 사실에 충격을 받았고, 당황스러워했다. 많은 사람이 이 방법을 사용해서 물질적 번영, 체중 감량, 인간관계를 실험해보고 있다. 성공한 사람들은 다른 사람들에게 긴장을 풀고 그냥 직접 시도해보라고 말한다.

'두 개의 컵' 방법에 대한 내 개인적인 의견은, 이 방법을 당신 몸속에 있는 물에도 적용해본다면 효과가 있다는 것이다. 만일 당신이 이 방법을 규칙적으로 해본다면, 당신의 몸은 당신이 바라는 미래의 모습으로 채워질 것이다.

나는 이 방법이 나의 외부 현실을 바꿀 수 있었다고 믿는다. 결국 우리는 물의 힘을 밝혀냈다. 물은 우리가 보내는 진동을 전달한다. 우리가 이러한 의도적인 고주파 진동으로 우리 몸을 채울 수 있다면 그 의도는 곧 우리가 될 것이다.

마음챙김 훈련. 사람들은 보통 '마음챙김(mindfulness)'이라는 말을 듣고 종교를 떠올리지만, 오히려 이것은 생물학적 과정에 가깝다. 마음챙김 자각 기술(mindfulness awareness techniques)은 순간의 경험에 집중하도록 정신을 훈련하는 기술이다. 비록 여러 종교에서 권장하는 마음챙김 수행만 실행해도 건강한 수준에 이를 수 있지만, 이것은 믿음이 아니라 두뇌 보건(hygiene)에 관한 것이다.

마음챙김 기술을 배우는 것은 우리가 '의식의 통합'으로 정의한 것을 발전시키는 방법이다. UCLA에서 강박 장애에 관한 연구를 수행했는데, 마음챙김 명상은 치료의 한 구성 요소로 사용되었으며 주의력을 기울이는 데 어려움을 겪는 성인이나 청소년들에게 효과가 있었다. 마음챙김 명상을 하는 사람들은 뇌의 전두엽 부위가 더 두껍다. 신체, 감각, 움직임에 대한 인식은 뇌의 전두엽 부분에서 신경회로가 활성화된다.

하지만 마음챙김 명상은 심리치료 연구가 있기 훨씬 전부터 존재한, 2,500년에 걸쳐 내려온 방법이다. 우리가 대인관계에서든 내면에서든 조화를 이루면 우리는 더욱 균형을 이루고 통제력을 갖게 된다. 이는 이미 인류 역사 전반에 걸쳐 사실로 드러났다.[85]

창의성 챌린지. 30일 동안 낙서, 춤, 노랫말, 시, 음악 재생목록, 음식, 그림, 운동 루틴 등 매일 새로운 것을 창조하라. 당신은 매일 새로운 창조물을 만들어낼 수 있다. 일단 이 연습을 30일 동안 꾸준히 하는 것을 목표로 삼으면 당신은 당신에게 있는지 몰랐던 새로운 수준의 창조성을 발견할 것이다.

보통 우리에게 아무 일도 일어나지 않는 까닭은 창의적이지 않은 상태로 현실을 창조하려고 하기 때문이다. 창의적인 마음의 한 부분을 열면 근원의 아름다운 감각에 접근할 수 있다. 당신은 그 흐름 안으로 들어갈 것이고 당신이 할 수 있었던 것보다 더 많은 것을 창조하고 있는 자신을 발견하게 될 것이다.

제거. 종종 우리는 우리가 붙들고 있는 불쾌한 생각, 고통스러운 기억, 그리고 품고 있는 원한 때문에 현실에 갇혀 있다. 현실 조종과 현실 창조의 열쇠는 늘 창조성에만 있는 것이 아니라 당신을 방해하는 요인을 제거하는 것에 있다. 부정적인 감정들을 풀어줌으로써 우리는 다른 현실로의 이동을 가로막는 장애물을 제거한다.

무한한 가능성. 뭔가 새롭고 신나는 일을 하라. 그것이 만족스러운 삶을 살고 당신이 원하는 현실을 찾는 비결이다. 우리가 틀에 갇히면 에너지는 낡고 정체된다. 새로운 경험, 사람, 상황에 자신을 열기 위해 스스로 문제를 해결하라. 그러면 당신에게 필요한 것이 당신에게 나타날 것이다.

즉흥적인 여행을 계획하거나 오랜 친구에게 전화를 걸어 즐거운 만남을 가지라. 평소와 다른 길을 택해서 집으로 돌아가거나 새로운 음식을 먹어보라. 반드시 큰 모험이어야 할 필요는 없다. 새로운 경로나 새로운 존재 방식을 선택하는 것만으로도 수 많은 가능성에 접근할 수 있다.

《야생 속으로》에서 존 크라카우어 John Krakauer는 너무나 많은 사람이 불행한 환경에서 살고 있지만, 그들은 상황을 바꾸기 위해 자신의 주도권을 행사하지는 않을 거라고 말했다. 그들은 안전, 순응, 보수적인 삶에 조건화되어 있다. 이런 삶은 마음에 평화를 주는 것처럼 보이지만 실제로는 인간의 모험 정신에 있어 안전한 미래보다 더 위험한 것은 없다.

살아 있는 정신에서 가장 기본적인 핵심은 모험에 대한 열정이다. 삶의 기쁨은 새로운 경험과 함께 찾아온다. 새로운 태양 아래 끝없이 변하는 지평선을 갖는 것보다 더 큰 기쁨은 없다. 우리는 현실에 머무르기 때문에 현실에 갇혀 있는 것이다. 새로운 모험을 받아들이라. 작게 시작하라. 그리고 바람이 당신을 어디로 데려가는지 지켜보라.

가슴을 열라. 만일 당신이 과거로 돌아가 그동안 만났던 사람들을 보게 된다면, 당신은 좋은 직업을 가질 수 있었거나 훌륭한 일을 할 수 있었던 사람들을 발견할 수 있을 것이다. 그러나 그들의 가슴은 닫혀 있었다.

가슴을 여는 것은 동네북이 되거나 다른 사람들의 꼭두각시가 된다는 뜻이 아니다. 오히려 당신은 사랑을 받는 것에 있어서 더욱 민감해지고 용기를 얻게 될 것이다.

불행하게도 우리 중 많은 이들이 고주파 사랑을 충분히 받

지 못한다. 우리는 가능성을 향해 우리 자신을 가까이 둘 여유를
가질 수가 없다. 당신 주변의 사람들과 믿기 힘든 놀라운 가능성
에 가슴을 열라.

12장

이해해야 할 핵심 개념

현실 변환

늘 그 자리에 있던 물건이 다른 곳에서 발견되는 등 설명하기 힘든 상황을 경험한 적이 있는가? 잃어버렸던 물건을 도저히 있을 거라 생각하지 못했던 곳에서 발견한 적이 있는가? 그렇다면 당신은 현실 변환을 경험한 것일 수 있다.

신시아 수 라슨은 《양자 도약》(Quantum Jumps)을 출간한 뒤에 《현실 변환》(Reality Shifting)을 집필했다. 그녀의 이론은 하나의 현실이 다른 현실에 녹아들면 눈에 띄는 변화가 나타나면서 그 틈이 생긴다는 것이다. 이때 깜짝 놀랄 만한 나타남이나 사라짐을 알아차리게 되는데, 이것은 내가 강도 침입 사건 이후에 한 경험과 똑같았다. 그녀는 우주는 의식이며 자의식(self-awareness)은 자기 지시적인(self-referential) 순환의 고리라고 말한다. 우리가 우리 자신의 의식을 바라봄으로써 관찰자가 되어 한 관점과 다른 관점 사이를 이동할 때마다 접점이 끊어진다. 우리가 시간을 통해 이러한 방식으로 앞뒤로 이동할 때 불연속적인 전환 속에서 현실이 변환된다.

도플갱어 통합

버트 골드먼은 '도플갱어'라는 용어를 사용하면서 우리가 이 개념을 받아들이는 데 적응할 시간이 필요하다고 말했다. 나의 첫 현실 조종은 실패로 끝났는데, 시간이 지나 더 많은 것을 배우기 위해 다시 학습 모드로 돌아갔을 때 도플갱어라는 개념이 나에게 다시 들어왔다. 이 개념은 당신이 진짜로 평행 현실을 여행하고 있다는 것인데, 이 말은 당신의 마음과 몸이 달라질 수 있다는 점을 의미한다.

만일 당신이 무작정 평행 현실로 뛰어들어가려고 하면 몸의 저항감에 결국 원래 있던 자리로 되돌아가게 된다. 변화에 적응하고 통합할 수 있도록 자신에게 어느 정도의 시간을 주라. 조 디스펜자 박사는 진공 상태에 들어간 이후에는 지금 당신이 어디에 있든지 그 자리에 잠시 누워 있으라고 권한다. 명상 상태에 있는 동안 몇 분 동안은 적응할 시간을 두라. 그 시간 동안 자신의 도플갱어가 되어서 완벽하게 실현된 그 현실로, 단지 상상이 아닌 진짜 현실이라고 생각하는 그곳으로 빠져들라.

기억의 통합

나는 도미닉 오브라이언이 쓴 《양자 기억의 힘》(Quantum Memory Power)에서 평행 현실을 통해 현실을 조종하는 법을 배우는 데 많은 도움을 받았다. 그는 어떤 사람이 트럼프 카드 전체를 보고 나서 15분 뒤에 정확히 순서대로 기억해내는 것을 본 이야기를 들려준다. 그는 자신의 기억력이 많이 나빴을 당시에 기억력이 좋은 사람들은 어떻게 그렇게 기억을 잘할 수 있는지 알아내려고 노력했고, 그때 그가 개발한 방법이 여행 암기법(journey method)이다. 이 기법은 외우려고 하는 모든 대상을 단순한 이미지와 결부시키는 방법이다. 그 대상에 느낌을 만들고 모든 기억을 대상과 연결하라. 만일 '책'이라는 단어를 외워야 하는 경우 색깔, 제목, 주제를 포함하여 책의 종류를 구별하라. 우리는 모두 과거의 기억을 따라 살아가고 있기 때문에 나는 이 기술을 평행 현실로 이동할 때 활용한다.

오브라이언은 기억력을 더 향상시키기 위해 서로 다른 대상을 연결하는 시스템을 사용한다. 여러 생각을 함께 연결하면 당신은 최대 열 개의 서로 다른 측면으로 더 복잡하고 정교한 현실을 만들어낼 수 있다. 예를 들어 집이 어떻게 생겼는지를 기억해낼 때 당신은 마치 공간을 따라 집 안을 여기저기 거니는 것처럼 그 공간을 떠올린다. 이렇게 심상화 기법으로 만든 기억들을 함께 연결하는 동시에 여러 겹으로 겹쳐서 완전한 현실을 만들라.

바이오해킹

음식은 우리 몸으로 전달되는 에너지다. 흥미로운 점은 음식이 대부분 물로 구성되어 있고, 물은 우리가 하는 생각에 특별히 영향을 받는다는 것이다. 우리는 먼저 우리가 음식에 어떤 의도를 전달하고자 하는지 인식해야 한다. 더욱이 우리는 음식으로 에너지를 직접적으로 높일 수도 있다. 이 방법을 '바이오해킹'이라고 부른다. 바이오해킹을 하면 정신적으로 더욱 명료해지고 명상을 하는 데도 도움이 된다.

바이오해킹 중 한 가지 방법은 '30일 동안 설탕 먹지 않기'에 도전해보는 것이다. 설탕은 에너지를 끌어올리면서도 극적으로 떨어뜨릴 수도 있기 때문이다. 그리고 이 방법은 지방을 산화하고 집중력을 높이며 남성 호르몬인 테스토스테론Testosterone을 증가시키는 데 도움이 될 수 있다. 큰 노력 없이도 많은 이점을 얻을 수 있는 바이오해킹의 확실한 첫 번째 단계다.

또 다른 방법은 '할머니처럼 먹는' 것이다. 나의 할머니는 농장에서 닭을 키우셨는데, 그 닭이 낳은 달걀 노른자는 진한 주황색이었다. 그리고 할머니는 마을에 풀을 먹이며 소를 키우는 사람에게서 고기를 구입해 드셨다. 생선은 바다에서 직접 잡아 올렸고 무농약으로 재배한 농작물을 먹었다. 나는 개인적으로 음식을 생산하는 데 사용된 에너지가 우리 몸으로 전달되기 때문에 좋은 식재료를 더 잘 먹을수록 에너지도 더 좋아진다고 믿는다. 또 에너지는 정수된 물과 영양가 있는 스무디를 마시는 것으로도 향상될 수 있다.

또 다른 바이오해킹은 온도, 특히 초저온 상태를 이용하는 것이다. 만일 당신이 얼음방에 갈 수 없다면 30초에서 1분 동안 찬물로 샤워를 해보라. 냉기는 염증을 줄여주며 약물을 복용하지 않고도 상당한 에너지를 만들어낸다.

유전적인 방법으로도 바이오해킹에 접근할 수 있다. 예를 들어 혈액형은 음식을 소화하는 방법에 영향을 미칠 수 있다. 팀 페리스는 자신의 몸에 관해 더 잘 알기 위해 정기적으로 혈액 검사를 한다. 이런 사람이 점점 더 많아지면서 혈액 검사는 더 접근하기 쉬워지고 비용도 저렴해지고 있다. 당신의 몸과 몸이 작동하는 방식에 대해 더 많이 알아가기 위해 당신은 유전자 검사를 받을 수 있으며, 책도 몇 권 읽을 수 있다. 몸이 음식을 에너지로 전달하는 방법과 당신의 신체 특성 및 환경을 고려해 무엇이 필요한지 공부하라.

음식만큼이나 중요한 것이 있다. 우리를 항상 따라다니는 문제, 바로 스트레스다. 스트레스가 쌓이면 분비되는 호르몬인 코르티솔은 에너지를 떨어뜨리고 체중을 감소시킨다. 스트레스의 원인을 파악하여 스트레스를 줄이면 에너지는 높아질 것이다.

스트레스에 대처하는 방법으로 평소에 운동하는 습관을 들이는 게 좋다. 에너지를 높이기 위해 무조건 따라야 하는 특별한 운동 루틴이 있는 건 아니지만, 운동하는 일상에 익숙해지는 것이 필요하다. 몸은 한 달 안에 이 일상에 적응할 것이다. 적어도 매주 5일 이상 운동하고, 운동 루틴을 21~30일마다 바꿔보라. 브렌든 버처드는 5장에서 소개한 명문 두드리기 같은 운동을 한 시간마다 5분씩 하길 권장한다. 에너지는 시간이 흐를수록 조금씩 쌓여갈 것이다.

여덟 시간 수면을 확실히 지키는 것도 에너지를 높이고 그 효과를 계속 유지할 수 있는 방법이다. 오브리 마커스^{Aubrey Marcus}

의 저서 《하루를 지배하는 이가 삶을 지배한다》(Own the Day, Own Your Life)에서 그는 잠자는 시간을 갑자기 한 번에 여덟 시간으로 늘리지 말고 1주일 동안 90분씩 시간을 늘려나가라고 한다. 어쨌든 충분한 수면을 취하면 뇌 기능과 신체 기능, 치유력 및 에너지를 높일 수 있다.

마지막으로, 자연과 가까워지는 것은 생물학적인 수준에서 당신에게 영향을 미친다. 동네 한 바퀴를 산책해도 좋으니 잠깐이라도 야외에서 걷는 시간을 자주 만들라. 신선한 공기를 마시고 잔디밭을 거닐며 나무 옆에 잠시 앉을 시간을 내지 못할 이유가 없다. 만일 주로 실내에서 생활하는 사람이라면 집에서 키우는 화초와 교감하며 자연과 연결될 수 있다. 자연에는 수많은 가능성들이 물결 같은 상태로 존재하고, 그 가능성과 연결되면 무한성이 우리에게 흘러들어온다.

퀀텀 점프와 리얼리티 트랜서핑

양자물리학에서는 전자가 한 궤도에서 다른 궤도로 도약하면 갑자기 에너지가 폭발한다고 설명한다. 이러한 맥락에서 퀀텀 점프는 호흡 기술과 깊은 명상을 통해 많은 양의 에너지를 생성함으로써 이루어지며, 여기서 가능태 공간으로 가는 다리나 문에 관한 생각을 창조한다. 반대편에는 사용 가능한 모든 정보를 알고 있는 당신의 또 다른 버전이 있다.

오라 테크닉이 다른 현실의 감정을 경험하는 기술이라면 퀀텀 점프는 정보에 접근하는 방법에 대한 기술일 수 있다. 우리는 평행 현실로 이동하는 데 이 기술들을 사용할 수 있는데, 두 방법을 통합해서 사용하는 사람들이 있지만 이 두 가지가 똑같은 건 아니다.

'리얼리티 트랜서핑'은 바딤 젤란드가 만든 개념이며 프레더릭 도슨은 '평행 현실 서핑'(parallel reality surfing)이라는 새로운 용어를 만들었다. 이 개념들은 신념과 의사결정 뿐만 아니라 중요성을 평가하고 여러 힘을 결합시키는 마음의 방식을 이용해 우리를 다른 현실로 데려다주는 업무적이고 일상적인 행동에 관한 것이었다.

한편 버트 골드먼은 교육 기업 마인드밸리Mindvalley를 위해 신시아 수 라슨의 퀀텀 점프 개념을 사용해서 구체적인 양자 도약 프로그램을 만들었다. 그들은 모두 다른 현실에 접근하는 경로를 만들지만, 각자 다른 개념을 탐구하고 있다.

골드먼의 모델에서, 퀀텀 점프는 자신의 여러 가지 버전에 접근하는 방법이다. 예를 들어 사업을 잘하기 위해 자신이 워런 버핏Warren Buffett이 되는 버전에 접근할 수도 있다. 이 양자 도약 모델에서 당신은 자신뿐만 아니라 다른 인물에게도 접근할 수 있다.

《생각하라 그리고 부자가 되어라》을 보면 나폴레온 힐은 마음속으로 여러 인물들을 상상하며 그들과 소통했다. 그는 링컨처럼 오래전에 죽은 사람들과 대화를 나눴다. 이렇게 그는 마음속으로 대규모 콘퍼런스를 열고, 자신과 소통할 수 있는 다른 사람들의 현실을 통해 접근했다.

퀀텀 점프는 작가가 작품 속 등장인물들에게 더욱 가까이

다가갈 수 있도록 돕는다. 나는 예전에 시나리오 작가가 자신이 설정한 극 중 인물과 소통할 수 있게 잠재의식으로 이동하는 걸 도운 적이 있다. 이렇게 조언과 안내를 받기 위해서 나에게 도움을 줄 수 있는 인물들에게 접근할 수 있다. 나는 스티브 잡스와 제프 베이조스^{Jeff Bezos} 같은 사람들을 내 마음의 스승으로 삼아 한 번에 몇 분씩 자리에 앉아 마음속으로 지금 어려움을 겪고 있는 상황을 그들에게 말하곤 한다.

버트 골드먼의 이론에 따르면 이 인물들은 모두 당신 자신이다. 버트 골드먼은 갑자기 자기가 뛰어난 예술가가 되어 완전히 다른 존재로 살았었다고 이야기한 적이 있다. 조 디스펜자 박사는 우리가 모두 하나라는 사실, 즉 다양한 정보들이 하나의 근원으로 통합되고 있다는 점을 지지하고 믿고 있다. 헝가리 철학자 어빈 라슬로^{Ervin László}는 모든 존재에 대한 완전한 역사인 아카샤^{Akasha}라는 개념을 이야기했는데, 퀀텀 점프는 이 역사에 접근하는 방법이 될 것이다.

신시아 수 라슨은 사람들이 완전히 사라지는 곳에서 실제 현실들이 변환된다는 사상을 연구하고 있다. 이 퀀텀 점프에서 당신은 당신이 처한 현실과는 완전히 다른 새로운 물리적 현실로 들어가고 있는 것이다. 전자가 움직일 때 도약하는 것처럼 당신은 한순간에 한 우주에서 다른 우주로 도약한다.

퀀텀 점프를 완전하게 경험하려면 엄청난 양의 에너지가 필요하다. 그러니 명상을 하기 전에 퀀텀 점프에 쓸 에너지를 생성하고, 그 에너지를 몸으로 가져와서 머리로 옮기는 작업이 중요하다. 에너지를 생성하려면 몸을 움직여야 하고, 그 에너지를 머리로 보내려면 호흡을 해야 한다.

어떤 사람들은 에너지를 축적하기 위해 몸의 주요 부분을 두드리고, 또 어떤 사람들은 5장에서 설명한 대로 기공 운동 루틴을 연습한다. 새로운 차원과 새로운 현실 속으로 무한한 양자 도약을 할 수 있게 에너지를 제공해주는 에너지 운동 루틴은 매우 중요한 활동이다.

브렌든 버처드는 하루를 보내며 55분마다 타이머를 맞춰두고 몇 분씩 움직이라고 조언한다. 에너지가 당장 필요하지 않을 수도 있지만, 당신은 이런 소소한 움직임을 통해 에너지를 저장할 수가 있다. 필요할 때 사용할 수 있는 배터리처럼 말이다.

퀀텀 점프를 하기 위한 운동은 특별히 정해져 있지는 않다. 나는 당신이 정말 좋은 요가 수련을 한 뒤에 사바사나^{Savasana}(송장 자세. — 옮긴이)에서 양자 도약을 할 수 있다고 믿는다. 요가 루틴을 잘 마무리하고 자리에 누웠을 때, 편안하게 자기 자신을 마주하는 그 순간이 순수한 에너지로 퀀텀 점프를 하기에 알맞은 시간일 수 있다.

모든 사람이 퀀텀 점프를 하고 싶을 때마다 90분 동안 엄격하게 요가를 하고 싶어하는 것은 아니며, 꼭 그럴 필요도 없다. 핵심은 에너지를 강화하는 것이다. 보통 사람들은 명상을 한 뒤에 잠이 들거나 행동이 느려지는 자신을 발견한다. 퀀텀 점프를 하려면 그보다 더 많은 에너지가 필요하다.

당신이 무슨 운동이나 활동을 하든, 자신이 의도를 두고 있는지를 확인해야 한다. 잠재적으로는 큰 소리로 확언을 말하고, 외적으로는 운동을 하며 당신의 마음과 몸을 하나로 모으라.

퀀텀 점프를 위한 에너지 강화

5장에서 본 젊음의 샘물을 찾아 티베트 성전을 찾은 남자 이야기를 기억하는가? 그 남자는 '티베트 5식 요가'라고 부르는 다섯 가지 동작을 발견했다. 시계 방향으로 제자리에서 회전하기, 다리 들어올리기, 두 종류의 스트레칭, 태양 경배 자세를 각 21번씩 반복하는 것이다.[86]

티베트 5식 요가로 신체 에너지를 축적하고 나면 호흡하는 데 시간을 들이라. 조 디스펜자 박사의 호흡법과 통합된 토니 로빈스의 불 호흡(fire breathing)을 연습해보라. 이 단계에서는 숨을 깊이 들이마시고 내쉬면서 에너지를 머리 쪽으로 끌어올리기 위해 복부와 회음부에 쥐어짜듯 힘을 준다.

신체 에너지를 끌어올리고 나면, 양자 도약을 위한 에너지를 저장하기 위해 그 에너지를 머리 쪽으로 보내는 호흡을 하라. 명상하기 전 이 운동을 10분 동안 하면, 퀀텀 점프가 작동하는 에너지를 생성할 수 있다.

13장

당신의 현실을 바꾸는 마인드 해킹

시각화는 시각적인 것이 아니다

시각화를 하는 데 어려움을 겪는 사람들이 있다. 눈의 간상체(흑백의 명암을 인지하는 시세포. — 옮긴이)와 추상체(색을 구분하는 시세포. — 옮긴이) 활동을 강화하기 위한 운동이 있지만, 가장 중요한 건 이를 실천하는 것이다. 그리고 시각화를 할 때는 모든 감각을 활용한다는 사실을 꼭 기억하길 바란다. 단순히 대상을 기억하는 것이 아니라 그것을 상상하려고 하는 것이다. 당신이 마음속으로 이미지를 만들려고 할 때 단지 시각적인 그림뿐만 아니라 간절함도 부여하라.

상황을 인식하는 능력을 계발하라

당신이 어디를 가든 무엇을 보든 그 상황에 집중하라. 주변을 살피며 신호와 아이디어를 인식하려고 노력하라. 무작위로 벌어지는 사건들에 열려 있는 태도를 가지라. 당신이 깨어나는 걸

돕기 위해서 또 다른 우주가 당신에게 자신을 몹시 알리고 싶어한다고 상상해보라. 우주는 당신이 어디로 가야 할지를 알려주려고 당신 주변에 작은 폭발을 지속적으로 일으킨다. 하지만 당신은 하늘에 UFO가 지나가는 것처럼 그 폭발을 바라보지 않는다. 당신이 그것을 알아차리지 못한 유일한 이유는 당신이 보지 않았기 때문이다.

내가 생각하기에, 많은 사람은 자신이 바라는 것을 창조하고 있고, 가능태를 통해 원하는 현실로 이동하고 있다. 하지만 그들은 자신에게 주어진 확실한 선물들을 인지하지 못한 채 놓쳐버리고는 이 방법이 효과가 없다고 말한다. 당신이 새로운 현실로 이동하기 시작하면 당신 주변에서는 끊임없이 사건들이 벌어진다. 당신은 그것을 인식할 필요가 있다. 상황을 인식하는 훈련은 현실 창조를 완성하는 데 있어 아주 중요하다.

앵커링으로 잠재의식 상태를 촉발하라

최면에 걸린 것 같은 증상이 나타났을 때, 그 마음의 상태를 앵커링하라. 잠재의식의 상태를 기억할 수 있는 신호를 만들라. 단어나 동작을 사용할 수도 있다. 나는 그런 상태에 들어갈 때마다 손목을 꼬집는다. 앵커링을 더 많이 할수록 잠재의식 상태를 더 빨리 촉발할 수 있을 것이다. 최면유도 실험을 통해 당신의 의식 상태를 점검하라. 더 많이 인식할수록 당신은 이러한 상태를 더 많이 만들어낼 수 있다. 고도의 각성과 깊은 이완 모두를 인식하는 상태를 앵커링하기 시작하라. 이것에 더 많은 시간을 할애

할수록 더 나은 결과를 얻게 될 것이다.

통제력을 키우라

가끔 우리는 외부 자극에 반응하는 것에 의해 조종당하는데, 이것은 우리를 위험에 빠뜨릴 수 있다. 엔도르핀과 코르티솔은 우리를 펜듈럼으로 끌고 간다. 스트레스에 자연스럽게 반응하는 신체 반응을 알아차리면 우리는 현실에서 통제력을 얻을 수 있다.

손바닥에 땀이 나기 시작하고 심장이 두근거리고 마음이 요동치면 엔도르핀이 작용하고 있다는 신호다. 이 반응을 통제하는 것은 우리가 하는 일을 망칠 수 있는 순간에 우리를 보호해준다.

작은 성공들을 통합하라

당신이 창조하고 있는 현실이 무엇이든 그것을 이룰 방법이 있다면, 그중에서 당신이 의미를 부여할 수 있는 것들을 찾아보라. 당신이 바라는 현실 가운데 몇몇은 이동하는 데까지 몇 년이 걸릴 수도 있다. 시간에 대해선 걱정하지 말라. 그 대신 그 과정에서 작은 목표들에 집중하라. "고래를 먹으려면 한 번에 한 입씩 먹어야 한다"는 속담이 있다. 한 번에 모든 것을 하는 게 아니라 그다음 할 일에 집중하면 당신은 결국 목표에 도달하게 될 것이다.

프라이밍으로 아침을 시작하라

매일 아침 올바른 방식으로 당신의 운영 체제를 시작하면 그날 하루를 완벽하게 정의할 수 있다. 토니 로빈스가 쓰는 방식은 명상의 수준을 넘어선다. 오히려 기폭제에 가깝다. 나는 그 효과가 더욱 강력해질 수 있다고 생각한다. 가슴에 손을 얹고 깊이 감사하는 상태로 나아가라. 이 상태를 일관되게 유지하라. 가족, 사랑하는 사람, 친구들과 함께했던 아름다운 지난날의 순간들을 가져와서 마치 그 일이 지금 일어나고 있는 마냥 그 순간 안에서 살라. 기억에 담긴 모든 감정을 당신에게 끌어오라. 그 감정은 근원에 연결되기 위한 전자기 에너지로 투영되기 시작할 것이다. 이 방법이 바로 '프라이밍'이다.

이 작업을 일로 느끼지 않으려면 감사의 자리에 다른 감정을 가져와 경험해보는 게 좋다. 운동을 바꾸는 것처럼 감정을 바꿔야 하더라도 그 감정이 무엇이든지 그것을 느끼도록 하라. 나는 여기서 한 걸음 더 나아가기를 권한다. 이렇게 준비를 마친 뒤에는 당신이 있는 지금 이 순간을 살기 시작하라. 그것이 무엇이든 그 순간이 당신의 인생에서 가장 위대하다. 그 순간은 어떤 느낌일까? 그 순간에 내면에서는 무슨 일이 일어날 수 있을까? 당신은 '영원한 지금'에서 모든 가능성을 이용할 수 있다. 비록 그 가능성이 타이어가 펑크 나고 아침 식사 때 접시를 깨뜨리는 현상으로 나타날지라도 말이다. 감사와 위대함의 감정에 집중하라. 거기서부터 힘을 쌓으라.[87]

당신의 눈을 의식(consciousness)을 위한 조이스틱이라고 상상해보라. 당신은 다양한 감각 양식에 접근할 수 있으며 그것을 만들어낼 수도 있다. 신경 언어 프로그래밍(NLP)에서는 사람들이 다른 의식 상태에 접근하기 위해 눈을 어떻게 움직이는지 분석한다. 좌뇌는 신체의 오른쪽을 통제하며 일반적으로 과학 및 수학과 같은 논리와 관련된 과제를 담당한다. 우뇌는 신체의 왼쪽을 조절하고 창의성, 아름다움 및 예술을 담당한다. 당신이 왼손잡이인지 오른손잡이인지에 따라 발달 정도는 다르지만, 양쪽은 무조건 협력하는 관계다. 하지만 누가 당신에게 거짓말을 할 때 그들은 위쪽을 보면서 뇌의 창의성을 담당하는 부분을 가동할 것이다.

완전 기억 능력 또는 직관 기억이라는 게 있다. 당신에게는 이미 이 능력이 있다. 완전 기억 능력은 시각(위쪽), 청각(왼쪽), 느낌(아래쪽)으로 구분된다. 운동 신경이 매우 발달한 사람들은 아래쪽을 많이 내려다보고 특유의 보디랭귀지와 목소리 톤을 가지고 있다. 그들은 자신의 몸을 통해서 세상을 필터링하고 있다. 청각이 뛰어난 사람들은 의사소통을 할 때 소리와 패턴을 사용하고 왼쪽을 보면서 무언가를 기억할 것이다.

완전 기억 능력에 대한 첫 번째 해킹은 코를 포함하여 일곱 방향으로 당신의 눈을 움직이는 연습을 하는 것이다. 만일 당신이 바로 아래를 내려다본 후 바로 위를 올려다본다면 당신은 후각과 미각에도 접근할 수 있다. 각 방향을 15초 동안 바라보면 제3의 눈이 열린다고 한다. 다른 사람들은 송과체가 열리는 것이 빠른 안구 운동과 관련이 있다고 믿는다.

눈 운동 순서는 다음과 같다. 왼쪽 위, 왼쪽 아래, 오른쪽 위, 왼쪽 위, 왼쪽 아래로 보는 것이다. 그런 다음 오른쪽 아래, 오른쪽 위, 정면에서 아래, 정면에서 위, 정면에서 왼쪽, 정면에서 오른쪽을 각각 15초 동안 바라본다.

규칙적으로 이 운동을 하면 마인드 해킹을 하는 데 각 1초밖에 걸리지 않을 정도로 속도가 빨라질 수 있다. 그러면 당신은

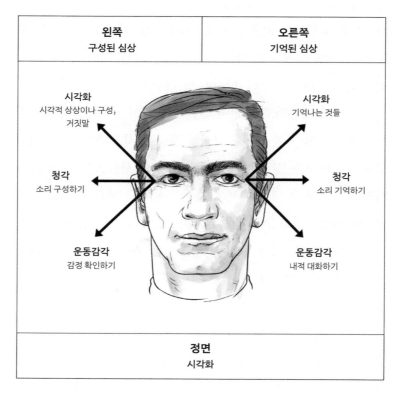

왼쪽 구성된 심상	오른쪽 기억된 심상
시각화 시각적 상상이나 구성, 거짓말	**시각화** 기억나는 것들
청각 소리 구성하기	**청각** 소리 기억하기
운동감각 감정 확인하기	**운동감각** 내적 대화하기
정면 시각화	

눈의 움직임

충분히 인식하는 상태가 되어 마음의 모든 영역에 접근할 수 있게 된다. 이 방법은 특히 창조적인 작업을 할 때 탁월한 효과를 볼 수 있으며 더 많은 신경구조와 더 높은 인식 수준을 열어줄 수 있는 앵커가 된다.[88]

매일 창의적인 활동을 하라

내 침대 옆에는 1.5미터 크기의 유화가 걸려 있는데, 우주항공기 위로 정교하고 무한한 우주들이 그려져 있다. 나는 매일 창의성을 발휘하는 것을 목표로 삼았다. 이 그림은 나의 창조 활동과 이 활동을 꾸준히 이어나갈 것을 상기시켜주는 존재다. 당신의 집을 한번 둘러보라. 당신이 만들어낸 것은 무엇인가?

우리가 조종하고 있는 현실은 존재하고 있지만, 여기에 접근하기 위해서는 마음의 창의적인 부분을 사용해야 한다. 네빌 고다드는 이것을 '상상'이라고 불렀다. 어떤 사람들은 자신이 '창의적이지 않다'고 믿기 때문에 자신의 능력을 제한한다. 나는 이 믿음이 사실이라고 믿지 않는다. 매일 소를 돌보는 일 말고는 아무것도 하지 않는 목장 주인은 평생 동안 예술 활동을 거의 해보지 않았을지도 모른다. 하지만 그렇다고 해서 그에게 창의성이 없는 건 아니다. 이 해킹은 단순히 매일 창의적인 무언가를 하는 것이다. 새로운 글쓰기, 그림 그리기, 낙서, 아이디어 메모하기, 새로운 레시피 작성하기처럼 간단한 활동을 해볼 수 있다. 내가 가장 좋아하는 창의적 활동 중 하나는 음악 재생목록을 만드는 것이다. 정성을 들여 할 수 있는 활동이 있다면 그것을 해보라.

일단 창의적인 활동을 시작해보면 당신은 나날이 점점 더 창조적으로 변해가는 자신을 발견하게 된다. 그리고 단순한 취미에서 그치지 않고 당신이 원하는 것을 창조하기 시작하도록 이끌어줄 것이다. 당신의 창의성은 안심하고 자신의 방식대로 가능태 공간에 접근하기 시작한다. 이것은 이전에는 제한됐던 더 나은 현실로 접근할 수 있는 힘을 당신에게 더 많이 부여해줄 것이다. 이렇게 당신은 더욱 자유롭게 미지의 세계로 들어갈 수 있다.

비 우세손을 사용하라

윌리엄 도니우스William Donius는 《사고 혁명》(Thought Revolution)이라는 책에서 이렇게 말한다. "오른손잡이가 왼손으로 질문을 써내려가면 답을 얻기 위해 뇌 반대편으로 접근한다. 그가 비非 우세손으로 질문을 적은 뒤 적어낸 답은 놀라움 자체였다."

나는 처음 몇 번은 이 방법을 실천하기를 망설였다. 내가 무슨 말을 쓰는지 전혀 읽을 수 없었기 때문이다. 하지만 결국 이 간단한 연습은 내게 깊은 통찰을 얻게 해주었다.

정말로 웃음은 약이다

몸이 아프면 마음도 아프다고 생각하고 온통 초점을 병에 집중시키고 싶어한다. 하지만 당신이 아픈 상황에서도 웃을 수 있다면, 특히 일정 기간 동안 그렇게 한다면 당신은 그 소용돌이에서 벗어날 수 있다. 이런 의미에서, 영화나 텔레비전 쇼나 책을 보면서 웃는 것은 영적인 일이라고 볼 수 있다. 성공의 물결을 타는 데 도움이 될 수 있는 긍정성을 향해 당신의 경로를 전환하는 두뇌 해킹이기 때문이다.

일기를 쓰라

당신이 일기를 쓰기 시작할 때 일어나는 영속적인 현실이 있다. 모든 자기계발 전문가들은 당신에게 일기를 쓰라고 권하며, 감사와 목표를 담아 일기를 쓰는 것이 가장 좋은 방법이라고 말한다. 어떤 전문가들은 일기를 쓸 때 자기 자신에게 질문을 해보라고 말한다. 나는 잠자리에 들기 전에 자신에게 하고 싶은 질문을 적은 뒤 꿈에서 답을 얻는 방법을 추천한다. 다음 날 당신이 잠에서 깨어났을 때 당신에게 무슨 일이 있었는지 적어보라.

무엇이든 더 많이 적을수록 당신은 더 많은 것을 처리할 수 있다. 나는 일기장 50개를 집안 곳곳에 배치해두었다. 나는 내가 쓴 내용을 거의 읽지는 않지만, 펜을 들어 종이에 뭔가를 쓰는 과정은 참으로 많은 변화를 가져온다.

아침·저녁 루틴을 세우라

프라이밍과 일기 쓰기는 훌륭한 아침·저녁 루틴이다. 이것 말고도 루틴으로 활용할 수 있는 방법은 훨씬 더 많다. 당신의 마음을 올바른 위치에 두기 위해서는 루틴을 습관화하는 것이 절대적으로 중요하다.

사소한 결정을 내리는 에너지를 아끼라

결정을 내리는 건 에너지다. 스티브 잡스가 일상에서 선택지를 제한하는 습관으로 유명한 이유가 여기에 있다. 인생의 매 순간에서 우리는 수백만 개의 선택지 중 하나를 골라야 한다. 결정을 내릴 때마다 당신은 에너지 탱크 안에 들어 있는 에너지를 사용하고, 더 많은 현실도 창조하게 된다. 수년에 걸쳐 누적된 선택들은 당신의 현실을 형성할 것이다. 의식적으로 잠재의식의 선택을 따르는 것은 당신을 선택지가 더 좋아지는 더 나은 현실로 이끌 수 있다. 만일 당신이 매일 어떤 옷을 입을지 고르는 것처럼 사소하게 내리는 결정들을 통제할 수 있다면, 당신은 삶의 다른 순간들에 더 많은 에너지를 가져올 수 있다.

최면

최면은 언어로 잠재의식과 의사소통하는 방식을 오랫동안 연구해온 분야다. 최면 상태는 그 자체로는 치료 효과가 없지만, 최면에 걸린 사람들에게 특정한 제안이나 이미지를 제시하면 그들의 행동을 크게 바꿔놓을 수 있다. 최면은 그들이 생각하고 느끼고 싶어하는 새로운 방식을 연습할 수 있게 해주고, 앞으로의 행동에 확실한 변화를 줄 수 있는 토대를 마련해준다. 예를 들어 담배를 끊고 싶은 사람에게 최면술을 사용하면 담배 생각을 하지 않고도 몇 시간을 보낼 수 있을 것이고 담배를 피우면 쓴맛이 올라올 것이다.

나는 고객들을 코칭하면서 비흡연자 이미지, 더 편하게 호흡하는 방법을 찾는 이미지, 더 많은 에너지를 가지고 있는 이미지, 더 미묘한 맛과 냄새를 만끽하는 이미지, 건강한 상태를 더 긍정적으로 느끼는 이미지 등 여러 가지 이미지를 활용해왔다. 사람들의 마음속 깊은 곳에 이런 이미지가 자리 잡으면 외적인 행동도 바뀌기 시작한다.

최면 상태에서의 깊은 이완은 여러 가지 측면에서 유익하다. 불안감과 근육이 긴장된 상태가 지속되면 많은 심리적·육체적 질병이 악화되기 때문이다. 최면 연구는 점점 더 늘어나는 추세고, 최면이 안전하고 효과적인 방법이라는 연구 사례가 더해지면서 최면술은 출산통, 두통, 집중력과 공부 습관, 사소한 공포증 완화, 마취 등 다양한 방면에 활용되고 있다.[89]

변할 수 없다는 생각, 고착되어 있다는 생각은 잠재의식이 우리가 그렇게 인식하도록 끌어당겼기 때문이다. 최면술은 잠재의식과 직접 소통하고 이런 패턴을 바꾸는 하나의 방법이다.[90]

표상 체계와 하위 양식

신경 언어 프로그래밍(NLP)는 우리가 우리 자신만의 표상 체계(representational system)를 통해 세상을 이해하고 그 체계에 따라 편향된 채 살아간다는 생각을 열어주었다. 어떤 사람들은 시각적인 것에 뿌리를 두고 다른 사람들은 소리나 맛, 냄새에 뿌리를 두고 있다. NLP 연구는 우리가 정보를 받아들이는 방식에 있어서 인간의 경험을 기술하고 모형화하기 위해 언어를 사용한다.

표상 체계와 NLP에 대한 연구에서 하위 양식(submodality)이 생겨났다. 하위 양식은 표상 체계에서 사용하는 오감의 영역을 넘어 더 깊은 층으로 가져간다. 예를 들어 우리는 그림을 '흑백'이나 '색'으로 묘사할 수 있다. 또는 그보다 하위 양식을 사용하여 밝거나 어두운 정도로 묘사할 수도 있다. 소리는 어떤 방향에서 오는지뿐만 아니라 크거나 부드러운 정도로 묘사될 수 있다. 감각은 온도를 다르게 느낄 뿐만 아니라 몸의 각 부분에 따라서도 다르게 느낄 수 있다. 냄새는 쾌적하거나 불쾌할 수 있고 강하거나 가벼울 수도 있다. 맛은 달콤하거나 쓰거나 강하거나 순할 수 있다. 이렇게 미세한 구분을 두는 하위 양식은 우리가 내면에서 경험하는 특성들을 표현으로 정의한다. 나는 이것이 내부 경험을 코딩하고 궁극적으로는 현실을 조종할 수 있는 놀라울 만큼 강력한 방법이라는 것을 발견했다.

연구에 따르면 뇌는 대상에 대한 느낌과 그것들이 내재적으로 의미하는 바를 알아내는 방법으로 이러한 구조적 요인들을 사용한다고 한다. 일반적으로 우리는 시각, 청각, 신체 감각의 양식을 사용한다. 신체의 기능과 감정은 연결되어 있기 때문에 각각의 내재적인 느낌을 나타내는 하위 양식의 층이 있다. 예를 들어 사람들의 눈이 떨릴 때는 그와 연관된 감정을 살펴볼 수 있고, 반대로 감정을 통해 신체 기능을 이해할 수도 있다. 이는 정신적인 경험에 연결된 감정이 하위 양식에 의해 영향을 받고, 정서적 의미가 변하면 특정한 하위 양식이 영향을 받을 수 있음을 의미한다. 이 상호적인 영향 — 감정이 생각에 영향을 미치고 그 반대로 생각이 감정에 영향을 미치는 — 을 발견하고, 시각적으로든 명상적으로든 이 상호 영향에 초점을 맞추는 것은 사람들에게 커다란 변화를 가져왔다.

> **시각:** 크기, 거리, 밝기, 색상, 구조, 2차원 또는 3차원, 투명도, 흐릿함, 모양, 움직임, 정지 사진, 슬라이드쇼, 이동, 반복
> **청각:** 모노, 스테레오, 볼륨, 음색, 템포, 리듬, 반복, 페이드인fade in(소리가 점점 커지는 상태. ─옮긴이), 음성, 배경 음악
> **운동 감각:** 신체 감각, 위치, 움직임, 견인력, 압력, 질감, 온도

모델링

모델링은 대단한 성공을 이룬 사람들의 행동을 모델로 삼는 것이다. 그들은 그들만의 현실을 창조하는 특정한 생활 습관, 몸의 움직임, 호흡법을 가지고 있다. 그들이 잠에서 깨어나는 시간부터 호흡하는 방법, 눈을 움직이는 방법에 이르기까지 그들이 하는 모든 행동에는 특별한 진동이 있다. 그들의 행동을 따라 하면 우리도 그들과 비슷한 진동을 느낄 수 있다.

자기계발 분야에서 활동하는 사람들은 대부분 토니 로빈스의 모델링 개념을 받아들였다. 그는 군대에서 사격술을 가르치는 것에 관해 이야기한다. 흥미로운 점은 정작 토니는 총을 쏴본 적

이 없다는 것이다. 하지만 그는 최고의 명사수들을 식별하고 그들의 행동을 모델로 분류했다. 그가 진행한 프로그램을 통해 저격수의 능률은 75퍼센트나 증가했다.

만약 당신이 원하는 것과 비슷한 현실을 이루어낸 사람이 있다면 그들이 쓴 책을 읽어보고, 그들이 하는 이야기를 들어보라. 그들에게 멘토링을 받을 기회가 있다면 더욱 좋다. 그들의 습관을 익히고 그들의 마음 속으로 들어가라. 당신은 그들을 모방하는 게 아니다. 왜냐면 당신은 여전히 이 세상에서 유일하게 존재하는 당신 자신이기 때문이다. 모델링은 당신의 정체성을 잃어버리는 것이 아니라 당신의 정체성이 당신이 생각하는 것보다 더 유연하고 확장될 수 있다는 사실을 깨닫는 방법이다. 당신이 원하는 현실을 모델링하기 위해 당신의 정체성을 확장하는 동안 당신의 중심은 그대로 유지된다.

휘익 기법(Swish Pattern)

이 강력한 기술은 초기 NLP와 최면술에서 파생된 것으로, 습관을 바꾸고 싶거나 적응하고 싶은 행동이 있을 때 잘 통한다. 가장 흔한 극복 사례는 금연으로, 첫 단계는 흡연 행위를 전혀 관련이 없고 불쾌한 감정을 불러일으키는 어떤 것과 연관 짓는다. 그런 다음 평소 흡연 장면과 불쾌함을 느꼈던 흡연 장면을 각각 시각화한 이 두 장면을 마음속으로 통합한다.

이 휘익 기법을 계속 반복하면 담배에 대한 감정이나 당신이 극복하길 원하는 어떤 습관이 역겹고 끔찍한 자극과 연관되기 시작한다. 아침에 일찍 일어나기처럼 긍정적이지만 하기는 힘든 행동에 이 기법을 적용해봐도 좋다. 지금 당장은 짜증스럽게 느껴질 수도 있지만, 당신의 패턴이 엄청난 진동, 기쁨, 행복, 에너지로 바뀌고 나면 그러지 않았다면 얻지 못했을 유대감을 창조해낼 수 있다. 이 깊은 유대감은 새로운 패턴과 프로그램에 걸맞은 삶을 당신에게 선사할 것이다.

역시각화

뇌는 대상을 빠르게 학습한다. 만일 당신이 5일 동안 매일 영화를 한 장면씩만 본다면 당신은 그 영화의 줄거리를 절대로 파악하지 못할 것이다. 이처럼 아이디어를 얻기 위해서는 프레임을 빨리 전개할 필요가 있다. 역易시각화는 프레임을 빠르게 전개하는 데 가장 적합한 기술이다.

우리는 평행 현실로 이동하는 것을 생각할 때, 보통은 더 나은 현실로 이동하려고 하거나 어떤 문제나 이슈, 즉 공포증이나 중독 문제를 극복하려고 한다. 당신이 커다란 극장 한가운데에 앉아 있다고 상상해보라. 화면에는 흑백 스틸 사진 하나가 떠 있다. 이 스틸 사진에는 당신이 극복하려는 두려움이나 중독 행동에 빠지기 직전의 모습이 담겨 있다. 색상과 소리의 하위 양식을 줄이면 그 순간을 시각화할 때 뇌에 이미지를 고정하는 데 도움이 될 수 있다.

이제 당신이 몸 밖으로 나와 극장 좌석에서 영사실까지 떠다니는 모습을 상상해보라. 영사실에서는 아직도 자리에 앉아 있는 자신의 몸을 볼 수 있다. 당신이 입고 있는 옷 색깔이 눈에 띌 정도로 선명하다. 이제 화면에 있는 정지화면을 흑백 필름으로 바꿔서 영상을 감상해보라. 불쾌한 경험의 마지막을 약간 넘어서려는 순간 영상을 멈추라. 그리고 영사기로 뛰어들어가서 영화를 다시 되감는 것처럼 필름을 거꾸로 돌려보라.

역시각화는 쉬운 활동은 아니다. 하지만 이것을 할 수 있으면 당신은 그 장면들 자체가 거꾸로 돌아가는 순간을 보게 될 것이다. 실패에서 성공으로 돌아가는 이 역전은 어떤 신체 변화를 일으켜 뇌의 다른 부분에 입력되어 있던 패턴도 함께 되돌리게 된다.

감사

감사는 당신이 원하는 현실에 대한 정서적인 신호이기 때문에 계속 다뤄야 하는 주제다. 당신이 아직 그 현실을 받지 못한 것에 감사를 표하라. 그것이 어떤 느낌인지를 이해하라. 당신은 믿을 수 없는 변화를 이루었고 그 변화가 일어나기도 전부터 감사하는 느낌을 키워왔다. 감사의 정서적 신호는 원하는 미래의 현실들을 이끌어올 것이고 당신은 더욱 감사하게 될 것이다.

심리학자 로버트 에먼스Robert Emmons와 마이클 맥컬러Michael McCullough는 사람들이 살아가면서 좋은 것들을 계속 떠올리는 행위가 사람들의 행복 수준에 어떤 영향을 미치는지 탐구했다.[91] 그들은 세 그룹에게 매주 몇 분씩 글을 쓰도록 요청했다. 첫 번째 그룹은 감사한 것 다섯 가지를 나열했고, 두 번째 그룹은 짜증 나는 것 다섯 가지를, 그리고 세 번째 그룹은 일어난 사건 다섯 가지를 기록했다. 예상대로 감사하는 것을 기록한 첫 번째 그룹이 결국 미래를 더 낙관적으로 생각했고 더 행복해졌다. 그들은 신체적으로 더 건강했고 심지어 다른 사람들보다도 더 많은 운동을 했다.

감정은 비결이다. 감사는 단지 기분을 좋게 만드는 속임수 그 이상의 힘이 있다. 감사를 정서적 신호로 송출하면 감사한 현실을 끌어들일 수 있다.[92]

우리 내면 깊은 곳에는 천억 개의 뉴런들과 협연하는 교향악단이 있다. 그곳에서 흘러나오는 연주가 우리가 사는 생생한 현실을 만들어낸다. 이렇게 우리는 우리의 마음, 몸, 의식과 긴밀하게 연결되어 있다. 수년 동안의 연구와 실천 그리고 실험 끝에 나온 이 책은 당신을 그 힘으로 연결해주는 패턴과 테크닉의 정점에 있다. 나는 당신이 불꽃을 밝히고 꿈을 이루는 모습을 지켜보고 싶다.

누구든지 수백만 달러를 벌 수 있다. 당신이 살면서 정말로 하고 싶은 건 무엇인가? 당신이 그 일을 하고 싶다면 당신이 곧 램프 속 지니다.

많은 사람은 이런 소원들을 꿈처럼 여긴다. 우리는 정말로 자신의 소원을 이룰 수 있을까? 이 책을 읽고 있는 당신은 이전에 소원을 이뤄보려고 했지만 성공하지 못했을 수도 있다. 만일 당신이 자신이 가지고 있는 기술에 대한 의심, 무가치한 느낌, 실패에 대한 두려움, 자신감 부족에 붙들려 있다면 이것을 기억하라 — 아직 늦지 않았다.

당신은 과거의 당신이 아니다.

당신이 무엇을 했다고 생각하든 어디서 실패했다고 믿든 상관없다. 당신은 지금 여기에 있다. 당신은 오늘 나와 함께 이 순간에 존재한다. 당신이 이 책을 당신에게 끌어온 것은 그만한 이유가 있다. 이 책에 담겨 있는 지식이 당신의 인생을 영원히 바꿔 놓을 것이다.

두려움과 죄책감 그리고 후회로 압도되는 느낌이 어떤지 나는 안다. 그리고 그러한 믿음과 사고 패턴을 즐기는 것에도 나름의 자기 만족이 있음을 경험으로 알고 있다. 하지만 그렇게 해서는 목표에 도달할 수 없다. 당신은 당신이 원하는 관계나 당신이 원하는 직업을 가질 수 없고 사업도 번창할 수 없을 것이다. 나는 당신에게 사랑, 감사, 희망으로 가득 찬 대안적인 사고방식이라는 탈출구를 제공하고 싶다.

미래를 내다보기

지금 이 세상은 미쳐가고 있다. 사람들은 저임금으로 노동을 착취당하고 있으며 빈부격차는 갈수록 커지고 있다. 생태계가 파괴되고 있고 우리를 두려움으로 끌어들이는 전쟁, 기근, 질병, 정치로 점철된 증오의 움직임이 있다. 동시에 우리는 현실 창조를 위한 마음의 힘이 증가하고 있는 양자의 시대를 직면하고 있다. 우리가 알든 모르든 우리가 자신의 현실을 창조하는 데 더 능숙해지고 있기 때문에 모든 것이 더욱 강화되고 있는 것처럼 보인다.

시간이 지날수록 우리 생각의 힘은 더욱 커질 것이다. 컴퓨터에서부터 의약품, DNA, 크리스퍼 기술에 이르기까지 모든 주요 분야에 걸친 기술의 발전은 우리가 믿을 수 없을 정도로 수명이 늘어나거나 순수한 정보로 물질을 창조하는 세상을 가져올 것이다. 상상해보라. 우리는 컴퓨터 앞에 앉아서 글을 쓰고, 컴퓨터는 당신이 생각을 정리할 수 있게 도와준다. 우리는 지금 당장 극복할 수 없을 것 같은 문제들을 해결하기 위해 과거를 들여다볼 수 있을 것이다.

가능성의 영역이 서로 얽히고 우리가 살고 있는 영역으로 통합되는 미래를 상상해보라.

미래는 지금 이 순간 우리가 상상할 수 있는 것과 다를 것이다. 이것은 부인할 수 없는 사실이다. 다만 문제는, 우리가 그 변화 속으로 얼마나 많은 의도를 가져올 것인가이다. 우리 모두가 양자물리학과 평행 현실을 더 잘 이해할수록 우리는 더 많은 세상을 만들어가게 될 것이다.

목적, 희망, 풍요, 행복으로 가득 찬 미래의 현실을 떠올리는 것은 흥미진진하다. 나의 유일한 희망이 있다면 당신이 이 책을 읽고 무엇이든 가능하다는 사실을 믿기 시작하는 것이다. 마음은 당신이 원하는 것을 이뤄주기 위해 독특한 방식으로 작동한다. 지구 온난화, 무역 전쟁, 빈부격차 등 지금 우리가 해결할 수 없다고 여기는 것들을 우리는 진정으로 극복할 수 있다. 인간의 마음은 공감, 사랑, 연민, 연대를 창조해내는 놀라운 능력이 있다.

창의성과 사랑은 특정한 사람들에게 주어진 유전적 특성이 아니라 모든 인간에게 주어진 문화적인 재능이다. 이 창의적인 힘은 과거의 산업 혁명처럼 현실 혁명을 일으킬 수 있다.

우리는 매 순간 자신의 삶에서 사랑과 증오를 선택할 수 있다. 우리가 어떤 선택을 하느냐에 따라서 이 세상에서는 사랑이

나 증오가 집단적으로 발현될 것이다. 이것이 세상을 변화시킬 '현실 혁명'이다.

이 책 이후

당신은 글로벌 의식에 초점을 둔 다양한 모임(initiatives)에 참여할 수 있다. 부다페스트 클럽(The Club of Budapest)과 글로벌 의식 프로젝트(Global Consciousness Project)는 모든 이웃과 함께 더 나은 관용, 이해, 평화, 기쁨을 창조하기 위해 글로벌 의식을 변화시키는 데 중점을 두고 있다. 지난 2007년에 우리는 65개국이 동시에 평화를 기원하는 '세계 평화, 명상, 기도의 날'을 개최했다. 많은 사람이 함께 평화에 집중할수록 우리는 세상을 더 많이 바꿀 수 있다.

책 전반에 걸쳐 제시된 다양한 방법을 시도해보라. 특히 진정한 사랑을 찾기 위해 주의를 기울이라. 무한한 가능성에 대한 사상을 받아들이라. 이 책에서 당신이 습득한 기술을 더욱 발전시키기 위해 관련 자료를 찾아서 살펴보라. 평행 현실 탐구, 더 건강한 삶, 어떤 한계든 초월할 수 있게 도와주는 많은 중재, 전략 및 코칭이 준비되어 있다.

이것은 쉬운 일이 아니다. 나는 공부를 위해 많은 책을 읽었고, 자신의 삶에서 극적인 변화를 경험한 많은 사람들을 만나는 행운을 누렸다. 기존 신념을 바꾸지 않은 채 몇 분 동안 명상을 한다고 해서 현실을 조종할 수는 없다. 그렇게 해서 되는 게 아니다. 나는 양자 시대를 철저하게 이해하자는 마음으로 이 책을 썼다. 최근 몇 년 사이 자기계발을 위한 가르침은 새로운 세대를 위해 업그레이드되었다. 나는 이 단계들을 따랐고, 나의 꿈은 실현되었다.

내가 가능성에 마음을 열고 배운 것에 따라 사랑과 에너지를 전파했을 때 그 에너지는 모두 열 배가 되어 나에게 되돌아왔다. 애벌레에서 나비로 변신한 나는 상상할 수 있는 것 그 이상의 현실로 나를 데리고 갔다. 당신도 이런 변화를 경험하기를 내 온 존재를 다해 바란다.

우리는 이제 집단적인 티핑 포인트tipping point에 도달하려고 한다. 바로 지금이 우리가 혁명을 경험하려는 순간이다. 우리는 그 혁명이 어떤 모습인지 선택할 수 있다. 우리는 이 세상을 사랑, 행복, 기쁨으로 채울 수 있다. 나와 함께 이 잠재력을 탐험해줘서 고맙다. 우주에 대한 당신의 이해를 넘어 당신 자신을 확장해준 것에 감사하다. 그리고 당신 마음의 힘을 믿어줘서 감사하다.

'리얼리티 레볼루션'에 온 것을 환영한다.

인생은 짧다. 내일이나 다음 달 또는 내년에 기약된 것이 없다. 만일 내일 모든 게 끝난다면 당신은 원하는 삶을 살아왔는가? 현실에 안주하는 대신 이것을 미래의 당신에게서 온 메시지로 생각하라. — "언젠가 내 심장이 멈출 때, 그게 그저 그런 마지막이 되지 않게 해줘." 결국엔 모든 것이 끝난 다는 사실을 인식하면서 하루하루를 시작하라.

미래는 놀라운 것이고, 당신의 날들은 이어지고 있다. 죽음을 두려워하지 말라. 삶을 소중히 여기라. 죽음은 인생 최고의 발명품이다. 우리는 모두 죽을 것이다. 그러니 당신의 가슴을 따르지 않을 이유가 없다. 당신의 꿈을 좇으라. 열정을 가지고 행동하라. 옳은 것보다는 친절을 선택하라. 쉬운 일 대신 어려운 일을 선택하라. 거절에 대한 두려움을 내려놓아라. 더 일어서라. 더 많이 사랑하라. 당신의 업적을 더 많이 이루라.

특별한 것을 목표로 삼으라. 당신은 특별하다. 당신은 무한하다. 더 멀리 나아가라. 한 번 더 반복하라. 1초만 더 하라. 당신의 안전지대 밖으로 한 번 더 뻗어 나가라. 기꺼이 실패하라. 인생에서 부정적인 사람들을 제거하라. 하지만 다른 사람들이 의지할 수 있는 사람이 돼라. 당신 자신을 의지하라. 당신의 행동을 통해 알려지게 하라. 깨어나라. 친절을 선택하라. 친절을 경험하는 것을 선택하라. 불평을 그만하고 사랑을 시작하라.

불편함을 유지하라. 자발적으로 일하라. 당신이 두려워하는 것을 하라. 단지 긍정적으로 생각만 하지 말고 실제로 당신이 되고 싶어하는 그 사람이 되어서 살라.

당신이 우주의 힘을 이용하려면 기꺼이 생각을 바꿔야 한다. 당신의 존재 방식을 바꾸는 것이다. 당신은 당신이 선택한 것을 완벽하게 반영하고 있다. 그러니 더 나은 선택을 하라. 기적을 믿으라. 친절을 믿으라. 훌륭한 사람들이 당신의 삶에 들어오고 있는 것을 믿으라. 당신이 할 수 없는 것은 없다. 당신이 가질 수 없는 것은 없다. 당신이 될 수 없는 것도 없다. 운을 믿지 말고 생각의 힘을 믿으라. 무엇이든 가능하다고 믿으라.

왜냐면, 정말 그렇기 때문이다.

이분들이 없었다면 이 책이 나오기는 불가능했을 것이다.

내가 쌓아둔 말들을 실제 문장으로 바꾸는 데 도움을 준 니키 밴 노이.

이 책을 일정에 맞출 수 있도록 도와준 케이시 렌.

헌터 뱅슨, "아빠, 아빠의 꿈이 꿈으로만 남게 내버려두지 마!"라고 말해줘서 고마워.

헤이든 컬버, 나에게 인생을 가르쳐주신 분.

무엇이 가능한지를 보도록 도와준 낸시 메나.

독서의 즐거움을 보여준 진 뱅슨.

가르치는 즐거움을 보여준 셰릴 뱅슨.

스토리텔링의 즐거움을 가르쳐준 톰 라이트.

나에게 영감을 준 웬디 베닝 스완슨.

그 절망의 밤에 전화에 응대해준 다윈 서머.

아무도 없을 때 날 위해 그곳에 있어준 프랭크 데 라 세르나.

우주에 대해 나에게 가르침을 준 신시아 수 라슨, 프레더릭 도슨, 에런 아브케, 오언 헌트, 서니 샤르마, 쿼지 조히르, 그리고 로런스 와투시.

그리고 나의 의식과 현실 탐구를 공유하는 〈리얼리티 레볼루션〉 팟캐스트의 청취자 여러분과 시청자들.

　　나는 지금 사람들이 옷깃을 여미기 시작한 겨울에 이 글을 쓰고 있다. 7월이라면 당연히 무더운 여름이라고 여기겠지만 내가 사는 이곳 남반구의 계절은 겨울이다. 지구상에 다른 세계가 있다는 걸 모르고 살아온 사람이라면 말도 안 되는 소리라고 잘라 말하겠지만, 더 넓은 세계로 눈을 돌리면 전혀 놀랄 일이 아니다. 우리 삶이 그러하다. 우리는 우리가 쌓아 올린 지식과 관념만큼 경험한다. 그것에 갇혀서 안주하는 한 새로운 세상으로 열린 문은 보이지 않는다. 보이지 않는다고 없는 게 아니다. 모를 뿐이다.

　　《리얼리티 레볼루션》은 당신의 현실을 혁명적으로 바꿀 수 있는 길을 제시한다. '혁명'이라는 말은 "종래의 관습, 제도 등을 단번에 깨뜨리고 새로운 것을 세운다"는 의미다. 여기에는 깨뜨리는 것과 세우는 것이 있다. 우리가 변화를 추구하지만 크게 달라지지 않는 이유는 깨뜨리는 것이 없기 때문이고, 열심히 깨뜨렸지만 공허한 이유는 세워야 할 새로움을 찾지 못했기 때문이다. 이 책에는 당신이 당연하게 여겨오던 우주와 세상과 자신에 대한 통념을 깨뜨리는 지식이 있으며, 자신과 세상과 우주에 대한 관점을 확장하는 새로운 대안이 있다. 이것을 충분히 이해하고 적용한다면 말 그대로 당신의 현실은 혁명적으로 바뀔 수 있다.

　　하지만 아직 흥분하기엔 이르다. 가슴 떨리는 혁명의 순간에 이르기까지는 진지하고 충분한 준비가 필요한 법이다. 역동적인 변화는 그 임계점에 이르기까지는 지루하게 느껴질 수도 있다. 일단 목표와 방향을 바르게 설정했다면 나머지 할 일은 그것을 지속하는 것이다. 원대한 꿈을 품었다면 그 길을 향해 걸음을 떼야 한다. 머리는 하늘에 있지만 두 발은 땅에 있어야 한다. 구체적인 실행이 있어야 한다. 이 책에는 '현실 혁명'을 위한 유용한 방법들이 나와 있다. 단 한 가지라도 좋으니 느낌이 왔다면 꾸준히 실천해보기 바란다. 나는 이 책을 번역하면서 알게 된 '티베트 5식 요가'를 꾸준히 실행하고 있다. 한두 계단을 오를 수 있다면 한두 층을 오를 수 있고, 한두 층을 오를 수 있다면 정상에 이를 수 있다. 그러나 단번에 열 계단을 오르려다가는 한 계단도 오르지 못함을 잊지 말라.

특별히 이 책은 바딤 젤란드의 트랜서핑 원리와 관련이 많다. 책 곳곳에 트랜서핑의 개념이 인용되고 있을 뿐만 아니라 책의 전반적인 기조가 트랜서핑 원리에 바탕을 두고 있다. 더욱이 저자가 소개하고 있는 에너지 정화 및 강화를 위한 테크닉은 트랜서핑을 하는 데 있어서 매우 유용한 것들이다. 그중에는 내가 실행했던 것들도 있어서 반갑고도 신기했다.

내가 유튜브를 통해 트랜서핑 강독을 시작한 이래로 적잖은 구독자들이 질문을 해왔다. 그중에서 트랜서핑을 적용하는 데 어려움을 느끼는 내용이 상당 부분을 차지했다. 이 책은 당신이 트랜서핑이라는 계단을 한 걸음씩 올라서는 데 에너지적으로 도움을 줄 것이다. 당신이 꾸준히 실행하고 지속한다면 어느 순간 정상으로 점프하는 기적을 경험하게 될 것이다.

저자 브라이언 스콧은 트랜서핑에서 말하는 가능태 공간을 명상을 통해 접근할 수 있었다. 그는 가능태 공간에서 원하는 현실을 끌어왔으며 가능태 공간에 있는 또 다른 나(의 버전)를 입고서 살고 있다. 일반적인 말로, 사람이 변했고 현실이 바뀌었다. 더 와닿게 말하면 팔자가 바뀐 것이다. '현실 혁명'(Reality Revolution)이 일어났다. 그도 그럴 것이 그는 사업에서 어려움을 겪은 문제부터 인간관계에서의 상실, 건강의 악화, 정신적 피폐, 심지어 불의의 사건으로 인해 거의 죽을 뻔한 체험에 이르기까지 모진 풍파를 겪었다. 그랬던 그가 지금은 모든 것이 회복되었고 번영을 이뤘다. 그렇다고 그가 대단한 영적 스승이라거나 우리와 엄청나게 다른 위대한 사람이냐면 그렇지도 않다. 그저 평범한 옆집 아저씨 혹은 형님, 오빠 같다. 그래서 이 책은 자꾸만 자신이 별 볼 일 없어 보여서 어깨가 움츠러든 이들을 더욱 친근하게 격려해준다. 그러니 저자가 말했듯이 "포기하지 말라."

내가 번역 의뢰를 받고 이 책을 다 읽은 뒤에 든 느낌은 이 책은 일종의 트랜서핑 매뉴얼과 같다는 것이었다. 매뉴얼의 가치는 실행에 달려 있다. 그러니 단지 지식과 정보를 쌓기 위해 읽지 말고 실행하기 위해 읽을 것을 권한다. 모든 이해는 실행을 위한 것이 되어야 한다. 이 책에 소개된 양자물리학과 관련한 개념들은 워낙 방대해서 이 책의 내용만으로는 처음 접하는 이들이 이해하기 어려울 수 있다. 시중에 알기 쉽게 소개된 자료들이 많이 있으니 더 탐구해보기를 바란다.

지금은 코로나 팬데믹으로 모두가 어려움을 통과하고 있는

시기다. 모든 역경은, 깨뜨리고 새로움을 세우기 위한 것이다. 역
경을 넘어 혁명으로, 여러분의 현실 혁명을 위한 준비를 시작하
기를!

2021년 7월
옮긴이 김희균

주석

머리말

1. 내가 신시아 수 라슨과 인터뷰한 내용은 이곳에서 확인할 수 있다. http://www.therealityrevolution.com/interview-with-cynthia-sue-larson-physicist-life-coach-and-writer-ep-98.

1장

2. James Schombert, "Quantum Physics," University of Oregon Department of Physics, http://abyss.uoregon.edu/~js/cosmo/lectures/lec08.html.
3. Cynthia Sue Larson, *Quantum Jumps*. (Cynthia Larson, 2013). 5-6, Kindle Edition.
4. Rivka Galchen, "Dream Machine." *The New Yorker* (2011). https://www.newyorker.com/magazine/2011/05/02/dream-machine.
5. Marianne. "Physics in a Minute: The Double Slit Experiment." *$Plus Magazine* (2017). https://plus.maths.org/content/physics-minute-double-slit-experiment-0.
6. 같은 책.
7. Elsevier. "Discovery of Quantum Vibrations in 'Microtubules' Corroborates Theory of Consciousness," Phys.org (2014). https://phys.org/news/2014-01-discovery-quantum-vibrations-microtubules-corroborates.html.
8. Paul Ratner, "New Controversial Theory: Past, Present, Future Exist Simultaneously" Bigthink.com (2018). https://bigthink.com/surprising-science/a-controversial-theory-claims-present-past-and-future-exist-at-the-same-time.
9. Fred Alan Wolf, *Parallel Universes: The Search for Other Worlds* (Simon & Schuster, 1988). 23.
10. Lynne McTaggart, *The Intention Experiment: Using Your Thoughts to Change Your Life and The World* (Atria Books, 2008).
11. 나의 시간여행 명상을 시도해보라. http://www.therealityrevolution.com/guided-meditation-the-time-travel-meditation-ep-56/.
12. Dr. Wayne Dyer, "Manifesting 101: Mastering the Art of Getting What You Want", Drwaynedyer.com, accessed December 2019.
13. 잠언 23장 7절, 킹 제임스 버전.
14. Greg Braden, *The Spontaneous Healing of Belief*. (Hay House, April 2009.)

2장

15. Dean, Signe. "Scientists Find Evidence the Human Brain Can Create Structures in up to Eleven Dimensions." Sciencealert.com, 2019. https://www.sciencealert.com/scientists-find-evidence-the-human-brain-can-create-structures-in-up-to-11-dimensions.
16. Vadim Zeland, *Reality Transurfing: steps 1-5*. (Ves Publishing Group, 2012). Translated by Joanna Dobson.
17. 나는 수전 제퍼스[Susan Jeffers]가 쓴 《자신감

수업》을 추천한다.

18. Dawson Church, *Mind to Matter: The Astonishing Science of How Your Brain Creates Material Reality* (Hay House, Inc., 2018). 72.

19. 같은 책.

3장

20. Brian Scott, "Guided Meditation: The Void Meditation, EP 15" Podcast Audio. *The Reality Revolution Podcast*. May 2, 2019.

21. Brian Scott, "Accessing Source through the Void to Achieve Your Dreams and Create Your Reality, EP 13" Podcast Audio. *The Reality Revolution Podcast*. March 23, 2019.

22. Brian Scott, "Understanding the Space of Variations, EP 88" Podcast Audio. *The Reality Revolution Podcast*. August 9, 2019.

4장

23. 이 수면 명상 프로그램을 들어보라. https://www.youtube.com/playlist?list=PLKv1KCS KwOo_5Sv8NSXuDWudAVmoDns6Z.

24. Brian Scott, "500+ Financial Wealth and Abundance Affirmations with Binaural Trance Induction (DELTA WAVE), EP 63" Podcast Audio. *The Reality Revolution Podcast*. June 16, 2019.

25. https://mc2method.org/subliminal-software

26. 더 많은 정보가 필요한 이들에게 조너선 트리포디의 《몸의 기억으로부터의 자유》(Freedom from Body Memory), 로버트 브래들리 넬슨 박사의 《감정 코드》, 대런 웨이즈먼Darren Weissman의 《당신의 마음속 비밀 코드 깨우기》(Awakening to the Secret Code of Your Mind), 이나 시걸Inna Segal의 《몸의 비밀 언어》(The Secret Language of Your Body), 케빈 L. 미셸의 《잠재의식의 힘》(Subconscious Mind Power)을 추천한다.

27. Brian Scott, "Hacking Your Emotions, EP 8" Podcast Audio. *The Reality Revolution Podcast*. March 23, 2019.

28. Joseph Murray, *The Power of Your Subconscious Mind*. (Martino Publishing, 2001).

29. Andrew Holecek and Stephen LaBerge, PhD, *Dream Yoga*. (Sounds True, July 2016).

30. Brian Scott, "Guided Sleep Meditation: Lucid Dreaming Become Lucid in Your Dreaming and Waking Delta & Theta Waves, EP 105" Podcast Audio. *The Reality Revolution Podcast*. August 31, 2019.

31. 제품 정보: https://www.amazon.com/ Remee-Lucid-Dreaming/dp/ B0785JR4XM/.

32. W. Mischel, Ebbesen, B., & Raskoff Zeiss, A. "Cognitive and Attentional Mechanisms in Delay of Gratification." *Journal of Personality and Social Psychology*, Feb 21, 2 (1972): 204-18.

33. 잠재의식을 해킹하는 방법에 대한 더 자세한 내용은 〈리얼리티 레볼루션〉 팟캐스트 5회를 참조하라.

5장

34. Frederick Dodson, *Levels of Energy* (CreateSpace Independent Publishing, 2010). 61

35. 웃음은 '마인드 해킹'으로 여겨지는 것으로 내가 이 책 후반부에 포함한 내용 중 하나다.

36. Brian Scott, "Interview with Cynthia Sue Larson Physicist, Life Coach and Writer, EP 98" Podcast Audio. *The Reality Revolution Podcast*. August 23, 2019.

6장

37. 메타버스 뮤직 링크: https://
www.youtube.com/channel/
UCyvjffON2NoUvX5q_TgvVkw.

38. 이와 관련한 더 많은 징후들과 가르침은
페니 피어스의 책 《직감의 길》(*The Intuitive Way*)을 참조하라.

39. 실라 오스트랜더Sheila Oestrander와 린
슈뢰더Lynn Schroeder는 이와과 관련한 몇
가지 연습이 담긴 《슈퍼 러닝》(Super Learning)이라는 놀라운 책을 집필했다.

7장

40. 이것은 나폴레온 힐의 《생각하라, 그리고
부자가 되어라》에 나오는 연습이다. 강력
추천한다.

41. Brian Scott, "Interview with Steven Barnes:
Writer, Life Coach, Expert in Martial Arts,
Tai Chi, and Yoga, EP 70" Podcast Audio.
The Reality Revolution Podcast. July 1, 2019.

8장

42. Richard Jorgenson, "Epigenetics: Biology's
Quantum Mechanics." *Frontiers in Plant Science*.
2, 10 (2011). https://www.ncbi.nlm.nih.gov/
pmc/articles/PMC3355681/.

43. 몇 가지 연구가 진행 중이다. 조 디스펜자
박사는 많은 집단을 대상으로 뇌파 검사
장비에 연결하여 심장 일관성을 검사했는데,
여러 사례에서 급격한 완화 상태를
기록하였다.

44. "Spina Bifida Man Walks Again."
Possiblemind.co.uk, June 2013. http://
possiblemind.cop.uk/spina-bifida man-
walks-again/.

45. 폴 퍼셀Paul Purcell 박사는 이 현상에 대해
구체적으로 연구했다. "Changes in Heart
Transplant Recipients That Parallel the
Personalities of Their Donor." *Journal of
Near-Death Studies*, (2002) 20: 191. https://doi
.org/10.1023/A:1013009425905.

46. Brian Scott. "Guided Meditation: The
Blissbody Meditation, EP 36" Podcast
Audio. *The Reality Revolution Podcast*. May 2,
2019.

47. Brian Scott. "Deep Sleep Meditation:
Regenerating in the Source Field-Blissbody
Sleep Rejuvenation." Podcast Audio. *The
Reality Revolution Podcast*. June 1, 2019.

48. Ray Kurzweil, *Fantastic Voyage: Live Long
Enough to Live Forever* (Plume, 2005).

49. David Gershgorn and Sarah Felt, "Humai
Wants to Resurrect Humans within 30
Years." *Popular Science*. November 23, 2015.
https://www.popsci.com/humai-wants-to-
resurrect-humans-within-30-years.

50. Deepak Chopra, et al, "Alternative'
Medicine Is Mainstream." *Wall Street Journal*,
2009. https://www.wsj.com/articles/
SB123146318996466585.

51. R. de la Fuente-Fernandez, et al,
"Expectation and Dopamine Release:
Mechanism of the Placebo Effect in
Parkinson's Disease." *Science* 293(5532):1164-
6. 2001.

52. Lian Block, Claudia Haase, Robert w.
Levenson. "Emotion regulation predicts
marital satisfaction: More than a wives'
tale." *Emotion*. Feb; 14, 1 (2014): 130-144.
Published online November 4, 2013.

53. Sara Martin, "The Power of the Relaxation
Response." *Monitor Staff*. 39, 9 (2008): 32.
https://www.apa.org/monitor/2008/10/
relaxation.

54. JA Dusek, et al, "Genomic counter-
stress changes induced by the relaxation
response." *PLoS One*, 2;3,7 (2008):e2576. doi:

10.1371/journal.pone.0002576.

55. Ivana Buric et al. "Frontiers in immunology. "What Is the Molecular Signature of Mind-Body Interventions? A Systematic Review of Gene Expression Changes Induced by Meditation and Related Practices." *Frontiers in Immunology.* June 16, 8 (2017): 670.

56. Levy, Slade, Kunkel, and Kasl. "Longevity Increased by Positive Self-Perceptions of Aging." *Journal of Personality and Social Psychology.* 83, 2 (2002). 261-270.

57. I.C. Siegler, P. T. Costa, B. H. Brummett, et al., "Patterns of Change in Hostility from College to Midlife in the UNC Alumni Heart Study Predict High-Risk Status," *Psychosomatic Medicine,* 65, 5 (2003): 738-745.

58. J.C. Barefoot, W. G. Dahlstrom, and R. B. Williams, Jr., "Hostility, CHD Incidence, and Total Mortality: A 25-Year Follow-Up Study of 255 Physicians," *Psychosomatic Medicine,* 45, 1 (1983): 59-63.

59. D.M. Becker, L. R. Yanek, T. F. Moy, et al., "General Well-Being Is Strongly Protective Against Future Coronary Heart Disease Events in an Apparently Healthy High-Risk Population," Abstract #103966, presented at American Heart Association Scientific Sessions, Anaheim, CA, (November 12, 2001).

60. Masaki Kobayashi, Daisuke Kikuchi, and Hitoshi Okamura. "Imaging of Ultraweak Spontaneous Photon Emission from Human Body Displaying Diurnal Rhythm," *PLoS One.* July 4, 7 (2009).

61. Niki Gratrix, "Supplementing with Light: Can Laser Nutrients 'Speak' to DNA?" *CAM MAGAZINE,* Nov (2012): 33-38.

62. Lynne McTaggart, *The Intention Experiment: Using Your Thoughts to Change Your Life and the World* (Atria Books, 2008).

63. World Health Organization. "Physical Inactivity: A Global Public Health Problem." *Global Strategy on Diet, Physical Activity &*

Health. Accessed 2019.

64. Rob Stein, "A Good Nap, Too, Is Found to Help Retain New Information," *Washington Post,* 2003. https://www.washingtonpost.com/archive/politics/2003/06/30/science/903533c2-ee28-415a-bdec-a5695655526e/.

65. 만트라 명상 정보는 https://advancedsuccessinstitute.com과 http://therealityrevolution.com을 참고하라.

9장

66. 다시 한번 레이 커즈와일Ray Kurzweil의 《환상적인 항해》(*Fantastic Voyage*)를 추천한다. 놀라운 미래를 상상해보라.

67. Wallace Wattles, *The Science of Getting Rich.* (Penguin, 2007). [paraphrased slightly]

68. Vadim Zeland, *Reality Transurfing: steps 1-5.* (Ves Publishing Group, 2012). Translated by Joanna Dobson.

69. 팟캐스트 〈리얼리티 레볼루션〉에는 사용할 수 있는 확언 정보를 소개하는 여러 에피소드가 업로드되어 있다.

70. 이 방법은 내가 강력하게 추천하는 책인 《번영 의식》(Prosperity Consciousness)에 나와 있다.

10장

71. 팟캐스트 〈리얼리티 레볼루션〉 124회를
    참조하라.
72. 어드밴스드 성공 연구소(Advanced Success
    Institute)에서는 소울메이트 명상과 다른
    사람을 떠나보내는 명상을 포함하여 도움이
    될 수 있는 명상을 제공한다.
73. Cindy Meston and David Buss. "Why
    Humans Have Sex." *Archives of Sexual
    Behavior*, 36 (2007): 477-507.

11장

74. J. Agnew, "An Examination of Warp Theory
    and Technology to Determine the State of
    the Art and Feasibility" *American Institute of
    Aeronautics and Astronautics*. Published Online,
    August 16, 2019. https://arc.aiaa.org/
    doi/10.2514/6.2019-4288.
75. Hutchison, Michael. *Mega Brain Power*
    (CreateSpace, 2013).
76. Philip Applewhite, *Molecular Gods: How
    Molecules Determine Our Behavior* (Prentice Hall
    Direct, 1981).
77. C.N. Shealy, et al, "Effect of Color
    Photostimulation upon Neurochemicals and
    Neurohormones." *Journal of Neurological and
    Orthopedic Medicine and Surgery*, 17, (1996)95-
    97.
78. Avram Goldstein, "Thrills in Response
    to Music and Other Stimuli," *Physiological
    Psychology*, Vol. 8, 1, (1980). 126-129.
79. www.advancedsuccessinstitute.com
80. Connie Zweig, "Mind Gym: Exercise for the
    Brain," *Los Angeles Times*, December 1987.
    Accessed online, https://www.latimes.com/
    archives/la-xpm-1987-12-01-vw-25909-
    story.html.
81. 3시간짜리 만델브로트 줌 Mandelbrot zoom은

〈리얼리티 레볼루션〉 109회에서 볼 수 있다.
82. 리처드 와이즈먼이 쓴 《마치~인 것처럼의
    법칙》(*The As If Principle*)을 추천한다.
83. Richard Wiseman, *The Luck Factor*. (Miramax,
    2003).
84. 관련 제품 링크: http://www.visionboarder.
    com.
85. 여기서 마음챙김 훈련을 위한 안내 명상을
    찾아보라. https://therealityrevolution.com.

12장

86. 티베트 5식 요가, 즉 전통 요가의 다섯
    가지 동작은 1939년 피터 켈더의 책
    《계시의 눈》(*The Eye of Revelation*)을 통해
    대중화되었다.

13장

87. 〈리얼리티 레볼루션〉 팟캐스트 45회 '12분
    아침 프라이밍 루틴'을 따라서 시험해보라.
88. 〈리얼리티 레볼루션〉 팟캐스트 57회 '고급
    홀로그래피 시각화 기법'을 활용해보라.
89. 이 주제와 관련한 더 많은 정보는 '최면
    치료(Hypnosis Heals)'를 참조하라.
90. 〈리얼리티 레볼루션〉 홈페이지에는 100개가
    넘는 최면 프로그램이 업로드되어 있다.
91. Robert Emmons and Michael McCullough,
    "Counting Blessings Versus Burdens: An
    Experimental Investigation of Gratitude and
    Subjective Well-Being in Daily Life," Journal
    of Personality and Social Psychology, Vol.
    84, No. 2, (2003) 377-389.
92. 〈리얼리티 레볼루션〉 팟캐스트 86회 '감사
    명상'을 해보라.